乡村振兴法治文库　　卢代富　总主编

教育部人文社会科学研究项目"宅基地'三权分置'的风险控制与法律构造研究"（19YJA820048）结项成果

宅基地"三权分置"法律制度研究

杨青贵／著

法律出版社 LAW PRESS·CHINA ｜ 北京

图书在版编目（CIP）数据

宅基地"三权分置"法律制度研究 / 杨青贵著.
北京：法律出版社，2025. -- （乡村振兴法治文库）.
ISBN 978-7-5244-0219-0
Ⅰ. D922.324
中国国家版本馆 CIP 数据核字第 2025490U4F 号

宅基地"三权分置"法律制度研究
ZHAIJIDI "SANQUAN FENZHI" FALÜ ZHIDU YANJIU

杨青贵 著

策划编辑 陈　妮
责任编辑 陈　妮　张思婕
装帧设计 汪奇峰

出版发行 法律出版社	开本 710毫米×1000毫米 1/16
编辑统筹 法治与经济出版分社	印张 19　字数 328千
责任校对 张翼羽	版本 2025年7月第1版
责任印制 吕亚莉	印次 2025年7月第1次印刷
经　　销 新华书店	印刷 河北虎彩印刷有限公司

地址:北京市丰台区莲花池西里7号(100073)
网址:www.lawpress.com.cn
投稿邮箱:info@lawpress.com.cn
举报盗版邮箱:jbwq@lawpress.com.cn
版权所有·侵权必究

销售电话:010-83938349
客服电话:010-83938350
咨询电话:010-63939796

书号:ISBN 978-7-5244-0219-0　　　　　　定价:118.00元
凡购买本社图书,如有印装错误,我社负责退换。电话:010-83938349

作者简介

杨青贵

重庆綦江人，西南政法大学经济法学院企业法与竞争法教研室党支部书记、经济法学院副教授、硕士生导师，法学博士、博士后，"巴渝学者"计划青年学者，首批全国高校"黄大年式教师团队"西南政法大学经济法教师团队核心成员，重庆市首批人文社会科学重点研究基地中国农村经济法制创新研究中心副主任，西南政法大学社会分配法治研究中心主任，兼任中国法学会会员、中国农业农村法治研究会理事、重庆市乡村振兴决策咨询专家、重庆市法学会民法经济法研究会秘书长（常务理事）、《农业经济问题》《江西财经大学学报》等多部期刊审稿专家、兼职律师等职。

主要研究及实务方向为市场规制法、企业法、土地法与农村法治、社会分配法等。在《现代法学》等核心期刊及报纸发表文章50余篇；出版独著3部、合著2部；独撰研究报告3部，合撰研究报告5部；主持完成国家社科基金项目、中国博士后科学基金特别资助项目、中国博士后科学基金面上资助项目、教育部人文社科研究项目、重庆市高等教育教学改革研究项目等20余项，参加或主研"马工程"重大项目等课题20余项。成果获重庆市第十次社会科学优秀成果奖三等奖等。参加地方立法修改论证以及重大社会服务，形成评估报告20余份。相关智库成果获肯定性批示，被多个单位采纳。

《乡村振兴法治文库》总序

党的二十大报告深刻指出,"全面建设社会主义现代化国家,最艰巨最繁重的任务仍然在农村"。为全面实施乡村振兴战略,促进农业全面升级、农村全面进步、农民全面发展,加快农业农村现代化,我国于2021年制定了《中华人民共和国乡村振兴促进法》,为乡村产业振兴、人才振兴、文化振兴、生态振兴、组织振兴等活动提供了制度框架和制度保障。

习近平总书记指出,要"坚持把解决好'三农'问题作为全党工作重中之重,举全党全社会之力推动乡村振兴"。如何落实习近平总书记的殷殷嘱托?从法学理论工作者的角度来看:一方面要认真总结我国乡村振兴中的成熟做法,坚持理论从实践中来,基于本土化的实践总结出中国经验、中国理论和中国制度,从而真正实现传统农村与现代市场的对接以深度推进乡村振兴的政策宏旨;另一方面要坚持马克思主义的基本立场、基本方法,坚持辩证唯物主义和历史唯物主义,不唯书、不唯洋、只唯实,适时适度加以创新,从而真正解决困扰农村发展的"钱从哪里来、地该怎么用、人到哪里去"问题,激活发展农村的内生性资源禀赋和条件。

西南政法大学经济法学科长期关注农村问题,致力于农村法治研究。早在20世纪80年代初,以李昌麒教授为代表的学科团队就针对"农业生产承包合同的法律性质"等前沿性问题展开探讨,并于1999年应邀为中央领导同志开展主题为"依法保障和促进农村的改革、发展和稳定"的法制讲座。2000年,西南政法大学在经济法学科的基础上,组建了中国农村经济法制创新研究中心,实现了此类基地省部级重点研究基地"零"的突破。在此背景下,为推进乡村振兴法治理论及法律制度的学术研究,为全面乡村振兴提供智力支持,西南政法大学经济法学院、经济法学科及中国农村经济法制创新研究中心共同推出了《乡村振兴法治文库》。秉持优中择优、宁缺毋滥的遴选原则,《乡村振兴法治文库》面向校内外师生及实务工作者征集乡村振兴法治研究书稿,计划每年资助2~3部作品出版。欢迎各界朋友不吝赐教、踊跃赐稿!

"文章乃经国之大业,不朽之盛事。"我们真诚地期待,《乡村振兴法治文库》能够以简洁但不简单的文字、深入却不深奥的文风,为我国乡村振兴的伟业添砖加瓦;因为农业农村农民问题是一个中国问题,是我们这个时代面临的真正的问题,也是中国式现代化进程中无法回避的问题。愿《乡村振兴法治文库》纳百川、上层楼,美美与共,回首灯火阑珊处!

西南政法大学经济法学院
西南政法大学经济法学科
中国农村经济法制创新研究中心
2023年5月20日

序

我国农村人民公社化时期确立并在日后日益完善的"集体所有,村民使用"的宅基地制度,对于实现农村集体成员"户有所居"无疑发挥了巨大作用。然而,随着农业农村市场化改革的不断深化,这种彰显身份性特征的宅基地制度也制约着土地的要素化利用,阻碍了宅基地使用权及其上房屋产权的经济价值的实现,尤其是近年来,随着我国新型城镇化建设的快速推进,农民对宅基地使用权及其上房屋产权经济价值的实现需求愈发强烈。如何完善宅基地制度,妥当处理宅基地保障功能与财产功能的关系,便成为我国深化农村土地制度改革面临的重大课题。2015 年,我国开启宅基地制度改革探索,宅基地"三权分置"由此成为继承包地"三权分置"后的又一项农村土地制度重大改革并在一些地方试点。时至今日,探索宅基地"三权分置"的有效实现形式,已经被党和国家列为我国全面推进乡村振兴的重点工作之一。

一如承包地"三权分置",宅基地"三权分置"的探索也面临与传统物权法理论和制度如何衔接、农村土地财产权的私法逻辑与农村土地的保障功能如何协调等诸多棘手的问题。综观我国学术界,我们不难发现,自 2015 年我国启动宅基地制度改革试点以来,尤其是在中央明确提出宅基地"三权分置"以来,经济学、社会学、法学等学科领域对宅基地"三权分置"给予了极高的关注,围绕宅基地"三权分置"的法理意蕴、理论逻辑、宅基地资格权等方面形成了大量的研究成果;这些研究成果为宅基地"三权分置"的制度构建和完善提供了丰富的理论资源。但我们也应当承认,既有关于宅基地"三权分置"的学术研究也存在诸如过多关注宅基地"三权分置"下的具体权利而系统性探讨不足、过于偏重宅基地作为财产的传统私法逻辑而相对忽视宅基地制度保障功能等问题；这就意味着对宅基地"三权分置"尚有持续深入研究的必要。

本书正是作者基于上述背景而成就的一部专门研究宅基地"三权分置"法律制度的力作，也是作者主持的教育部人文社会科学研究规划基金项目的最终成果。针对作者提交结项的书稿，5位匿名评审专家均给出了"优秀"的评价等级，这在很大程度上反映出本书具有很高的学术水准。通过阅读，本人亦感到，本书不但深入揭示了宅基地"三权分置"的理论逻辑，搭建了系统性的宅基地"三权分置"法律制度框架，而且提出并论证了不少具有创新性的构建宅基地"三权分置"具体法律制度的思维进路，这些思维进路包括：区分物权权能和管理权能并将其作为集体所有制的基本法律实现形式；将宅基地集体所有权管理权能作为公共规制权的重要类型；基于私法路径与公法路径的相对分离架构宅基地"三权"；将宅基地资格权的内容细分为积极权能（主要权能、转接权能）和消极权能（主动保护、被动保护）并分别予以体系化构建；将转接权能植入宅基地资格权并设计转接规则；将宅基地市场化利用的法律规制分解为一般性规制和目的性规制并分别予以具体化。作者在本书中作出的以上努力，不但有助于宅基地"三权分置"理论研究的深化，而且可望为宅基地"三权分置"法律制度的健全提供有益的参考方案。

当然，宅基地制度的复杂性决定了对其进行研究应当具有持续性。本书仅是作者对宅基地制度长期思考的一个总结。期待作者能够在此基础上围绕宅基地制度推出更多、更优秀的成果。

本人作为作者攻读硕士学位期间的导师和作者从教后的同事，多年来见证了作者的成长。在本书即将付梓之际，本人应允为本书作序，以此勉励作者，并向读者推荐本书。

李长富[*]

2025年2月1日

---

[*] 西南政法大学教授、博士生导师，中国法学会经济法学研究会副会长。

前　言

宅基地制度作为我国农村土地制度改革的"最后一块地",因涉及面广、事关农民基本住房保障而被视为"深化农村土地制度改革"的"最难啃骨头"。"两权分置"下的宅基地制度是按照集体所有制要求,在国家引导、农民参与下逐步建立和发展起来的。"户有所居"早已成为宅基地制度的重要立法目标,在制度层面主要表现为集体成员以户为单位申请成员集体分配建造住宅用宅基地并依法无偿获得无期限的宅基地使用权。"两权分置"下的宅基地制度更多是按照公法逻辑构造的结果。这一制度安排极大满足了集体成员"户有所居"的基本保障需求,促进了农村经济社会稳定发展,但宅基地使用权配置与利用规则对主体身份性、功能保障性的基本要求,也直接限制了"两权分置"下宅基地使用权主体的范围,进而制约宅基地要素市场化利用以及宅基地使用权和宅基地上房屋产权的经济价值实现。随着新型城镇化快速发展,集体成员也出现了群体分化,进城落户农民等群体对宅基地使用权和住宅产权财产价值实现的需求显著高于维持宅基地制度保障功能的需要。这进一步推动了宅基地制度的创新性发展。

为适应宅基地制度科学发展需要,许多地方开展了与宅基地"三权分置"相关的实践探索。理论界及实务界也围绕"所有权—使用权"架构展开了大量研究,推动了宅基地制度从"两权分置"向"三权分置"的发展转变。尽管承包地"三权分置"实践探索早于宅基地"三权分置"改革且经成熟探索已经完成了"入法",但两者在路径依赖、功能定位、制度惯性、公众认知等方面存在较大差异。宅基地"三权分置"改革无法直接照搬承包地"三权分置"改革的实践方案和立法经验。"两权分置"下的宅基地制度也并非单纯按照私法逻辑建立的,照搬传统物权理论和规则阐释构造宅基地制度也是极为不妥的。但宅基地"三权分置"改革并非对"两权分置"下宅基地制度的彻底否定而是辩证发展。"两权分置"下的宅基地制度仍然是宅基地"三权分置"改革的基础。宅基地"三权分置"改革探索仍以"户有所居"基本保障为目标,坚持宅基地制度科学发展要求,遵循宅基地制度变迁的惯性,力求协调好宅基地制度中私法与公法、保障功能与财产功能之间的关系,创新性构造具有适应性的宅基地权利理论和制度。

宅基地"三权分置"改革是对宅基地制度的创新性发展,应当立足集体所有制,以实质公平为理念,从"认识论""实践论""构造论"三个维度深入诠释宅基地"三权分置"的基本理论,重塑"三权分置"下的宅基地权利结构,系统构造宅基地"三权分置"法律制度。在本书中:"认识论"为第一章,主要是系统梳理宅基地制度发展变迁,厘清"三权分置"下宅基地制度功能的基本构成并在此基础上深入阐释宅基地"三权分置"改革的基本法理。"实践论"为第二章,立足宅基地"三权分置"改革典型实践,力求归纳整理相关地方在宅基地"三权"结构以及落实宅基地集体所有权、保障宅基地资格权、适度放活宅基地使用权、与相关制度衔接等方面的主要做法,提炼出宅基地"三权分置"的实践经验,全面解析面临的主要风险,为构造"三权分置"下的宅基地权利结构和法律制度奠定基础。"构造论"则由第三章、第四章、第五章、第六章构成,坚持通过系统的宅基地权利及其制度构造,以有效防控风险,推动宅基地制度科学发展,着重探讨宅基地"三权分置"的权利架构和制度构造。一方面,在评析和借鉴相关学说的基础上,立足宅基地制度科学发展要求,提出"三权分置"下宅基地"三权"的基本逻辑,系统构造宅基地集体所有权、宅基地资格权和宅基地使用权。另一方面,以构造的宅基地"三权"为基础,系统设计落实宅基地集体所有权的法律制度、保障宅基地资格权的法律制度以及适度放活宅基地使用权的法律制度。

目 录

导 论 ··· 001

第一章 宅基地"三权分置"改革的法理阐释 ································· 016
一、宅基地制度的发展变迁 ·· 016
(一)"私人所有"与自由流转阶段(1949年至1957年) ··········· 016
(二)"两权分置"与开放利用阶段(1958年至1997年) ··········· 018
(三)"两权分置"与限制利用阶段(1998年至2012年) ··········· 021
(四)"三权分置"的实践探索阶段(2013年至今) ··················· 025
二、宅基地"三权分置"改革的基本要求 ·································· 030
(一)宅基地"三权分置"改革的语词表述 ······························ 030
(二)宅基地"三权分置"改革的底线要求 ······························ 031
(三)宅基地"三权分置"改革的目标要求 ······························ 034
(四)宅基地"三权分置"改革的路径要求 ······························ 036
三、宅基地"三权分置"改革的主要任务 ·································· 038
(一)宅基地"三权分置"阐释的基本要求 ······························ 038
(二)"落实宅基地集体所有权"的主要任务 ·························· 040
(三)"保障宅基地农户资格权"的主要任务 ·························· 042
(四)"适度放活宅基地和农民房屋使用权"的主要任务 ········· 043
四、宅基地"三权分置"改革的逻辑进路 ·································· 045
(一)"三权分置"以"两权分置"为改革前提和逻辑起点 ······· 045

(二)适度放活宅基地使用权是"三权分置"改革的重点 …… 047
　　(三)"三权"协同实现是宅基地"三权分置"改革的方向 …… 048

第二章　宅基地"三权分置"改革的实践述评 …… 050
一、宅基地"三权分置"的实践做法 …… 050
　　(一)"三权分置"下宅基地"三权"的结构 …… 051
　　(二)落实宅基地集体所有权的实践探索 …… 052
　　(三)保障宅基地资格权的实践探索 …… 061
　　(四)适度放活宅基地使用权的实践探索 …… 068
　　(五)宅基地"三权分置"改革的相关衔接 …… 084
二、宅基地"三权分置"的实践经验 …… 088
　　(一)坚持实践探索不突破底线 …… 088
　　(二)落实成员集体的重要职责 …… 090
　　(三)宅基地资格权为资格权利 …… 092
　　(四)多样且适应性的流转方式 …… 093
　　(五)注重改革探索的协同推进 …… 094
三、宅基地"三权分置"面临的风险 …… 095
　　(一)落实集体所有权的风险 …… 095
　　(二)农户住房福利保障风险 …… 099
　　(三)宅基地使用权运行风险 …… 100
　　(四)监管制度的适当性风险 …… 102
四、宅基地"三权分置"风险防治路径 …… 104

第三章　宅基地"三权分置"的权利架构 …… 105
一、宅基地"三权分置"权利构造的观点评析 …… 105
　　(一)宅基地"三权分置"提出前的构造思路 …… 105
　　(二)从宅基地使用权直接析出权利的方案 …… 108
　　(三)将宅基地资格权提取归入成员权方案 …… 111
二、宅基地"三权分置"权利架构的基本逻辑 …… 114
　　(一)宅基地"三权分置"权利架构的基本考量 …… 114
　　(二)宅基地"三权分置"权利构造的路径依赖 …… 117

(三)宅基地"三权分置"权利构造的框架结构 120
(四)宅基地"三权分置"权利构造的主要限度 122
三、"三权分置"下的宅基地集体所有权 124
(一)宅基地集体所有权的构造困境 124
(二)宅基地集体所有权的理论诠释 127
(三)宅基地集体所有权的物权权能 133
(四)宅基地集体所有权的管理权能 137
四、"三权分置"下的宅基地资格权 142
(一)宅基地资格权相关学说述评 142
(二)宅基地资格权遁入集体成员权的逻辑 151
(三)集体成员权视野下宅基地资格权界定 158
五、"三权分置"下的宅基地使用权 168
(一)"三权分置"下宅基地使用权的语词表述与主体范围 168
(二)"三权分置"下宅基地使用权的形成路径与法律属性 170
(三)"三权分置"下宅基地使用权的权利边界与实现形式 173

第四章 落实宅基地集体所有权的制度构造 176
一、落实宅基地集体所有权的基本进路 176
(一)落实宅基地集体所有权的实质 176
(二)落实宅基地集体所有权的思路 177
二、宅基地集体所有权物权权能的实现 179
(一)宅基地集体所有权物权权能的立法明确 179
(二)宅基地集体所有权物权权能的协同实现 182
三、宅基地集体分配制度的改革 186
(一)集体分配宅基地的集体公共产品属性 186
(二)集体分类供给作为公共产品的宅基地 188
(三)集体供给作为公共产品之宅基地的限度 189
四、集体土地收益金制度的构建 190
(一)集体土地收益金的适用范围 191
(二)集体土地收益金的缴纳主体 196
(三)集体土地收益金的缴纳标准 198

(四)集体土地收益金的自治管理 …………………………………… 201
五、宅基地集体管理制度的完善 …………………………………………… 202
 (一)集体规制权立法配置 …………………………………………… 203
 (二)宅基地利用规划管理 …………………………………………… 205
 (三)宅基地利用状态奖惩 …………………………………………… 206
 (四)宅基地收回权法定化 …………………………………………… 207

第五章　保障宅基地资格权的制度构造 …………………………………… 217

一、宅基地资格权的取得 …………………………………………………… 217
 (一)宅基地资格权的取得方式 ……………………………………… 218
 (二)宅基地资格权的认定主体 ……………………………………… 220
 (三)宅基地资格权的认定模式 ……………………………………… 222
二、宅基地资格权的登记 …………………………………………………… 224
 (一)宅基地资格权登记的止争 ……………………………………… 224
 (二)宅基地资格权的登记管理 ……………………………………… 227
 (三)宅基地资格权的登记颁证 ……………………………………… 228
 (四)宅基地资格权的登记生效 ……………………………………… 229
三、宅基地资格权的行使 …………………………………………………… 231
 (一)宅基地资格权行使的基本分类 ………………………………… 231
 (二)宅基地资格权行使方式与限制 ………………………………… 232
 (三)宅基地资格权行使的法律效果 ………………………………… 234
四、宅基地资格权的转接 …………………………………………………… 235
 (一)明确转接条件 …………………………………………………… 235
 (二)规范转接程序 …………………………………………………… 237
 (三)完善转接效果 …………………………………………………… 238
 (四)配套制度建设 …………………………………………………… 239
五、宅基地资格权的限制 …………………………………………………… 240
 (一)禁止流转宅基地资格权 ………………………………………… 241
 (二)谨慎退出宅基地资格权 ………………………………………… 241
 (三)不得收回宅基地资格权 ………………………………………… 242

第六章　适度放活宅基地使用权的制度构造 …… 245
一、适度放活宅基地使用权的法理阐释 …… 245
（一）适度放活宅基地使用权的理论依据 …… 246
（二）适度放活宅基地使用权的目标指向 …… 247
二、宅基地使用权的取得、变更与丧失 …… 248
（一）宅基地使用权的取得 …… 248
（二）宅基地使用权的变更 …… 255
（三）宅基地使用权的消灭 …… 256
（四）宅基地使用权的登记 …… 261
三、适度放活宅基地使用权的实现模式 …… 264
（一）宅基地使用权的放活条件 …… 264
（二）宅基地使用权的放活模式 …… 265
四、适度放活宅基地使用权的基本限度 …… 268
（一）适度放活宅基地使用权的体系限制 …… 268
（二）适度放活宅基地使用权的基本边界 …… 270
五、适度放活宅基地使用权的实现进路 …… 272
（一）宅基地使用权的放活要求 …… 273
（二）宅基地使用权的放活条件 …… 274
（三）宅基地使用权的放活模式 …… 276
（四）宅基地使用权的放活方案 …… 278

参考文献 …… 281

后　记 …… 289

导　论

"道有因有循,有革有化。"任何一项制度的设计都不是一成不变的,是会因循所处经济社会环境而变化的。依托并超越制度背景、制度环境,预判制度变迁方向,是改革创新的基本逻辑。我国集体土地制度作为社会主义公有制的基本实现形式,颇具时空特性,尤以宅基地制度为甚。宅基地制度已成为党的二十大报告关于"深化农村土地制度改革"的"最后一个堡垒",是实施乡村振兴战略的重要支撑,亟须推动理论创新和制度发展。

一、问题缘起

实施乡村振兴战略既要协调政府与市场关系,又要创新体制机制,有效发挥"两只手"的合力,强化制度供给。[1] 从我国农村经济社会发展实际来看,农村土地产权制度仍是实施乡村振兴战略的重要制度构成。宅基地制度作为农村土地产权制度的重要组成部分,其改革与完善成为实施乡村振兴战略的重要内容。事实上,在完成集体土地征收制度和承包地"三权分置"改革探索后,宅基地制度改革已成为实施乡村振兴战略最关键、最敏感的环节。在严格的土地用途管制下,宅基地已成为各地开展农村土地制度改革探索的重点领域。在此背景下,探索适应乡村振兴的宅基地制度改革进路,成为我国农村改革发展的重点任务。

---

[1] 参见乔洪武、高树军:《乡村振兴重在"两只手"形成合力》,载《经济日报》2018年1月25日,第15版。

在长期的宅基地制度实践中,我国基于集体所有制和农民的住房保障要求,逐步形成"集体所有""一户一宅""限定面积""无偿使用""规划管控""内部流转"的现行宅基地制度安排;[1]将福利保障性、身份专属性、权利有限性融入宅基地制度规则,作为实现"户有所居"基本保障的基本思路。以身份性、保障性为主要特征的宅基地制度发挥了促进农村经济社会稳定发展的重要作用。但随着农村经济社会发展和新型城镇化的快速推进,现行宅基地制度的弊端愈发凸显。尤其是以集体成员身份为基础的宅基地初始配置和集体成员主导的利用规则在实现"户有所居"基本保障的同时,[2]也在很大程度上限制了宅基地作为重要市场资源的市场化利用,束缚了宅基地要素价值和宅基地使用权财产价值实现。

21世纪以来,我国农村人口生活方式发生重大变化,农民代际差异逐渐拉大且呈现群体分化现象。"两权分置"下的宅基地制度仍强化身份性,以保障功能为主导价值,农民与宅基地的粘性渐趋淡化,权利身份性带来权利的固化,以致宅基地闲置、利用率偏低等问题严重,[3]"超额"占用、使用宅基地[4]等现象较为突出,宅基地使用权"制度外"流转和多元利用常态化[5]时常发生。受人口流动性增强影响,"土地承包型农民""土地流转型农民""社会服务型农民""进城落户农民"等农民群体呈分化趋势。[6] 这在一定程度上凸显出科学平衡宅基地制度保障功能与财产功能、释放宅基地要素价值、实现宅基地使用权财产价值的重要性和迫切性。协调好宅基地制度保障功能与财产功能关系成为宅基地制度改革探索的基本主线。

---

[1] 参见袁威:《宅基地制度改革要处理好四个关系》,载《学习时报》2020年8月12日,A6版。
[2] 从实践来看,不具有本农村集体经济组织成员身份的自然人主要通过两种方式获得宅基地使用权:一是按照原《中华人民共和国继承法》继承房屋所有权的同时基于"房地一体"原则获得宅基地使用权;二是其他农村集体经济组织成员等特定对象,依法通过在本农村集体经济组织范围内申请宅基地建房、购买本农村集体经济组织成员房产等方式,获得宅基地使用权。但各地在实践中对上述限制和管理极为严格。由此来看,本农村集体经济组织以户为单位向成员集体申请分配宅基地,获得宅基地使用权仍是宅基地初始取得的主要形式。
[3] 有研究将宅基地闲置划分为建新不拆旧闲置、继承宅基地闲置、批而不建闲置和外出务工季节性闲置四类。参见魏晖、巩前文:《农村宅基地闲置的主要类型及分类治理对策》,载《世界农业》2020年第10期。
[4] 参见宋志红:《乡村振兴背景下的宅基地权利制度重构》,载《法学研究》2019年第3期。
[5] 参见陈基伟、徐小峰、章晓曼:《农村宅基地的多元利用》,载《中国土地》2018年第8期。
[6] 参见陈丹:《宅基地"三权分置"下农民财产权益的实现路径》,载《农村经济》2020年第7期。

2014年12月,中央全面深化改革领导小组审议通过的《关于农村土地征收、集体经营性建设用地入市、宅基地制度改革试点工作的意见》提出了"三块地"改革要求和方向。[1] 2015年2月,全国人大常委会审议通过《关于授权国务院在北京市大兴区等三十三个试点县(市、区)行政区域暂时调整实施有关法律规定的决定》,为"三块地"改革提供立法支持。同年3月,原国土资源部正式启动"三块地"改革,并于同年6月会同相关部门逐一研究批复试点地区实施方案,[2]宅基地制度改革拓展至全部33个试点县(市、区)。承包地"三权分置"在地方探索中愈发成熟,并最终被规定到2018年12月修正的《中华人民共和国农村土地承包法》(以下简称《农村土地承包法》)中。相关地方在"三块地"改革中将宅基地使用权作为重点,在其取得、流转、退出等方面开展了许多有益探索,但直至2018年《中共中央、国务院关于实施乡村振兴战略的意见》(以下简称2018年中央一号文件)才首次提出探索宅基地"三权分置"。[3] 此后,中央出台多个相关文件(见表0-1)。

表0-1 宅基地"三权分置"改革相关政策文件表述

文件名称	文件表述
2018年中央一号文件	探索宅基地所有权、资格权、使用权"三权分置";落实宅基地集体所有权;保障宅基地农户资格权和农民房屋财产权;适度放活宅基地和农民房屋使用权
《中共中央、国务院关于建立健全城乡融合发展体制机制和政策体系的意见》	探索宅基地所有权、资格权、使用权"三权分置";落实宅基地集体所有权;保障宅基地农户资格权和农民房屋财产权;适度放活宅基地和农民房屋使用权
《深化农村宅基地制度改革试点方案》	探索(宅基地"三权分置"的)具体路径和办法;落实宅基地集体所有权;保障宅基地农户资格权和农民房屋财产权;适度放活宅基地和农民房屋使用权

---

[1] 学术界和实务界习惯性地将"农村土地征收、集体经营性建设用地入市、宅基地制度改革"统称为"三块地"改革。为行文方便,后文统称"三块地"改革。

[2] 参见《国务院关于农村土地征收、集体经营性建设用地入市、宅基地制度改革试点情况的总结报告》。

[3] 2018年1月印发的《中共中央、国务院关于实施乡村振兴战略的意见》首次提出"探索宅基地所有权、资格权、使用权'三权分置'",并明确了探索的具体方向和基本要求。

续表

文件名称	文件表述
《中共中央关于制定国民经济和社会发展第十四个五年规划和二〇三五年远景目标的建议》	探索宅基地所有权、资格权、使用权分置实现形式
《中共中央 国务院关于全面推进乡村振兴加快农业农村现代化的意见》	探索宅基地所有权、资格权、使用权分置有效实现形式
《中共中央 国务院关于做好2022年全面推进乡村振兴重点工作的意见》	稳慎推进农村宅基地制度改革试点,规范开展房地一体宅基地确权登记

从义乌市、乐清市、德清县、余江区、泸县、大理市、大足区等地开展的宅基地"三权分置"探索来看,在坚持耕地红线、严格用途管制下,宅基地利用状况在很大程度上影响乡村振兴战略实施的用地需求和农民权益保护。乡村振兴战略需要推进宅基地"三权分置",但也给改革探索带来一定的不确定性。以"三权分置"为核心的宅基地制度改革探索的关键在于,在实现农民基本住宅保障需求前提下,如何更好地实现改革目标,保护好农民宅基地使用权。[1] 这就需要立足实践,把握宅基地制度改革的"底线",重塑宅基地制度功能,构建宅基地"三权分置"的制度方案。[2] 在此背景下,探究宅基地"三权分置"法律制度,利于厘清集体所有制的基本法律实现形式,并以此为依据从物权权能和管理权能两方面解构宅基地集体所有权并形成相应的实现进路,弥补理论研究不足,支撑宅基地"三权分置"制度规则设计,促进宅基地权利理论发展,为推进地方探索乃至未来宅基地"三权分置"制度"入法"提供参考借鉴。

二、研究现状

(一)宅基地制度改革研究的阶段性特征

国内相关研究聚焦宅基地改革领域,仅有少量研究成果直接聚焦宅基地"三权分置"改革。总体上,国内相关研究主要受宅基地立法和政策变革的影响,研究成果在数量和内容上呈现明显的阶段性特征。

---

[1] 参见陈奕青、张富利:《宅基地"三权分置"的法律制度实现路径探析》,载《社科纵横》2020年第7期。

[2] 参见董祚继:《"三权分置"——农村宅基地制度的重大创新》,载《中国土地》2018年第3期。

第一阶段:改革开放至《中华人民共和国物权法》(已失效,以下简称原《物权法》)制定前。国内相关研究相对较多,但按年度来看,每年发表的成果较少,其中也有一些法学研究成果。[1]这些研究大多从集体所有制、宅基地制度的变迁与现实、现代财产权利发展、纠纷的司法解决等视角出发,采取文本分析、实证研究、比较分析等研究方法,形成了许多颇具时代气息的理论成果。

第二阶段:原《物权法》制定至2015年启动宅基地制度改革试点前。党的十七届三中全会通过的《中共中央关于推进农村改革发展若干重大问题的决定》推动了农村法治研究,研究成果呈爆发式增长。[2]这些成果大多以原《物权法》制定、宅基地流转为视角,采取实证分析、规范分析等研究方法。尤其围绕原《物权法》制定,形成了大批研究成果和创新观点。例如,按照他物权取得

[1] 相关成果参见宗熙:《宅基地纠纷法院应不应该受理》,载《法学杂志》1982年第5期;惠卿:《职工可以申请宅基地盖房吗?》,载《法学杂志》1983年第1期;林玲霞:《浅谈宅基地纠纷案件的审理》,载《法学》1986年第4期;纪敏:《以宅基地为诉讼标的的遗嘱不应保护》,载《人民司法》1986年第11期;杨顺发:《拆旧盖新与宅基地使用权》,载《河北法学》1990年第6期;荆国安:《村民委员会在宅基地报批中的法律地位和责任》,载《人民司法》1993年第1期;本刊法律顾问组:《祖遗宅基地被人占用不能收回》,载《法学杂志》1993年第3期;臧晋运:《农村宅基地使用费取消后对非法占地建住宅的处罚措施》,载《中国土地》1994年第1期;王保荣、郑剑波:《谈如何认定行政机关处理农村居民因购买、接受赠予房屋而占用宅基地的法律适用问题》,载《法律适用》1994年第4期;凡夫:《乡政府无权认定县政府颁发的宅基地使用证无效》,载《人民司法》1997年第7期;郭振海:《农村宅基地诉讼的几个法律问题》,载《中国土地》1997年第9期;王书生:《试析城郊农村宅基地使用权的共同共有》,载《河南省政法管理干部学院学报》1998年第4期;曹云清、曾红波:《试论农村宅基地使用权的性质——兼论集体土地所有权的有关问题》,载《江西公安专科学校学报》2003年第5期;张待水:《农民宅基地使用权流转法律制度探析》,载《江西社会科学》2004年第3期;孟勤国:《物权法开禁农村宅基地交易之辩》,载《法学评论》2005年第4期;韩世远:《宅基地的立法问题——兼析物权法草案第十三章"宅基地使用权"》,载《政治与法律》2005年第5期;朱岩:《"宅基地使用权"评释——评〈物权法草案〉第十三章》,载《中外法学》2006年第1期。

[2] 参见郭明瑞:《关于宅基地使用权的立法建议》,载《法学论坛》2007年第1期;刘俊:《农村宅基地使用权制度研究》,载《西南民族大学学报(人文社会科学版)》2007年第3期;高圣平、刘守英:《宅基地使用权初始取得制度研究》,载《中国土地科学》2007年第2期;李凤章:《从事实到规范:物权法民意基础的实证研究——以土地问题为中心》,载《政法论坛》2007年第3期;蔡立东:《宅基地使用权取得的法律结构》,载《吉林大学社会科学学报》2007年第3期;丁关良:《1949年以来中国农村宅基地制度的演变》,载《湖南农业大学学报(社会科学版)》2008年第4期;陈小君:《农村土地制度的物权法规范解析——学习〈关于推进农村改革发展若干重大问题的决定〉后的思考》,载《法商研究》2009年第1期;龙翼飞、徐霖:《对我国农村宅基地使用权法律调整的立法建议——兼论"小产权房"问题的解决》,载《法学杂志》2009年第9期;陈小君:《农村集体土地征收的法理反思与制度重构》,载《中国法学》2012年第1期;耿卓:《论宅基地使用权的物权变动》,载《政治与法律》2012年第5期;王崇敏:《我国农村宅基地使用权取得制度的现代化构建》,载《当代法学》2012年第5期;高圣平:《不动产统一登记视野下的农村房屋登记:困境与出路》,载《当代法学》2014年第2期;王崇敏:《论我国宅基地使用权制度的现代化构造》,载《法商研究》2014年第2期;王卫国、朱庆育:《宅基地如何进入市场?——以画家村房屋买卖案为切入点》,载《政法论坛》2014年第3期;陈小君:《我国农村土地法律制度变革的思路与框架——十八届三中全会〈决定〉相关内容解读》,载《法学研究》2014年第4期;耿卓:《农民土地财产权保护的观念转变及其立法回应——以农村集体经济有效实现为视角》,载《法学研究》2014年第5期。

的基本原理重构宅基地使用权初始取得制度,[1]完善附条件退出机制,[2]通过设立地上权为宅基地及其地上房屋开辟合法入市流转渠道,[3]等等。

第三阶段:2015年启动宅基地制度改革试点至宅基地"三权分置"提出前。法学、经济学、社会学等领域学者积极关注,研究成果在质和量上更上新台阶。[4]国内相关研究大多以新型城镇化和集体经营性建设用地"入市"为背景,运用司法实证、案例分析、样本研究等方法,形成了大批优质成果。例如,陈锡文与蔡继明就宅基地使用权是不是农民住房财产权的组成部分展开探讨。[5]董祚继较早从宏观层面探索宅基地"三权分置"的制度价值、理论研究、制度设计。[6]张晓山等人论证了"实施乡村振兴战略"及其与宅基地制度改革的关系。[7]

第四阶段:宅基地"三权分置"提出后。经济学、社会学、法学等领域对宅基地"三权分置"改革的关注度较高。通过在中国知网检索相关文献发现,[8]在2018年中央一号文件首次提出宅基地"三权分置"后,相关研究成果呈剧增趋势。有学者认为,宅基地"三权分置"与承包地"三权分置"不同,不存在鼓励集中到少数人手里的问题。[9]肖鹏、董新辉等人探讨了宅基地"三权分置"的

---

[1] 参见高圣平、刘守英:《宅基地使用权初始取得制度研究》,载《中国土地科学》2007年第2期。

[2] 参见陈小君、蒋省三:《宅基地使用权制度:规范解析、实践挑战及其立法回应》,载《管理世界》2010年第10期。

[3] 参见王卫国、朱庆育:《宅基地如何进入市场?——以画家村房屋买卖案为切入点》,载《政法论坛》2014年第3期。

[4] 相关研究成果参见董祚继:《新形势下的土地管理》(下篇),载《资源与人居环境》2015年第1期;蔡继明:《关于当前土地制度改革的争论》,载《河北经贸大学学报》2015年第2期;高海:《论农民住房有限抵押》,载《中国农村观察》2017年第2期;高海:《农村宅基地上房屋买卖司法实证研究》,载《法律科学(西北政法大学学报)》2017年第4期;张晓山:《践行五大发展理念 探索新型城镇化新路径》,载《中国乡村发现》2017年第3期;刘守英:《中国土地制度改革:上半程及下半程》,载《国际经济评论》2017年第5期;郑风田:《振兴乡村必须打破城乡资源流动的障碍》,载《农村工作通讯》2017年第24期。

[5] 参见陈锡文:《农村土地制度改革不能突破三条底线》,载《国土资源导刊》2013年第12期;蔡继明:《关于当前土地制度改革的争论》,载《河北经贸大学学报》2015年第2期。

[6] 参见董祚继:《新形势下的土地管理》(下篇),载《资源与人居环境》2015年第1期。

[7] 参见张晓山:《践行五大发展理念 探索新型城镇化新路径》,载《中国乡村发现》2017年第3期。

[8] 检索时间为2024年12月10日,检索条件为篇名,检索关键词为"宅基地""三权分置",发表年度及结果数量如下:2014年1条、2016年1条、2017年2条、2018年74条、2019年145条、2020年167条、2021年138条、2022年116条、2023年104篇、2024年68篇。考虑到检索时间以及中国知网收录文献的相对滞后,预计2024年全年度篇数可能略低于2023年。

[9] 参见韩俊:《今年中央一号文件的主要精神和政策举措》,载《上海农村经济》2018年第3期。

制度变迁。[1] 陈小君等人探讨了宅基地"三权分置"面临的制度困局。[2] 李凤章、李国强、宋志红、刘国栋、张力、刘恒科、肖鹏、高海、管洪彦、韩松等人探讨了宅基地"三权分置"的"三权"性质、法律内涵、权利结构、制度构建、分配制度等内容。[3] 刘守英等人主张赋权扩能，明确宅基地用益物权，实现宅基地资本化，完善宅基地管理制度。[4] 有学者认为，成员资格权在农村宅基地产权中极其重要，攸关农民作为集体经济组织成员的基本权益。[5] 有学者认为，"三权分置"最关键的是适度放活使用权。[6]

(二) 宅基地"三权分置"改革研究介评

自2018年中央一号文件首次提出宅基地"三权分置"以来，学界对相关实务和理论研究的关注度不断上升。总体来讲，经济学、社会学领域相关研究成果较多，法学领域相关研究成果亦不少，但大多集中在宅基地"三权分置"的法理阐释、"三权"的法律属性、权利逻辑等方面。现有相关研究成果主要从以下几个方面为探索宅基地"三权分置"法律制度构造提供了重要的理论借鉴和经验启示。

---

[1] 参见肖鹏、王朝霞：《宅基地"三权分置"的制度演进、政策背景与权利构造》，载《云南大学学报（社会科学版）》2020年第3期；董新辉：《新中国70年宅基地使用权流转：制度变迁、现实困境、改革方向》，载《中国农村经济》2019年第6期。

[2] 参见陈小君：《宅基地使用权的制度困局与破解之维》，载《法学研究》2019年第3期。

[3] 参见李凤章、李卓丽：《宅基地使用权身份化困境之破解——以物权与成员权的分离为视角》，载《法学杂志》2018年第3期；孟秀伶、李国强：《论宅基地"三权分置"中资格权的法律意蕴》，载《长春理工大学学报（社会科学版）》2020年第5期；宋志红：《宅基地"三权分置"的法律内涵和制度设计》，载《法学评论》2018年第4期；宋志红：《乡村振兴背景下的宅基地权利制度重构》，载《法学研究》2019年第3期；宋志红：《宅基地资格权：内涵、实践探索与制度构建》，载《法学评论》2021年第1期；刘国栋：《农村宅基地"三权分置"政策的立法表达——以"民法典物权编"的编纂为中心》，载《西南政法大学学报》2019年第2期；张力、王年：《"三权分置"路径下农村宅基地资格权的制度表达》，载《农业经济问题》2019年第4期；张力：《土地公有制对农村经营性建设用地入市改革的底线规制》，载《法律科学（西北政法大学学报）》2020年第6期；刘恒科：《宅基地流转的实践路径、权利结构与制度回应》，载《农业经济问题》2020年第7期；刘恒科：《宅基地三权分置的政策意蕴与制度实现》，载《法学家》2021年第5期；韩松：《论宅基地分配政策和分配制度改革》，载《政法论丛》2021年第1期；高海：《宅基地"三权分置"的法律表达——以〈德清办法〉为主要分析样本》，载《现代法学》2020年第3期；郭忠兴、王燕楠、王明生：《基于"人—地"二分视角的宅基地资格权探析》，载《中国农村观察》2022年第1期；管洪彦：《宅基地"三权分置"的权利结构与立法表达》，载《政法论坛》2021年第3期；肖鹏、王朝霞：《宅基地"三权分置"的制度演进、政策背景与权利构造》，载《云南大学学报（社会科学版）》2020年第3期。

[4] 参见刘守英、熊雪锋：《经济结构变革、村庄转型与宅基地制度变迁——四川省泸县宅基地制度改革案例研究》，载《中国农村经济》2018年第6期。

[5] 参见董祚继：《"三权分置"——农村宅基地制度的重大创新》，载《中国土地》2018年第3期。

[6] 参见朱启臻：《宅基地"三权分置"的关键是使用权适度放活》，载《农村工作通讯》2018年第3期。

1. 宅基地"三权分置"的政策及其阐释

关于宅基地"三权分置"的解读,张克俊等人主张从宅基地"三权分置"改革的初衷来明晰宅基地资格权和宅基地使用权的性质、关系。[1] 姚树荣等人还在"三权分置"的"三权"外,提出了发展权。[2] 关于宅基地集体所有权的性质,韩立达、徐忠国等人提出自物权的解释。[3] 在集体所有权基础上,学界以宅基地所有权、宅基地使用权"两权"分离为基础,着重探索"三权分置"下宅基地资格权和宅基地使用权的生成路径和法律属性。关于生成路径,宋志红讨论了基于债权让渡的租赁和基于用益物权的权利派生两条路径。[4] 董新辉认为,要避免望文生义地将宅基地资格权认定为申请宅基地的期待性权利。[5] 关于宅基地资格权的法律属性,程秀建等学者提出宅基地分配请求权说、用益物权说,[6] 李国强、张力等人提出成员权说。[7] 关于宅基地使用权的法律属性,孔祥智、宋志红基于物权提出用益物权说(宋志红教授将之表述为次级用益物权)的观点,[8] 刘凯湘、陈小君、高圣平从法定租赁权方面进行了探索。[9] 此外,徐丹丹还将宅基地资格权的内容界定为宅基地分配请求权、受让权、适度分配权、获益权。[10]

---

[1] 参见张克俊、付宗平:《"三权分置"下适度放活宅基地使用权探析》,载《农业经济问题》2020年第5期。

[2] 参见姚树荣、熊雪峰:《宅基地权利分置的制度结构与农户福利》,载《中国土地科学》2018年第4期。

[3] 参见韩立达、王艳西、韩冬:《农村宅基地"三权分置"内在要求、权利性质与实现形式》,载《农业经济问题》2018年第7期;徐忠国、卓跃飞、吴次芳、李冠:《农村宅基地三权分置的经济解释与法理演绎》,载《中国土地科学》2018年第8期。

[4] 参见宋志红:《宅基地"三权分置":从产权配置目标到立法实现》,载《中国土地科学》2019年第6期。

[5] 参见董新辉:《宅基地"三权分置"改革的路径选择:变"政策主导"为"法律主治"》,载《贵州师范大学学报(社会科学版)》2020年第4期。

[6] 参见程秀建:《宅基地资格权的权属定位与法律制度供给》,载《政治与法律》2018年第8期。

[7] 参见孟秀伶、李国强:《论宅基地"三权分置"中资格权的法律意蕴》,载《长春理工大学学报(社会科学版)》2020年第5期;张力、王年:《"三权分置"路径下农村宅基地资格权的制度表达》,载《农业经济问题》2019年第4期。

[8] 参见孔祥智:《宅基地改革政策沿革和发展方向》,载《农村工作通讯》2019年第12期;宋志红:《宅基地"三权分置"的法律内涵和制度设计》,载《法学评论》2018年第4期。

[9] 参见刘凯湘:《法定租赁权对农村宅基地制度改革的意义与构想》,载《法学论坛》2010年第1期;陈小君:《宅基地使用权的制度困局与破解之维》,载《法学研究》2019年第3期;高圣平:《宅基地制度改革政策的演进与走向》,载《中国人民大学学报》2019年第1期。

[10] 参见徐丹丹:《宅基地资格权的权属定位及其制度实现》,载《福建农林大学学报(哲学社会科学版)》2020年第1期。

2. 宅基地"三权分置"改革的探索与困境

国家立法和政策对宅基地长期严管的态度,在一定程度上制约了地方改革探索的主动性。魏后凯认为,基于"违法"甚至"违宪"之顾虑,地方主动改革动力不足。[1] 但中央关于宅基地"三权分置"改革目标方向和基本框架的确定,激励了地方探索。2020 年 6 月,中央深改委审议通过《深化农村宅基地制度改革试点方案》后,安徽省、江苏省等地相继出台文件推动宅基地"三权分置"在内的改革探索工作。相对而言,经济学、社会学领域对宅基地"三权分置"改革的地方探索研究较多。关于宅基地"三权分置"改革面临的问题:吴爱辉[2]、杨璐璐[3]、刘天利[4]、周俭[5]等人认为,在所有权方面存在"户"和"宅"认定不统一等历史遗留问题,面临权利边界难明晰、所有权主体不清晰等现实问题;汪杨植、黄敏、杜伟等人提出,在宅基地"三权分置"改革进程中存在各权利主体"理性程度"的研究判定难、农村宅基地"三权"的权利界定与保障难、宅基地"三权分置"政策实施的区域差异和空间差异评估难、宅基地"三权分置"政策实施的潜在风险评估难等问题。[6] 同时,法学领域的相关研究亦提出了宅基地"三权分置"所面临的内涵界定、"三权"性质认定与体系架构等问题。

3. 宅基地"三权分置"的权利构造

学界主要围绕宅基地资格权与宅基地使用权的关系,探索宅基地"三权分置"的权利构造。对于"三权"的指代对象,学者基于不同的分析路径和理论依据提出了不同看法。例如,韩世远主张"三权"为宅基地所有权、宅基地使用

---

[1] 参见魏后凯:《"十四五"时期中国农村发展若干重大问题》,载《中国农村经济》2020 年第 1 期。

[2] 参见吴爱辉:《城乡统筹背景下"小产权房"规制目标的反思及其修正》,载《社会科学研究》2016 年第 6 期。

[3] 参见杨璐璐:《农村宅基地制度面临的挑战与改革出路——基于产权完善的收益共享机制构建》,载《南京社会科学》2017 年第 11 期。

[4] 参见刘天利:《城镇化背景下宅基地使用权制度改革的法律困境与对策》,载《西安财经学院学报》2017 年第 6 期。

[5] 参见周俭:《宅基地"三权分置"对农民有啥好处?》,载《中国妇女报》2018 年 1 月 20 日,A3 版。

[6] 参见汪杨植、黄敏、杜伟:《深化农村宅基地"三权分置"改革的思考》,载《农村经济》2019 年第 7 期。

权、宅基地租赁权;[1]高圣平主张"三权"为宅基地所有权、宅基地使用权、宅基地租赁权或利用权;[2]高飞主张"三权"为宅基地所有权、宅基地成员权、宅基地使用权;[3]宋志红主张"三权"为宅基地所有权、宅基地使用权、宅基地经营权或宅基地租赁权;[4]董祚继主张"三权"为宅基地所有权、宅基地占有权、宅基地使用权;[5]陈广华、罗亚文主张"三权"为宅基地所有权、宅基地资格权、宅基地使用权或宅基地租赁使用权。[6] 前述不同主张,也大体反映了相关学者对宅基地"三权分置"中集体土地所有权之上宅基地资格权和宅基地使用权的权利架构的认知差异。许多学者根据宅基地使用权的身份属性或者可流转的财产属性,[7]探索提出"成员权+用益物权"[8]"用益物权+用益物权"[9]"用益物权+债权(法定租赁权)"[10]"宅基地使用权—次级宅基地使用权"[11]"宅基地使用权+建设用地使用权"[12]等具有代表性的宅基地"三权分置"的权利架构学说。

4.宅基地"三权分置"的制度设计

明确的制度功能是宅基地"三权分置"制度设计的重要内容。将农民作"土地承包型农民、土地流转型农民、社会服务型农民"[13]的类型划分,利于识别不同农民群体对宅基地保障功能和财产功能的主要需求,可为宅基地"三权

---

[1] 参见韩世远:《宅基地的立法问题——兼析物权法草案第十三章"宅基地使用权"》,载《政治与法律》2005年第5期。

[2] 参见高圣平:《宅基地制度改革政策的演进与走向》,载《中国人民大学学报》2019年第1期。

[3] 参见高飞:《农村土地"三权分置"的法理阐释与制度意蕴》,载《法学研究》2016年第3期。

[4] 参见宋志红:《宅基地"三权分置"的法律内涵和制度设计》,载《法学评论》2018年第4期。

[5] 参见董祚继:《以三权分置为农村宅基地改革突破口》,载《中国乡村发现》2017年第1期。

[6] 参见陈广华、罗亚文:《宅基地"三权分置"之法教义学分析——基于试点地区改革模式研究》,载《农村经济》2019年第2期。

[7] 参见肖鹏、王朝霞:《宅基地"三权分置"的制度演进、政策背景与权利构造》,载《云南大学学报(社会科学版)》2020年第3期。

[8] 李凤章、赵杰:《农户宅基地资格权的规范分析》,载《行政管理改革》2018年第4期;岳永兵:《宅基地"三权分置":一个引入配给权的分析框架》,载《中国国土资源经济》2018年第1期。

[9] 席志国:《民法典编纂视域中宅基地"三权分置"探究》,载《行政管理改革》2018年第4期。

[10] 刘凯related:《法定租赁权对农村宅基地制度改革的意义与构想》,载《法学论坛》2010年第1期;陈小君:《我国农村土地法律制度变革的思路与框架——十八届三中全会〈决定〉相关内容解读》,载《法学研究》2014年第4期;韩世远:《宅基地的立法问题——兼析物权法草案第十三章"宅基地使用权"》,载《政治与法律》2005年第5期。

[11] 宋志红:《宅基地"三权分置":从产权配置目标到立法实现》,载《中国土地科学》2019年第6期。

[12] 刘锐:《乡村振兴战略框架下的宅基地制度改革》,载《理论与改革》2018年第3期。

[13] 陈丹:《宅基地"三权分置"下农民财产权益的实现路径》,载《农村经济》2020年第7期。

分置"制度设计奠定基础。逐步放松甚至完全解除宅基地使用权流转的公权管制,[1]是改革探索的基本趋势。在此背景下,学界以"三权"的架构为基础展开探索。关于宅基地所有权,有学者主张,对其应进行完善,但应当将宅基地收回权剥离至乡镇土地管理所。[2]有学者提出,农房用于经营性流转的,理应由农民集体为农房受让人设定集体经营性建设用地使用权。[3] 关于宅基地资格权和宅基地使用权制度设计的相关研究成果较多。例如:有学者讨论了"三权分置"下宅基地的分配政策和分配制度改革探索,力求通过权利构造实现集体成员"户有所居"的基本住房保障需求;[4]有学者主张,建立资格权人监管宅基地利用制度、资格权人有偿退出制度,以及完善资格权人宅基地征收补偿制度。[5] 再如,有学者主张,拓展宅基地利用环节的权利类型和权利内容,平衡土地所有者、农民、外部主体三者在宅基地权益上的利益,增设支付对价型宅基地使用权,并通过与集体建设用地使用权的转换,解决农户彻底退出宅基地的对外转让关系、非成员继承和成员取得宅基地后丧失成员资格等问题。[6]

三、主要观点

实现宅基地土地资源有效配置和维护宅基地农户权益是宅基地"三权分置"改革的路径选择。但宅基地"三权分置"拥有极强的本土性特征,难以直接套用传统理论加以阐释和架构。立足我国相关实践探索,重塑宅基地制度的价值定位与功能体系,进而研判宅基地"三权分置"的基本法理及制度构成,是一条可能且可行的研究思路。为此,本书立足中国实际以及宅基地"三权分置"的实践探索,阐释宅基地"三权分置"相关政策,厘清宅基地上"三权"的权

---

[1] 参见黄健雄、郭泽喆:《"三权分置"改革回顾、研究综述及立法展望》,载《农业经济问题》2020年第5期。

[2] 参见贺日开:《宅基地收回权的虚置、异化与合理配置》,载《政法论坛》2020年第4期。

[3] 参见刘恒科:《宅基地流转的实践路径、权利结构与制度回应》,载《农业经济问题》2020年第7期。

[4] 参见韩松:《论宅基地分配政策和分配制度改革》,载《政法论丛》2021年第1期;韩松:《论乡村振兴背景下农户户有所居的住房保障》,载《法律科学(西北政法大学学报)》2022年第2期。

[5] 参见陈奕青、张富利:《宅基地"三权分置"的法律制度实现路径探析》,载《社科纵横》2020年第7期。

[6] 参见宋志红:《乡村振兴背景下的宅基地权利制度重构》,载《法学研究》2019年第3期。

利结构,着力构建科学化、体系化的宅基地"三权分置"法律制度。围绕这一思路,本书形成的主要观点包括:

其一,我国实行宅基地"三权分置"改革存在其特定的政策和理论考量。一方面,宅基地"三权分置"并非为了实现宅基地资源市场化配置而进行全盘市场化改革,而是在集体所有制框架下,通过科学界定宅基地制度的基本功能,实现其保障功能与财产功能的相对分离,促进宅基地资源的适度市场化配置。另一方面,宅基地"三权分置"改革并非彻底否定"两权分置"下的宅基地制度,而是在遵循制度变迁惯性下对"两权分置"的宅基地制度的突破性发展。"三权分置"成为宅基地制度改革相关理论探讨和实践探索的优选。

其二,把握"两权分置"下宅基地制度改革的科学方向和发展趋势。通过科学判定宅基地制度功能变化,可以剖析宅基地制度价值取向,进而确定宅基地制度改革方向。在"宅基地属性、宅基地价值、宅基地制度、宅基地制度功能"的逻辑框架内:保障功能是现行宅基地制度基本功能的主要方面,财产功能已逐渐上升为宅基地制度的主要功能,社会功能则是宅基地制度的基础功能。宅基地制度基本功能更新的主要方向是在"户有所居"基本保障基础上,适度实现财产功能和社会功能,并有序实现宅基地制度保障功能与住房保障制度的转接。

其三,宅基地"三权分置"政策话语较为清晰地呈现出宅基地"三权分置"改革的底线要求、目标定位、路径要求。宅基地"三权分置"改革存在两条主线:"两权分置"到"三权分置"是宅基地"三权分置"改革的"明线",从身份性与财产性高度集合到身份性与财产性相对剥离则是宅基地"三权分置"改革的"暗线"。两者统一于宅基地"三权分置"制度。落实宅基地集体所有权、保障宅基地资格权、适度放活宅基地使用权三者构成有机的逻辑体系,关键在于实现"三权"协同。这就需要科学界定"三权"及其分别在"落实""保障""适度放活"语境下的改革目标要求,将宅基地集体所有权、宅基地资格权、宅基地使用权作一体化的权利构造,明确"三权"主体及其利益类型,探索"三权"实现规则。

其四,坚持充分的实践探索是我国农村土地制度改革的"生气"和"底气"。早在2015年,义乌市就已开展有关改革探索。2020年年底,中央深改委确定部分地方开展以宅基地"三权分置"为主要方向的新一轮宅基地制度改革探索,标志着我国宅基地"三权分置"实践探索全面铺开。相关探索注重改革的协调性,将保障宅基地资格权和适度放活宅基地使用权作为重点,力求在保障功能基础上实现宅基地使用权的财产功能,形成了坚持实践不突破底线、落实成员集体的职权职责、将宅基地资格权确定为资格权利、探索多样且具有适应性的流转方式、注重改革探索的协同推进等实践经验。同时,在落实集体所有权、农户住房福利保障、宅基地使用权运行、监管制度的适当性、乡村文化迭代传承等方面面临法律风险,亟须通过体系化的制度设计予以回应。

其五,探索宅基地"三权分置"的权利架构不能过度受制于现有相关理论和实践,应当坚持科学性、系统性、实践性的标准,形成符合中国实际的宅基地"三权分置"权利结构及其理论逻辑。宅基地集体所有权既是物权法上的所有权,也是成员集体与集体成员社区性、身份性的基础和纽带,宜按照物权权能与管理权能相对区分的思路界定宅基地集体所有权权能。在此前提下,应综合集体成员权说等相关学说优势,将宅基地资格权提取归入成员权,作为集体成员权的具体构成部分。宅基地资格权在面向成员集体时主要表现为具有身份限定性和优先性的请求权,面向受流转方时则主要表现为承载部分集体所有权权能的最终归属性权利。宅基地使用权作为纯粹用益物权属性的财产权利,主要基于宅基地资格权行使而设立,基于宅基地资格权主体与他人合意而依法流转。

其六,坚持系统、完善的宅基地"三权分置"法律制度构造。在权利架构基础上,"三权分置"的宅基地制度设计主要围绕落实宅基地集体所有权、保障宅基地资格权以及适度放活宅基地使用权展开。三者存在严密逻辑,相互统一于"三权分置"下的宅基地制度。落实宅基地集体所有权就是要在制度上适度划分宅基地集体所有权的管理权能和物权权能,重点构建确认和实现宅基地集体所有权物权权能的制度规则,以及以集体规制权为核心的制度。主要通过构建宅基地资格权确认、行使、登记以及与住房保障制度衔接的规则,保障宅基地资格权,实现集体成员"户有所居"的基本保障。适度放活宅基地使用权则围绕宅基地市场化利用,构建释放与实现宅基地使用权权能的制度规则。

四、创新之处

其一,将物权权能和管理权能作为集体所有制的法律实现形式。集体所有制的法律实现形式是一个重大基础性研究命题。长期以来,我国主要通过设置集体所有权并将其主体限定为成员集体的方式实现集体所有制的基本法律形式。但随着理论和实践发展,关于集体所有制基本法律实现形式的认知与表现局限问题越来越凸显。在此背景下,本书立足集体所有制的基本内核和根本要求,结合宅基地制度实践,适度突破传统所有权权能理论局限,将宅基地集体所有权划分为物权权能和管理权能。其中,物权权能是宅基地集体所有权应当拥有的一般权利内容,管理权能则是在集体所有权基础上基于集体所有制、集体自治管理以及节约集约利用要求而设立的规制性权利内容。物权权能与管理权能的二分法为厘清宅基地集体所有权的基本构成,明确集体所有制的基本法律实现形式提供了路径参考。

其二,分别按照私法路径与公法路径构造宅基地上的"三权"。针对"两权分置"时期宅基地制度构造的先公法、后私法路径导致的权利结构混乱问题,需要厘清作为"三权分置"改革基础的宅基地上"两权"的结构特点。在此基础上,宜按照私法与公法相对分离的路径,探寻宅基地"三权分置"权利构造路径。成员集体、集体成员组成的农户、市场主体作为民事主体,其依法拥有的宅基地集体所有权、宅基地资格权、宅基地使用权理应属于物权,并作为特殊类物权符合物权法理论的基本逻辑。故而,以私法路径构造宅基地集体所有权、宅基地资格权和宅基地使用权具有应然性和必然性。"两权分置"下宅基地制度中与集体所有制、节约集约利用要求直接相关的内容,则应按照或参照公法路径,纳入与公共规制权并列的集体规制权进行制度构造。

其三,重塑宅基地资格权的理论构成及其实现路径。基于对宅基地资格权学说的镜鉴,将宅基地资格权作为集体成员权是创新发展宅基地资格权相关理论和构造宅基地资格权应有结构的必然选择。宅基地资格权既是"两权分置"下宅基地使用权中身份性内容的权利载体,又是基于宅基地集体所有权形成的集体成员权部分内容的权利化。在此认知及路径下,本书提出了许多创新性的观点。例如:宅基地资格权主体是本集体成员构成的农户,但实质上是集体成员。基于"户有所居"保障要求和权利行使方便的考虑,以户为单位认定。宅基地资格权认定与农户中是否存在集体成员有关,与集体成员所占比例无关;将宅基地资格权的内容细分为积极权能(主要权能、转接权能)和消极权能(主动保护、被动保护)。其中,主要权能由宅基地分配请求权、宅基地使用权回复权、宅基地补助补偿权组成,转接权能作为次要权能,则由集体住房福利分配权和政府住房保障请求权构成。

其四,将转接权能植入宅基地资格权并设计转接规则。福利性分配宅基地是实现集体成员"户有所居"基本保障的主要形式。宅基地制度保障功能具有长期性,其与住房保障职能转接也是实现集体成员"户有所居"基本保障的补充形式。浙江省德清县等地方实践表明,宅基地资格权是实现宅基地制度保障功能与国家住房保障职能转接的关键抓手。故而,有必要将集体住房福利分配权和政府住房保障请求权纳入宅基地资格权内容并在理论上确定转接权能。其中,集体住房福利分配权是指符合条件(尚未分配宅基地)的宅基地资格权主体依据宅基地资格权向所在集体申请分配取得集体建造的住房的一项请求性权利,政府住房保障请求权则是指符合条件(尚未分配宅基地)的宅基地资格权主体依法申请享受政府住房保障福利的一项请求性权利。同时,基于身份性、保障性等特质性规则要求,这一转接必然是单向性的。

第一章　宅基地"三权分置"改革的法理阐释

继承包地"三权分置"改革后,宅基地"三权分置"改革成为破解宅基地制度困局的探索方向。宅基地"三权分置"改革被视为解决宅基地制度保障功能与财产功能、宅基地权利身份性与财产性、宅基地制度设计公法路径与私法路径关系问题的探索方向。一方面,"两权分置"下的宅基地制度及其实践是宅基地"三权分置"改革的背景和基础;另一方面,宅基地"三权分置"就是要改革"两权分置"下宅基地制度与实践不相匹配的内容。作为一项突破性的改革探索,唯有从政策和实践两个层面展开,方可厘清宅基地"三权分置"改革的法理意蕴。从我国农村改革的实践特征来看,尤其需要系统阐释宅基地"三权分置"改革政策。

一、宅基地制度的发展变迁

我国在集体所有制下建立的宅基地制度已历经70余载变迁,形成了许多具有较强时空性的内容。要清晰把握宅基地制度的改革背景并明确方向,尤其需要系统梳理宅基地制度适应实践需求的改革发展进程。宅基地"三权分置"改革仍以"两权分置"为基础,以农户宅基地使用权和房屋所有权为重要突破口。故而,以农户拥有的宅基地权利内容的根本性变动为划分依据,才能更好地适应宅基地"三权分置"改革探索要求。据此,可将宅基地制度发展变迁分为四个主要阶段。

(一)"私人所有"与自由流转阶段(1949年至1957年)

早在20世纪30年代初,中国共产党领导的苏区就开展了与"户有所居"

相关的探索。《中华苏维埃共和国土地法》(已失效)第8条规定,没收一切封建主、军阀、豪绅、地方的动产与不动产、房屋以及其他生产资料,将没收的绝大部分房屋分配给没有住所的贫农中农居住。通过无偿分配没收的房屋事实上确立了农民对房屋和宅基地的所有权。这一做法大体延续至新中国成立后一段时期,为我国宅基地制度建设奠定了重要基础。

新中国成立后,为发展生产力和促进国家工业化发展,全面推行"土改"成为现实所需。《中国人民政治协商会议共同纲领》(已失效)明确规定,"凡已实行土地改革的地区,必须保护农民已得土地的所有权",首次从宪法性文件层面正式确认农民对房屋、宅基地及其他土地的所有权。此后颁布的《土地改革法》(已失效)从法律层面明确废除土地制度改革以前的一切土地契约,在少数民族地区以外的地方全部"由人民政府发给土地所有证,并承认一切土地所有者自由经营、买卖及出租其土地的权利",[1]建立包括房屋用地在内的土地私有制。[2]

1954年颁布的《中华人民共和国宪法》(已失效,以下简称1954年《宪法》)[3]以及这一时期颁布的《农业生产合作社示范章程》(已失效)、《高级农业生产合作社示范章程》(已失效)等法律文件[4],延续了由《中国人民政治协商会议共同纲领》《土地改革法》所确立起来的宅基地农民私人所有权制度,促进了以私人所有权为基础的宅基地制度发展。在宅基地权利内容方面,宅基地所有权主体依据《土地改革法》等立法规定,拥有自由经营、买卖、出租以及继承[5]宅基地的权利。无论是对宅基地使用权的申请,还是对宅基地使用权交易中的买方,这一时期的相关立法和政策都未作限制。

在实行宅基地农民所有且自由交易的背景下,农民出卖、出租宅基地、房屋及其他土地等不断出现问题并愈演愈烈。对此,伴随《高级农业生产合作社

---

[1] 参见《土地改革法》第30条。
[2] 参见《土地改革法》第2条。
[3] 参见1954年《宪法》第8、11、12条。
[4] 之所以将《农业生产合作社示范章程》《高级农业生产合作社示范章程》等称为"法律文件",主要是因为:一是其均由当时的最高立法机关通过,即《农业生产合作社示范章程》于1955年11月9日由全国人民代表大会常务委员会第二十四次会议通过,《高级农业生产合作社示范章程》由第一届全国人民代表大会第三次会议通过;二是即使这些文件未以"法"及类似称谓命名,与当代法律文本名称表达有一定差异,其在当时的效力也与当代法律一致甚至远大于当代部分法律。
[5] 参见1954年《宪法》第12条。

示范章程》的颁布,我国初步启动了农村集体化工作,但重点放在耕地等主要生产资料方面,仍将房屋、地基确定为社员私有,规定其不必入社。[1]该章程第16条第2款还首次明确提出社员新修房屋所需地基,由合作社统筹解决,在必要时,合作社可以请求乡人民委员会协助解决。这是集体通过分配宅基地方式解决成员"户有所居"基本保障需求的最初文本依据。值得注意的是,这一时期对宅基地的称谓,使用的是"地基"而非"宅基地"。

(二)"两权分置"与开放利用阶段(1958年至1997年)

1958年,中共中央根据高级农业生产合作社及农村经济社会发展情况,决定进一步推进集体化,将小社并大社,转为人民公社。中央政治局通过了《关于把小型的农业合作社适当地合并为大社的意见》。同年下发的《中共中央关于在农村建立人民公社问题的决议》推动建立人民公社体制下的集体所有制,将包括宅基地在内的农村土地转化为社会主义公有制,实际取消了宅基地的农民私有。公有制下宅基地所有者与使用者的分离成为我国宅基地制度变迁的新特点,也事实上开启了宅基地"两权分置"阶段。1959年,全国绝大部分地区都已建立人民公社体制,宅基地集体所有与利用相对分离的格局建立起来。此后,我国有关宅基地的政策和立法均以此为基础,逐步完善"两权分置"的宅基地制度及其管理体制、机制。这一阶段涉及的主要内容包括:

一是建立并完善宅基地申请审批等管理制度。1962年9月下发的《农村人民公社工作条例(修正草案)》规定:宅基地所有权属于公社、生产大队和生产队三级所有体制下的集体所有,首次在中央文件中使用"宅基地"一词并规定"一律不准出租和买卖",[2]但未禁止出租和转让宅基地使用权;基于对社员自有房屋所有权的保护,仍然允许社员转让或出租房屋,宅基地使用权则基于房地一体原则一并适用。同时,该条例首次在中央文件层面要求社员新建房屋的地点"要由生产队统一规划,尽可能不占用耕地"。1982年实施的《村镇建房用地管理条例》(已失效)第18条首次以立法形式规定宅基地申请审批程序,即向所在生产队申请——社员大会讨论通过——生产大队审核同意——公社管

---

[1] 参见《高级农业生产合作社示范章程》第2、16条。
[2] 《农村人民公社工作条例(修正草案)》第21条第1款规定:"生产队范围内的土地,都归生产队所有。生产队所有的土地,包括社员的自留地、自留山、宅基地等等,一律不准出租和买卖。"

理委员会批准。[1] 1989年,由国家土地管理局印发的《关于确定土地权属问题的若干意见》(已失效)就实务中的宅基地使用权权属确定以及部分宅基地的历史性问题,明确规定宅基地使用权规则,该意见成为解决宅基地历史性权属问题的关键依据。例如,对于1982年《村镇建房用地管理条例》实施后、1987年《中华人民共和国土地管理法》(以下简称《土地管理法》)实施前超标准占用的宅基地,对超过部分进行处理后,按实际使用面积确定宅基地使用权。此后,原国家土地管理局陆续出台系列文件,完善宅基地管理制度。

二是宅基地使用权主体的宽泛化。这一时期,我国将宅基地使用权申请主体确定为农户和城镇非农业户籍居民。党的八届十中全会通过的《农村人民公社工作条例(修正草案)》第21条、1963年发布的《最高人民法院关于农村和城市宅基地所有权问题的复函》以及原国家土地管理局于1989年印发的《关于确定土地权属问题的若干意见》(已失效)等文件明确了宅基地申请主体以及宅基地权利归属。值得注意的是,1963年发布的《中共中央关于各地对社员宅基地问题作一些补充规定的通知》首次规定,由社员以户为单位拥有长期不变的使用权,宅基地上的房屋及其他附着物永远归社员所有。同时,该通知首次在中央文件层面明确了社员新建房申请宅基地的程序,以及宅基地无偿使用的制度规定。[2] 这里的"户"一般指农户,但由于当时处于户籍二元体制阶段,城镇居民亦可在特定情形下申请取得宅基地使用权,因而实质上是公民所在的"户",[3] 这事实上将城镇非农业户籍居民纳入宅基地申请主体范围。直到1987年《土地管理法》第41条才首次在法律层面明确规定"城镇非农业

---

[1] 1982年《村镇建房用地管理条例》第5条第1款规定:"在村镇内,个人建房和社队企业、事业单位建设用地,都应按照本条例的规定,办理申请、审查、批准的手续。任何机关、企业、事业单位和个人不准擅自占地建房、进行建设或越权批准占用土地。"第14条规定:"农村社员,回乡落户的离休、退休、退职职工和军人,回乡定居的华侨,建房需要宅基地的,应向所在生产队申请,经社员大会讨论通过,生产大队审查同意,报公社管理委员会批准;确实需要占用耕地、园地的,必须报经县级人民政府批准。批准后,由批准机关发给宅基地使用证明。"

[2] 《中共中央关于各地对社员宅基地问题作一些补充规定的通知》规定:"社员需新建房又没有宅基地时,由本户申请,经社员大会讨论同意,由生产队统一规划,帮助解决,但尽可能利用一些闲散地,不占用耕地,必须占用耕地时,应根据《六十条》规定,报县人民委员会批准,社员新建住宅占地无论是否耕地,一律不收地价。"

[3] 在此基础上,1982年《村镇建房用地管理条例》第14条首次以立法形式规定,农村社员,回乡落户的离休、退休、退职职工和军人,回乡定居的华侨,建房需要宅基地的,均属于宅基地申请主体。参见1982年《村镇建房用地管理条例》第5、14条。

户口居民"依法取得宅基地的方式和途径。[1] 足见,这一阶段的宅基地申请主体范围较广,宅基地使用权主体范围宽泛。

三是宅基地使用权的权能得到极大丰富且多种流转方式得到认可。在"两权分置"框架内,我国不断丰富宅基地使用权权能,实际赋予宅基地使用权以出租、转让等权能。以出租为例:1959年,根据中共中央政治局上海会议纪要形成的《关于人民公社的十八个问题》就提出,在坚持宅基地集体所有与社员使用权能分离的基础上,明确社员房屋归社员所有,以租约并支付租金形式可借用社员房屋;1960年11月下发的《关于农村人民公社当前政策问题的紧急指示信》规定,食堂、托儿所、敬老院等集体福利事业单位使用社员多余的房屋,必须经房屋所有权人同意且支付合理租金;1987年《土地管理法》仍然赋予宅基地使用权主体出租的权利。在转让方面,1987年《土地管理法》第41条实质上将农业户口居民和城镇非农业户口居民均作为宅基地使用权受让人。此外,原国家土地管理局于1989年印发的《关于确定土地权属问题的若干意见》规定,相关主体可通过继承、转让或购买房屋方式取得宅基地使用权。可见,占有、使用、收益以及法定的处分均是宅基地使用权的实际权能,出租、转让是其典型流转形式。

四是开展宅基地有偿使用实践探索并明确规定在部分文件中。1988年以来,包括山东省德州市在内的全国200余县的部分乡村已开展了宅基地有偿使用探索并取得明显效果。1990年颁布的《国务院批转国家土地管理局关于加强农村宅基地管理工作的请示的通知》首次在国务院正式文件中提及宅基地有偿使用,即"对现有住宅有出租、出卖或改为经营场所的,除不再批准新的宅基用地外,还应按其实际占用土地面积,从经营之日起,核收土地使用费",且提出有偿使用要兼顾群众经济承受力并要求将"级差收费"、土地使用费用于村内基础设施和公益事业。事实上,这一阶段已有许多地方开展了宅基地有偿使用的实践探索。有研究成果显示,"自20世纪90年代开始,调研范围内的

---

[1] 1987年《土地管理法》第41条规定,"城镇非农业户口居民建住宅,需要使用集体所有的土地的,必须经县级人民政府批准,其用地面积不得超过省、自治区、直辖市规定的标准,并参照国家建设征用土地的标准支付补偿费和安置补助费"。

村民都是通过有偿方式取得宅基地使用权"[1]。这一阶段开展的宅基地有偿使用实践及其形成的内容成为"三块地"改革中宅基地有偿使用制度探索的重要渊源。

这一时期的宅基地制度建设,总体上呈现"两权分置""开放利用"的格局,即在集体所有制框架中实现宅基地的所有权能与宅基地使用权能的分离,农业户籍居民和城镇非农业户籍居民均可依法申请获得宅基地使用权;宅基地使用权具有占有、利用、收益以及特定的处分权能。这一时期,宅基地制度建设取得重大成效,主要包括:一是逐步确立并巩固了宅基地集体所有制、房屋属于私人所有且房地一体的制度安排,[2]成为我国现代宅基地制度内容的基本构成。二是明确以户为单位申请、使用、受让宅基地使用权,赋予宅基地使用权较为全面的权能,实现了宅基地的所有权能与使用权能的分离。特别是允许城镇非农业户籍居民申请宅基地建房或者通过转让、租赁、继承等方式获得宅基地使用权。三是在所有权层面禁止宅基地买卖、出租,但在使用权层面允许出租、转让,加之新建房宅基地申请程序以及宅基地无偿使用规则的确定,我国建立和巩固了宅基地制度的保障功能,成为现代宅基地制度改革的惯性约束。

(三)"两权分置"与限制利用阶段(1998年至2012年)

在这一阶段,我国大力推动完善"两权分置"的宅基地制度。总体上,我国已完全形成"集体所有""一户一宅""无偿使用""限定面积""规划管控""内部流转"的宅基地制度。[3] 这一阶段的宅基地制度建设呈现出适应阶段背景及实践需求的一些"新变化",深刻影响我国宅基地制度改革路径选择与实施逻辑。这些"新变化"主要表现为:

一是进一步细化宅基地管理制度立法。1998年修订的《土地管理法》(已被修改)明确规定"一户只能拥有一处宅基地""面积不得超过省、自治区、直辖市规定的标准""应当符合乡(镇)土地利用总体规划",不再采取以往不得超过当地政府规定标准的模糊规定方式。此后,《中共中央关于农业和农村工作若

---

[1] 刘天利:《城镇化背景下宅基地使用权制度改革的法律困境与对策》,载《西安财经学院学报》2017年第6期。
[2] 参见韩松:《农民集体所有权主体的明确性探析》,载《政法论坛》2011年第1期。
[3] 参见袁威:《宅基地制度改革要处理好四个关系》,载《学习时报》2020年8月12日,A6版。

干重大问题的决定》《土地权属争议调查处理办法》《国务院关于深化改革严格土地管理的决定》《中共中央、国务院关于推进社会主义新农村建设的若干意见》《国务院关于促进节约集约用地的通知》等文件进一步推动完善宅基地管理制度。2008年10月通过的《中共中央关于推进农村改革发展若干重大问题的决定》提出,"农村宅基地和村庄整理所节约的土地,首先要复垦为耕地,调剂为建设用地的必须符合土地利用规划、纳入年度建设用地计划,并优先满足集体建设用地"。这成为后续完善宅基地管理制度的重要依据。

二是明确城镇非农业户籍居民不得申请获得、转让取得宅基地使用权。党的十四届三中全会通过的《中共中央关于建立社会主义市场经济体制若干问题的决定》提出,"规范和发展房地产市场",推动房地产市场繁荣发展。1994年发布的《国务院关于深化城镇住房制度改革的决定》(已失效)进一步推进城镇住房制度改革。在此背景下,1998年下半年出现了城镇居民在城乡结合部购买农民房屋的现象。对此,1998年修订的《土地管理法》删除有关城镇居民依法经批准可取得宅基地的条款,事实上禁止城镇居民申请取得宅基地使用权。[1] 1999年5月印发的《国务院办公厅关于加强土地转让管理严禁炒卖土地的通知》(国办发〔1999〕39号)明确规定,"农民的住宅不得向城市居民出售,也不得批准城市居民占用农民集体土地建住宅,有关部门不得为违法建造和购买的住宅发放土地使用证和房产证"。《国务院办公厅关于严格执行有关农村集体建设用地法律和政策的通知》(国办发〔2007〕71号)进一步强调,"城镇居民不得到农村购买宅基地、农民住宅或'小产权房'"。为此,城镇居民通过申请或转让方式获得宅基地使用权的路径在立法和政策上被彻底封堵。

三是宅基地使用权流转受让方从农村村民发展到本农村集体经济组织成员。在这一阶段,我国确定的宅基地使用权流转对象经历了从农村村民到本村村民,再到宅基地所在地农村集体经济组织集体成员的变化。1998年修订的《土地管理法》第43条通过例外规定的方式明确,只有"兴办乡镇企业和村

---

〔1〕 尽管1998年修订的《土地管理法》并没有直接禁止城镇居民申请取得宅基地使用权,但其删除了有关城镇居民依法经批准可取得宅基地的相关条款,结合《国务院办公厅关于加强土地转让管理严禁炒卖土地的通知》(国办发〔1999〕39号)等文件相关规定来看,这一删除事实上坚持的是禁止城镇居民申请取得宅基地使用权的立法意图。

民建设住宅""乡(镇)村公共设施和公益事业建设"方可"经依法批准使用本集体经济组织农民集体所有的土地",事实上将宅基地使用权的申请主体限定为本集体经济组织的村民。尽管《土地管理法》并未直接明确将宅基地使用权申请主体限定为本集体的农户,仅规定为"农村村民一户",但宅基地管理实践逐步将宅基地使用权的申请主体限定为农村村民(以户为单位)。《国务院办公厅关于严格执行有关农村集体建设用地法律和政策的通知》(国办发〔2007〕71号)明确规定,"农村住宅用地只能分配给本村村民"。2008年,原建设部出台的《房屋登记办法》(已失效)进一步规定,申请农村村民住房所有权转移登记的受让人,应是房屋所在地农村集体经济组织成员,进一步限定了宅基地使用权流转受让方。

四是事实上限制宅基地使用权的转让、入股等权能。1998年修订的《土地管理法》删除有关城镇居民依法经批准可取得宅基地的相关条款。结合《国务院办公厅关于严格执行有关农村集体建设用地法律和政策的通知》(国办发〔2007〕71号)等文件规定来看,我国已正式在立法中禁止城镇居民申请取得、购买取得宅基地使用权。尽管1999年颁布的《关于加强土地转让管理严禁炒卖土地的通知》就已经作出禁止城镇居民购买农房的规定,但直至1998年修订通过《土地管理法》时,我国才正式在立法中明确关闭城镇居民经依法申请获得宅基地的通道。[1]这意味着,宅基地转让被严格限制在本农村集体经济组织成员之间。但在相当长一段时间内,相关地方在实践中将宅基地转让的受让方从本农村集体经济组织成员扩大到了本乡(镇)农村村民。尽管如此,但相关立法和政策仍然限制了宅基地使用权受流转方,间接限制了宅基地使用权转让。此外,基于宅基地制度保障功能等因素限制,许多地方并未允许宅基地使用权入股。在中央层面,亦难发现推动迹象。例如,《国务院办公厅关于严格执行有关农村集体建设用地法律和政策的通知》(国办发〔2007〕71号)规定,农村集体经济组织可以依法使用"乡(镇)土地利用总体规划确定的建设用地,兴办企业或与其他单位、个人以土地使用权入股、联营等形式共同兴办企业"。但集体建设用地的入股、联营等流转仍以农村集体经济组织为流转方,

---

[1] 2011年2月印发的《国务院办公厅关于积极稳妥推进户籍管理制度改革的通知》(已失效)规定,"严格执行禁止城镇居民在农村购置宅基地的政策"。

而未明确将农户作为宅基地使用权入股方,足见对宅基地使用权入股等市场化利用的限制。

五是宅基地使用权作为财产权得到法律明确保护。明确宅基地使用权的用益物权属性,逐步细化权利内容,予以法律保护,是这一阶段宅基地使用权制度建设的重点。随着城乡人口流动性逐步变强,宅基地权利的财产功能逐渐凸显,宅基地制度的主要功能在构成上发生了一定的变化。宅基地制度已经逐步从以往纯粹的保障功能转向以保障功能为主兼有财产功能的多元格局。在此背景下,原《物权法》将宅基地使用权作为典型的用益物权,首次在法律上确定其法律属性并予以保护。2008年10月通过的《中共中央关于推进农村改革发展若干重大问题的决定》明确强调了宅基地使用权的"用益物权"属性。在此推动下,国内陆续开展宅基地集体所有权、宅基地使用权的确权颁证工作,并强调对宅基地使用权的依法保护。[1] 同时,相关地方围绕宅基地集体所有权与宅基地使用权的关系,以及宅基地使用权的权能展开实践探索。《中华人民共和国民法典》(以下简称《民法典》)从基础性法律角度确认和保护宅基地使用权,确立其作为财产权的法律地位和相应的保护规则。

六是适度探索宅基地财产权价值的市场化实现。《国务院关于深化改革严格土地管理的决定》(国发〔2004〕28号)提出,"研究制定鼓励盘活存量的政策措施"。2008年6月发布的《城乡建设用地增减挂钩试点管理办法》则成为推动宅基地制度市场化改革,尤其是许多地方开展宅基地使用权价值市场化实现的基本依据。此后通过的《中共中央关于推进农村改革发展若干重大问题的决定》则明确提出开展宅基地和建设用地的增减挂钩实践探索并作了必要限制,即"首先要复垦为耕地,调剂为建设用地的必须符合土地利用规划、纳入年度建设用地计划,并优先满足集体建设用地"。在此背景下,我国出台《国务院关于严格规范城乡建设用地增减挂钩试点切实做好农村土地整治工作的通知》(国发〔2010〕47号)等文件,推动城乡建设用地指标增减挂钩探索。以城乡建设用地指标增减挂钩为代表,许多地方积极开展了宅基地财产权价值

---

[1] 2012年12月31日发布的《中共中央、国务院关于加快发展现代农业 进一步增强农村发展活力的若干意见》提出,"必须健全农村集体经济组织资金资产资源管理制度,依法保障农民的土地承包经营权、宅基地使用权、集体收益分配权"。

市场化实现的探索。例如,重庆市颁布《重庆农村土地交易所管理暂行办法》(已失效)、《重庆市地票交易管理办法》,通过建立地票制度,使复垦实现标准化和票据化,分离建设用地使用权主体与客体,由此使复垦形成的指标具有了跨时空流通的基础,[1]助推实现宅基地的要素功能和宅基地使用权的财产价值。

(四)"三权分置"的实践探索阶段(2013年至今)

党的十八大召开以来,各地在中共中央推动下大力推进宅基地制度改革探索。尤其是在开展"三块地"改革中大力推进宅基地制度改革探索,取得了突出成效。《中共中央关于全面深化改革若干重大问题的决定》将宅基地制度改革的目标和方向确定为"保障农户宅基地用益物权""慎重稳妥推进农民住房财产权抵押、担保、转让,探索农民增加财产性收入渠道"。2018年后,中共中央明确提出并推进宅基地"三权分置"改革探索,相关理论及实践探索快速跟进。在此背景下,以宅基地"三权分置"改革的正式提出为依据,可将党的十八大召开以来的宅基地制度改革探索大体分为两个阶段:第一阶段为2013年至2017年,许多地方在中央支持下开展了包含"三权分置"改革内容的实践探索;第二阶段为2018年以来直接针对宅基地"三权分置"开展的改革探索。

第一阶段:包含"三权分置"改革内容的宅基地制度实践探索。

在此阶段,我国农村土地制度改革工作聚焦承包地"三权分置"领域,[2]但也未排除将"三权分置"作为宅基地制度改革的路径。《中共中央关于全面深化改革若干重大问题的决定》关于"慎重稳妥推进农民住房财产权抵押、担保、转让"的要求,实质上包含了宅基地"三权分置"改革相关要求,具备宅基地"三权分置"改革的部分特征,已然触及宅基地制度的核心。[3]

《中共中央、国务院关于全面深化农村改革加快推进农业现代化的若干意见》部署推进确权登记颁证工作,为推进宅基地制度改革探索奠定了重要基础。《中共中央、国务院关于加大改革创新力度加快农业现代化建设的若干意

---

[1] 参见杨青贵:《农村产权交易与国家土地制度改革工作衔接的困境与对策》,载《理论与改革》2017年第1期。

[2] 2013年12月召开的中央农村工作会议提出了"落实集体所有权、稳定农户承包权、放活土地经营权"的农地"三权分置"改革。此后,直至2018年修改《农村土地承包法》,我国才完成承包地"三权分置"的实践探索与立法工作。

[3] 参见刘守英:《最需要突破的就是宅基地制度》,载《发展》2013年第10期。

见》进一步提出"分类实施农村土地征收、集体经营性建设用地入市、宅基地制度改革试点",在依法保障农民宅基地权益基础上,改革农民住宅用地取得方式,探索农民住房保障的新机制。由此来看,宅基地制度改革的关键在于处理好宅基地制度保障功能与财产功能的关系。中央全面深化改革领导小组第七次会议通过的《关于农村土地征收、集体经营性建设用地入市、宅基地制度改革试点工作的意见》强调,要在坚持"三条底线"的前提下,"改革完善农村宅基地制度",全面探索宅基地制度改革探索的5点任务要求,成为该阶段宅基地制度改革试点的总体依据。

《全国人民代表大会常务委员会关于授权国务院在北京市大兴区等三十三个试点县(市、区)行政区域暂时调整实施有关法律规定的决定》等文件为适应宅基地制度改革探索需要,暂时调整实施《土地管理法》等立法中关于宅基地制度改革等"三块地"改革的有关规定。2015年3月,原国土资源部在全国选取15个试点县(市、区)开展宅基地制度改革试点。在此背景下,《不动产登记暂行条例》《不动产登记暂行条例实施细则》采用列举方式规定宅基地所有权登记与宅基地上所建房屋的登记,对宅基地集体所有权和宅基地使用权进行确权保护,以适应宅基地制度改革试点探索需要。2017年11月,中央全面深化改革领导小组会议审核通过《关于拓展农村宅基地制度改革试点的请示》,进一步将宅基地制度改革拓展到33个农村土地制度改革试点地区。改革试点期限延长至2018年年底。[1]

宅基地"三权分置"改革相关要求,实际上在本阶段相关文件和部分地方实践中已得到体现。例如,2016年4月,义乌市委、市政府印发的《关于推进农村宅基地制度改革试点工作的若干意见》明确提出,要在落实宅基地所有权和保障集体经济组织成员资格权的前提下,允许宅基地使用权通过合法方式有条件转让。[2] 尽管义乌市主要针对宅基地使用权转让进行探索,但在实践中丰富了宅基地使用权的流转方式。原国土资源部等部门印发的《关于深入推进农业供给侧结构性改革做好农村产业融合发展用地保障的通知》(已失效)

---

[1] 2017年11月,十二届全国人大常委会第三十次会议决定,将"三块地"改革试点期限延长1年至2018年12月31日。

[2] 参见《义乌率先推进宅基地"三权分置"》,载中华人民共和国中央人民政府网,http://www.gov.cn/xinwen/2018-01/16/cotent_5256999.htm。

指出,出租、合作、入股、联营等是盘活利用宅基地的重要形式。此外,有偿使用、有偿退出、抵押等也成为宅基地制度改革探索的重要方向。例如:2016年3月,国务院六部门联合印发的《农民住房财产权抵押贷款试点暂行办法》提出,要推进宅基地使用权抵押试点探索;《国土资源部关于进一步加快宅基地和集体建设用地确权登记发证有关问题的通知》(国土资发〔2016〕191号)明确规定,对农民进城落户后原合法取得的宅基地使用权予以确权登记保护并在此后颁布的文件中鼓励引导进城落户农民有偿退出宅基地。

第二阶段:以"三权分置"为方向的宅基地制度改革探索。

党的十九大召开以来,中央高度重视宅基地制度改革,保障农民农房和宅基地财产权益。2018年1月召开的全国国土资源工作会议提出,我国将探索宅基地所有权、资格权、使用权"三权分置"。2018年中央一号文件明确提出,"探索宅基地所有权、资格权、使用权'三权分置'",首次在中央文件中将"三权分置"作为宅基地制度改革探索的目标方向。同年年底,《国务院关于农村土地征收、集体经营性建设用地入市、宅基地制度改革试点情况的总结报告》进一步明确了宅基地"三权分置"改革的基本要求、探索思路,即"各有关方面对宅基地所有权、资格权、使用权的权利性质和边界认识还不一致,有待深入研究""建议在实践中进一步探索宅基地'三权分置'问题,待形成比较成熟的制度经验后再进行立法规范"。《中共中央、国务院关于坚持农业农村优先发展做好"三农"工作的若干意见》(以下简称2019年中央一号文件)要求以稳慎的态度推进宅基地"三权分置"改革,并开展顶层设计。此后,中央陆续发文持续推进宅基地"三权分置"改革。

2019年修改的《土地管理法》基本未涉及宅基地"三权分置"改革的相关内容,但也为开展相关实践探索留下了空间。《民法典》"物权编"第13章"宅基地使用权"也未直接涉及宅基地"三权分置"改革内容,但通过引致方式确定宅基地使用权的取得、行使和转让"适用土地管理的法律和国家有关规定"。《中共中央、国务院关于抓好"三农"领域重点工作确保如期实现全面小康的意见》(以下简称2020年中央一号文件)强调以探索宅基地所有权、资格权、使用权"三权分置"为重点,进一步深化农村宅基地制度改革试点。中央深改委审议通过的《深化农村宅基地制度改革试点方案》提出,"要积极探索落实宅基地集体所有权、保障宅基地农户资格权和农民房屋财产权、适度放活宅基地和农民房屋使用权的具体路径和办法",明确了推进改革探索的根本要求,进一步推动相关地方积极探索"三权分置"改革的具体路径和办法。在宅基地"三权分置"的实现路径和办法方面,2019年4月印发的《中共中央、国务院关于建立健全城乡融合发展体制机制和政策体系的意见》为将有偿收回的闲置宅基地转变为集体经营性建设用地入市提供了依据。2019年9月,《农业农村部关于积极稳妥开展农村闲置宅基地和闲置住宅盘活利用工作的通知》提出,允许农村集体经济组织及其成员采取自营、出租、入股、合作等多种方式盘活利用农村闲置宅基地和闲置住宅。尤其从农业农村部农村合作经济指导司编印的《农村宅基地管理法律政策问答》来看,转让和出租被认为是宅基地"三权分置"的典型方式。此外,为进一步推动宅基地"三权分置"改革探索,中央农办、农业农村部于2020年年底确定全国104个县(市、区)以及3个地级市为试点地区。[1]

与此同时,我国也在推进宅基地监管制度改革。一是完善宅基地申请程序。《农业农村部、自然资源部关于规范农村宅基地审批管理的通知》(农经发〔2019〕6号)详细规定了宅基地申请程序包括:农户申请、村民小组会议讨论通过并公示、村级组织开展材料审核、乡镇部门审查、乡镇政府审批、发放宅基地批准书等环节;若没有分设村民小组或宅基地和建房申请等事项已统一由村级组织办理的,农户直接向村级组织提出申请,经村民代表会议讨论通过并在本集体经济组织范围内公示后,报送乡镇政府批准。《深化农村宅基地制度改革试点方案》则进一步细化了宅基地管理制度内容。在此背景下,各地也陆续出台相关文件,加强宅基地管理。二是将宅基地纳入村庄规划管理的范围,探索协同监督机制。[2] 相关文件如:2019年1月,中央农办、农业农村部、自然资源部等部门联合印发的《关于统筹推进村庄规划工作的意见》;2019年5月,自然资源部印发的《关于加强村庄规划促进乡村振兴的通知》。三是结合新时代"三治融合"的乡村治理要求,探索多元治理机制。例如,2018年年底,农业农村部等七部委联合出台《关于做好村规民约和居民公约工作的指导意见》,指

---

〔1〕参见国家乡村振兴局:《对十三届全国人大四次会议第8881号建议的答复》,载国家乡村振兴局网,http://nrra.gov.cn/art/2022/1/19/art_2202_193489.html。

〔2〕参见农业农村部:《对十三届全国人大二次会议第5292号建议的答复》,载农业农村部网,https://www.moa.gov.cn/govpublic/NCJJTZ/201907/t20190726_6321630.htm。

导各地通过村规民约对包括宅基地管理在内的事项开展自治管理。四是严格落实宅基地管理制度。例如,农业农村部农村合作经济指导司于2020年3月编印的《农村宅基地管理法律政策问答》就宅基地管理相关要求进行推广宣传,严格落实宅基地管理制度。五是探索宅基地资源有效利用机制。2019年9月下发的《农业农村部关于积极稳妥开展农村闲置宅基地和闲置住宅盘活利用工作的通知》提出,在符合农村宅基地管理规定和相关规划的前提下,允许返乡下乡人员和当地农民合作改建自住房;《2020年新型城镇化建设和城乡融合发展重点任务》允许村集体在农民自愿前提下,依法把有偿收回的闲置宅基地、废弃的集体公益性建设用地转变为集体经营性建设用地入市。通过实践探索,我国进一步健全完善了宅基地管理制度。

2020年8月,农业农村部在关于完善"三权分置"及盘活宅基地的答复中指出,下一步将选择一批重点地区开展宅基地"三权分置"改革试点,积极探索宅基地"三权分置"的具体路径和办法。2020年9月,《农业农村部关于积极稳妥开展农村闲置宅基地和闲置住宅盘活利用工作的通知》允许农村集体经济组织及其成员采取自营、出租、入股、合作等多种方式盘活利用农村闲置宅基地和闲置住宅。尤其从《农业农村部关于积极稳妥开展农村闲置宅基地和闲置住宅盘活利用工作的通知》以及农业农村部农村合作经济指导司编印的《农村宅基地管理法律政策问答》来看,转让和出租被作为宅基地"三权分置"的典型方式。此外,《2020年新型城镇化建设和城乡融合发展重点任务》允许村集体在农民自愿前提下,依法把有偿收回的闲置宅基地、废弃的集体公益性建设用地转变为集体经营性建设用地入市。足见,有偿收回、转换为集体经营性建设用地仍是宅基地"三权分置"的重要补充。

2021年以来,中央稳慎推进宅基地"三权分置"改革探索,规范开展宅基地确权登记管理工作。值得注意的是,连续2年的中央一号文件都强调了农村宅基地制度改革试点要"稳慎推进",宅基地确权登记办证工作要"规范"。具体而言,《中共中央 国务院关于全面推进乡村振兴加快农业农村现代化的意见》(以下简称2021年中央一号文件)提出,要"加强宅基地管理,稳慎推进农村宅基地制度改革试点,探索宅基地所有权、资格权、使用权分置有效实现形式。规范开展房地一体宅基地日常登记颁证工作"。《中共中央 国务院关于做好2022年全面推进乡村振兴重点工作的意见》(以下简称2022年中央一号文件)要求,"稳慎推进农村宅基地制度改革试点,规范开展房地一体宅基地确权登记"。由此来看,宅基地确权登记工作为推进以"三权分置"为主要方向的宅基地制度改革试点探索奠定了重要基础,提供了制度保障,也在很大程度上彰显了中央对宅基地集体所有权、资格权、使用权等权利的保护要求,成为厘清宅基地"三权分置"改革的基本要求、主要任务和逻辑进路的重要依据。

相较而言,宅基地"三权分置"改革难度更大,进展稍显缓慢。在此背景下,党的二十大报告进一步提出,"深化农村土地制度改革,赋予农民更加充分的财产权益。保障进城落户农民合法土地权益,鼓励依法自愿有偿转让"。宅基地"三权分置"改革探索仍然是"深化农村土地制度改革"的重要内容,也是宅基地制度发展的基本方向。

二、宅基地"三权分置"改革的基本要求

从宅基地制度变迁来看,宅基地"三权分置"改革是在实践需求的基础上提出的,具有较强的政策驱动性和规约性。"两权分置"下的宅基地制度也具有较强的政策属性,并非纯粹的物权制度,难以直接适用传统物权理论和制度。在宅基地"三权分置"改革试点探索刚起步的情况下,解读其改革政策、明确政策要求,利于把握其目标导向、明确探索的限定性,预判其权利构造和制度发展进路。但目前尚无宅基地"三权分置"的系统性官方阐释和正式论述,相关政策内容主要集中规定在前述相关文件中。故而,通过述评相关政策文件,方可清晰梳理宅基地"三权分置"改革的相关要求。

(一)宅基地"三权分置"改革的语词表述

与传统土地制度"地方探索—中央确定—地方试点—制度设定"的改革路径不同,得益于承包地"三权分置"的成熟探索及其经验积累,中央率先提出宅基地"三权分置"改革。与承包地"三权分置"改革的语词表述不同,相关政策文件对宅基地"三权分置"改革这一称谓以及"三权分置"下的宅基地所有权(宅基地集体所有权)、宅基地资格权、宅基地使用权的语词表述具有高度一致性。稍有差异的有两点:一是宅基地集体所有权的表述。个别文件同时采用宅基地所有权和宅基地集体所有权的表述,但从我国集体土地所有权作为集体所有制的基本法律实现形式以及宅基地"三权分置"改革基本任务的文件表

述及其现有接受性来看,宜采取"宅基地集体所有权"这一称谓。二是宅基地资格权的表述。关于宅基地资格权,还存在"宅基地农户资格权"这一称谓。从现有政策及地方实践对宅基地农户资格权的限制来看,唯有集体成员组成的农户方可取得宅基地资格权,且这一限定性也符合宅基地"三权分置"下宅基地资格权的应有定位。因此,采用"宅基地资格权"的称谓更为恰当且符合法律术语特点和要求,能够降低未来入法成本。故宅基地"三权分置"中的"三权"分别是宅基地集体所有权、宅基地资格权、宅基地使用权。

在此基础上,中央文件将宅基地"三权分置"改革的基本任务描述为"落实宅基地集体所有权""保障宅基地农户资格权和农户房屋财产权""适度放活宅基地使用权"。其中,农户的房屋财产权已被现行立法和政策明确作为财产权予以保护,并不存在过多法律政策限制,而主要是基于"房地一体"原则,受相关法律政策对宅基地资格权的限制传导影响。故而,"保障宅基地农户资格权和农户房屋财产权"的核心和关键在于保障宅基地农户资格权。因此,可将上述任务规范表达为:落实宅基地集体所有权、保障宅基地资格权、适度放活宅基地使用权。这既符合《民法典》对集体所有权、宅基地使用权的规定,也契合民事权利表达的精炼清晰要求,利于形成广泛可接受性和社会共识性。此外,基于长期以来国家对宅基地严管的制度惯性,加之宅基地制度自计划经济时期形成以来均未出现过质变性改革,相关地方乃至社会仍然坚持的是中央文件关于宅基地"三权分置"改革的相关称谓,为推动其改革探索奠定了坚实的实践基础。

(二)宅基地"三权分置"改革的底线要求

宅基地"三权分置"改革是对形成于计划经济时期的宅基地制度的深层次变革,面临较多受限因素。该项改革是对既有宅基地制度的突破性发展,在改革进路、实现方案等方面面临诸多的不确定性问题。要有效推进宅基地"三权分置"改革,探索其权利架构和制度构造,尤其需要厘清其面临的底线要求。总的来说,影响宅基地"三权分置"改革底线要求的因素主要有三方面:一是受到生产资料所有制的根本影响。生产资料集体所有制作为公有制的重要类型,从根本上决定了作为上层建筑的宅基地制度。宅基地"三权分置"作为宅基地制度改革的主要方向,仍然以坚持集体所有制为根本,内在取决于集体所有制相关要求。二是受到特定经济社会发展阶段相关科学需求的实践影响。

宅基地制度作为重要的社会制度，在不同经济社会发展阶段呈现出符合不同改革需求的时空特性。我国相应经济社会发展阶段对宅基地制度变革的科学需求直接决定了宅基地"三权分置"改革的提出与推进。经充分实证调查发现，中央提出和推进宅基地"三权分置"改革就是对我国经济社会发展阶段对宅基地制度变革的科学需求的有效回应。三是受到宅基地基本价值和宅基地制度目标的体系制约。宅基地作为重要的稀缺资源，具有居住价值、社会价值以及资产价值，呈现较强的社会公共性特征。具有较强实践性的宅基地价值内在影响宅基地制度改革的目标导向，进而转化为宅基地制度改革主要内容。故而，宅基地基本价值和制度目标是从制度体系的角度形塑宅基地"三权分置"改革的底线要求。

前述三个因素分别涉及集体所有制要求、经济社会发展需要、法律制度体系构造，大体对应宏观、中观、微观三个层面。在宏观层面，可将宅基地所有制要求表述为坚持集体所有制，将其底线要求确定为"不得突破集体所有制"；在中观层面，可将经济社会发展需要表述为坚持农村社会稳定前提下宅基地价值实现需要，可将其底线要求确定为"不得影响农村社会稳定"；在微观层面，可将制度体系构造要求表述为保护农民住房和宅基地权益、适度放活农民住房和宅基地使用权，将其底线要求确定为"不得侵害农民的宅基地权益"。故而，可将宅基地"三权分置"改革的底线要求确定为三项，即"不得突破集体所有制""不得影响农村社会稳定""不得侵害农民的宅基地权益"。关于"保障农民安居乐业"是否应当作为宅基地"三权分置"改革的底线要求，存在一定的争议。对此，《土地管理法》明确要求保障集体成员"户有所居"。《中央农村工作领导小组办公室、农业农村部关于进一步加强农村宅基地管理的通知》也强调，宅基地是"保障农民安居乐业"的重要基础。但"保障农民安居乐业"主要属于宅基地制度基本功能范畴，是当前开展宅基地"三权分置"改革的重要目标指向，而非探索宅基地"三权分置"改革应当坚持的前提要求，不应当将其作为底线要求。

"不得突破集体所有制"是宅基地"三权分置"改革的政治底线。生产资料所有制是主要生产资料在一定的社会形态中确立起来的根本占有形式。[1] 生

---

[1] 参见《马克思恩格斯全集》（第12卷），人民出版社1962年版，第737页。

产资料公有制[1]是在批判资本主义制度基础上提出的,强调生产资料和劳动产品属于联合起来的劳动者共同所有或公共占有,[2]旨在解决生产资料私人占有与社会化大生产的根本矛盾。其核心在于重要生产资料由全体劳动者共同占有,形成由社会全体成员所有的公共财产,促进联合起来的社会劳动者与社会占有的生产资料的有机结合。[3] 现行宅基地制度是土地集体所有制下社会主义实践的产物。宅基地集体所有权及其法律制度则是宅基地集体所有制的基本法律实现形式。坚持宅基地集体所有权制度在很大程度上就是坚持宅基地集体所有制。自2018年中央一号文件首次正式提出宅基地"三权分置"以来,我国始终在相关表述和改革要求中将"落实宅基地集体所有权"作为改革的首要任务。这意味着,宅基地"三权分置"改革应当以坚持宅基地集体所有权为基础,以落实好宅基地集体所有权为前提,注重探索形成落实宅基地集体所有权的相关路径和方案,确立和实现宅基地集体所有权应当承载的重要功能。

"不得影响农村社会稳定"是宅基地"三权分置"改革的社会底线。宅基地用于保障集体成员"户有所居"是现行《土地管理法》的立法目标。传统的宅基地制度主要通过成员集体以户为单位向成员福利性供给宅基地,集体成员所在户无偿、无限期取得并持有宅基地使用权的方式,实现了宅基地制度的保障功能。保障集体成员"户有所居"事关农村社会稳定。承包地制度改革涉及农民"吃"的方面,宅基地制度改革则涉及农民"住"的方面,两者均属农民基本生存需求范畴。遍阅既往,但凡涉及宅基地制度的任何一项改革探索,势必都以农村社会稳定评估为实践前提。2018年中央一号文件强调"不得违规违法买卖宅基地""严格禁止下乡利用农村宅基地建设别墅大院和私人会馆",很大程度上仍是基于宅基地制度保障功能提出的。传统"两权分置"下宅基地制度的

---

[1] "生产资料公有制"一词由外文翻译而来。有学者认为,《马克思恩格斯全集》不存在"公有制"的概念(参见于光远:《马恩严格区分"公有"与"社会所有"不应都译成"公有"——一个在理论上具有重要性质的翻译问题》,载《马克思主义研究》1988年第1期),而应当认定为全社会成员所有。但鉴于现行《宪法》对公有制之规定以及世人的普遍接受性,故仍应使用"公有制"一词。

[2] 参见王成稼:《关于生产资料公有制理论与公有制概念翻译问题》,载《当代经济研究》2006年第1期。

[3] 参见贾后明、丁长青:《公有制、社会所有制和公众所有制的关系辨析》,载《理论探索》2009年第2期。

保障功能是农村社会稳定的重要支撑。宅基地"三权分置"改革仍以传统"两权分置"为探索基础,是对以"两权分置"为主线的传统宅基地制度的创新性探索,在对宅基地制度保障功能与财产功能进行再调适时仍须将"不得影响农村社会稳定"作为宅基地"三权分置"改革的理性要求和实践前提。

"不得侵害农民的宅基地权益"是宅基地"三权分置"改革的经济底线。宅基地"三权分置"改革是对传统"两权分置"的宅基地制度制约宅基地资源要素价值和农民宅基地财产权实现问题的回应。传统宅基地制度基于保障功能严格限制宅基地使用权流转对象和流转方式,大大降低了宅基地市场化利用的可能性,以致原《物权法》及其后的《民法典》"物权编"所确立的宅基地使用权这一财产权(用益物权)缺乏有效的实现途径。为此,中央提出"适度放活宅基地和农民房屋使用权",实质上就是要再调适宅基地制度的保障功能与财产功能的关系,采取有效措施实现农民宅基地权益。当然,从中央相关政策提法要求来看,宅基地"三权分置"改革仍然将保障功能和财产功能作为主要功能。农民的宅基地权益是宅基地制度保障功能和财产功能的转化。"不得侵害农民的宅基地权益"成为宅基地"三权分置"改革必须坚持的经济底线。这就要求:其一,宅基地"三权分置"改革要以确认和维护农民的宅基地权益为前提和基础。《中央农村工作领导小组办公室、农业农村部关于进一步加强农村宅基地管理的通知》强调,"宅基地是保障农民安居乐业和农村社会稳定的重要基础"。确认和维护农民宅基地权益是实现这一要求的制度依托。其二,宅基地"三权分置"改革要以有效实现农民宅基地权益为指向。宅基地"三权分置"改革的重点在于探索保障宅基地资格权和适度放活宅基地使用权的路径和办法。农户的宅基地权益,既是开展宅基地"三权分置"改革的前提,也是开展相关改革探索的目标指向。其三,坚持主体自愿、公开公正、公平分享是实现包括农民在内相关主体宅基地权益的基本要求。由集体成员构成的农户仍然是宅基地"三权分置"改革保障的重点。这是遵循宅基地制度惯性制约和实现"户有所居"基本保障需求的必然要求。

(三)宅基地"三权分置"改革的目标要求

宅基地"三权分置"改革是在土地制度改革深入推进尤其是农村土地其他相关领域改革大多已开展或取得成效的背景下提出的,被认为是探索破解与农民切身利益密切相关且闲置规模极其庞大的农村土地领域改革难题的基本思路。宅基地"三权分置"改革的政策目标具有复杂性、系统性特征,可归纳为总体目标和具体目标。《中共中央、国务院关于实施乡村振兴战略的意见》《中共中央、国务院关于建立健全城乡融合发展体制机制和政策体系的意见》《中共中央、国务院关于构建更加完善的要素市场化配置体制机制的意见》等文件明确规定:推进宅基地"三权分置"改革,盘活利用存量集体建设用地;构建科学的现代宅基地制度,有效"破除妨碍城乡要素自由流动和平等交换的体制机制壁垒"[1]。不难发现,适度实现宅基地的要素价值是宅基地"三权分置"改革政策的重要考量。同时,"保障宅基地农户资格权和农民房屋财产权"也深藏宅基地对于集体成员的"户有所居"保障价值。足见,宅基地"三权分置"改革旨在建立具备现代功能的科学的宅基地制度。这是宅基地"三权分置"改革的总体目标。

宅基地"三权分置"改革的探索进度以及宅基地制度改革的阶段性意味着仍须进一步分解宅基地"三权分置"改革的总体目标。尤其是在宅基地"三权分置"政策提出且相关改革试点尚待进一步推进的背景下,须立足实际,科学确立指引宅基地"三权分置"改革的具体目标。从体系科学性来讲,宜将宅基地"三权分置"改革的具体目标分解为宏观、中观、微观三个层次。

首先,盘活利用闲置宅基地,优化配置宅基地资源,实现土地资源节约集约利用是宅基地"三权分置"改革的宏观目标。《2020年集体建设用地投资策略》显示:当前宅基地规模约为850亿平方米,约占农村集体建设用地的一半;宅基地闲置面积达到16.43亿平方米。[2]《深化农村宅基地制度改革试点方案》《农业农村部关于积极稳妥开展农村闲置宅基地和闲置住宅盘活利用工作的通知》《2020年新型城镇化建设和城乡融合发展重点任务》等文件明确提出,针对日益突出的农村宅基地和住宅闲置浪费问题,要积极稳妥开展农村闲置宅基地和闲置住宅盘活利用工作。事实上,《中共中央、国务院关于实施乡村振兴战略的意见》提出,"完善农民闲置宅基地和闲置农房政策,探索宅基地所有权、资格权、使用权'三权分置'"。这意味着,解决宅基地闲置问题是提出宅

---

[1] 2019年4月《中共中央、国务院关于建立健全城乡融合发展体制机制和政策体系的意见》。
[2] 参见邵海鹏:《出不去、进不来,133亿平方米沉睡宅基地如何唤醒?》,载第一财经网2019年11月20日,https://www.yicai.com/news/100410526.html。

基地"三权分置"改革政策的重要考量。可见,盘活利用闲置宅基地,实现宅基地资源的优化配置,成为宅基地"三权分置"改革的重要政策目标。

其次,协调宅基地制度的保障功能与财产功能是宅基地"三权分置"改革的中观目标。满足集体成员基本住房保障需求是宅基地制度形成至今始终保持的主要功能。在提出宅基地"三权分置"改革后,《中央农村工作领导小组办公室、农业农村部关于进一步加强农村宅基地管理的通知》明确强调,"宅基地是保障农民安居乐业和农村社会稳定的重要基础"。这意味着,保障功能是宅基地"三权分置"改革的基础和出发点,也是该项改革应当坚持的基本制度功能。宅基地"三权分置"改革是在宅基地"两权分置"的基础上,通过赋予宅基地使用权流转方面的权能以适度实现宅基地和住房的市场化利用,以此体现宅基地的要素价值,促进实现宅基地制度的财产功能。从政策文本表述来看,协调宅基地制度的保障功能和财产功能成为宅基地"三权分置"改革的基本主线,是该项改革的中观目标。

最后,通过适度放活农民住房和宅基地使用权,实现农民宅基地权益是宅基地"三权分置"改革的微观目标。传统宅基地制度通过强化农民无偿取得并利用宅基地,维持宅基地权利的静态配置,固化宅基地对集体成员的居住价值,将保障功能作为主要功能甚至唯一的制度功能。从《中央农村工作领导小组办公室、农业农村部关于进一步加强农村宅基地管理的通知》《农村宅基地管理法律政策问答》相关规定来看,保障农民宅基地合法权益是任何一项宅基地制度改革的初衷。针对住房保障功能影响下宅基地固化利用状态与宅基地作为稀缺资源的适度开放利用要求之间的冲突,宅基地"三权分置"改革通过从"两权"到"三权"的权利再构造,适度放活宅基地使用权和农民住房使用权,实现了宅基地资源要素有效利用与宅基地制度保障功能的调适。这在制度层面集中表现为丰富农民宅基地权利的权能,并通过适当方式和渠道促进农民宅基地权利有效实现。传统"两权分置"下农民宅基地使用权是宅基地"三权分置"改革的出发点和着力点。实现农民宅基地权益则成为宅基地"三权分置"改革政策尤其是制度层面的应有目标。

(四)宅基地"三权分置"改革的路径要求

从文件阐述来看,宅基地"三权分置"改革是以传统宅基地制度为基础的系统性探索,仍然遵循农村土地制度的惯性约束,服从农村土地权利理论的科学逻辑。立足实践,通过政策解读可梳理出宅基地"三权分置"改革在路径选择方面应当满足的基本要求。

一是以宅基地"两权分置"为基础。按照"所有权—使用权"架构的传统宅基地制度长期深入影响我国农村土地制度乃至农村法律政策。从文本表述来看,将"探索宅基地所有权、资格权、使用权'三权分置'"中的宅基地资格权和宅基地使用权简单归结对应为"两权分置"下的宅基地使用权具有可行性。从改革进路来看,宅基地"三权分置"改革并非全盘否定"两权分置"下的宅基地制度,而是以"两权分置"的宅基地权利架构及其相应制度为改革基础和对象。此外,从改革动因来看,宅基地"三权分置"改革是基于"两权分置"之局限而提出的,是在坚持宅基地"两权分置"基础上的辩证扬弃。

二是"先行先试""成熟立法"。承包地"三权分置"改革坚持的是先开展地方探索,待成熟后再行立法。这一农村改革的进路同样是宅基地"三权分置"改革的基本思路。《国务院关于农村土地征收、集体经营性建设用地入市、宅基地制度改革试点情况的总结报告》明确提出,"建议在实践中进一步探索宅基地'三权分置'问题,待形成比较成熟的制度经验后再进行立法规范"。2019年中央一号文件、2020年中央一号文件均强调,要进一步开展宅基地"三权分置"改革试点。2020年8月,农业农村部在关于完善"三权分置"及盘活宅基地的答复中提及,将在原有33个试点县(市、区)基础上,再选择一批重点地区开展宅基地"三权分置"改革探索。上述规定及答复表明,"先行先试"是开展宅基地"三权分置"改革的前提,"成熟立法"则是宅基地"三权分置"改革的思路。

三是宅基地"三权分置"改革的联动。现行宅基地制度自形成至今,已与相关法律、政策乃至社会实践深刻交融。宅基地"三权分置"改革作为一项突破性探索,必然触及既有制度机制的相关方面。是否能够以及如何实现宅基地"三权分置"改革与相关方面的协同联动,是制约和判断宅基地"三权分置"改革成败的重要方面。要实现好联动,必然要求:其一,宅基地制度各板块的联动设计与运行。宅基地"三权分置"改革作为宅基地制度探索的方向,具有实践复杂性、体系协同性等显著特征。宅基地集体所有权、宅基地资格权、宅基地使用权的架构,"落实宅基地集体所有权""保障宅基地农户资格权和农民房屋财产权""适度放活宅基地和农民房屋使用权"各自的路径设计和方案构造等,均须坚持整体联动的思维和方案。其二,宅基地"三权分置"改革中法律与政策的联动。宅基地"三权分置"改革仍然坚持政策先行、试点探索、成熟后立法的农村土地制度改革思路。政策的灵活性尤其是中央政策的实践影响力利于全面推动该项改革探索,但可能面临部分政策内容或实践方案与相关立法及政策的协调问题。对此,全国人大及其常委会授权暂停部分立法条文实施等立法举措,有助于化解这一困境。政策经成熟的实践探索、完善后,则须按照立法技术转化为相应立法。其三,坚持自治、法治与德治相协调。推进宅基地"三权分置"改革是国家治理体系建设的重要方面。该项改革深触宅基地制度保障功能,与农村经济社会稳定息息相关,如何有效融入新时代乡村治理要求成为宅基地"三权分置"改革的重要内容。这就需要在探索中按照新时代乡村治理要求处理好自治、法治与德治的关系。其四,宅基地"三权分置"改革与乡村振兴战略相关改革的衔接。《中共中央、国务院关于构建更加完善的要素市场化配置体制机制的意见》提出,通过深化宅基地"三权分置"等宅基地制度改革试点,"为乡村振兴和城乡融合发展提供土地要素保障"。宅基地"三权分置"改革作为乡村振兴的重要方面,理应对接好乡村振兴战略相关改革工作探索。例如,农业农村部印发的《2020年新型城镇化建设和城乡融合发展重点任务》允许将有偿收回的闲置宅基地转变为集体经营性建设用地入市,推动宅基地"三权分置"改革与集体经营性建设用地、城乡建设用地增减挂钩等改革的有效衔接。

三、宅基地"三权分置"改革的主要任务

"三权"及其权利构造、制度设计作为宅基地"三权分置"改革的主要内容,主要属于法学领域关注命题。从法学视野解读宅基地"三权分置"政策,利于明确宅基地"三权分置"权利架构及制度设计要求。在缺乏充分实践支撑的背景下,可从整体体系以及"落实宅基地集体所有权,保障宅基地农户资格权和农民房屋财产权,适度放活宅基地和农民房屋使用权"三方面阐释宅基地"三权分置"改革政策的主要任务,为推进宅基地"三权分置"理论和制度构造奠定重要基础。

(一)宅基地"三权分置"阐释的基本要求

宅基地"三权分置"实践具有多领域性,其研究具有多学科性,其改革具有

极复杂性。在宅基地"两权分置"的传统制度下,法学视阈中的宅基地"三权分置"亦非无迹可寻。科学阐释宅基地"三权分置"改革的主要任务,仍须遵循一些共性的基本要求。对此,可从总体要求和具体要求两个层面予以分解。在总体层面,对宅基地"三权分置"改革主要任务的法学阐释,应当把握好"三个坚持"要求:一是坚持在宅基地"两权分置"所形成的权利结构和实践现状基础之上挖掘宅基地"三权分置"改革任务;二是坚持从系统、协同的视角科学阐释相关政策关于"落实宅基地集体所有权,保障宅基地农户资格权和农民房屋财产权,适度放活宅基地和农民房屋使用权"的任务要求;三是坚持以宅基地价值、宅基地制度功能、宅基地制度的关系为依据,运用法律术语和法律技术,对相关改革任务进行适应性法学转换。

在具体层面,对宅基地"三权分置"改革主要任务的法学阐释,应当围绕制度表达的特征和需要,注意把握三点要求:

一是明确政策语词与法学语词的区别。语词表达的差异性是政策区别于法律的重要表现。厘清政策表述与"三权分置"下宅基地制度表达的关系,是开展宅基地"三权分置"研究的重要前提。宅基地"三权分置"的法学研究须遵从法律技术要求,可考虑参考借鉴承包地"三权分置"制度表达,注重政策语词及任务要求的法学转化,坚守法学研究的科学性和制度设计的规范性要求。

二是把握我国宅基地制度与传统物权理论及制度的差异性。为有效保护农民宅基地使用权,我国引入物权理论及规则改造宅基地制度,设定了宅基地集体所有权和宅基地使用权。但基于集体所有制及相关实践约束,我国宅基地制度形成了许多独具特色的内容,难以直接运用传统物权理论及规则予以阐释。为此,宅基地"三权分置"中"三权"的理论逻辑、制度表达以及"落实宅基地集体所有权""保障宅基地农户资格权和农民房屋财产权""适度放活宅基地和农民房屋使用权"的制度设计,均应注意特殊性与普遍性的有效结合。

三是注重实践性与建构性的协调。宅基地"三权分置"改革并不完全是建构性的,而是以相关实践为基础、以政策建构为突破、以实践探索为依托、以制度建设为抓手,待条件成熟时再上升到立法。可见,实践探索是宅基地"三权分置"改革及其相关研究的主要方面。宅基地"三权分置"改革作为突破性的探索,尚无直接经验做法借鉴,既要以传统宅基地制度及其实践为基础,注重传统宅基地制度的约束性,又要立足科学实践探寻具有适应性的制度方案,实现宅基地"三权分置"的改革张力和制度活力。

（二）"落实宅基地集体所有权"的主要任务

在人民公社初期，我国通过《关于把小型的农业合作社适当地合并为大社的意见》《中共中央关于在农村建立人民公社问题的决议》《农村人民公社工作条例（修正草案）》等文件，实际取消宅基地农民私有权，转化形成公有制下的宅基地集体所有，并事实上形成了宅基地"集体所有—成员利用"的"两权分置"格局。除宪法相关规定外，1982年《村镇建房用地管理条例》以及1987年《土地管理法》（已修改）确认了宅基地集体所有权以及"两权分置"模式。宅基地集体所有权成为社会主义集体所有制在立法上的基本实现形式。在"两权分置"框架下，农户实际占有、利用所分配的宅基地，拥有特定的占有、使用、收益、限定处分的权利。村民委员会、村民小组及相应的农村集体经济组织则依据《土地管理法》及相关规定，主要承担宅基地分配等方面的程序性、管理性工作，实际缺乏对宅基地利用乃至处分的有效介入，未能彰显集体所有制下宅基地集体所有权的应有权能。由此可见，农民集体及其法定代表者主要承担的是公法领域的管理性职能，但私法领域的宅基地集体所有权内容及其实现则在实践中严重缺位。农户基于此而成为宅基地的事实拥有者。

农户宅基地权利的高度集中、宅基地集体所有权的事实缺位，在很大程度上是基于公法思路架构的"两权分置"的宅基地制度而私法较为缺位的产物。进入21世纪后，理论界和实务界普遍主张采取私法方案改造宅基地制度。原《物权法》首次在法律层面明确宅基地集体所有权、宅基地使用权的物权属性，在此基础上形成并坚持了严格落实宅基地制度保障功能与加强宅基地使用权保护并行的思路。但为落实好保障集体成员"户有所居"的严格任务要求，保障功能成为宅基地制度事实上唯一的主要功能，并在事实上掩盖了宅基地制度的财产功能。加之成员集体的非组织化以及农村集体经济组织长期缺位、村民自治组织缺少相应能力的制约影响，宅基地集体所有权大多停留在集体所有制要求和立法文本规定层面，缺少落实宅基地集体所有权的有效途径和方法。这显然违背集体所有制要求，实际否定了宅基地集体所有权，束缚了成员集体及其法定代表者的能力和应有担当。

从理论、制度及实践中探索落实宅基地集体所有权，极其迫切。从根源上看，集体所有制内在要求维护宅基地集体所有权并切实实现其应有制度价值；

从理论上看,宅基地集体所有权作为集体土地所有权的重要类型,是宅基地权利科学体系的关键要素,共同支撑农村经济尤其是集体经济发展;从实践中看,宅基地集体所有权是宅基地资格权、宅基地使用权的权源,也是实现宅基地制度改革逻辑自洽,确保实践探索科学性、规范性之根本。"落实宅基地集体所有权"作为中国特色社会主义的内在要求,[1]是对长期以来传统宅基地制度所存在的宅基地集体所有权虚化、缺位等问题的有效回应,明确了新时代宅基地制度改革的基本定位和根本要求。其作为宅基地"三权分置"改革任务的首要内容,须科学审视宅基地"两权分置"之不足与宅基地"三权分置"之必然,遵循从"两权分置"到"三权分置"的改革路径。在形式上,"落实宅基地集体所有权"旨在实现宅基地所有权应有权能的回归;在内容上,"落实宅基地集体所有权"重在适当实现宅基地所有权权能的增量;在逻辑上,"落实宅基地集体所有权"着力确立宅基地集体所有权的制度效用,实现"三权分置"中"三权"的科学架构及逻辑自洽。

探索"落实宅基地集体所有权",应当解决好的重点问题包括:一是厘清宅基地集体所有权的"落实"目标。将集体所有制及其相关要求转化为基于私法路径构建的宅基地制度并以之为基础形成"三权分置"的宅基地权利体系,是"落实宅基地集体所有权"的目标指向。完善宅基地集体所有权权能为"点"目标,有效实现宅基地集体所有权的价值取向与主要功能为"面"目标,集体所有制及相关要求作为"三权分置"的权源并转化形成逻辑自洽的宅基地权利体系则为"线"目标。二是明确宅基地集体所有权的"落实"方式。按照宅基地"三权分置"的私法构建路径,以明确宅基地集体所有权权能为基础,坚持所有权—资格权—使用权的逻辑进路,是探索宅基地集体所有权"落实"方式的基本路径。三是把握宅基地集体所有权的"落实"限度。在农户直接占有、利用乃至有限处分宅基地之实践制约下,"落实宅基地集体所有权"与宅基地资格权、宅基地使用权之间存在一定的权益量增减的反比关系。在坚持集体所有的前提下,保护"两权分置"下的宅基地使用权以及"三权分置"改革后的宅基地资格权和宅基地使用权,协同实现集体所有制要求、集体所有权的时代功

---

[1] 参见韩立达、王艳西、韩冬:《农村宅基地"三权分置":内在要求、权利性质与实现形式》,载《农业经济问题》2018年第7期。

能,成为廓清"落实宅基地集体所有权"之"限度"的主要考量。

(三)"保障宅基地农户资格权"的主要任务

传统"两权分置"的宅基地制度主要形成于计划经济时期,是改革开放前农村土地非市场化利用的产物,在中国特色社会主义市场经济确立背景下逐步制度化。原《物权法》对"两权分置"下宅基地集体所有权和宅基地使用权进行私法上的财产权改造,确立了"两权"的法律地位。在"两权分置"框架下,对集体成员"户有所居"需求的基本保障主要由成员集体以福利分配宅基地方式承担。农民依据其集体成员身份,以户为单位向集体申请无偿分配宅基地用于建房。农村集体经济组织成员资格成为判断是否有权向集体申请无偿分配宅基地的主要依据。在所在户未获集体分配宅基地的情况下,但凡具备农村集体经济成员资格的成员,均依法享有以户为单位向集体申请无偿分配宅基地的权利。可见,身份性成为"两权分置"下宅基地使用权最为突出的基本属性。这一身份限制也被认为是确保宅基地制度保障功能得到有效落实的关键抓手。

鉴于传统宅基地使用权的身份性、专属性带来的权利保护问题,我国主要采取私法的思路改造宅基地使用权,即主要依托原《物权法》明确将宅基地使用权规定为财产权中的用益物权并进行制度设计。然而,宅基地资格权与宅基地使用权无法在"两权分置"框架下的宅基地使用权内实现逻辑自洽。"两权分置"下宅基地使用权的身份专属性与财产性必然难以兼容。适度流动性是财产权的重要标志,也是实现财产权的根本要求。宅基地由集体成员以户为单位享有等规则维持了宅基地使用权作为身份性权利的定位,直接限制了宅基地使用权的主体范围,在很大程度上制约了宅基地使用权财产性内容的市场化实现。足见,将身份性权利和财产性权利集合于一项以用益物权命名的民事权利中,显然不符合用益物权的理论逻辑,存在突出的自洽性、可行性问题。

宅基地"三权分置"改革并不否定与宅基地制度保障功能相关的现有基本规则,以维护成员通过集体分配取得的身份性、专属性权利资格为基础,将传统宅基地使用权作宅基地资格权与宅基地使用权的形式分置,相对实现宅基地上身份性内容与财产性内容的分离,以破解"两权分置"下宅基地使用权配置与利用困局。单独设置宅基地资格权的主要目的是在确保实现"户有所居"

基本保障需求的基础上,推动宅基地使用权适度流转。[1]单独设置宅基地使用权的主要目的是在实现宅基地制度保障功能的前提下,通过将宅基地使用权设定为纯粹的财产性权利,实现宅基地资源的市场优化配置利用。当然,"三权分置"下的宅基地资格权虽生成于这一逻辑,但在理论依据和权源构成方面却远超这一逻辑认知。对此,可基于现有相关政策及其实践背景对宅基地资格权作出初步判断:宅基地资格权作为身份性权利,既是具有身份专属性的请求权,也是依法获取宅基地、拥有宅基地使用权的依据。

综上所述,可将"保障宅基地农户资格权"的基本法理阐释如下:其一,农户是保障宅基地资格权的主体指向。现有政策表述与"两权分置"下宅基地使用权以农户为主要主体的实践相契合,直接揭示了农户作为宅基地资格权主体的法律地位。这也意味着,保障农户的宅基地资格权是宅基地"三权分置"改革探索的主要目标之一。其二,宅基地资格权是实现宅基地制度保障功能的抓手。宅基地"三权分置"并不否定农户拥有宅基地使用权。宅基地资格权是取得"两权分置"下宅基地使用权的依据。农户拥有的宅基地资格权对分置出的宅基地使用权具有制约性和可回归性。宅基地制度对于农户的"户有所居"保障功能依托"宅基地资格权—宅基地使用权"的逻辑架构得以实现。其三,"保障宅基地农户资格权"是实施宅基地"三权分置"的前提,也是实现宅基地"三权分置"的基础。2021年中央一号文件提出,"稳慎推进农村宅基地制度改革试点,探索宅基地所有权、资格权、使用权分置有效实现形式"。保障农户的宅基地资格权恰是"稳慎推进"宅基地"三权分置"改革的重要体现。唯有设计好宅基地资格权,构建一套科学的运行制度和机制,才能有序推进宅基地"三权分置"改革。[2]

(四)"适度放活宅基地和农民房屋使用权"的主要任务

"两权分置"下人身性(专属性)与财产性共存于宅基地使用权,制约宅基地要素化利用和宅基地使用权财产价值实现。如何平衡宅基地使用权的身份性与财产性,实现好宅基地制度保障功能和推进宅基地市场化利用是我国提

---

[1] 参见夏沁:《农村宅基地"三权分置"改革的立法实现》,载《地方立法研究》2018年第4期。
[2] 参见孟秀伶、李国强:《论宅基地"三权分置"中资格权的法律意蕴》,载《长春理工大学学报(社会科学版)》2020年第5期。

出宅基地"三权分置"改革,推进"适度放活宅基地和农民房屋使用权"探索的初衷。"适度放活宅基地和农民房屋使用权"就是要在设定宅基地资格权的基础上,用物权理论彻底改造宅基地使用权,去除身份性对宅基地市场化利用的限制,实现宅基地使用权和房屋使用权。相关政策基于房地一体原则以及适度放活的宅基地使用权与农民房屋使用权的一体性,将其表述为"适度放活宅基地和农民房屋使用权"。

农民房屋使用权作为农民房屋所有权派生的用益物权,本身不存在市场化利用的法律障碍。"两权分置"下宅基地使用权的身份性才是制约"适度放活宅基地和农民房屋使用权"的根源所在。故而,"适度放活宅基地和农民房屋使用权"实质就是适度放活宅基地使用权。但相关政策表述中的"农民房屋使用权"一词并不准确。在理论上,宅基地使用权转让仍是宅基地市场化利用的基本方式;在政策上,现有相关政策文件并不禁止宅基地使用权转让,并将转让作为宅基地使用权重要流转方式;在实践中,宅基地使用权转让一直被相关地方作为探索适度放活宅基地使用权的重要方式。在"房地一体"原则下的宅基地使用权转让实则是对房屋所有权和宅基地使用权的一并处置。故而,"适度放活宅基地使用权和农民房屋产权"这一表述更为准确,适度放活宅基地使用权才是宅基地"三权分置"改革探索的核心命题之一。

适度放活宅基地使用权作为宅基地"三权分置"改革的重要目标指向,在政策阐释上的重点在于何为"宅基地使用权"以及如何"放活""适度"。其中,"宅基地使用权"是在"两权分置"之法权事实基础上设置宅基地资格权后产生的财产性权利。尽管宅基地使用权的性质和内容尚待厘清,但其作为宅基地市场化流动所需的一项非身份性的权利早已成为宅基地"三权分置"改革的政策制定初衷,也是改革的重要主线。"放活"一词则兼具目的性与工具性。通过"三权分置"设置宅基地使用权的目的在于实现宅基地的要素化利用,确认并推动实现宅基地使用权的财产价值。但唯有依托法定流转方式,方可有效实现宅基地使用权的"放活"目标。"适度"一词成为放活宅基地使用权的限制性表达。宅基地"三权分置"改革并非要实现宅基地的完全市场化,放活宅基地使用权仍须坚持一定的限制性。这些限制性主要体现在宅基地使用权的放活方式、用途等方面。

探索适度放活宅基地使用权需要重点把握好三个因素:一是宅基地集体

所有制的限制性。落实集体所有权是宅基地集体所有制对放活宅基地使用权的法律限制。适度放活宅基地使用权不得影响落实宅基地集体所有权目标。二是宅基地制度的保障功能。《中央农村工作领导小组办公室、农业农村部关于进一步加强农村宅基地管理的通知》明确提出，"宅基地是农村村民的基本居住保障"。宅基地"三权分置"改革以农户的宅基地使用权这一法权事实为前提，实现"户有所居"基本保障需要及其对应的宅基地制度保障功能，会在权利逻辑和制度体系中影响适度放活的宅基地使用权的规则构造。三是宅基地转让的限制性。《中央农村工作领导小组办公室、农业农村部关于进一步加强农村宅基地管理的通知》明确指出，"严禁城镇居民到农村购买宅基地，严禁下乡利用农村宅基地建设别墅大院和私人会馆。严禁借流转之名违法违规圈占、买卖宅基地"。可见，在宅基地实行集体所有而不得转让的限制下，宅基地使用权转让仍面临较多约束限制。上述集体所有制、农户宅基地权益、宅基地流转方式三个方面的限制，构成适度放活宅基地使用权及其相关制度构造的基本边界。

四、宅基地"三权分置"改革的逻辑进路

从"两权分置"到"三权分置"是宅基地"三权分置"改革的"明线"。科学研判"两权分置"与"三权分置"的关系是"三权分置"下宅基地权利架构和制度设计的基础。以"两权分置"为基础和依据进行探索，是宅基地"三权分置"改革的基本进路。从身份性与财产性高度集合到两者相对分离则是宅基地"三权分置"改革的"暗线"。以传统宅基地制度形成的法权事实为基础，在宅基地使用权基础上通过分解，分别设立宅基地资格权和宅基地使用权，以实现宅基地权利身份性与财产性相对剥离，则成为宅基地"三权分置"改革的关键。从现有相关政策要求来看，一明一暗两条主线为开展宅基地"三权分置"的理论探索和制度设计提供了明确的进路。

（一）"三权分置"以"两权分置"为改革前提和逻辑起点

"两权分置"架构的传统宅基地制度严重制约宅基地制度改革进路选择，但却是宅基地"三权分置"改革的逻辑起点。开展宅基地"三权分置"改革并非否定宅基地"两权分置"，而是以宅基地"两权分置"为基础展开。"两权分置"

下的宅基地制度已形成由宅基地集体所有权和宅基地使用权组成的"所有权—用益物权"架构。农户宅基地使用权作为法定的用益物权,理应通过产权的适度交易实现宅基地资源优化配置。但由于作为户的构成的集体成员存在身份限定以及严格落实宅基地制度保障功能的要求,传统宅基地制度不利于推进宅基地资源的适度市场化配置与利用。随着新型城镇化发展,推动宅基地资源优化配置利用成为宅基地制度改革亟须完成的事项。对此,宅基地"三权分置"成为兼具稳定性、科学性、适应性的优选方向。其中:稳定性,是指要坚持"两权"体系下既有权益格局;科学性,主要指改革须科学调适保障功能与财产功能;适应性,则是改革与政治、经济、社会、集体以及个体需求的兼容契合。

宅基地"两权分置"下的"两权"是宅基地"三权分置"下"三权"架构的基础。宅基地"三权分置"并非新创架构,而是在"两权"架构的传统宅基地制度基础上的突破性创新发展。在"三权分置"下,宅基地集体所有权仍然为"两权分置"下的集体所有权,宅基地农户资格权和宅基地使用权则主要是改造"两权分置"下宅基地使用权的结果。关于宅基地资格权和宅基地使用权的阐释思路,极易出现的问题是:脱离现有"两权分置"下的宅基地集体所有权和宅基地使用权而创新重构宅基地资格权和宅基地使用权。这极易否定农户业已实际取得的宅基地权利,造成改革脱离实际、影响社会稳定的问题。以现有"两权"为前提和起点,探索"三权"配置的路径和格局更具理论性、现实性和实践性。落实宅基地集体所有权的重点在于明确集体所有权在宅基地"三权分置"中的权能并予以切实落实;保障宅基地资格权和适度放活宅基地使用权则聚焦如何科学剖析农户业已实际取得的宅基地使用权,并在此基础上设定宅基地资格权和宅基地使用权。

此外,宅基地"两权分置"对宅基地"三权分置"改革具有惯性制约。这种制约是宅基地制度科学变迁的必然结果。在权利体系方面,"两权分置"下宅基地权利体系构造是现行宅基地制度及其相关法律机制、制度设计的重要基础。关于宅基地制度的改革与完善,仍须注重宅基地制度自身及其与相关机制和制度的协同、联动。但这并不意味着不得突破宅基地"两权分置"格局。坚持"两权"适应性改革以迈向"三权",仍然是"三权分置"下宅基地"三权"及其制度设计的进路依赖。在制度规则方面,按照制度变迁的规律性,宅基地

"三权分置"改革仍须吸收并坚持传统宅基地制度中的合理成分,尤其要坚持宅基地集体所有权以及宅基地使用权以农户为主要分配对象的基本规则。在实现方式方面,传统宅基地制度的国家管理色彩过重,市场机制作用空间极其有限。这就需要协调好宅基地制度的保障功能与财产功能,统筹好保障性的公益权能与财产性的私益权能,[1]处理好宅基地制度规则中"国家权力驱动"与"主体权利行使"[2]两种不同路径的表现形式及其基本限度。足见,将"两权分置"下宅基地使用权分置为宅基地资格权和宅基地使用权是提炼"三权分置"下宅基地权利构造逻辑的可行路径。

(二)适度放活宅基地使用权是"三权分置"改革的重点

传统宅基地制度的身份固化和流转限禁实质上是以公法逻辑构造宅基地制度的结果。尽管我国物权方面立法明确确认宅基地使用权为财产权,但基于私法思维构建的宅基地用益物权却面临按照公法逻辑设定规则的影响。这在客观层面主要表现为保障功能与财产功能的不协调问题;在制度层面主要表现为将宅基地使用权主体严格限定为农户,宅基地市场化利用方式缺乏。如何在确保保障功能基础上探索适度实现财产功能的方式,成为宅基地制度改革的迫切需要。在传统宅基地制度框架内,政府尤其是农民集体在宅基地资源配置中发挥主导作用。但宅基地是稀缺资源,具有突出的要素价值,应当发挥市场机制在宅基地资源优化配置中的基础性作用。故而,如何适度放活宅基地使用权是宅基地"三权分置"改革的重点。

宅基地"三权分置"在本质上是实现农民宅基地使用权的财产功能的基本方式,是适度实现宅基地资源市场化配置的基本出路。适度放活宅基地使用权,就是要实现宅基地资源由政府尤其是成员集体配置为主逐步走向以市场机制配置为主,注重宅基地资源科学流动的规则设计,推动宅基地制度主要功能从保障功能走向保障功能与财产功能协同实现。前已论及,"三权分置"下保障功能仍然是宅基地制度的主要功能,宅基地"三权分置"改革应当予以坚持,而不可能采取宅基地完全市场化配置与利用的方案。"适度放活"就是对

---

[1]参见董新辉:《新中国 70 年宅基地使用权流转:制度变迁、现实困境、改革方向》,载《中国农村经济》2019 年第 6 期。

[2]刘国栋、蔡立东:《农村宅基地权利制度的演进逻辑与未来走向》,载《南京农业大学学报(社会科学版)》2020 年第 6 期。

这一限度的表达,是探索放活宅基地使用权的基本约束。同时,适度放活宅基地使用权是以"两权分置"下农户的宅基地使用权为权利来源,并非要将身份性限制从宅基地权利中完全去除,而是以宅基地资格权为载体聚焦宅基地资源初始配置环节,并在此基础上推动宅基地使用权的市场化利用。这也是"适度放活"的重要体现。

宅基地资格权与宅基地使用权的分置逻辑与实现方案是宅基地"三权分置"改革的重中之重,也是"三权分置"下现行宅基地制度及其理论构造的主要方面。从"两权分置"到"三权分置"的改革,重点在于坚持以保护农户宅基地使用权为基础,实现对宅基地使用权的适度放活。这也在相关实践中得到证明。例如,泸县和德清县采取"转让一定年限宅基地使用权"的方式,实际上让渡的是农户宅基地使用权的子权利。[1] 通过让渡农户宅基地使用权的子权利,破解"两权分置"下农户宅基地使用权实现障碍,实现宅基地使用权的适度流转。宅基地"三权分置"改革尽管以适度放活宅基地使用权为重点,但并未忽视宅基地集体所有权和宅基地资格权。仅从释放宅基地使用权财产价值这一改革初衷来看,适度放活宅基地使用权在理论和实践探索中往往被认为是改革中具有优先性的重点任务。保障宅基地资格权和适度放活宅基地使用权仍是宅基地"三权分置"改革的重要任务,与适度放活宅基地使用权共同组成宅基地"三权分置"改革探索的核心内容。

(三)"三权"协同实现是宅基地"三权分置"改革的方向

从字面表述来看,宅基地"三权分置"改革存在任务和工作的轻重差别;从法理意蕴来看,宅基地"三权分置"改革存在方向和内容的客观差异。但作为一项整体性改革,宅基地"三权分置"改革应当坚持体系构造和协同推进。宅基地"三权分置"改革中最为关键的任务在于:分类、协同推进落实宅基地集体所有权、保障宅基地资格权、适度放活宅基地使用权的相关改革。其中,"三权"协同实现是宅基地"三权分置"改革的基本方向。

宅基地"三权分置"改革中的落实宅基地集体所有权、保障宅基地资格权、适度放活宅基地使用权三者构成有机的逻辑体系。一方面,宅基地集体所有

---

[1] 参见宋志红:《宅基地"三权分置":从产权配置目标到立法实现》,载《中国土地科学》2019年第6期。

权、宅基地资格权、宅基地使用权是宅基地上完整的权利体系。"三权"虽各具功能性和导向性,存在明显差异,但共同构成完整的宅基地权利体系。另一方面,"三权"各自的改革定位和目标指向有所差异,但存在严密、严谨的逻辑体系。尽管"落实""保障""适度放活"各具特色、要求不同,但均符合从"两权分置"到"三权分置"改革的路径要求和制度功能定位。这既是对"两权分置"下宅基地制度及其运行实践所出现问题的回应,也是宅基地"三权分置"制度科学发展的要求。故而,宅基地集体所有权改革的重点在于落实,宅基地资格权设计的关键在于保障,宅基地使用权构建的核心在于适度放活。三者统一于宅基地"三权分置"的权利结构和制度体系。

要推动"三权分置"下宅基地"三权"协同实现,就应当坚持好如下基本要求:其一,科学界定宅基地"三权分置"中的"三权",明确其在"落实""保障""适度放活"语境下的改革目标和方向要求,探索落实宅基地集体所有权、保障宅基地资格权、适度放活宅基地使用权的实现路径。其中,至关重要的是界定好"两权分置"下宅基地使用权与"三权分置"下宅基地资格权、宅基地使用权的关系。其二,在坚持从"两权分置"到"三权分置"的改革进路基础上,一体化构造宅基地集体所有权、宅基地资格权、宅基地使用权,并在此前提下明确落实宅基地集体所有权、保障宅基地资格权、适度放活宅基地使用权的制度方案。其三,明确宅基地"三权"主体及其利益类型,探索实现成员集体、农户及其他市场主体在宅基地利用中的利益联结与公平分享方案。对此,既要构建以宅基地集体所有权为根本权源、以宅基地资格权为基本权源、以宅基地使用权为具体权利的权利体系,又要赋予宅基地市场化利用所需的权利内容,按照私权实现进路构造相关规则。

第二章 宅基地"三权分置"改革的实践述评

实践是增进认知的途径,是制度发展的动力。坚持以实践探索为基础推进制度改革是农村土地制度发展的重要进路。宅基地"三权分置"改革并非源自偶然,亦非一蹴而就,而是源自实践、依托实践以及通过实践实现的过程。在相关政策指引下,通过汲取实践探索的成功经验,梳理、把握改革面临的风险,形成降低成本增进效益的方案,是任何一项改革探索均应遵循的基本思路。系统梳理和深入研判宅基地"三权分置"改革实践,科学识别其面临的风险,是推进宅基地"三权分置"权利逻辑和制度构造的重要基础。

一、宅基地"三权分置"的实践做法

目前,我国尚未在全国性立法中直接规定宅基地"三权分置"相关内容,仅在部分规范性文件中有所提及,但也是仅作方向性、原则性规定。2015年3月,义乌市被列入全国土地制度改革试点名单,成为较早开展宅基地"三权分置"相关探索的地方。[1] 2018年以来,浙江省德清县等多地也开展了宅基地"三权分置"改革探索。2020年10月,中央农办、农业农村部会同有关部门在全国104个县(市、区)和3个地级市启动了新一轮农村宅基地制度改革试点,着重探索宅基地"三权分置"的实现形式。尤其是浙江省义乌市、浙江省德清县、重庆市大足区、云南省大理市等地,在推进宅基地制度改革探索中形成了

---

[1] 参见谢云挺:《浙江义乌探索农村宅基地"三权分置"》,载《中国改革报》2018年1月17日,第2版。

有关宅基地"三权分置"的大量做法。对这些实践的梳理、总结,利于廓清宅基地"三权分置"改革的实践现状,总结经验,提炼存在的风险,为构造宅基地"三权分置"的理论和制度奠定基础。

(一)"三权分置"下宅基地"三权"的结构

自2018年中央一号文件首次正式提出宅基地"三权分置"后,相关地方在相关文本表述等方面做到了与中央关于"落实宅基地集体所有权,保障宅基地农户资格权和农民房屋财产权,适度放活宅基地和农民房屋使用权"的提法保持一致。相关地方在实践探索中就宅基地"三权分置"改革的初衷、目标、重点等都大体取得了共识。但宅基地相对于承包地具有明显的特殊性,宅基地"三权分置"不宜直接套用承包地"三权分置"的理论逻辑和制度路径。"三权分置"下的宅基地"三权"立法不能直接套用承包地"三权分置"的立法经验。尤其是不能将"三权"中的宅基地使用权简单理解为将"两权分置"下宅基地使用权析出宅基地资格权后的剩余权利。

"三权分置"下的宅基地权利配置是宅基地"三权分置"改革探索的核心和关键。在"三权"中,宅基地集体所有权具有立法确定性和社会公认性;只有将在"两权分置"与"三权分置"中表述相同的宅基地使用权认定为去身份性后的财产权,才符合"三权"逻辑体系性要求并符合物权理论的基本逻辑。足见,较为关键的是,要厘清"三权分置"下宅基地资格权和宅基地使用权与"两权分置"下宅基地使用权的关系,以及"三权分置"下宅基地资格权与宅基地使用权的关系。其中,宅基地资格权的认定才是宅基地"三权分置"权利配置的关键。从理论和规则上构造好了宅基地资格权,也就相应确定了宅基地使用权。从实践来看,重庆市大足区、浙江省德清县、浙江省义乌市等地开展的相关探索也将宅基地资格权作为宅基地"三权分置"改革中权利配置的重点。

在此框架下,各地围绕"三权分置"下宅基地"三权"展开了相关探索。例如,重庆市大足区制定了多部规范性文件推进宅基地"三权分置"实践探索,浙江省德清县政府制定《德清县农村宅基地管理办法(试行)》(已失效),浙江省义乌市系统建立了"1+7+9"(一意见、七办法、九细则)的文件体系并由金华市中级人民法院印发《关于涉义乌市农村宅基地资格权、使用权转让纠纷裁判规则(试行)》,具体规定宅基地资格权、宅基地使用权等内容。尽管相关地方关于"三权分置"下宅基地权利具体构成的探索存在一定的差异,但在"三权"

的权利结构方面并不存在实质差别(均为"宅基地集体所有权、宅基地资格权、宅基地使用权")。究其原因有二:其一,相关探索是在遵循中央相关规定的情况下开展的。中央已将"三权"确定为宅基地集体所有权、宅基地资格权、宅基地使用权,相关地方在实践探索中原则上应当直接适用。地方在相关探索中缺乏突破"三权"结构的必要和"勇气"。其二,物权理论逻辑具有共识性。宅基地集体所有权、宅基地资格权以及宅基地使用权是我国现行物权立法明确规定的物权。按照"所有权—用益物权"思路诠释"三权"中宅基地集体所有权和宅基地使用权,早已成为理论和实践共识。宅基地资格权则成为"两权分置"下宅基地使用权身份性内容的载体。

(二)落实宅基地集体所有权的实践探索

宅基地集体所有权作为集体所有制的基本法律实现形式,具有极强的社会性[1]与财产性特征,但并未遵循传统私法中的财产权社会化理论的发展进路。我国宅基地集体所有权从产生至今始终兼具社会性与财产性,甚至在较长时期内社会性明显强于财产性。从宅基地集体所有与使用分离的形成直至原《物权法》颁行前,[2]我国宅基地集体所有权的社会性明显强于财产性。即使在原《物权法》颁布以后,我国宅基地集体所有权仍深受制度惯性和实践制约,根本不存在宅基地集体所有权的绝对财产化。在此背景下,落实宅基地集体所有权包含两层意思:一是实现宅基地集体所有权的权能,二是确定并实现宅基地集体所有权承载的重要职能。换言之,并非要实现宅基地集体所有权的去财产性或去社会性,而是要在两种属性并存前提下,科学界定并实现宅基地集体所有权的权利内容和基于宅基地社会性而形成的宅基地领域自治管理职能。落实宅基地集体所有权就是要协同实现好宅基地集体所有权的物权权能和宅基地集体自治管理职能。对此,重庆市大足区、浙江省德清县、浙江省

---

〔1〕 这里的社会性是相对于财产性而言的,更多体现出集体利益乃至社会利益方面的特征,在功能方面主要表现为宅基地集体所有权在制度变迁中所形成并承载的集体成员保障功能、发展农村经济的经济功能、集体社区治理的政治功能、乡村互助合作的文化功能。

〔2〕 新中国成立以来,宅基地集体所有权的历史变迁大体经历了四个阶段:宅基地私人所有权及其财产功能时期(1949~1957年)、宅基地集体所有权与使用分离的形成时期(1958~1981年)、宅基地集体所有权与使用权分离的法治化及强化监管时期(1982~2012年)以及宅基地制度的功能变迁及"三权分置"改革探索时期(2013年至今)。参见杨青贵:《进城落户农民有偿退出宅基地的实践探索与制度回应》,中国大地出版社2020年版,第16~26页。

义乌市等地开展的相关实践探索,成为研究落实宅基地集体所有权的重要样本。

1. 宅基地集体所有权物权权能

尽管《民法典》第二编"物权"没有直接规定集体所有权的具体权能,但经参考第263条关于城镇集体所有的不动产和动产"由本集体享有占有、使用、收益和处分的权利"的规定,以及按照无特别规定下适用第二分编"所有权"之"一般规定"的基本原理,第240条成为宅基地集体所有权具备"占有、使用、收益和处分"权能的法律依据。[1]同时,这也符合集体土地所有权属于物权中所有权之社会共识,成为相关地方探索落实宅基地集体所有权的重要基础。鉴于其属于共识性存在,现有立法已明确其属性及相应内容,因此相关地方改革探索的重心聚焦到了宅基地资格权和宅基地使用权方面。只有浙江省德清县等个别地方才开展了宅基地集体所有权相关探索。[2]

宅基地集体所有权的行使主体取决于行使模式。我国的成员集体作为宅基地的所有者,不具有组织形态,难以自行行使宅基地集体所有权。对此,《民法典》第262条和《土地管理法》第11条采取法定授权方式,确定集体所有的土地由农村集体经济组织或村民自治组织经营、管理。这两类主体当然也成为落实宅基地集体所有权的法定主体。从相关实践探索来看,大体形成了统一行使和分散行使两种模式。其中:统一行使是指在现行法定授权方式所确定的主体框架内,确定某个主体统一承担落实宅基地集体所有权的相关任务;分散行使则是指以现行法定授权方式所确定的主体框架为依据,利用成员集体在法律上的对应关系,确定落实宅基地集体所有权的责任主体。浙江省德清县鉴于全县早已按照《浙江省村经济合作社组织条例》将村合作经济社作为社区性农村集体经济组织,故采取统一行使模式,将村股份经济合作社确定为宅基地集体所有权的行使主体,赋予其"依法享有占有、使用、收益、处置本社宅基地的权利,并有权按相关规定参与宅基地规划"[3];除需要由村股份经济

---

[1]《民法典》第240条规定:"所有权人对自己的不动产或者动产,依法享有占有、使用、收益和处分的权利。"

[2]《德清县农村宅基地管理办法(试行)》第12条规定:"村股份经济合作社依法享有占有、使用、收益、处置本社宅基地的权利,并有权按相关规定参与宅基地规划。"

[3]《德清县农村宅基地管理办法(试行)》第12条,该办法已失效,但德清县作为"三权分置"政策研究中的试点之一,该办法仍具有研究意义。

合作社社员会议或社员代表会议进行集体商议并形成决议的重大事项外,宅基地管理事项由村股份经济合作社负责。[1] 重庆市大足区、浙江省义乌市等地仍然采用的是分散行使模式。

宅基地集体所有权权能是宅基地集体所有权物权探索的重点。通过赋权方式落实宅基地集体所有权,是集体所有制的基本实现形式,也是确定宅基地集体所有权权利属性的基本思路。宅基地集体所有权作为重要的物权,仍以占有、使用、收益和处分作为其最为基本的权能。但宅基地集体所有权又区别于一般意义上的不动产所有权。相比于一般意义上的不动产所有权,部分地方在实践探索中挖掘出了一些具有特殊性的内容。主要包括:

一是宅基地集体收益权,即农村集体经济组织代表成员集体收取的宅基地有偿使用费、宅基地使用权流转收益调节金等费用。部分地方规定的成员集体有权收取宅基地集体收益的情形主要包括超面积使用宅基地且无法退出、宅基地使用权流转、非本集体成员但按规定取得宅基地使用权等情形。例如,重庆市大足区规定初次分配的农户宅基地在规定面积内无偿取得,但对于历史原因形成的超标占用等三类规定情形实行有偿使用,[2] 且有偿使用费最低标准每5年由村民小组调整一次;[3] 浙江省德清县则对"超标准占用的宅基地和非本社社员使用宅基地""经合法继承使用宅基地"等情形实行有偿使用。[4] 重庆市大足区、浙江省德清县、浙江省义乌市均规定宅基地使用权流转须缴纳相应的宅基地使用权收益调节金,但对于须缴纳宅基地收益调节金的流转方式的规定有所差别。重庆市大足区规定转让、入股(联建)、租赁、赠与宅基地使用权的,宅基地资格权主体须一次性缴纳集体土地收益金;[5] 浙江省德清县则将须缴纳集体土地收益金的情形限定为宅基地使用权租赁、转让两类。[6] 在名称上,重庆市大足区将其命名为"集体土地收益金",浙江省德清县

---

[1] 参见《德清县农村宅基地管理办法(试行)》第13、14条。
[2] 重庆市大足区有偿使用的情形有三种:一是对历史形成的超标准占用,因拆除超建(构)筑物影响房屋整体安全等无法退出的;二是通过继承等方式一户拥有多宅且不愿退出的;三是非本农村集体经济组织成员通过继承房屋或其他方式占有和使用宅基地且不愿退出的。参见《重庆市大足区农村宅基地管理办法(试行)》第17条。
[3] 参见《重庆市大足区农村宅基地管理办法(试行)》第20条。
[4] 《德清县农村宅基地管理办法(试行)》第13条第4项、第37条。
[5] 参见《重庆市大足区农村宅基地使用权流转管理办法(试行)》第15条。
[6] 参见《德清县农村宅基地管理办法(试行)》第44~45条。

将其则命名为"土地增值收益调节金"[1],浙江省义乌市将其命名为"土地所有权收益"。关于收费情形和标准,重庆市大足区和浙江省德清县的规定颇具研究价值,体现了自治、法治与德治的融合,确保了稳定性与发展性的统一(见表2-1)。

表2-1 重庆市大足区和浙江省德清县宅基地使用权流转收益提取标准

探索地区	费用名称	缴纳主体	流转方式	费用标准	缴纳时间	收取主体	文件依据
重庆市大足区	集体土地收益金	资格权人	转让入股(联建)赠与	一次性缴纳。其中,合法面积部分,按每年不低于0.5元/平方米标准缴纳。历史原因形成超标准占用农村宅基地且无法退出的部分,按每年不低于1元/平方米标准缴纳。具体标准由农村集体经济组织参照公布执行的城乡统一基准地价和土地收益系数自行确定	在办理农村宅基地使用权转移登记前缴纳	农村集体经济组织	《重庆市大足区农村宅基地使用权流转管理办法(试行)》第15条、第16条
			租赁		在备案前缴纳集体土地收益金		
浙江省德清县	土地增值收益调节金	资格权人	出租	按合同价款的1%~3%的比例缴纳。各村收取比例由村股份经济合作社在民主决策的基础上自行确定	经审批通过后(未明确规定具体时间)	村股份经济合作社	《德清县农村宅基地管理办法(试行)》第15条、第44条、第45条
		受让人	转让	与契税相当,缴纳比例为合同价款的1%		县人民政府	

二是宅基地集体回购权。宅基地集体回购权是成员集体依据宅基地集体所有权,按照市场规则收回宅基地的一项权利。从浙江省义乌市、重庆市大足

---

[1] 《德清县农村宅基地管理办法(试行)》第13条第6项。

区等地的实践探索来看,宅基地收回权的主体是宅基地集体所有权主体即农民集体所对应的农村集体经济组织。在适用条件方面,《义乌市农村宅基地使用权转让细则(试行)》第7条规定,在宅基地使用权转让的情况下,本村集体经济组织有优先回购权。《重庆市大足区农村宅基地管理办法(试行)》第24条规定,"自愿有偿退出农村宅基地可以由农村集体经济组织回购"。尽管两地规定的回购条件有差异,但无疑都认可了宅基地集体回购权。关于宅基地集体回购权是否具有优先性的问题,唯有浙江省义乌市肯定了其属于"优先回购权",在同等条件下农村集体经济组织享有优先回购权;同时规定"集体成员有优先受让权",但没有具体确定农村集体经济组织优先回购权与集体成员优先受让权之间的优先顺位。宅基地使用权由集体回购后,一般用于宅基地再分配、复垦为耕地、预留发展用地等方面。重庆市大足区还规定回购后按用途确定利用比例,即"首先预留一定面积用于农村宅基地再分配,留足不低于20%的发展用地,剩余部分统筹用于发展农村二、三产业"[1],为宅基地集体回购权的实现提供了经验借鉴。

2. 宅基地资格认定权

宅基地资格权是成员集体与集体成员范畴中集体成员权的重要体现。认定宅基地资格权是成员集体基于集体与成员关系确定集体成员权的重要方式,也是相关地方探索落实宅基地集体所有权的重要形式。基于集体成员作为成员集体一员的归属性以及宅基地申请资格的既有制度惯性,宅基地资格认定权适宜且应当确定为成员集体的基本权利。从既有实践来看,农村集体经济组织或村民自治组织作为《民法典》《土地管理法》确定的集体所有权的法定行使主体,是认定农村集体经济组织成员资格的主体。从以农村集体经济组织成员资格作为宅基地资格权确定的基本依据来看,现有相关地方探索将农村集体经济组织作为认定主体是符合基本法理要求的,具有现实可行性。在此框架下,实践中关于宅基地资格权认定主体的规定大体分为两类。

一是根据地方实际将宅基地资格认定权主体确定为农村集体经济组织或村民自治组织。例如,尽管《重庆市大足区农村宅基地管理办法(试行)》第9条和第14条并未直接规定宅基地资格权,但宅基地申请条件及程序业已包括

---

[1]《重庆市大足区农村宅基地管理办法(试行)》第24条。

宅基地资格认定权的内容,实际上将农村集体经济组织确定为宅基地资格权的认定主体。尽管农村集体经济组织存在村、村内、乡(镇)三类,但考虑许多地方尚未建立农村集体经济组织,因此该办法规定,由农村集体经济组织召开"村民小组会议"讨论确定宅基地农户资格权,由"村民委员会"初审。"村民小组会议""村民委员会"均具备代表成员集体认定宅基地资格权的法定权利。[1]

二是将宅基地资格认定权主体确定为村股份经济合作社。《中共中央、国务院关于稳步推进农村集体产权制度改革的意见》明确将经济合作社(也称股份经济合作社)作为农村集体经济组织,赋予其农村集体资产的管理职责。宅基地资格权认定也是股份经济合作社代表集体行使集体所有权、管理集体资产的重要内容。金华市中级人民法院《关于涉义乌市农村宅基地资格权、使用权转让纠纷裁判规则(试行)》第5条第2款将村集体确定为宅基地资格权的认定主体。《德清县农村宅基地管理办法(试行)》第17条规定,村股份经济合作社以"户"为单位认定本社社员是否拥有宅基地资格权,并建立《村股份经济合作社宅基地资格权登记簿》。《德清县农村宅基地管理办法(试行)》第4条第1款明确将村股份经济合作社确定为农村宅基地所有权的统一行使主体,涉及村民小组的,则由村民小组委托其统一行使。可见,多地均将村股份合作经济社统一确定为宅基地资格认定权主体。

3. 宅基地规划审批流转管理

成员集体及其对应的农村集体组织,在农村经济社会发展中发挥了重要作用。从现有相关实践探索来看,如何发挥其在宅基地利用管理等方面的优势,仍然是地方推进宅基地"三权分置"改革探索的重要内容。具体而言,部分地方主要围绕宅基地规划参与、宅基地依法审批管理、宅基地使用权流转管理展开实践探索。

一是宅基地规划参与。农业农村发展布局与农业农村规划紧密相关,而

---

[1] 根据《民法典》第262条、《土地管理法》第11条的规定:集体所有的土地和森林、山岭、草原、荒地、滩涂等,属于村农民集体所有的,由村集体经济组织或者村民委员会依法代表集体行使所有权;分别属于村内两个以上农民集体所有的,由村内各该集体经济组织或者村民小组依法代表集体行使所有权;属于乡镇农民集体所有的,由乡镇集体经济组织代表集体行使所有权。因此,村民小组、村民委员会均属于集体所有权法定行使主体。

宅基地作为农村占比最大的集体建设用地更需要科学规划利用。为此,参与或开展宅基地规划成为国土空间规划背景下成员集体及其法定行使主体探索落实宅基地集体所有权的重要方式。例如,《德清县农村宅基地管理办法(试行)》第12条规定,村股份经济合作社有权按规定参与宅基地规划。参与宅基地规划,利于降低信息不对称和沟通成本、反馈与吸纳集体及其成员的合理建议、确保宅基地规划符合集体及其成员的最普遍利益。

二是宅基地依法审批管理。长期以来,成员集体及其法定代表者承担着宅基地分配申请的集体审批管理工作。宅基地申请审批是成员集体对符合条件的集体成员以户为单位无偿分配宅基地的审查批准,实质上仍是落实宅基地集体所有权的重要内容。从实践来看,各地在宅基地"三权分置"改革探索中均规定成员集体或其法定代表主体是宅基地申请的接受、审批主体。例如,浙江省德清县规定由村股份合作经济社确定社员清册,建立《村股份经济合作社宅基地资格权登记簿》,接受宅基地资格权主体落实宅基地的申请;分户的,须经村(居)民委员会审查。

三是宅基地使用权流转管理。在"所有权—用益物权"框架下,流转作为用益物权的宅基地使用权应当获得宅基地集体所有权主体的相关认可,这既是物权理论的基本逻辑,也是落实宅基地集体所有权的重要体现。许多地方在探索中立足具有差异性的宅基地使用权流转方式,确定宅基地使用权流转的集体管理规则。例如,《义乌市农村宅基地使用权转让细则(试行)》第6条第2款规定,"农村宅基地使用权转让全部权利人须自愿一致,并征得村级组织同意"。再如,《德清县农村宅基地管理办法(试行)》第33条规定,在符合规划和用途管制的前提下,抵押、出租、转让宅基地使用权的,须经村股份经济合作社同意。此外,浙江省德清县在实践探索中注重宅基地集体所有权主体及其法定代表主体对流转履约的监督作用,有助于督促流转双方履行流转合同,[1]彰显自治、法治与德治相融合的乡村治理的功能优势。

4. 宅基地利用激励与违法处置

宅基地管理向来将违法处置作为重点,相对缺乏关于科学利用的正外部

---

[1]《德清县农村宅基地管理办法(试行)》第43条规定:"……村股份经济合作社应当督促双方履行合同,指导调解和化解双方纠纷。"

性激励。对此,重庆市大足区在宅基地"三权分置"探索中针对节约集约利用宅基地的情况,规定由"农村集体经济组织决定可以适当给予农村宅基地节约奖"[1]。当然,对宅基地违法利用的处置仍是宅基地集体自治管理相关实践探索的重点。但相关地方在实践探索中并未明确规定集体土地所有权主体及其法定行使主体在宅基地违法利用处置中的职责,仅个别地方稍有涉及。例如,《德清县农村宅基地管理办法(试行)》第13条规定,由村股份经济合作社按照有关规定对超标准占用的宅基地和非本社社员使用宅基地实行有偿使用,负责其他涉及宅基地管理的事项。再如,《重庆市大足区农村宅基地管理办法(试行)》第27条规定,村民委员会、村民小组应当建立日常巡查机制,应当及时发现并制止宅基地违法行为,并向乡(镇)人民政府报告。

宅基地收回权被认为是宅基地违法利用处置的重要构成部分。部分地方将宅基地收回作为宅基地违法利用处置的重要方式。例如,浙江省德清县在宅基地"三权分置"实践探索中确立了宅基地收回权,由村股份经济合作社作为宅基地集体所有权的行使主体,具体行使宅基地收回权(见表2-2)。详言之,宅基地收回权包括针对宅基地资格权的宅基地收回权和针对宅基地使用权的宅基地收回权。就前者而言,宅基地资格权事关集体成员"户有所居"基本保障目标和宅基地制度保障功能的实现,因此须维持宅基地资格权的身份性和稳定性。为此,浙江省德清县规定原则上不得收回经认定的宅基地资格权,并将"应当收回"的情形限定为丧失集体成员身份、自愿退出、一户多宅、拆迁安置对象、享受住房政策、其他等六种,[2]可归纳为丧失集体成员资格(不再属于本村股份经济合作社社员)、在其他农村集体经济组织已享受宅基地、已享受过拆迁安置政策以及村股份经济合作社社员已享受过房改购房(含集资建房、住房补贴)、经济适用住房(含货币补贴)等住房政策四类主要情形。就后者而言,为降低宅基地使用权转让相对于抵押、出租、合作等其他方式造成

---

[1] 《重庆市大足区农村宅基地管理办法(试行)》第22条。
[2] 《德清县农村宅基地管理办法(试行)》第23条规定:"经认定的宅基地资格权原则上不得收回,不得以退出宅基地资格权作为农民进城落户的条件。但有下列情形之一的,村股份经济合作社应当收回宅基地资格权:(一)不再属于本村股份经济合作社社员的;(二)经自愿申请退出宅基地资格权的;(三)在其他集体经济组织已享受宅基地的;(四)已享受过拆迁安置政策的;(五)村股份经济合作社社员已享受过房改购房(含集资建房、住房补贴)、经济适用住房(含货币补贴)等住房政策的;(六)其他不符合宅基地资格权的情形。"

的产权变动性及其带来的负面影响,浙江省德清县将宅基地使用权和房屋使用权的转让年限限定为"不得低于5年,最高年限不超过30年"[1];到期后,宅基地资格权主体应当收回而不收回的,"村股份经济合作社有权收回"。德清县确定的宅基地使用权的收回权实质上是村股份经济合作社"代位"行使宅基地资格权,区别于宅基地收回权中的收回,并不属于真正的针对宅基地使用权的宅基地收回权。此外,德清县还规定,在宅基地资格权主体未丧失资格权的情况下,理应优先保护其宅基地使用权,也印证了村股份经济合作社"代位"行使的主体地位。

表2-2 宅基地收回权的实践探索概况

探索地区	权利主体	收回分类	行权期限	基本原则	收回情形	收回效果
浙江省德清县	村股份经济合作社	宅基地资格权的集体收回权	任何时间	原则上不得收回经确认的宅基地资格权	1.不再属于本村股份经济合作社社员的;2.经自愿申请退出宅基地资格权的;3.在其他集体经济组织已享受宅基地的;4.已享受过拆迁安置政策的;5.村股份经济合作社社员已享受过房改购房(含集资建房、住房补贴)、经济适用住房(含货币补贴)等住房政策的;6.其他不符合宅基地资格权的情形	一是不再拥有宅基地资格权,不得申请宅基地。二是对于已取得宅基地使用权情况下,被收回宅基地资格权的,未作规定。但根据宅基地使用权的物权保护规则及其相对独立性,仍应归属于该户
		宅基地使用权的集体收回权	转让到期后	保障宅基地资格权基础上,落实宅基地集体所有权	宅基地使用权和房屋所有权转让到期后,宅基地资格权主体不收回的	一是原受让人丧失宅基地使用权和房屋使用权。二是未明确规定宅基地使用权的归属,但在资格权人未丧失资格权的情况下,理应优先保护其宅基地使用权

---

[1] 《德清县农村宅基地管理办法(试行)》第40条。

(三)保障宅基地资格权的实践探索

相对而言,宅基地上的房屋财产权在《民法典》"物权编"中作为财产权利,归属关系相当明确,即由农户等主体依法对房屋拥有较为完整的占有、使用、收益及处分等权利。但房屋产权在理论、制度及实践中主要基于宅基地资格权而受到实质影响。故而,保障宅基地资格权事关集体成员"户有所居"基本保障需求的实现,是宅基地"三权分置"改革探索的核心内容。对此,国内部分地方开展的相关探索为研究宅基地资格权保障奠定了重要的实践基础。

1. 宅基地资格权的实践界定

目前,理论界关于宅基地资格权的内涵和性质尚未完全取得共识,但部分地方已开展了有益的实践探索。例如:《德清县农村宅基地管理办法(试行)》第16条第1款仅规定了村股份经济合作社社员的宅基地资格权,将其界定为"村股份经济合作社社员按照法律、法规规定依法取得宅基地的权利";金华市中级人民法院《关于涉义乌市农村宅基地资格权、使用权转让纠纷裁判规则(试行)》第3条第1款将宅基地资格权界定为"基于村集体经济组织成员身份,通过分配、继受、共有等方式取得宅基地使用权的权利"。尽管相关地方关于宅基地资格权的内涵界定有一定差异,但仍可从中总结出一些颇具研究价值的经验。主要包括:

其一,将农村集体经济组织成员身份作为宅基地资格权认定的重要依据。浙江省德清县和义乌市直接将文件规定的农村集体经济组织确定为实践中的村农村集体经济组织(村股份经济合作社、村集体经济组织);重庆市大足区则仍采用农村集体经济组织成员这一统称。浙江省义乌市根据实际进一步拓展宅基地资格权主体范围,确认两类"非本村农村集体经济组织成员"的宅基地资格权主体身份:一是基于买卖、继承等合法形式已取得宅基地使用权的非本村农村集体经济组织成员(视为取得宅基地资格权);二是"旧村改造中,因旧房拆除而取得的拆迁安置权利或者一定数额的宅基地面积"的非本村农村集体经济组织成员(直接取得宅基地资格权)。

其二,宅基地资格权是资格权和请求权的集合。《德清县农村宅基地管理办法(试行)》第16条第1款将宅基地资格权规定为"依法取得宅基地的权利",金华市中级人民法院《关于涉义乌市农村宅基地资格权、使用权转让纠纷裁判规则(试行)》第3条第1款则规定为"通过分配、继受、共有等方式取得宅基地使用权的权利"。两个文件均指明宅基地资格权是依据主体身份性,以规定的方式,向特定主体申请取得宅基地或宅基地使用权的权利。这也体现在《龙港市农村宅基地资格权认定及实现办法(试行)(征求意见稿)》第3条关于宅基地资格权的定义中,即"农村居民基于农村集体经济组织成员身份拥有"。其中的"农村集体经济组织成员身份"是宅基地资格权的体现,农村居民基于这一资格权而"特有"相关权利则是请求权专属性的体现。

其三,宅基地资格权属于以户为单位行使的权利。关于"户",《重庆市大足区农村宅基地管理办法(试行)》第8条第2款将其确定为自然户,具体以户籍是否登记在本农村集体经济组织、是否具有本农村集体经济组织成员资格以及是否享有成员权利、履行成员义务(是否"享受集体资产分配等成员权利""履行农村集体经济组织成员义务")为依据,并提出"一般由户主、配偶、子女、父母等家庭成员组成"。

2. 宅基地资格权的认定条件

部分地方在宅基地"三权分置"改革相关实践探索中,分别从予以认定和不予认定两方面探索宅基地资格权认定条件。就前者而言,现有相关实践探索并未直接回应宅基地资格权与农村集体经济组织成员资格、农村集体经济组织成员权的关系,但仍将农村集体经济组织成员资格作为宅基地资格权认定的必备条件。这一条件设置符合现行立法政策规定和我国实际,已成为相关地方探索宅基地资格权的重要共识。从金华市中级人民法院《关于涉义乌市农村宅基地资格权、使用权转让纠纷裁判规则(试行)》第5条第2款规定来看,"除了明显侵害成员民事权益外",法院当然认可村集体依照合法程序作出的涉及集体成员资格条件、资格保留与资格丧失之决定的法律效力。关于农村集体经济组织成员资格认定标准,重庆市大足区等地主要采取户籍、集体成员权利的享有与义务的履行情况等具有理论和实践共识的认定依据。此外,浙江省义乌市还在实践探索中直接列举了确认宅基地资格权的特定情形,即新出生人员,因婚姻关系新增人员,尚未审批取得宅基地权利的村集体经济组织成员,因移民等政策性原因取得村集体经济组织成员身份的人,因旧村改造、宅基地自然灭失等原因而丧失宅基地的原宅基地使用权人,具备分户条件的原宅基地使用权共有人以及其他具有依法取得宅基地资格权的人。[1]

关于不予认定,个别地方亦进行了探索。例如,《龙港市农村宅基地资格权认定及实现办法(试行)(征求意见稿)》第9条规定:非本集体经济组织成员,户口已合法迁入但在其他集体经济组织已取得宅基地且尚未将其退还给原集体经济组织的人员,符合法律、法规、规章、章程和国家、浙江省有关规定的其他人员,不享有宅基地资格权。再如,《重庆市大足区农村宅基地管理办法(试行)》第10条规定了不予认定的三类情形:一是不具备农村集体经济组织成员资格的,即不符合该办法第8条、第9条规定条件的。二是已行使过宅基地资格权的。该办法第10条规定的该情形包括原有宅基地面积达到规定面积但申请扩建、新建的和通过转让、入股(联建)、租赁、赠与等方式流转宅基地使用权或有偿退出农村宅基地的。三是法律、法规规定的其他情形。[2]

3. 宅基地资格权的认定程序

关于宅基地资格权的主体,浙江省德清县、重庆市大足区等绝大多数地方规定为农户,义乌市则规定为"村集体经济组织成员"。基于以户为单位申请宅基地的既有规则限定和实践影响,宅基地资格权主体的认定仍然遵循从成员资格到宅基地资格权的基本思路。但并非所有地方实践均重视宅基地资格权认定程序设计。例如,浙江省德清县专门设计了宅基地资格权认定程序,并据此对宅基地资格权进行单独认定。其规定:关于宅基地资格权申请,首先由村股份经济合作社认定;认定结果公示无异议后报所在地镇人民政府(街道办事处)审核同意,登记形成《村股份经济合作社宅基地资格权登记簿》,并为宅基地资格权主体发放资格权登记卡。[3] 重庆市大足区则未设计宅基地资格权认定程序,仅规定了宅基地申请审批程序,即农户向本农村集体经济组织申请使用宅基地的,农村集体经济组织应当组织召开村民小组会议讨论,并在村级事务公示栏张榜公示7日且无异议后,确定农户的宅基地资格权。[4]

分析发现,尽管相关地方关于宅基地资格权认定程序的规定有一定差异,

---

[1] 参见金华市中级人民法院《关于涉义乌市农村宅基地资格权、使用权转让纠纷裁判规则(试行)》第4条。
[2] 参见《重庆市大足区农村宅基地管理办法(试行)》第8、9、10条。
[3] 参见《德清县农村宅基地管理办法(试行)》第17条。
[4] 参见《重庆市大足区农村宅基地管理办法(试行)》第9、14条。

但仍存在较多共性。主要包括：其一，以申请为前提。尽管义乌市规定宅基地资格权主体是农村集体经济组织成员（与其他地方探索有一定区别），但与其他地方一致的是实质上均以农户或其成员的主动申请作为认定宅基地资格权的前提。其二，由集体审核认定。从实践来看，集体审核认定的主体主要有两类：一类是以浙江省德清县为代表，由成员集体的法定代表主体审核认定，即由农村集体经济组织直接代表农民集体审核认定；另一类是以重庆市大足区为代表，由村民代表会议讨论通过。其三，认定程序类似。现有相关地方在实践探索中基本上都将"申请—审核—认定—公示—取得"作为宅基地资格权的认定程序。

此外，浙江省德清县还探索宅基地资格权的凭证管理。依据《德清县农村宅基地管理办法（试行）》第17条、第22条的规定，在宅基地资格权认定后，经所在地镇级政府审核同意，登记形成《村股份经济合作社宅基地资格权登记簿》，并"报县国土资源行政主管部门备案"；"资格权人未申请宅基地且不愿退出宅基地资格权的，可以申请领取《农户宅基地资格权票》"。但浙江省德清县并未明确宅基地资格权的生效条件。实际上，经"本社内部公示"无异议并"报所在地镇人民政府（街道办事处）审核同意后"，农户即取得宅基地资格权。《村股份经济合作社宅基地资格权登记簿》是宅基地资格权的重要证明，将其作为宅基地审批的依据不等于其就是取得宅基地资格权的依据。这意味着，农户在获得宅基地资格权后，唯有在"未申请宅基地且不愿退出宅基地资格权的"情况下，才可以申请领取该证。当然，农户宅基地资格权票亦非宅基地资格权的设权依据，仍然仅为宅基地资格权的权利凭据。

4. 宅基地资格权的权利内容

宅基地资格权作为在宅基地"两权分置"基础上提出的一类新型权利，其内容设计直接影响宅基地"三权"的权利架构和制度设计，是相关地方探索的重要内容。对此，相关地方的实践探索各有异同。在"同"的方面，主要体现为将宅基地资格权界定为申请取得宅基地的前提条件，以及明确宅基地资格权具有依法取回经流转的宅基地使用权的权源性内容；在"异"的方面，集中反映为是否赋予宅基地资格权流转的权能以及与住房保障之间的衔接关系。这种差异是探索宅基地"三权分置"的权利架构和制度设计的必然现象，且相关实践探索所提出的绝大多数权利内容仍符合我国宅基地权利制度的科学实践和发展方向。现有相关实践探索所提出的宅基地资格权的权利内容主要包括：

一是向成员集体申请分配取得宅基地。从现有相关实践来看，无论采取何种认定程序，各地均明确认可向成员集体申请分配取得宅基地是宅基地资格权的主要和首要内容。当然，从浙江省德清县、浙江省义乌市等地探索来看，取得宅基地资格权也并不一定能够取得宅基地。宅基地资格权仅被作为申请获得宅基地的前置条件。取得宅基地资格权后，仍须满足特定条件，方可成功获得由成员集体分配的宅基地。这里的"特定条件"是指可以通过行使宅基地资格权而取得由集体分配的宅基地的条件要求且不属于不予批准情形。[1]这里的不予批准情形，主要有两类：一类是《土地管理法》等现行立法及相关政策所确定的"符合规划"、"一户一宅"、"面积限定"以及"严守耕地红线，严禁占用永久基本农田"[2]；另一类是相关地方立足实际所确定的具体情形。例如，《重庆市大足区农村宅基地管理办法（试行）》第9条和《德清县农村宅基地管理办法（试行）》第26条均规定的条件包括：一是"尚未取得宅基地"（包括符合分户条件的"新户"），二是原宅基地面积低于规定标准且新申请的。[3]同时，两地各自立足实际还确定了一些具有差异性的宅基地申请条件。重庆市大足区规定有"经依法批准征（占）用或因镇村公共建设占用原有农村宅基地，需要迁建的""因排危避险需要搬迁的""符合相关法律法规规定的"；浙江省德清县规定有"因自然灾害、征地、村庄和集镇公益事业建设等原因宅基地灭失或者不能使用且资格权人没有其他宅基地的""因实施村庄规划或者旧村改造、农村土地综合整治等，需要调整搬迁的"。

二是取回宅基地使用权。各地普遍认可农户拥有的宅基地资格权，是流转到期后的宅基地使用权回复给宅基地资格权主体的权源性依据。出租、抵押、转让、合作、入股是相关地方在实践探索中普遍采取的宅基地使用权流转方式。结合承包地"三权分置"下承包地经营权流转规定以及宅基地使用权流转现有相关探索来看，均不允许出现出租、抵押、转让、合作、入股等方式导致

---

[1] 参见《德清县农村宅基地管理办法（试行）》第27条、《重庆市大足区农村宅基地管理办法（试行）》第10条。

[2] 《德清县农村宅基地管理办法（试行）》第3条。

[3] 《重庆市大足区农村宅基地管理办法（试行）》第10条规定：原有农村宅基地面积未达到规定标准，申请扩建住房的，可以申请宅基地。《德清县农村宅基地管理办法（试行）》第26条规定："原有的宅基地面积低于本办法规定标准的，可以申请新的宅基地，但应当交回原使用的宅基地。"

宅基地使用权权属完全脱离宅基地资格权主体的问题。同时，浙江省德清县等地大多规定了宅基地使用权流转期限；在期限届满后，宅基地使用权回归宅基地资格权，以保障宅基地资格权。据此来看，出租是限定期限的宅基地使用权流转，宅基地使用权将在出租期限届满后回复给宅基地资格权主体。抵押仍是在限定期限内在宅基地使用权上设定他项权，宅基地使用权将在期限届满或抵押权实现后回复给宅基地资格权主体。合作是宅基地资格权主体依托合作协议，以宅基地使用权为对象展开，并在合作期限届满后由宅基地资格权主体收回宅基地使用权的宅基地使用权流转方式。宅基地资格权主体即使因违约而须以宅基地使用权抵债，也仍然是通过宅基地使用权市场价值评估来计算偿债期限；在偿债期限届满后，宅基地使用权仍然回复给宅基地资格权主体。同样，重庆市大足区等地也设定了宅基地使用权转让、入股甚至赠与的最高年限；当流转期限期满时，由宅基地资格权主体收回宅基地使用权。足见，宅基地资格权实质上包含了特定期限届满后取回宅基地使用权的权利。同时，浙江省德清县还规定，宅基地使用权转让期满，"资格权人不收回宅基地使用权和地上房屋使用权的，村股份经济合作社有权收回"。这里的收回实质上基本不影响宅基地资格权主体的宅基地使用权。[1]

三是有条件获得住房保障。关于宅基地保障功能的发展走向，特别是逐步向国家住房保障制度过渡的趋势，在浙江省德清县的宅基地"三权分置"改革探索中得到了实践验证。浙江省德清县以宅基地资格权为抓手，主要通过两种方式实现宅基地制度保障功能与住房方面基本需求保障相关制度的衔接：一是宅基地制度保障功能与集体保障的衔接。除允许宅基地资格权主体有偿退出资格权外，浙江省德清县鼓励有条件的村集体（主要是村股份经济合作社）通过建设集体公寓的方式，保障宅基地资格权。[2] 二是宅基地制度保障功能与国家住房保障制度的衔接。浙江省德清县鼓励有条件的镇（街道）通过建设城镇国有住房，鼓励资格权人置换城镇国有住房，以及通过向尚未取得宅

---

[1] 参见《德清县农村宅基地管理办法（试行）》第48条规定："宅基地使用权转让年限到期后，资格权人应当收回宅基地使用权和地上房屋使用权；资格权人不收回宅基地使用权和地上房屋使用权的，村股份经济合作社有权收回。宅基地使用权和地上房屋使用权收回后，资格权人的宅基地资格权未发生变化的，可以再次约定续期流转。"

[2] 参见《德清县农村宅基地管理办法（试行）》第20条。

基地使用权的农户提供"向县申请享受政府住房保障政策"的机会等方式保障宅基地资格权。[1] 此外,德清县还规定未申请宅基地且不愿退出宅基地资格权的宅基地资格权主体,可以凭领取的"《农户宅基地资格权票》申请居住补贴"[2]。

四是限定区域内流转。一方面,浙江省德清县、浙江省金华市、浙江省义乌市、重庆市大足区、四川省泸县等开展宅基地"三权分置"改革探索的地方均注意宅基地资格权在宅基地制度中的核心地位,注重保障宅基地资格权。另一方面,浙江省义乌市在探索中直接规定宅基地资格权可以"按照'三权分置'规范性文件规定"采取转让、互换、赠与等方式流转宅基地资格权并针对转让、互换、赠与三种流转形式规定要"办理备记手续"且"宅基地资格权自备记完成时转移"。[3] 但关于宅基地资格权是否具备流转的权利内容,其正当性和实践性有待进一步论证。

5. 宅基地资格权的退出(丧失)

一般而言,退出、收回是宅基地资格权丧失的基本形式。从现有探索来看,绝大多数地方探索主要涉及宅基地资格权的认定,甚少涉及其退出(丧失)。宅基地资格权是否可以或应当丧失取决于对其性质和功能的判定。浙江省德清县率先探索宅基地资格权退出,将其分为自愿退出和强制收回两类。依据《德清县农村宅基地管理办法(试行)》第20条的规定,宅基地资格权主体可以自愿、有偿退出宅基地资格权。同时,该办法第23条规定了由村股份经济合作社强制收回宅基地资格权的四类主要情形,即丧失集体成员资格(不再属于本村股份经济合作社社员),在其他农村集体经济组织已享受宅基地,已享受过拆迁安置政策,村股份经济合作社社员已享受过房改购房(含集资建房、住房补贴)、经济适用住房(含货币补贴)等住房政策。

此外,《龙港市农村宅基地资格权认定及实现办法(试行)(征求意见稿)》则探索了取消宅基地资格权。其规定,除"符合法律、法规、规章、章程和国家、

---

[1] 参见《德清县农村宅基地管理办法(试行)》第20、21条。
[2] 《德清县农村宅基地管理办法(试行)》第22条。
[3] 金华市中级人民法院《关于涉义乌市农村宅基地资格权、使用权转让纠纷裁判规则(试行)》第7条规定:"宅基地资格权可以在试点区域内,按照'三权分置'规范性文件规定流转。宅基地资格权转让、互换、赠与的,应当向义乌市人民政府指定的机构办理备记手续,宅基地资格权自备记完成时转移。"

省有关规定的其他人员"外,应当取消宅基地资格权的人员主要有三类:[1]第一类是丧失农村集体经济组织成员资格的人员,包括死亡的人员、已取得其他集体经济组织宅基地资格权的人员;第二类是特定岗位类型人员,即被招录为国家公务员、全民所有制事业单位在编人员或国有企业享受签约无期限劳动合同的在编人员以及上述单位的离、退休人员,现役义务兵在部队服役12年以上及提干的军人;第三类是自愿退出的人员,即自愿放弃宅基地资格权并签署《放弃宅基地资格权承诺书》的人员。

(四)适度放活宅基地使用权的实践探索

就适度放活宅基地使用权,部分地方主要按照从"两权分置"到"三权分置"的进路,从农户早已拥有的"两权分置"下的宅基地使用权出发进行探索。为降低改革风险,许多地方着重针对闲置宅基地开展适度放活其使用权的实践探索。现有地方实践探索较为清晰地揭示出适度放活宅基地使用权的应有内容和构造方向。

1. 宅基地使用权的生成

《高级农业生产合作社示范章程》第16条第2款规定,"社员原有的坟地和房屋地基不必入社……社员新修房屋需用的地基……由合作社统筹解决,在必要的时候,合作社可以申请乡人民委员会协助解决"。这是我国首次在最高权力机关通过的具有法律效力的立法文本中明确使用"地基"一词。在《农村人民公社工作条例(修正草案)》第21条规定宅基地后,"宅基地"一词才被中央和地方相关政策和立法普遍使用。[2] 改革开放以后,"宅基地"一词从政策文件上升为法定语词,逐渐成为中国特色社会主义法治体系中的特色语词。1982年《村镇建房用地管理条例》[3]首次在行政法规中使用"宅基地"一词。1982年《宪法》第10条第2款首次在宪法层面使用"宅基地"一词。[4]《中国

---

[1] 参见《龙港市农村宅基地资格权认定及实现办法(试行)(征求意见稿)》第8条。

[2] 《农村人民公社工作条例(修正草案)》第21条第1款规定:"……生产队所有的土地,包括社员的自留地、自留山、宅基地等等,一律不准出租和买卖。"1963年3月下发的《中共中央关于各地对社员宅基地问题作一些补充规定的通知》也提及,"社员的宅基地,包括有建筑物和没有建筑物的空白宅基地,都归生产队集体所有,一律不准出租和买卖""宅基地上的附着物,如房屋、树木、厂棚、猪圈、厕所等永远归社员所有,社员有买卖或租赁房屋的权利"。

[3] 1987年《土地管理法》已将1982年《村镇建房用地管理条例》明令废止。

[4] 1982年《宪法》第10条第2款规定:"宅基地和自留地、自留山,也属于集体所有。"

经济法律百科全书》亦规定,"农村居民建住宅,应当使用原有的宅基地和村内空闲地"[1]。足见,"宅基地"一词在我国法律政策体系中已经形成了较为明确的内涵,即集体成员以户为单位取得的由成员集体分配用于建房的土地。这一意蕴实际限定了宅基地使用权的边界。

基于上述实践认知,相关地方探索的"三权分置"下的宅基地使用权主要存在两条生成路径:其一,基于宅基地资格权生成。从实践来看,获得宅基地资格权的农户依法申请取得宅基地,是保障宅基地资格权、实现宅基地制度保障功能的主要形式。从改革背景以及保障功能的长期性来看,基于宅基地资格权初始取得宅基地使用权必然是宅基地使用权的主要形成路径,也是宅基地"三权分置"下"三权"架构的基本逻辑。其二,基于法定流转方式生成。从宅基地"三权分置"的政策及实践来看,农户拥有的宅基地使用权是通过流转方式适度放活的对象。检索发现,尽管浙江省德清县、浙江省义乌市、重庆市大足区等地对于宅基地资格权的认定有较大差异,但依据宅基地资格权取得的宅基地使用权是可以市场化流转利用的。关于农户流转出的宅基地使用权,理论界和实务界主要存在一级宅基地使用权、二级宅基地使用权(如果将农户基于宅基地资格权取得的宅基地使用权作为一级权利,农户流转出的宅基地使用权则可作为二级权利)、同一宅基地使用权等不同认识,但均将宅基地使用权作为去除身份性后可市场化流转利用的用益物权对待。关于宅基地使用权的权利设定,实践中主要有不动产登记设立和宗地定点放样设立两种。浙江省德清县、重庆市大足区等地采取不动产登记生效模式,明确宅基地使用权自办理不动产登记时设立;[2]浙江省义乌市则规定"宅基地使用权自宗地完成定点放样时设立",仅将不动产登记作为对抗而非生效要件。[3]

2. 宅基地使用权的内容

我国在中央首次提出宅基地"三权分置"改革后制定的《民法典》,将"宅基地使用权"置于第三分编"用益物权",继续肯定了宅基地使用权的用益物权属

---

[1] 刘瑞复主编:《中国经济法律百科全书》,中国政法大学出版社1992年版,第607页。
[2] 参见《德清县农村宅基地管理办法(试行)》第32条、《重庆市大足区农村宅基地管理办法(试行)》第16条。
[3] 金华市中级人民法院《关于涉义乌市农村宅基地资格权、使用权转让纠纷裁判规则(试行)》第9条规定:"宅基地使用权自宗地完成定点放样时设立。宅基地使用权设立后应当进行不动产登记,未经登记的,不得对抗善意第三人。"

性，并使用"占有""使用""利用""行使""转让"等词汇确定宅基地使用权的内容。[1]其中："利用""行使"主要存在宅基地使用权主体自主行使和他主行使两种形式，同时也包含宅基地使用权作为"用益物权"的收益权能；"转让"则属于宅基地使用权的处分权能。足见，《民法典》实质上肯定了宅基地使用权的占有、使用、收益和处分权能，与其第323条关于用益物权人"依法享有占有、使用和收益的权利"之规定保持完全一致。但也基于宅基地使用权的特殊性而有限度地赋予其"转让"等特定的处分权利。这也是宅基地使用权区别于一般用益物权的重要特征。

从实践来看，宅基地使用权的占有、使用、收益权能作为"两权分置"下宅基地使用权的内容早已成为共识，也必然成为相关地方探索"三权分置"下宅基地使用权的基本内容。不同地方关于宅基地使用权内容的探索存在一定差别，尤其体现在宅基地使用权处分权能方面。一是语词表述存在差异。例如，浙江省德清县使用"处置"一词，[2]重庆市大足区使用"退出、流转"等词汇，浙江省义乌市使用"转让、赠与、互换、分割"等词汇。但从实质意义来看，上述词汇均属于物权上特定的处分权能。二是宅基地使用权的权能内容设定存在差异。在共性方面，"转让"、"出租"（"租赁"）、"赠与"属于相关地方对于宅基地使用权内容探索出的共同内容；在差异方面，重庆市大足区规定有"入股"（"联建"）方式，浙江省德清县规定有"抵押""继承"方式。[3]这些差异仅为文本表述差异，从宅基地使用权流转来看，"入股""抵押""继承"等在实践中存在认知共识，是理论界和实务界普遍认可的适度放活宅基地使用权的方式。

3. 宅基地使用权的流转

宅基地使用权流转是宅基地"三权分置"改革中实现适度放活宅基地使用权的重点，也是实现宅基地使用权权能的基本路径。从实践来看，相关地方在探索中都以宅基地资格权主体作为流转方，受流转方主要有两类：一类是自然人、法人和非法人组织，未明确排除城镇居民等非农村集体经济组织成员；另一类基于宅基地使用权流转方式而有所区别。例如，重庆市大足区将转让、赠

---

[1] 参见《民法典》第362、363条。
[2] 参见《德清县农村宅基地管理办法(试行)》第33条。
[3] 参见《德清县农村宅基地管理办法(试行)》第33条。

与宅基地使用权的受流转方限定为大足区范围内的农村村民。[1] 从相关地方制定的宅基地"三权分置"改革文本来看,宅基地使用权流转的重点主要是流转条件、流转方式、流转程序等方面。

一是流转条件。分析发现,现有相关实践主要从实体(管制条件、权属条件、保障条件、契约条件)和程序两方面设定流转条件(见表2-3)。其中:管制条件是指宅基地使用权流转须符合国土空间总体规划及其相应的主体功能区规划、土地利用总体规划、城乡规划以及土地用途管制等要求;[2] 权属条件即拟流转的宅基地使用权权属清晰、界址清楚,流转人拥有合法权属证明,是宅基地使用权流转的重要前提;保障条件则是相关地方基于保障集体成员"户有所居"需求而设定的,要求宅基地使用权流转方须有其他住房。重庆市大足区要求流转方提供"该家庭户拥有其他合法产权住房(入股联建除外)",浙江省德清县则要求作为流转方的"农户证明具有其他合法居住条件",[3] 浙江省义乌市甚至直接将流转后要保证人均15平方米的自住面积作为转让宅基地使用权的前提条件。同时,浙江省德清县还规定"应坚持自愿、平等、协商一致""需征得户内全体成员同意"。尽管重庆市大足区等部分地方并未明确将此作为宅基地使用权流转的基本条件,但流转实际上都以契约为基础。德清县的这一规定本就属于流转合同成立、生效的基本要求。因此,签订契约仍然被相关实践探索认定为宅基地使用权流转的实体条件。此外,基于宅基地使用权的特殊性及其法律政策限制,相关地方在探索中大多针对流转方式带来的实质影响设定了必要的流转程序。浙江省德清县甚至直接将"经本村股份经济合作社审核同意"作为宅基地使用权流转的程序条件。[4] 换言之,不符合上述两大类条件,不得流转宅基地使用权。重庆市大足区直接将"未依法进行权属登记""权属有争议的""司法机关或行政机关依法裁定、决定查封或者以其他形式限制房屋所有权和土地使用权的""法律、法规规定的其他情形"作为"不得流转"情形。[5]

---

[1] 参见《重庆市大足区农村宅基地使用权流转管理办法(试行)》第9条。
[2] 参见《重庆市大足区农村宅基地使用权流转管理办法(试行)》第7条。
[3] 参见《重庆市大足区农村宅基地使用权流转管理办法(试行)》第7条、《德清县农村宅基地管理办法(试行)》第41条。
[4] 参见《德清县农村宅基地管理办法(试行)》第41条。
[5] 参见《重庆市大足区农村宅基地使用权流转管理办法(试行)》第8条。

表2-3　浙江省德清县与重庆市大足区宅基地流转条件对比

流转条件		浙江省德清县	重庆市大足区
实体条件	管制条件	未明确规定	符合土地利用总体规划和城乡规划
	权属条件	拟流转的宅基地使用权界址清楚、权属明晰	权属清晰,流转人具有合法权属证明
	保障条件	农户证明具有其他合法居住条件的	除拟流转的农村宅基地外,该家庭户拥有其他合法产权住房（入股联建除外）
	契约条件	流转双方应坚持自愿、平等、协商一致的原则,且宅基地使用权流转人需征得户内全体成员同意	未明确规定
程序条件		经本村股份经济合作社审核同意	未明确规定
禁止流转		未明确规定	未依法进行权属登记的;权属有争议的;司法机关或行政机关依法裁定、决定查封或者以其他形式限制房屋所有权和土地使用权的;法律、法规规定的其他情形

二是流转方式。现有相关地方在探索中对宅基地流转方式的认知和运用总体上"同大于异"。前已论及,转让、入股、出租、抵押、联建、互换是重庆市大足区和浙江省德清县均规定的宅基地使用权流转方式。其中,重庆市大足区所规定的联建这一流转方式实则是以合作协议为基础的宅基地利用方式,与浙江省德清县规定的合作的流转方式较为一致。但基于"流转"一词的市场要素配置属性,参考《农村土地承包法》关于土地经营权流转规定后得知:赠与、继承并非严格意义上的宅基地使用权流转方式;互换仅涉及两个以上宅基地使用权及宅基地上房屋所有权主体之间,既有规则相对完善、具体。足见,出租、转让、入股、联建、抵押作为当前实践探索中最为普遍的宅基地使用权流转方式,值得深入分析(见表2-4)。

表 2-4 宅基地使用权流转与再流转方式的文本梳理

探索地区	流转主体	流转对象	流转前提	流转方式	期限	流转程序	再流转规定
重庆市大足区	资格权人	仅限于大足区范围内的农村村民	《重庆市大足区农村宅基地使用权流转管理办法（试行）》第 7 条规定："农村宅基地使用权流转须符合以下条件：（一）符合土地利用总体规划和城乡规划；（二）权属清晰，具有合法权属证明；（三）除拟流转的农村宅基地外，该家庭户拥有其他合法产权住房（入股联建除外）。"第 8 条规定："有下列情形之一的农村宅基地，使用权不得流转：（一）未依法进行权属登记的；（二）权属有争议的；（三）司法机关或行政机关依法裁定查封冻结或者以其他形式限制房屋所有权和土地使用权的；（四）法律、法规规定的其他情形。"	转让	农户资格权人将农村宅基地使用权按一定期限转让给符合条件的受让人；年限最高不超过 50 年	《重庆市大足区农村宅基地使用权流转管理办法（试行）》第 10 条第 2 款规定："农村宅基地转让按以下程序依次办理：（一）农户资格权人持身份证、户口本、产权证、流转申请书向农村集体经济组织提出申请；（二）农村集体经济组织出具初审意见；（三）镇街人民政府（办事处）对是否符合流转条件进行审核；（四）在农村产权交易平台发布交易信息；（五）流转双方签订转让合同，农村产权交易平台出具交易鉴证书；（六）办理农村宅基地使用权转移登记。"	文件中未找到直接规定，但实践中允许再流转

续表

探索地区	流转主体	流转对象	流转前提	流转方式	期限	流转程序	再流转规定
重庆市大足区	资格权人	农村居民包括城镇居民在内的自然人、法人和非法人组织	《重庆市大足区农村宅基地使用权流转管理办法(试行)》第7条规定:"农村宅基地使用权流转须符合以下条件:(一)符合土地利用总体规划和城乡规划;(二)权属清晰,具有合法权属证明;(三)除拟流转的农村宅基地外,该家庭户拥有其他合法产权住房(入股联建除外)。"第8条规定:"有下列情形之一的农村宅基地,使用权不得流转:(一)未依法进行权属登记的;(二)权属有争议的;(三)司法机关或者行政机关依法裁定查封或者以其他形式限制房屋所有权和土地使用权的;(四)法律、法规规定的其他情形。"	入股(联建)	农户资格权人将农村宅基地使用权按一定期限通过入股(联建)的方式,与入股(联建)人共同建房并获得农村宅基地使用权的行为,年限最高不超过50年	《重庆市大足区农村宅基地使用权流转管理办法(试行)》第11条第2款规定:"农村宅基地入股(联建)按以下程序依法办理:(一)农户资格权人持身份证、户口本、产权证、流转申请书向农村集体经济组织提出申请;(二)农村集体经济组织出具初审意见;(三)镇街人民政府(办事处)对是否符合流转条件进行审核;(四)在农村产权交易平台发布交易信息;(五)流转双方签订入股(联建)合同,农村产权交易平台出具交易鉴证书;(六)办理农村宅基地审批手续;(七)房屋竣工验收后,办理农村宅基地使用权和房屋所有权登记。"	

续表

探索地区	流转主体	流转对象	流转前提	流转方式	期限	流转程序	再流转规定
重庆市大足区	资格权人	仅限于大足区范围内的农村村民	《重庆市大足区农村宅基地使用权流转管理办法（试行）》第7条规定："农村宅基地使用权流转须符合以下条件：（一）符合土地利用总体规划和城乡规划；（二）权属清晰，具有合法权属证明；（三）除拟流转的农村宅基地外，该家庭户拥有其他合法产权住房（入股联建除外）。"第8条规定："有下列情形之一的农村宅基地，使用权不得流转：（一）未依法进行权属登记的；（二）权属有争议的；（三）司法机关或行政机关依法裁定、决定查封或者以其他形式限制房屋所有权和土地使用权的；（四）法律、法规规定的其他情形。"	赠与	农户资格权人自愿将农村宅基地使用权无偿赠与受赠人，受赠人愿意接受使用宅基地的行为，年限最高不超过50年	《重庆市大足区农村宅基地使用权流转管理办法（试行）》第13条第2款规定："农村宅基地使用权流转按以下程序依次办理：（一）农户资格权人持身份证、户口本、产权证、流转申请书向农村集体经济组织提出申请；（二）农村集体经济组织出具初审意见；（三）镇街人民政府（办事处）对是否符合流转条件进行审核；（四）签订赠与合同；（五）办理农村宅基地使用权移转登记。"	

续表

探索地区	流转主体	流转对象	流转前提	流转方式	期限	流转程序	再流转规定
重庆市大足区	资格权人	农村居民包括城镇居民在内的自然人、法人和非法人组织	《重庆市大足区农村宅基地使用权流转管理办法（试行）》第7条规定："农村宅基地使用权流转须符合以下条件：（一）符合土地利用总体规划和城乡规划；（二）权属清晰，具有合法权属证明；（三）除拟流转的农村宅基地外，该农户拥有其他合法产权住房（入股联建除外）。"第8条规定："有下列情形之一的农村宅基地，使用权不得流转：（一）未依法进行权属登记的；（二）权属有争议的；（三）司法机关或行政机关依法裁定查封或者以其他形式限制房屋所有权和土地使用权的；（四）法律、法规规定的其他情形。"	租赁	农户资格权人将农村宅基地使用权及其住宅、生活附属设施按一定期限租赁给承租人使用，由承租人向出租人支付租金的行为，年限最高不超过20年	《重庆市大足区农村宅基地使用权流转管理办法（试行）》第12条第2款规定："农村宅基地租赁按以下程序依次办理：（一）农户资格权人持身份证、户口本、产权证，流转申请书向农村集体经济组织提出申请；（二）农村集体经济组织出具初审意见；（三）镇街人民政府（办事处）对是否符合流转条件进行审核；（四）在农村产权交易平台发布交易信息；（五）流转双方签订租赁合同，农村产权交易平台出具交易鉴证书；（六）办理备案登记。"	

续表

探索地区	流转主体	流转对象	流转前提	流转方式	期限	流转程序	再流转规定
浙江省德清县	资格权人	其他组织和个人	《德清县农村宅基地管理办法（试行）》第41条规定："农村宅基地使用权流转应具备以下条件：（一）农村宅基地使用权界址清楚、权属明晰；（二）农户证明具有其他合法住所的；（三）流转双方应坚持自愿、平等、协商一致的原则，且宅基地使用权流转人需征得本村股份经济合作社审核同意；（四）经本村股份经济合作社审核同意。"	抵押	宅基地使用权和房屋使用年限按30年设定	《德清县农村宅基地管理办法（试行）》第34条规定："按照本办法第十一条规定将宅基地用于经营活动的，使用权人应当持相关材料向所在地村股份经济合作社和村（居）民委员会提出申请，经审查同意并公示后，报所在地镇人民政府（街道办事处）审批。" 第42条规定："宅基地使用权流转应当经过审批，具体审批程序如下：（一）村股份经济合作社社员会议或村民代表会议民主决策；（二）村民委员会审核；（三）所在地镇人民政府（街道办事处）批准。" 第43条规定："资格权人将宅基地使用权出租、转让的，交易双方和村股份经济合作社应当签订三方合同，明确出租、转让双方权利义务。村股份经济合作社应当促双方履行合同，指导调解和化解双方纠纷。"	《德清县农村宅基地管理办法（试行）》第47条规定："经登记的宅基地使用权和房屋使用权可以抵押、出租和再转让，但抵押、出租和再转让的期限不得超过使用权到期年限。宅基地使用权和房屋使用权出
				出租	出租年限最高不超过20年		
				转让	应当设定宅基地使用权和房屋使用权转让年限，其设定的宅基地使用权和房屋使用权年限应当一致，且转让年限不得低于5年，最高年限不超过30年		
				合作	按照合作方式确定年限		

续表

探索地区	流转主体	流转对象	流转前提	流转方式	期限	流转程序	再流转规定
浙江省德清县	资格权人	继承人	《德清县农村宅基地管理办法（试行）》第41条规定："农村宅基地使用权流转应具备以下条件：（一）农村宅基地使用权界址清楚、权属明晰；（二）农户证明具有其他合法住房的；（三）流转双方应坚持自愿、平等、协商一致的原则，且宅基地使用权流转人需征得户内全体成员同意；（四）经本村股份经济合作社审核同意。"	继承	无须设定年限；在实行有偿使用后方可流转		租的，其转让合同应当继续履行。宅基地使用权和房屋转让的，其原转让的合同权利、义务一并转移。宅基地使用权和房屋抵押权实现时，视同再转让。"

出租作为最普遍的宅基地使用权流转方式,被普遍认可。《农业农村部关于积极稳妥开展农村闲置宅基地和闲置住宅盘活利用工作的通知》明确提出,通过"出租、入股、合作等多种方式盘活利用农村闲置宅基地和闲置住宅"。在政策引导下,出租成为相关地方在实践探索中共同使用的流转方式。鉴于出租的债权式流转属性,相关地方将探索的重点聚焦于出资期限方面。重庆市大足区和浙江省德清县均规定出租期限最高不超过20年,符合《民法典》第705条关于租赁期限不得超过20年的规定。同时,基于"房地一体"原则,宅基地使用权应当与住宅一并作为出租的标的。重庆市大足区还明确允许生活附属设施随宅基地使用权及宅基地上住宅一并或单独出租。这早已成为相关实践探索之共识。

从相关地方实践探索来看,转让是宅基地资格权主体按照一定期限(转让年限)将宅基地使用权和房屋使用权让渡给符合条件的受让人,期限届满则返还给宅基地资格权主体的一种流转方式。可见,实践中的转让并不导致宅基地资格权主体完全丧失宅基地使用权。与出租相比,宅基地使用权转让仍然存在许多特性,主要表现为:(1)宅基地使用权的转让期限较长。关于最短转让期限,浙江省德清县明确规定为不得低于5年;关于最长转让期限,浙江省德清县规定为不超过30年,重庆市大足区规定为不超过50年,但均远超过租赁最高不超过20年这一期限。(2)宅基地使用权转让的受让方身份常受到限制。浙江省德清县等地并未明确限制宅基地使用权转让的受让方身份,但重庆市大足区则将宅基地使用权转让的受让方限定为大足区范围内的农村村民。浙江省乐清市、贵州省湄潭县等地也开展了宅基地使用权跨集体转让的探索。[1] (3)转让后受让人权益可能受到限制。浙江省义乌市明确规定,受让人获得宅基地使用权及其住宅的占有、使用、收益、处分的权利。但浙江省德清县明确规定,须在宅基地资格权主体原不动产登记资料中注明转让事项,"其宅基地和地上房屋不再享有抵押、出租权能"。[2] (4)关于转让费用的缴纳已达成共识。不同地方关于租赁是否应缴纳相应税费存在一定的差异,但

---

[1] 参见岳永兵:《宅基地"三权分置":一个引入配给权的分析框架》,载《中国国土资源经济》2018年第1期。

[2] 参见《德清县农村宅基地管理办法(试行)》第46条。

关于转让须缴纳相应税费则已达成共识。例如,浙江省义乌市明确要求以宅基地基准地价的 20% 为标准,向村集体缴纳土地所有权收益;重庆市大足区、浙江省德清县等地针对转让、出租宅基地使用权,规定由资格权人缴纳"集体土地收益金"或"土地增值收益调节金"。[1]

入股是实现宅基地使用权市场价值的重要流转方式。在中央政策指引下,重庆市大足区等地在开展宅基地"三权分置"改革探索中,明确将入股作为适度放活宅基地使用权的重要途径。由于入股存在较大风险,相当多的地方对此持审慎态度,未明确将入股列为宅基地使用权流转方式,但也未否认入股作为宅基地使用权流转方式的可能性。当然,宅基地使用权入股直接涉及宅基地制度与股权(股份)制度、宅基地制度功能与股权功能的兼容问题。不照搬传统股权(股份)制度以及入股较之于其他流转方式存在更大风险,成为实践探索的重要共识。以重庆市大足区为例,宅基地使用权入股与一般意义上的入股相比,存在如下特殊性:(1)关于入股的期限性,重庆市大足区规定宅基地资格权主体可以在一定期限内将宅基地使用权入股,入股期限由当事人约定但年限最高不超过 50 年。(2)退股时应取回,即入股期限届满等情况下宅基地资格权主体退股的,由入股平台退回宅基地使用权。但大足区并未规定退股时宅基地资格权主体应否承担责任以及如何承担责任,也未明确在入股平台破产、解散以及其他情形下是否需要处置宅基地使用权。

联建[2]是宅基地资格权主体与其他主体基于契约而实施的联合建设行为。重庆市大足区提出的联建与浙江省德清县提出的合作存在相似之处,都采用的是由宅基地资格权主体提供宅基地、其他主体(可以是城镇居民)提供资金,共同建设宅基地上住宅的宅基地使用权流转方式;建成后,按照约定拥有宅基地使用权及其住宅。但重庆市大足区提出的联建是一种物权性流转方式,即在 50 年的最高期限内,流转双方约定期限签订联建合同,由农村产权交易平台出具交易鉴定书,并在房屋竣工验收后,办理宅基地使用权和房屋所有

---

[1] 参见《重庆市大足区农村宅基地使用权流转管理办法(试行)》第 15 条、《德清县农村宅基地管理办法(试行)》第 44 条。

[2] 联建最早是汶川地震后农户重建家园的一种建房模式,但后来因回报率低等原因在较长时期内丧失了市场吸引力。参见吴爱辉:《城乡统筹背景下"小产权房"规制目标的反思及其修正》,载《社会科学研究》2016 年第 6 期。

权登记。浙江省德清县提出的"合作"是一个通俗意义上的词汇,需要根据合作方式确定合作年限。其合作方式既可以是转让等物权性流转方式,也可以是出租等债权性流转方式。在联建的具体要求方面,重庆市大足区主要从不得超过最高 50 年的期限、办理程序两方面加以限制,在许多方面仍须进一步探索。

抵押并非独立的流转方式。严格意义上讲,抵押属于宅基地使用权作为用益物权应有的一项重要权能。唯有抵押权人实现抵押权时,方可发生宅基地使用权主体变动效果。自宅基地"三权分置"改革政策将宅基地使用权与宅基地资格权剥离后,宅基地使用权抵押及其抵押权实现的许多障碍业已破解。目前,有关宅基地使用权抵押的探索相对较少。即使将抵押作为宅基地使用权流转方式的个别地方,涉及宅基地使用权抵押的相关政策、规则也相对较少。但根据现行《民法典》规定以及宅基地"三权分置"改革政策,宅基地使用权抵押在很多方面实际上已取得共识:其一,宅基地使用权具备抵押权权能且须将宅基地使用权和房屋使用权一并抵押,具体适用《民法典》关于抵押的规定(特别情形除外)。例如,浙江省德清县规定,"宅基地使用权和房屋使用权抵押的,抵押权实现时,视为再转让"[1]。其二,宅基地使用权抵押的期限由宅基地资格权主体与相关当事人协商确定,但不得超过最高年限。浙江省德清县将宅基地使用权和房屋使用权抵押的最高年限设定为 30 年。其三,基于任何流转方式所取得的宅基地使用权均可用于抵押。以出租为例,绍兴市《上虞区宅基地及房屋租赁使用权登记办法(试行)》明确规定,承租人可将租赁期内拥有的宅基地及房屋租赁使用权,凭租赁使用权证开展抵押。[2] 其四,在抵押权实现时,应当科学评估通过宅基地使用权实现抵押权的期限且期限届满后,宅基地使用权应当交还宅基地资格权主体。

三是流转程序。分析发现,现有相关实践关于宅基地使用权流转程序的设定,充分考虑了流转当事人、农民集体或其法定代表者、政府在其中的角色定位和应有功能,较好地协调了意思自治、集体决议与政府监管的关系,具有

---

[1]《德清县农村宅基地管理办法(试行)》第 47 条第 1 款。
[2] 参见方志华:《上虞颁发浙江首批宅基地及房屋租赁使用权证书》,载杭州网,https://news.hangzhou.com.cn/zjnews/content/2018 - 06/22/content_7023776.htm。

较强的科学性和实践性。例如,浙江省德清县较为原则地规定了宅基地流转程序,即"村股份经济合作社社员会议或社员代表会议民主决策""村民委员会审核""所在地镇人民政府(街道办事处)批准"且要求签订书面流转合同。[1] 重庆市大足区立足实践,充分考虑宅基地使用权流转方式的共性与差异,构建有效融合自治和监管的宅基地使用权流转程序。从共性来看,重庆市大足区针对宅基地使用权转让、租赁、入股(联建)设定了相同的程序。

(1)农户资格权人持身份证、户口本、产权证、流转申请书向农村集体经济组织提出申请;

(2)农村集体经济组织出具初审意见;

(3)镇(街)人民政府(办事处)对是否符合流转条件进行审核;

(4)在农村产权交易平台发布交易信息;

(5)流转双方签订转让合同,农村产权交易平台出具交易鉴证书。

在上述5个步骤基础上,重庆市大足区针对转让、租赁、入股(联建)3种流转方式的差别确定了不同的后续性程序规则。重庆市大足区针对赠与的程序规定,亦与前述流转方式无实质性区别(见表2-5)。

表2-5 重庆市大足区宅基地使用权流转程序

流转方式	规则依据	流转程序
转让	《重庆市大足区农村宅基地使用权流转管理办法(试行)》第10条第2款	1.农户资格权人持身份证、户口本、产权证、流转申请书向农村集体经济组织提出申请;2.农村集体经济组织出具初审意见;3.镇街人民政府(办事处)对是否符合流转条件进行审核;4.在农村产权交易平台发布交易信息;5.流转双方签订转让合同,农村产权交易平台出具交易鉴证书;6.办理农村宅基地使用权转移登记
入股(联建)	《重庆市大足区农村宅基地使用权流转管理办法(试行)》第11条第2款	1.农户资格权人持身份证、户口本、产权证、流转申请书向农村集体经济组织提出申请;2.农村集体经济组织出具初审意见;3.镇街人民政府(办事处)对是否符合流转条件进行审核;4.在农村产权交易平台发布交易信息;5.流转双方签订入股(联建)合同,农村产权交易平台出具交易鉴证书;6.办理农村宅基地审批手续;7.房屋竣工验收后,办理农村宅基地使用权和房屋所有权登记

---

[1] 参见《德清县农村宅基地管理办法(试行)》第42条。

续表

流转方式	规则依据	流转程序
租赁	《重庆市大足区农村宅基地使用权流转管理办法（试行）》第12条第2款	1.农户资格权人持身份证、户口本、产权证、流转申请书向农村集体经济组织提出申请；2.农村集体经济组织出具初审意见；3.镇街人民政府（办事处）对是否符合流转条件进行审核；4.在农村产权交易平台发布交易信息；5.流转双方签订租赁合同，农村产权交易平台出具交易鉴证书；6.办理备案登记
赠与	《重庆市大足区农村宅基地使用权流转管理办法（试行）》第13条第2款	1.农户资格权人持身份证、户口本、产权证、流转申请书向农村集体经济组织提出申请；2.农村集体经济组织出具初审意见；3.镇街人民政府（办事处）对是否符合流转条件进行审核；4.签订赠与合同；5.办理农村宅基地使用权转移登记

此外，相关实践探索还注重宅基地使用权流转后的权利登记，主要根据宅基地使用权流转方式的差别，采取权属登记、备案登记两种方式。从重庆市大足区、浙江省德清县、浙江省义乌市的相关探索来看，转让、入股、赠与等物权性流转方式采用的是产权登记（主要是转移登记）模式，租赁等债权性流转方式则采用的是备案登记模式。当然，不同地方在实践探索中对于物权性流转方式所采用的产权登记模式仍然存在一些差异。

4. 宅基地使用权的再流转

检索发现，目前关于宅基地使用权再流转的规定和做法较少，但仍可从实践探索中总结出其特点：其一，宅基地"三权分置"改革具有阶段性。当前，宅基地"三权分置"改革探索尚处于初期，改革的重心仍停留在"两权分置"下农户宅基地使用权向"三权分置"下宅基地资格权与宅基地使用权的分置设立以及"三权分置"下适度放活宅基地使用权方式的探索等方面，宅基地使用权再流转尚未成为实践探索的重要内容。其二，宅基地使用权的特殊性。我国在宅基地"三权分置"改革探索阶段所制定的《民法典》明确将宅基地使用权设定为用益物权，且通过宅基地资格权的相对剥离实现了宅基地使用权去身份化。由此看来，无论是宅基地资格权主体流转宅基地使用权，还是经流转后的宅基地使用权再流转，其流转对象均为去身份化后用益物权性质的宅基地使用权。原则上，宅基地使用权流转的许多规则基本都能适用于宅基地使用权再流转。这在浙江省德清县实践的探索中得到印证。德清县将抵押、出租、再转让列为再流转方式,规定"经登记的宅基地使用权和房屋使用权"即可再流转;[1]同时,规定再转让宅基地使用权不得超过宅基地使用权流转的期限。[2]

5. 宅基地使用权的限制

目前,除宅基地使用权流转外,相关地方在实践探索中注重从对宅基地使用权限制的角度探索"适度放活"。除"一户一宅""面积限定"等传统规则限制外,现有相关地方在实践中探索的对宅基地使用权的限制主要包括:其一,归属限制,即分别从集体所有制和保障宅基地资格权两个角度提出限制,即适度放活宅基地使用权不得改变宅基地集体所有权,不得改变宅基地资格权和房屋所有权。[3] 其二,用途限制。坚持严格的土地用途管制,即宅基地仅为农民建造住宅使用。考虑到农民住宅用途的灵活性以及盘活利用宅基地和农房的现实需要,相关实践探索原则上允许将宅基地使用权直接或通过流转用于开展经营活动,但个别地方就此规定应当办理相应手续。例如,浙江省德清县规定,宅基地使用权人应当向村集体提出申请并经审查公示后报镇一级政府审批。[4] 当然,各地坚决执行中央相关要求,严禁非法买卖宅基地,严格禁止城镇居民下乡利用宅基地建别墅大院和私人会馆[5]。其三,权益保障。个别地方在探索中提出优先受让权,保障宅基地使用权流转下本农村集体经济组织成员的相关权益。例如,浙江省义乌市规定,宅基地使用权转让的,"在同等条件下,本村集体经济组织有优先回购权,本村集体经济组织成员有优先受让权"[6]。

(五)宅基地"三权分置"改革的相关衔接

宅基地"三权分置"改革与集体保障等制度存在紧密联系,难以完全单独推进。从现有相关实践来看,宅基地"三权分置"改革探索与相关方面的协同推进主要体现在宅基地制度保障功能与政府住房保障职责的衔接、宅基地制度改革与集体经营性建设用地入市的衔接、盘活利用闲置宅基地与城乡建设

---

[1] 参见《德清县农村宅基地管理办法(试行)》第47条第1款。
[2] 参见《德清县农村宅基地管理办法(试行)》第47条第2款。
[3] 参见《德清县农村宅基地管理办法(试行)》第36条规定:"宅基地使用权及其地上房屋使用权流转的,不改变宅基地集体所有权性质,不改变宅基地资格权和房屋所有权。"
[4] 参见《德清县农村宅基地管理办法(试行)》第34条。
[5] 参见《中央农村工作领导小组办公室、农业农村部关于进一步加强农村宅基地管理的通知》。
[6] 《义乌市农村宅基地使用权转让细则(试行)》第7条。

用地指标增减挂钩的衔接等方面。

1. 宅基地制度保障功能与国家住房保障职责的衔接

宅基地制度的保障功能属于住房保障功能，是国家住房保障职责的重要组成部分。基于我国宅基地集体所有权制度变迁历程以及宅基地对于农民的可取性、价值性，我国宅基地制度的保障功能伴随宅基地制度产生和发展，逐渐形成农民以户为单位从所在集体无偿获取、无期限持有、进城落户不得以退出宅基地使用权为前提等保障集体成员"户有所居"和宅基地财产权利的稳定内容。宅基地制度的保障功能极大地缓解了农民住宅用地需求，塑造了颇具中国特色的土地法律制度，利于实现"户有所居"的基本保障目标。但宅基地制度保障功能是以成员身份为基础建立的。这一身份要求在长期的政策实践中已成为宅基地使用权取得、持有乃至退出相关制度内容设计的核心要素。我国实际形成了基于成员身份性的宅基地制度保障功能，但也因身份性制约宅基地市场化利用进而阻碍宅基地制度财产功能实现。为此，破解宅基地制度身份性引致的宅基地制度财产功能局限，成为宅基地"三权分置"改革提出的重要命题。

从实践来看，各地探索宅基地"三权分置"改革主要采取的是通过将身份性与宅基地使用权相对剥离而形成宅基地资格权的方案，实现了宅基地的身份性与财产性的相对分离。身份性以资格权方式主要约束宅基地申请环节，宅基地使用权则是财产属性的权利，这是各地相关探索的实质内容。但宅基地制度的保障功能本质上属于住房保障范畴，本就属于国家住房保障的基本职责。集体成员同样是国家的公民，理应与非集体成员一样平等、公平享受国家住房保障制度福利。将"户有所居"的基本保障需求交给成员集体以无偿分配宅基地方式承载，实则忽视了国家住房保障制度应有的公平取向。但许多地方开展的相关探索实质上仍未正视这一根本问题，其改革的重心和方向仅停留在盘活利用宅基地、适度放活宅基地使用权这一基本层面。值得注意的是，浙江省德清县等个别地方开展的相关探索恰好回应了这一要求，为探索宅基地制度保障功能与国家住房保障职责的衔接转化提供了实践参考。

浙江省德清县将宅基地资格权作为宅基地制度保障功能与国家住房保障职责衔接转化的抓手，作出了相应的方案设计。主要内容包括：一是未取得宅基地的宅基地资格权主体。浙江省德清县在明确其可向集体申请宅基地并取得宅基地使用权的基础上,肯定了宅基地制度的保障功能和乡(镇)政府保障职能,"鼓励有条件的镇(街道)和村股份经济合作社通过建设集体公寓、置换城镇国有住房等方式"[1],以实现宅基地资格权主体"户有所居"。二是没有申请宅基地且愿意放弃宅基地资格权的主体可以申请获得政府住房保障。[2] 三是没有申请宅基地且不愿意退出宅基地资格权的主体可以领取《农户宅基地资格权票》并凭该票申请居住补贴。[3] 四是将"已享受过房改购房(含集资建房、住房补贴)、经济适用住房(含货币补贴)等住房政策"的宅基地资格权主体,纳入"应当收回宅基地资格权"的特定情形,平衡宅基地制度保障功能与住房保障制度的关系,实现两者的有效衔接。[4] 五是明确将政府集中供养人员作为不得申请宅基地群体,但村股份经济合作社仍须保障其合理的居住权利。[5]

2.宅基地制度改革与集体经营性建设用地入市的衔接

党的十八届三中全会审议通过的《中共中央关于全面深化改革若干重大问题的决定》指出,集体经营性建设用地可以出让、租赁、入股。同时,我国也允许集体在农民自愿情况下,依法将有偿收回的闲置宅基地、废弃的集体公益性建设用地转变为集体经营性建设用地入市。这说明,宅基地与集体经营性建设用地之间存在转化的可能。实际上,宅基地与集体经营性建设用地均为广义上的集体建设用地,但在用途管制上存在明确的类别界限。宅基地制度改革与集体经营性建设用地入市的衔接,实际上主要是利用宅基地与集体经营性建设用地入市在用途上的相互转化来实现的,即经法定程序,将宅基地转为集体经营性建设用地或将集体经营性建设用地转为宅基地。我国相关地方实践主要是将宅基地依法转为集体经营性建设用地,以破除法律政策对宅基地的严格限制而阻滞土地价值实现,增强相关当事人对土地权属保护的预期。

在不影响农民住房权利的前提下,依法将宅基地转化为集体经营性建设用地,是现行相关政策和实践所明确的盘活利用闲置宅基地的路径。对此,

---

[1] 参见《德清县农村宅基地管理办法(试行)》第16条。
[2] 参见《德清县农村宅基地管理办法(试行)》第21条。
[3] 参见《德清县农村宅基地管理办法(试行)》第22条。
[4] 参见《德清县农村宅基地管理办法(试行)》第23条。
[5] 参见《德清县农村宅基地管理办法(试行)》第27条。

《中共中央、国务院关于建立健全城乡融合发展体制机制和政策体系的意见》允许村集体在农民自愿的前提下,依法将有偿收回的闲置宅基地转变为集体经营性建设用地入市。但从实践来看,该情况仅以个案存在,尚无大范围、大规模的探索。究其原因,主要在于确保实现集体成员"户有所居"需要的目标以及在宅基地"三权分置"改革背景下保障农民宅基地权益要求。不过,依法将宅基地转化为集体经营性建设用地并非实质意义上的宅基地"三权分置"改革,但仍是盘活利用闲置宅基地的重要方式,为探寻适度放活宅基地使用权提供了路径参考。

3. 盘活利用闲置宅基地与城乡建设用地指标增减挂钩的衔接

《民法典》将"宅基地使用权"与"建设用地使用权"并列纳入第三分编"用益物权",但在第361条将集体所有的集体建设用地转致适用《土地管理法》等土地管理方面的法律规定。就此来看,《民法典》并未直接规定集体建设用地的相关内容,有关集体建设用地的法律依据主要是《土地管理法》。《土地管理法》将宅基地纳入第5章"建设用地",意味着宅基地本质上也属于集体建设用地。尽管《民法典》将"宅基地使用权"与"建设用地使用权"并列纳入第三分编"用益物权",但与《土地管理法》将宅基地纳入建设用地的规定并不存在矛盾,前者属于权利范畴,后者属于权利客体范畴。同时,从现有规定来看,宅基地与集体经营性建设用地、集体公益设施和公益事业用地有所不同。同时,现有关于集体建设用地的统计仍将宅基地纳入其中。例如,截至2020年年初,我国"农村存量集体建设用地约19万平方公里,其中70%以上是宅基地"[1]。正因为如此,许多地方在集体建设用地的范畴内探讨盘活利用闲置宅基地。尤其在中央正式提出宅基地"三权分置"改革前,盘活利用集体建设用地在很大程度上就是盘活利用闲置宅基地。

城乡建设用地指标增减挂钩作为我国权衡城镇建设用地需求与耕地保护尤其是永久基本农田保护要求的一项重要机制,是适度引入市场机制以实现集体建设用地经济价值的重要着力点。在重庆市创立并产生重要影响的地票制度便是灵活运用城乡建设用地指标增减挂钩,实现集体建设用地价值跨时

---

[1] 林远:《要素市场化配置为主线　农村土地改革向纵深推进》,载人民网,http://house.people.com.cn/n1/2020/0708/c164220-31775293.html。

间、跨空间实现与分配的一项重要制度。宅基地与城乡建设用地指标增减挂钩的衔接,主要是通过复垦宅基地实现建设用地指标的增加与该指标向建设用地指标稀缺的城镇地区转移,即将闲置、退出或收回的宅基地复垦为农用地,形成建设用地指标,再通过城乡建设用地指标增加挂钩机制,将腾挪出的建设用地指标调整到其他适宜地区入市。[1] 在此过程中形成的指标交易收益,则按照规定或商定比例在农民、集体等主体之间分配。实际上,盘活利用闲置宅基地与城乡建设用地指标增减挂钩的衔接,是以复垦闲置宅基地为代价换取相应的城乡建设用地指标及其经济价值,本质上并非宅基地"三权分置"改革探索,但仍是增加宅基地及宅基地使用权经济价值的重要途径。

二、宅基地"三权分置"的实践经验

相关地方开展的实践探索更新了理论界和实务界对宅基地"三权分置"的认知,成为推动宅基地"三权分置"研究和实务的重要积累。通过深入分析宅基地"三权分置"改革相关实践探索,可以为阐释宅基地"三权分置"理论、制定宅基地"三权分置"改革的法治方案提供参考借鉴。围绕宅基地"三权分置"研究的关键和难点,可以从宏观、中观、微观三个视角,将宅基地"三权分置"实践探索取得的经验归纳为五个方面。

(一)坚持实践探索不突破底线

不改变集体所有制、不改变土地用途、不损害农民基本土地权益作为我国农村土地制度改革的三条"底线",既是宅基地"三权分置"探索不得突破的"红线",也是检验相关地方实践探索科学性、有效性的关键指标。《德清县农村宅基地管理办法(试行)》在总则中就明确规定,"坚持农村土地集体所有制""严守耕地红线,严禁占用永久基本农田""保障农户宅基地资格权和农民房屋财产权"。[2] 坚持三条"底线"也成为开展宅基地"三权分置"相关理论研究及制度建设的重要经验。

宅基地"三权分置"探索不得突破集体所有制这一前置要求。但凡违背集

---

[1] 参见中共海南省委办公厅、海南省人民政府办公厅印发的《关于大力发展农村市场主体壮大农村集体经济的十八条措施》(琼办发[2020]54号)。

[2] 参见《德清县农村宅基地管理办法(试行)》第3、4条。

体所有制的改革措施,均不具备正当性和合法性。这在立法上主要体现为要在宅基地"三权分置"探索中坚持宅基地集体所有权归成员集体,发挥好成员集体的自治管理优势。同时,落实宅基地集体所有权也是坚持集体所有制的目标要求。任何不利于落实宅基地集体所有权的举措方案均不符合宅基地"三权分置"改革要求,不具有科学性和现实性。很多地方已将坚持宅基地集体所有制直接纳入宅基地"三权分置"探索相关文件。例如,《德清县农村宅基地管理办法(试行)》第4条规定,"坚持农村土地集体所有制"。坚持宅基地集体所有制作为目标要求,被明确列入地方开展宅基地"三权分置"改革相关文件。例如,《重庆市大足区农村宅基地使用权流转管理办法(试行)》第3条规定,"农村宅基地在所有权不改变"是宅基地使用权流转的前提。在坚持该前置要求的前提下,落实宅基地集体所有权也就成为宅基地"三权分置"改革探索的第一要务,理应贯穿宅基地"三权分置"改革方案。

土地利用总体规划作为土地用途管制的重要依据,旨在严格限制农用地转为建设用地,实现对耕地的特殊保护。[1] 不改变土地用途即未经法定程序不得改变土地用途,是严守耕地红线、严格农村土地利用管理的基本要求,也是实施土地用途管制的重要抓手。[2] 宅基地"三权分置"改革是对宅基地增量和存量的整体调整。但从现有相关实践探索来看,现阶段仍以宅基地的存量为适用对象,完全契合我国土地规划模式从"增量"向"存量"转型之趋势。[3] 无论是中央相关政策,还是地方相关文件,都将不改变土地用途作为包括宅基地"三权分置"改革在内的农村土地制度探索的重要"底线"。但个别地方出台的相关文件对此存在表述差异。例如,《德清县农村宅基地管理办法(试行)》第3条规定,"应当坚持最严格的耕地保护制度和节约集约用地制度",遵循规划先行、标准控制、依法审批等原则,"严守耕地红线,严禁占用永久基本农田";《重庆市大足区农村宅基地使用权流转管理办法(试行)》第5条则确定为"坚守改革底线""严格实行土地用途管制"。足见,不得改变土地用途已成为相关实践探索的重要经验,是开展宅基地"三权分置"理论研究和制度构建的

---

[1] 参见王万茂:《土地用途管制的实施及其效益的理性分析》,载《中国土地科学》1999年第3期。
[2] 参见郭洁:《土地用途管制模式的立法转变》,载《法学研究》2013年第2期。
[3] 参见张先贵:《我国土地用途管制改革的法理求解》,载《法学家》2018年第4期。

重要"底线"。

保护农民的基本土地权益,首要的是保护农民的土地财产权益。[1] 集体成员"户有所居"的基本保障需求是农民基本土地权益的重要组成部分,具体由宅基地和房屋相关权益构成。《土地管理法》第62条第2款规定的"实现户有所居",既是一项政治承诺,又是宅基地制度改革与完善的立法目标。实现集体成员"户有所居"基本保障需求的方式有很多,但从现有地方探索来看,通过确认宅基地资格权并以此为依据以户为单位向成员集体申请分配宅基地,仍然是宅基地"三权分置"下实现集体成员"户有所居"需求的主要方式。同时,宅基地资格权也是实现宅基地制度保障功能与住房保障制度衔接转化的关键。尽管经衔接转化后的住房保障制度并非"三权分置"下宅基地制度保障功能的基本范畴,但通过宅基地资格权享受住房保障制度福利也是宅基地"三权分置"下实现"户有所居"需求的重要方式。要系统探索宅基地"三权分置"的理论和制度就必须从权利构成、制度规则等方面统筹设计。

(二)落实成员集体的重要职责

集体土地所有权及其法定行使模式是我国落实土地集体所有制的主要形式。我国《民法典》《土地管理法》设定成员集体的集体土地所有权,并规定由对应的农村集体经济组织或村民自治组织代表相应的成员集体行使集体土地所有权。在法律层面,《民法典》《土地管理法》仅将农村集体经济组织与村民自治组织并列作为宅基地集体所有权的行使主体,未明确区分两者的顺位关系。值得一提的是,2021年7月2日公布的《土地管理法实施条例》第34条首次在立法上明确规定优先由农村集体经济组织受理、审核宅基地申请。宅基地受理、审核在本质上是成员集体落实宅基地集体所有权的重要表现。这表明农村集体经济组织与村民自治组织在代表集体时的优先顺位问题已得到彻底解决。事实上,此前部分地方开展的宅基地"三权分置"探索就已坚持农村集体经济组织优先,由其代表成员集体履行落实宅基地集体所有权的职责。

在集体所有制及其法律实现形式下,宅基地"三权分置"实践探索的推进中,落实宅基地集体所有权仍然是依托上述法定行使模式来实现的,关键在于明确成员集体在落实宅基地集体所有权中的职责,探寻有效实现这一重要职

---

[1] 参见王小映:《全面保护农民的土地财产权益》,载《中国农村经济》2003年第10期。

责的路径。落实宅基地集体所有权作为宅基地"三权分置"下成员集体的重要职责,是成员集体拥有的宅基地集体所有权的应有内容,直接影响我国集体土地所有权制度的发展完善。同时,落实宅基地集体所有权在"三权分置"下具有丰富的内容,但均依赖于成员集体及其法定代表者依法、积极履行职责。从实践来看,现有相关地方探索为明确和实现成员集体落实宅基地集体所有权的重要职责提供了可借鉴的经验。主要包括:

一是明确将农村集体经济组织作为成员集体落实宅基地集体所有权职责的承担者。至于是否应当参考借鉴德清县的做法,规定由村农村集体经济组织统一履行落实宅基地集体所有权的职责,完全可交由地方立足实践自主确定。这是因为,按照宅基地集体所有权的归属,村农村集体经济组织要么是特定成员集体的法定代表者,要么是根据民事委托关系确定的代表者,在现行法治框架内都能得到有效解释和运行。

二是丰富宅基地集体所有权的构成,明确落实宅基地集体所有权的职责内容。除占有、使用、收益和处分等一般性权能外,相关地方在实践探索中还将宅基地集体收益权、宅基地资格认定权、宅基地收回权、宅基地集体回购权等作为落实宅基地集体所有权的重要内容。这些权利契合宅基地"三权分置"改革要求,是落实宅基地集体所有权相关制度构建的重要依据。

三是落实宅基地集体所有权并非一项纯粹的经济性职责,而是兼有政治性、社区性、经济性的。这意味着,落实宅基地集体所有权既要注重遵循宅基地集体所有权主体有权依法拥有和自主实现宅基地所有权的私法逻辑,又要注重把握落实宅基地集体所有权基于集体所有制、资源稀缺性、成员集体性而形成的公法要求。前者主要表现为确认和保护宅基地集体所有权应有物权性权利内容,后者则在实践探索中主要表现为宅基地规划参与权、宅基地的依法审批、宅基地使用权流转管理、宅基地科学利用奖励、宅基地违法利用处置等方面。

四是落实宅基地集体所有权的复杂性和依赖性。落实宅基地集体所有权涉及主体范围广、利益牵连多、法律关系极为复杂,相关职责的确定和履行尤其应当坚持谨慎、适度的态度。从实践来看,宅基地"三权分置"中宅基地资格权主体、宅基地使用权主体仍然主要是本集体成员组成的农户,呈现出对"两权分置"下宅基地制度运行的较强依赖性。集体成员作为农户的成员,积极参与落实宅基地集体所有权相关事务,既是宅基地集体所有权的突出体现,也是落实宅基地集体所有权的重要保障。

(三)宅基地资格权为资格权利

宅基地资格权的设定、认定及其内容是相关地方积极开展宅基地资格权探索的主要方面。围绕这些方面,相关地方开展的实践探索存在一定的差异,但将宅基地资格权作为集体成员以户为单位向成员集体申请分配宅基地的资格性权利仍然属于主要共识。详言之,关于宅基地资格权作为资格权利的实践认知,主要体现在以下方面:

其一,宅基地资格权是对"两权分置"下宅基地使用权进行身份性内容相对剥离的结果。从实践来看,宅基地资格权是一项相对独立的权利,被认为是解决"两权分置"下宅基地使用权身份性制约宅基地资源有效利用这一问题的关键。在尊重宅基地"两权分置"制度政策惯性的前提下,现有实践主要是从以往的宅基地使用权中相对剥离出宅基地资格权。宅基地资格权成为宅基地申请资格的权利载体,是实现宅基地制度保障功能的着力点,相对独立于"三权分置"下的宅基地使用权,进而形成资格性权利与财产性权利相对分离的格局。尽管各地关于宅基地资格权内容设定存在一定的差异,但其作为资格权利实质上是集体成员以户为单位向成员集体申请无偿分配宅基地、初始取得宅基地使用权的关键资格。

其二,宅基地资格权权利内容的稳定性。在宅基地资格权与宅基地使用权相对分离的背景下,相关地方在实践探索中逐步明确了宅基地资格权的基本内容。分析相关地方探索发现,实践中宅基地资格权内容的构成具有稳定性,主要包括申请取得宅基地使用权、收回宅基地使用权、有条件获得住房保障三项,均与"三权分置"下宅基地使用权的财产化密切相关。当然,个别地方还尝试探索宅基地资格权在限定区域内流转,但理论和实践层面对此存在一定的认知差异。实践表明,宅基地资格权事关集体成员基本土地权益,有待从立法层面予以适当回应,确定具有稳定性的宅基地资格权权利内容。

其三,宅基地制度保障功能的有序转移。按照公共职能的定位,将保障功能从宅基地制度适度回归到国家住房保障制度,是国家保障公民基本权利公共职能的必然需要。从浙江省德清县的实践探索来看,以宅基地资格权为抓手,推动实现保障功能从宅基地制度逐步向国家住房保障制度转移,具备可能性和可行性,是宅基地制度改革发展的重要趋势。宅基地制度保障功能的有序转移具有长期性,现阶段不宜全面推进宅基地制度保障功能向国家住房保障制度转移。

(四)多样且适应性的流转方式

宅基地使用权作为宅基地"三权分置"改革的重点,在相关地方探索中被作为有效盘活利用宅基地资源的抓手。各地按照宅基地"三权分置"改革的目标任务,将"两权分置"下的宅基地使用权分离出具有身份属性的宅基地资格权和具有财产属性的宅基地使用权,按照私法路径将宅基地使用权进行物权化设计,赋予其占有、使用、收益以及依法处分的权能并通过流转方式及流转规则的设定推动宅基地使用权的权利实现。不难看出,宅基地使用权的设计及其实践成为相关地方开展宅基地"三权分置"探索的首要和核心内容,为从理论和制度上设计宅基地使用权、厘清宅基地使用权与宅基地资格权关系,架构宅基地"三权分置"制度奠定了重要基础。

在实践探索中,相关地方主要依托流转方式和流转规则的设计,引入市场机制配置宅基地资源,力求释放宅基地使用权的财产价值和宅基地制度财产功能。与承包地经营权流转设计一致,相关地方在实践中将宅基地使用权流转分为宅基地使用权流转和宅基地使用权再流转两个层次。在此基础上,相关地方在流转条件、方式、程序方面做了许多探讨,形成了大量的共性做法。总体来讲,流转方式的多样性、流转规则的适应性成为各地开展相关探索取得的重要经验。一方面,关于宅基地使用权流转方式,相关地方探索大体形成了"典型流转方式+其他流转方式"的模式。其中,转让、入股、出租、抵押成为相关地方探索的共性流转方式,联建、互换等则出现在部分地方实践探索中。另一方面,相关地方在探索中立足不同流转方式的特性及其可能面临的风险,制定相应的流转规则。

注重系统性是相关地方开展探索所揭示的重要经验。这主要表现为:其一,宅基地流转方式的设计应当注重不同流转方式的协调,尤其是不同流转方式对应的流转条件、流转程序等流转规则的设计应当把握好系统性和衔接性要求,实现宅基地"三权分置"的制度效益最大化。其二,宅基地流转应注重其方式和规则与落实宅基地集体所有权、保障宅基地资格权改革的协调。以宅基地使用权转让为例:浙江省德清县规定转让期限届满后宅基地使用权应当回归宅基地资格权主体;若宅基地资格权主体不收回宅基地使用权,则由村股份经济合作社代表集体行使宅基地使用权的集体收回权。[1] 其三,宅基地流转应注重以"三权分置"为核心的宅基地制度改革的系统性。宅基地使用权财产价值的释放与实现是宅基地"三权分置"改革的重要动机。宅基地使用权及其流转规则作为宅基地制度的关键构成,仍须置于宅基地制度改革的整体框架内设计,注重宅基地使用权无偿与有偿取得、流转与再流转、有偿退出与收回等制度内容的系统设计。

(五) 注重改革探索的协同推进

注重改革探索的协同推进同样是相关地方实践探索的共同做法。例如,云南省大理市在探索宅基地"三权分置"过程中既注重通过入股、租赁、抵押等方式,实现宅基地使用权的市场化流转,又强调科学规划布局、环境生态治理的协调推进,实现相关改革探索的协同。[2] 从现有实践及认知来看,宅基地"三权分置"改革探索的协同推进主要包括宅基地"三权分置"理论和制度构造的协同推进以及宅基地"三权分置"探索与其他相关改革的协同推进两方面。具体而言,尽管各地对协同的方面、程度存在一定的认知和做法差异,但仍较为清晰地显示了宅基地"三权分置"改革需要协同推进的方面。主要包括:

一是法律与政策的协同。基于宅基地"三权分置"改革的阶段性,相关地方主要在中央政策确定的目标要求和主要任务下,以政策文件的方式推进宅基地"三权分置"改革探索,尚未在地方立法上有所尝试。但"三权分置"下的宅基地"三权"及其制度架构属于法律制度的重要内容,尤其需要纳入全国性立法。对此,我国通过修改《土地管理法》及其相关立法为宅基地"三权分置"改革实践探索的推进以及相关政策与未来立法的协调预留了必要空间。

二是"三权"的协同设计。当前,关于宅基地"三权分置"改革的地方实践探索仍处于初步阶段,相关认知和实践重点也存在一定的差异,但大多注意"三权"的协同设计。这也印证了宅基地"三权分置"的整体性和系统性,显示出"三权"作为宅基地制度体系主要构成部分的内在结构和整体构造要求。这

---

[1] 参见《德清县农村宅基地管理办法(试行)》第48条。
[2] 参见叶红玲:《"宅改"造就新农村——大理、义乌宅基地制度改革试点探析》,载《中国土地》2018年第5期。

也成为研究宅基地"三权分置"相关理论和制度应当坚持的基本要求。

三是与新时代乡村治理体系建设的协同。实践表明,宅基地"三权分置"改革本就是一项重要的社会治理探索,是新时代乡村治理体系建设的重要方面。同时,新时代乡村治理体系建设具有根本性、全面性,也是影响宅基地"三权分置"改革成效的重要因素。这意味着,探索宅基地"三权分置"相关理论和制度,须注重与新时代乡村治理体系建设要求的衔接,将新时代乡村治理体系有效融入宅基地"三权分置"理论和制度设计,实现两者的协同推进。

三、宅基地"三权分置"面临的风险

宅基地"三权分置"是一项突破性的改革探索,在开展实践探索前既缺乏充分的理论准备,也不具备翔实的实践支撑。尤其是以传统"两权分置"为基础所建立的宅基地制度在立法、政策、观念等方面对其产生了极强的惯性约束,深刻影响宅基地"三权分置"的实践探索、理论研究和制度跟进。从"两权分置"到"三权分置",不仅宅基地"三权分置"改革探索面临诸多的风险,而且构造的宅基地"三权分置"相关理论和制度存在引发科学性、适应性问题的可能。为此,宅基地"三权分置"改革涉及多元主体的多元利益,是农村土地制度改革中最需谨慎且最为敏感的领域,尤其需要预判改革所面临的风险并寻求应对方案。在相关规则缺位的背景下,通过分析现有相关实践探索,探讨相关理论和制度现状,仍可较为系统地梳理总结宅基地"三权分置"面临的风险,为开展其理论研究和制度构建做足准备。

(一)落实集体所有权的风险

关于落实宅基地集体所有权面临的风险,不同学者认知有差异,从不同角度亦得出不同的结论。例如:有研究指出,落实宅基地集体所有权方面主要面临集体土地所有权主体不清风险、集体土地所有权权能风险、集体土地所有权行使决策机制风险;[1]也有学者指出,落实宅基地集体所有权基于复杂的历史遗留问题,存在诸多难点,面临利益平衡难、防控风险大等现实困境。[2]但从

---

[1] 参见叶剑锋、吴宇哲:《宅基地制度改革的风险与规避——义乌市"三权分置"的实践》,载《浙江工商大学学报》2018年第6期。

[2] 参见王冬银:《宅基地"三权分置"的实践探索与风险防控——基于西南地区的试点调研》,载《中国土地》2018年第9期。

引发落实宅基地集体所有权风险的成因来看,主要包括:

一是关于集体所有制及其法律实现形式的理论认知和规则设计不足。集体所有制在根本上决定了我国宅基地集体所有权制度安排,但政治经济学意义上的集体所有制与法学意义上的集体所有权的理论转化,以及集体所有制以宅基地集体所有权制度为载体的立法转化,都是在探索中逐步确立起来的。理论转化是立法转化的必要准备,立法转化则进一步推动理论转化。目前,关于集体所有制的法律实现形式、落实宅基地集体所有权的路径等基础命题的研究极为不足,成为制约理论认知和规则构造的重要因素。

二是传统集体土地所有权制度惯性及公众认知差异。从宅基地集体所有权制度变迁来看,我国将农房及其宅基地私人所有转变为宅基地集体所有,并未直接体现在规范文本中,而是通过建立人民公社体制下的集体所有制,将宅基地作为农村土地的重要组成部分纳入社会主义公有制,在事实上确立宅基地集体所有权。[1] 此后,经过不断完善,我国确立了宅基地由集体无偿分配、成员无偿持有等实践内容,并以原《物权法》确立宅基地使用权的用益物权属性为标志,实现了宅基地制度构造路径逐步由公法向私法的转换。在此进程中,如何协调宅基地制度上公法与私法关系、如何构造宅基地集体所有权的法律属性及其制度内容,成为颇受争议且未形成定论的命题。受此影响,在"三权分置"下探索落实宅基地集体所有权仍可能继续面临宅基地集体所有权虚化、农户实有宅基地所有权等问题,甚至还会面临加剧的风险。

三是关于落实宅基地集体所有权的认知匮乏。尽管相关地方实践探索宅基地"三权分置"相关改革内容的时间较早,但我国直至2018年年初才在中央层面明确提出宅基地"三权分置"改革政策,[2] 但关于何为落实宅基地集体所有权,尤其是在传统宅基地制度相对"虚化"宅基地集体所有权的背景下,有关落实宅基地集体所有权的目标指向、功能定位、实现路径、实施方案等方面的研究严重缺乏,公众认知也极为匮乏。鉴于落实宅基地集体所有权在宅基地"三权分置"中的基础地位,其相关认知及路径选择问题必然成为影响落实宅

---

[1] 参见《中共中央关于在农村建立人民公社问题的决议》。
[2] 2018年1月召开的全国国土资源工作会议提出,我国将探索宅基地所有权、资格权、使用权"三权分置"。2018年中央一号文件明确提出,"探索宅基地所有权、资格权、使用权'三权分置'"。

基地集体所有权的重要现实因素。

基于上述因素,学界关于落实宅基地集体所有权面临的风险已有部分探讨。经归纳,主要包括:一是虚化宅基地集体所有权的风险。有学者指出,宅基地集体所有权产权明确程度不够、相关政策执行存在一定偏差,宅基地使用权流转双方的角色地位、宅基地集体所有权产权界定不科学以及在实践中的执行偏差易虚化宅基地集体所有权。[1] 二是宅基地集体所有权主体及其构成人员的腐败,会引发乡村社会治理风险。有学者基于宅基地集体土地所有权法定行使模式认为,这一法定"委托—代理"关系极可能诱发宅基地集体所有权法定行使主体和村干部的"权力寻租",严重影响农村社会的稳定,引发巨大的制度风险。[2] 三是宅基地集体所有权相关主体存在利益冲突。宅基地"三权分置"下,宅基地集体所有权上存在直接利益相关方(农民集体、农村集体经济组织或村民自治组织、农户)和间接利益相关方(流转后的宅基地使用权主体)。随着宅基地资格权与使用权相对分离,宅基地集体所有权主体与宅基地资格权主体、宅基地资格权主体与宅基地使用权主体、宅基地集体所有权主体与宅基地使用权主体之间也可能产生新的冲突,制约落实宅基地集体所有权。[3] 四是宅基地"三权分置"制度设计可能存在缺陷。若宅基地"三权分置"兼顾更多传统制度和政策惯性,则极易出现农村集体经济组织缺乏对宅基地资格权主体的有效约束,严重弱化宅基地集体所有权中的收益权和处分权。[4]

立足实践,围绕落实宅基地集体所有权的目标,结合宅基地制度基本功能发展趋势来看,学界提出的关于落实宅基地集体所有权的上述四点风险确实存在。当然,关于落实宅基地集体所有权面临的风险,按照不同标准可作出不同划分。但从制度属性来看,将落实宅基地集体所有权面临的风险划分为自

---

[1] 参见于水、王亚星、杜焱强:《农村空心化下宅基地三权分置的功能作用、潜在风险与制度建构》,载《经济体制改革》2020年第2期。

[2] 参见吴丽、梁皓、霍荣棉:《制度信任框架下宅基地"三权分置"改革制度风险研究》,载《中国土地科学》2020年第6期。

[3] 参见李国权:《论宅基地"三权"分置的可能风险及防范对策》,载《河南社会科学》2020年第12期。

[4] 参见李国权:《论宅基地"三权"分置的可能风险及防范对策》,载《河南社会科学》2020年第12期。

身风险和外部风险更为科学。其中,落实宅基地集体所有权面临的自身风险是宅基地制度演变中所面临的法律风险,在根本上属于宅基地集体所有权虚化风险;落实宅基地集体所有权面临的外部风险则主要是宅基地集体所有权制度在"三权分置"实践中面临的可归因于制度环境方面的法律风险。

宅基地集体所有权虚化风险,是落实宅基地所有权面临的主要风险。宅基地集体所有权虚化在经济学领域主要表现为宅基地集体所有权产权不明晰,在法学领域主要表现为主体和权能不明晰。但这又是基于集体所有制内在要求而必然选择的基本法律实现形式。[1] 对此,我国基于宅基地集体所有权实现之实践需求,设计了宅基地集体所有权法定代表行使模式,避免宅基地集体所有权主体缺位问题。故而,宅基地集体所有权虚化风险主要是宅基地集体所有权权能方面的不明晰问题。这是因为我国宅基地制度长期采取"做实利用权、弱化所有权"的做法,以致宅基地集体所有权在农户获得宅基地使用权后基本上就没有行使过相应权能。尤其是出于农户"户有所居"基本保障要求,相关实践很难对农户利用的宅基地行使集体所有权。上述问题并未在立法及实践层面得到解决,延续至宅基地"三权分置"改革探索阶段。从实践来看,相关地方关于落实宅基地集体所有权的探索主要集中在宅基地管理方面,仍未过多关注宅基地集体所有权权能弱化问题。

落实宅基地集体所有权面临的外部风险主要包括:其一,宅基地集体所有权相关立法与政策的协调风险。长期以来,我国宅基地制度主要以"两权分置"为基础以政策文件形式推进完善,立法规则相对较少。同时,无论是已有立法还是政策文件大多聚焦农户宅基地使用权保护,严重缺乏宅基地集体所有权相关内容。这意味着,"三权分置"下宅基地资格权、宅基地使用权相关立法与既往宅基地政策文件及以之为基础所建立的宅基地制度之间发生冲突的可能性较小,但仍须协同推进落实宅基地集体所有权相关立法设计。其二,宅基地"三权分置"改革的政策重心和地方探索大多聚焦于宅基地资格权和宅基地使用权,更加注重实现宅基地资格权主体和宅基地使用权主体的利益,却对宅基地集体所有权主体基于私法逻辑理应获得的宅基地所有者权益的关注和保护不够。其三,落实宅基地集体所有权的地方性差异加剧。从现有实践来

---

[1] 参见杨青贵:《集体土地所有权实现法律机制研究》,法律出版社2016年版,第16~17页。

看,各地关于落实宅基地集体所有权的措施存在极大的差异。尽管这些差异在一定程度上反映了地方实际,但落实宅基地集体所有权是一项基本的法律制度,理应在全国性立法中统一设定。各地的差异规定极易影响法治的统一性和权威性。其四,基于社会可接受性而产生的利益侵蚀风险。通过集体无偿提供限定面积的宅基地以保障成员"户有所居"的权利以及成员以户为单位无偿拥有宅基地使用权早已成为现行宅基地相关立法和政策的基本构成,是全社会的普遍共识。特定时期宅基地上的利益之"量"是相对稳定的,宅基地集体所有权与宅基地资格权、宅基地使用权在利益之"量"的分配方面存在一定的消长关系。这意味着,若处理不当,则易出现侵蚀成员集体或农户利益的严重后果。

(二)农户住房福利保障风险

从权益配置来看,同一客体(宅基地)上存在宅基地集体所有权主体、宅基地资格权主体、宅基地使用权主体,也就必然会产生利益分配问题。就改革的初衷并结合地方探索来看,宅基地"三权分置"旨在通过设置"三权",保障和实现宅基地资格权主体和宅基地使用权主体的财产权益,推动宅基地使用权适度流转。其实质在于通过身份性与财产性的相对分离,彻底按照私法路径构建宅基地使用权,[1]实现宅基地使用权的财产价值。"两权分置"下宅基地使用权的身份性则相应转化为"三权分置"下的宅基地资格权。从当前改革政策导向及实践来看,作为"户有所居"保障目标表现形式的宅基地制度保障功能仍将长期存在并优于宅基地制度财产功能。

科学把握好宅基地制度保障功能及其实现方案,是有效开展宅基地"三权分置"改革探索的关键。但宅基地"三权分置"改革中极易出现的理解与把握的偏差容易引发农户基本住房需求保障风险。主要表现为:其一,对宅基地资格权认知及其与相关方面关系的处理不当极易引发农户基本住房需求保障风险。宅基地资格权作为一项新权利,源于"居者有其屋"的社会保障理念。但

---

[1] "两权分置"下的宅基地使用权兼具身份性和财产性,是我国宅基地制度变迁中公法构造与私法设计交融的结果。尽管原《物权法》早已将宅基地使用权确立为财产权中的用益物权,但基于公法逻辑所设计的由本集体农户申请取得宅基地使用权等规则及其实践实质阻滞了财产价值的市场化实现。宅基地"三权分置"则将公法色彩的身份属性剥离设立宅基地资格权,将私法色彩的财产属性剥离设立宅基地使用权,通过宅基地资格权与宅基地使用权分离,彻底实现宅基地使用权的私法构造。

在梳理宅基地资格权与宅基地使用权关系时,极易将后者作为法定的主权利,而将前者作为流转形成宅基地使用权后的"剩余权利",以致实质降格宅基地资格权,[1]虚化宅基地制度保障功能。其二,宅基地"三权分置"改革中实质弱化了宅基地权利中身份性内容的风险。宅基地"三权分置"改革通过宅基地资格权与宅基地使用权的相对剥离,明确了宅基地权利上的财产性内容与身份性内容。就改革的政策导向和相关地方探索来看,丰富宅基地使用权权能是探索实现宅基地权利财产性内容的重点和关键。但这也容易出现弱化宅基地权利中身份性内容,削弱宅基地制度保障功能,甚至虚化宅基地资格权风险,滋生阶段性"失宅"农民。[2]其三,若一味强调宅基地制度保障功能,实则是将保障功能极端化,必然制约宅基地使用权流转,限制宅基地使用权的财产价值实现。事实上,在中央政策的实际效力约束下,加之中央尚未制定宅基地"三权分置"改革的具体实施方案,以致各地在探索中必然过多受到宅基地制度保障功能的约束,极易走向强化宅基地权利身份性的极端。

(三)宅基地使用权运行风险

"三权分置"下的宅基地资格权主体,不但继续面临"两权分置"下宅基地使用权流转所带来的既有风险,而且在宅基地使用权更快流转的影响下会出现面临的风险频率更高、强度和广度更大的问题。这是宅基地资源市场化利用、宅基地使用权财产化运行所必然面临的现象。从现有理论及实践来看,宅基地使用权方面面临的运行风险主要包括以下方面:

其一,宅基地使用权实践探索与相关法理及立法规则的冲突风险。从实践来看,宅基地"三权分置"实践探索仍存在与相关法理甚至现有立法规则冲突的可能。例如,关于宅基地使用权转让,各地均设定具体期限(如30年)并规定期限届满后由宅基地资格权主体收回。这在很大程度上实现了宅基地使用权的财产权益,利于维护宅基地使用权的稳定性,但与宅基地使用权租赁相比,仅在期限和条件上稍有差别,难以运用现有相关法理阐释为何期限如此、为何由宅基地资格权主体收回等问题。再如,《德清县农村宅基地管理办法

---

[1] 参见吴丽、梁皓、霍荣棉:《制度信任框架下宅基地"三权分置"改革制度风险研究》,载《中国土地科学》2020年第6期。

[2] 参见于水、王亚星、杜焱强:《农村空心化下宅基地三权分置的功能作用、潜在风险与制度建构》,载《经济体制改革》2020年第2期。

（试行）》第48条规定：宅基地使用权转让年限到期后，资格权人应当收回而不收回宅基地使用权和地上房屋使用权的，则村股份经济合作社有权收回；但收回后，资格权人的宅基地资格权未发生变化的，可以再次约定续期流转。按照现有法理，村股份经济合作社有权收回就是代表成员集体收回宅基地使用权，缘何村股份经济合作社收回后资格权人仍可再次流转宅基地使用权？这些内容与现有相关认知存在一定的偏差。尤其是在相关法理和制度滞后于实践发展的情况下，[1]这一偏差可能进一步拉大，极易引发违法性风险。

其二，宅基地使用权流转给其他主体引起的权益损失风险。从现有政策及实践来看，在不违背集体所有制、规划管理、用途管制等前提下，"三权分置"下的宅基地使用权具有较强的市场流动性。这利于实现宅基地使用权的财产价值，但流转所面临的市场及其他风险也随之而来。尽管相关风险直接影响的是宅基地使用权主体利益，但必然传导给宅基地资格权主体，可能影响其在居住方面基本需求的满足。无论是采取物权性流转方式，还是采取债权性流转方式，宅基地资格权主体同时面临宅基地使用权主体利用宅基地引起的间接风险和宅基地使用权主体违背流转协议引发的直接风险。[2]尤其是主体理性认知和理性行为问题，极易引发宅基地资格权主体和宅基地使用权主体权益损失风险。此外，在宅基地使用权流转的情况下，宅基地使用权主体主要面临宅基地资格权主体违背流转协议和宅基地利用面临的两类直接风险。以宅基地使用权抵押为例，基于宅基地用途管制和分布区域差异所引起的价值差异，抵押权人面临较大的抵押权实现风险。

其三，宅基地使用权流转带来的土地资源浪费风险。在推进宅基地"三权分置"改革中，中央"三令五申"禁止土地资源浪费，强化农村土地资源节约集约利用。2021年中央一号文件关于严禁城市居民下乡利用农村宅基地建设别

---

[1] 参见[美]R.科斯、[美]A.阿尔钦、[美]D.诺斯等：《财产权利与制度变迁——产权学派与新制度学派译文集》，刘守英等译，上海人民出版社2014年版，第296~297页。

[2] 从现有政策及其实践来看，采取入股、转让等物权性流转方式流转宅基地使用权时，宅基地资格权主体仍然拥有流转收益的债权和流转到期后的收回权。采取租赁等债权性流转方式流转宅基地使用权时，宅基地资格权主体同样拥有流转收益的债权和流转到期后的收回权。尽管两者的流转收益债权在产生依据、实现方式等方面存在一定的差异，但无疑宅基地资格权主体的流转收益债权实现和流转到期后的取回权都与宅基地使用权利用状况密切相关，而宅基地使用权利用状况则直接受市场及其他方面风险影响。由此看来，宅基地资格权主体与宅基地使用权面临的风险紧密相关，仍然是实质上的风险承担者之一。

墅大院和私人会馆的规定,也在很大程度上说明我国土地资源浪费问题的严重性以及中央的治理力度。关于宅基地资源的有效利用,我国坚持适度盘活利用闲置宅基地与治理浪费、污染土地行为相结合,同步推进。宅基地"三权分置"改革注重推动宅基地资源的适度市场化流动,但在相关制度规则缺位或体系化不足的情况下极易产生宅基地闲置等宅基地资源浪费问题。

其四,宅基地使用权过度集中的风险。《民法典》第二编"物权"将宅基地使用权确定为用益物权,由"占有""使用""收益""转让"等方面的权能构成。[1]但在农村土地政策惯性作用下,宅基地使用权的取得、行使、收益、转让等均受到政策、认知以及其他条件的限制性影响。从农村土地制度发展的既有实践来看,宅基地使用权面临的权能完整性风险主要表现为:一是宅基地使用权面临资源俘获风险。在我国农村社会的特殊环境下,宅基地使用权的市场化流转必然面临精英俘获和资本俘获问题,甚至诱发宅基地资源过度集中等现象。一方面,乡镇政府工作人员、村民自治组织人员、农村集体经济组织人员等在公权力或集体所有权、自治管理权影响下,[2]具有获取宅基地使用权的低成本性和较大可能性;另一方面,农村经济精英拥有相对于一般农民较强的商业意识和经济优势,存在大量购入宅基地使用权牟利的较强动力。二是宅基地使用权市场化流转为城市资本"下乡"带来空间,增加了享受型宅基地使用权流转和投机型宅基地使用权流转的比重,[3]可能引发宅基地使用权过度集中现象及其带来的问题。

(四)监管制度的适当性风险

监管制度作为人类社会的上层建筑,在根本上源自实践但又容易脱离实践。究其原因,既有人类认识能力的有限性制约,[4]也有相关实践发展及其带来的风险影响。宅基地"三权分置"既是一项创新实践,也是一个理论与制度的结合体探索,必然要经过实践、理论、制度相互融合发展的长期过程。在这

---

〔1〕 参见《民法典》第362、363条。

〔2〕 农民集体及其法定代表主体的工作人员基于法定代表制对宅基地使用权流转的影响更为直接,在征收或其他增值收益分配中体现得更为明显。参见吴丽、梁皓、霍荣棉:《制度信任框架下宅基地"三权分置"改革制度风险研究》,载《中国土地科学》2020年第6期。

〔3〕 参见于水、王亚星、杜焱强:《农村空心化下宅基地三权分置的功能作用、潜在风险与制度建构》,载《经济体制改革》2020年第2期。

〔4〕 参见卢现祥:《西方新制度经济学》,中国发展出版社2003年版,第15~19页。

一过程中,极易受到多样化因素影响。因此,宅基地"三权分置"监管制度作为该项改革风险防治的主要依据,也极易出现适当性风险。主要表现为:

其一,现行宅基地监管制度与宅基地"三权分置"的适应性风险。当前,我国宅基地监管制度立法内容较少,但长期以来围绕宅基地申请、宅基地利用、宅基地确权颁证、宅基地转让、宅基地管理等方面制定了大量规范性文件,形成了较为稳定的宅基地监管制度内容。然而,这些文件以及以之为基础建立的宅基地监管制度大多以"两权分置"为背景设计,与宅基地"三权分置"改革的实践要求和制度设计在理念、目标、路径、重点等方面仍存在一定的差异,极易产生适应性问题,引发制度兼容、文件兼容等系统性风险。

其二,宅基地"三权分置"改革的落实风险。从我国土地管理的传统思路来看,中央从管理或监管的角度提出了宅基地"三权分置"改革政策,具体由地方实践加以探索。宅基地"三权分置"改革政策及其实施方案的很多内容属于监管方面的重要构成,但仍面临突出的落实风险。一方面,我国提出宅基地"三权分置"改革的时间以及实践探索周期较短且无既往经验借鉴,在很大程度上制约宅基地"三权分置"改革政策落地效果;另一方面,各地在宅基地"三权分置"改革的基本认知、相关背景、实践环境等方面均存在较大差异,面临政策落地与实施绩效偏差风险[1]以及与相关政策衔接、农民权益保护、集体收益实现等方面的风险。甚至一些地方政府在推进宅基地"三权分置"改革中可能因盲目追求政绩而采取单纯收归集体、盲目将宅基地转为集体经营性建设用地等脱离实际现象,导致行为失范、监管失灵的风险。[2]

其三,宅基地"三权分置"改革的监管风险。针对改革而配套建设的监管制度是宅基地"三权分置"改革风险防范与治理的关键。然而,宅基地"三权分置"改革作为一项全新的宅基地制度改革,是对宅基地"两权分置"的创新性发展,从根本上突破了既有宅基地制度的权利结构、设计思路。这一改革尤其需要厘清既往按照公法思路所设计的宅基地制度相关内容与宅基地监管权的关系。例如,宅基地"三权分置"改革须处理好保障功能、财产功能以及资源稀缺

---

[1] 参见汪杨植、黄敏、杜伟:《深化农村宅基地"三权分置"改革的思考》,载《农村经济》2019年第7期。

[2] 参见李国权:《论宅基地"三权"分置的可能风险及防范对策》,载《河南社会科学》2020年第12期。

属性与生态环境保护公益属性的关系。[1] 如若这些关系得不到厘清,则容易混淆宅基地集体所有权、宅基地制度保障功能与基于资源稀缺性、公共性所形成的监管权的关系,也模糊了宅基地集体所有权与农户及其他主体财产权的边界,甚至会放大宅基地"三权分置"改革风险,引发农村社会稳定问题。

四、宅基地"三权分置"风险防治路径

宅基地"三权分置"作为一项突破性、创新性的改革探索,不但面临宅基地使用权市场化流转利用带来的相应风险,而且往往会基于自身方案的欠科学性、欠合理性及其与相关制度、机制、方面的欠协调性而引发相关风险。这是任何一项具有创新性的制度在探索中都难以避免的。尽管法治并非万能的,在风险防治方面难免存在一定的局限性,但其仍是法治社会实现风险治理的关键。"要避免宅基地'三权分置'改革陷入风险",有效治理相关风险,关键在于"把相关的规章制度建设好",科学构造并有效实施宅基地"三权分置"法律制度。[2]

科学架构宅基地"三权分置"中的"三权",是宅基地"三权分置"的基本内核,也是推进相关制度构造的基础;科学设计宅基地"三权分置"制度则是有效实施的前提。按照宅基地"三权分置"改革的目标要求和逻辑进路,结合相关实践及其揭示的风险,宅基地"三权分置"的权利设计和制度构造宜采取两条并行的路径:一条是以宅基地"三权分置"中的"三权"关系为基础,坚持"三权"协调的制度路径;另一条是坚持宅基地"三权分置"制度建设与相关制度、机制协调推进的实践路径。在具体操作层面,则须坚持以制度路径为主线,兼顾实践路径。

---

[1] 参见陈基伟:《乡村振兴背景下宅基地集体所有权落实评析》,载《科学发展》2020 年第 9 期。
[2] 参见郑凤田:《让宅基地"三权分置"改革成为乡村振兴新抓手》,载《人民论坛》2018 年第 10 期。

第三章 宅基地"三权分置"的权利架构

权利作为一个最为基础的法学范畴,事关"客观价值秩序"[1]。科学的权利体系是通过制度解决权利冲突问题。新中国成立后,我国主要依托公权力推动建立起宅基地集体所有权和宅基地管理制度。进入21世纪后,以原《物权法》颁布为标志,理论界与实务界试图按照私法路径改造宅基地使用权,以回应既往按照公法路径构造宅基地制度引发的问题。然而,通过私法路径改造按照公法逻辑构建的宅基地制度,必然面临范式差异、路径协调、内容抉择等问题。在此背景下,推动宅基地制度从"两权分置"向"三权分置"发展,重构宅基地权利结构,成为推动宅基地制度科学发展的优选进路。

一、宅基地"三权分置"权利构造的观点评析

厘清从"两权分置"下宅基地使用权到"三权分置"下宅基地资格权、宅基地使用权的发展路径,以及"三权分置"下宅基地资格权与宅基地使用权的生成逻辑,是破解宅基地"三权分置"权利构造的关键。在宅基地"三权分置"改革政策出台前后开展的较为丰富的理论探索,为构造研究宅基地"三权分置"的权利架构提供了重要参考。

(一)宅基地"三权分置"提出前的构造思路

在中央首次提出宅基地"三权分置"前,部分地方已在"两权分置"框架下

---

[1] 张翔:《基本权利的双重性质》,载《法学研究》2005年第3期。

开展了与宅基地"三权分置"改革相关的探索。在此背景下,学界也围绕相关实践展开与宅基地"三权分置"权利构造相关的部分研究。已有相关研究注意到通过公法和私法共同构建的"两权分置"下宅基地使用权面临的理论困境和实践障碍,将研究重心聚焦"两权分置"下宅基地使用权的身份性与财产性改革。但在中央正式提出宅基地"三权分置"改革前,相关研究主要通过改造"两权分置"下宅基地使用权,力求破解市场化利用困境,促进宅基地资源的有序流转利用,探索协同实现宅基地制度保障功能与财产功能。

基于宅基地制度保障功能和宅基地申请主体身份限制,学界长期对宅基地使用权是否能够对外流转存在一定的争议。持否定论的学者提出的理由主要包括:其一,宅基地使用权对外流转更多的是强势群体的利益诉求,其正当性和公平性均存在疑问。[1] 其二,宅基地具有用益物权的性质,不能成为宅基地使用权自由转让的法理基础。[2] 其三,否定宅基地使用权可流转性,将宅基地使用权流转限定在农村集体经济组织内部,利于防治乱占耕地现象。对此,经济学、民商法学等学科的部分学者则主张适当赋予宅基地使用权对外流转的权能。一方面,宅基地使用权对外流转,利于实现宅基地财产价值,保障农户宅基地权益,推动城镇化。[3] 另一方面,宅基地使用权对外流转促进城乡要素的适度流动,倒逼城乡二元结构改革。[4] 分析发现,关于"两权分置"下宅基地使用权是否能够对外流转的分歧,在很大程度上源自实践需求与政策管制、财产价值实现与制度惯性约束等方面的冲突,具有明显的阶段性特征。对这一分歧的相关探讨为研究宅基地"三权分置"提供了重要的进路参考。

结合宅基地使用权流转的地方实践探索,部分学者针对"两权分置"下宅基地使用权流转后的权利构造展开研究,主要形成两类思路:

第一类是"宅基地所有权、宅基地使用权、宅基地用益物权/宅基地债权",即按照传统"两权分置"下宅基地使用权直接流转的思路,以流转方式的差别为依据,将流转后形成的宅基地权利分为宅基地用益物权或宅基地债权。针

---

[1] 参见韩松:《论对农村宅基地的管理与〈土地管理法〉的修改》,载《国家行政学院学报》2011年第1期。

[2] 参见韩松:《论对农村宅基地的管理与〈土地管理法〉的修改》,载《国家行政学院学报》2011年第1期。

[3] 参见耿卓:《论宅基地使用权的物权变动》,载《政治与法律》2012年第5期。

[4] 参见周其仁:《城乡中国》(下),中信出版社2014年版,第218~219页。

对通过转让、入股等物权性流转方式形成的宅基地用益物权,部分学者建议设定为"次生/级宅基地使用权""宅基地经营权""宅基地利用权";[1]针对通过租赁等债权性流转方式形成的债权性权利,有学者建议确定为"宅基地租赁权"[2]。许多学者赞成在流转出的宅基地上设置法定租赁权,[3]即本集体经济组织成员之外的人与土地所有权人之间成立债权性的土地租赁关系,[4]原农村村民并不丧失宅基地使用权[5]。"宅基地所有权、宅基地使用权、宅基地用益物权/宅基地债权"的权利架构模式适应了流转实践,利于推动"两权分置"下宅基地的市场化利用,是实现宅基地使用权财产价值的可行进路,但仍未能有效回应流转后原宅基地使用权主体的权利内容及其属性等问题,也存在简单"套用"承包地"三权分置"权利架构思路之嫌。

第二类是"宅基地所有权、宅基地占用权、宅基地使用权"的权利构造。在中央正式提出宅基地"三权分置"前,有学者结合承包地"三权分置"做法,探索宅基地"三权分置"的权利构架,即"将宅基地权能由目前的'两权'(虚置的集体所有权、无限期的农户占有和使用权)进一步细分为'三权'(所有权、占有权和使用权)",形成"落实集体所有权、稳定农户占有权、放活土地使用权"的改革方案。[6]这一主张比较契合后来提出的宅基地"三权分置"改革政策,为后来的理论和实践探索提供了参考借鉴,但仍然存在一系列尚需阐释探讨的问题。例如,何为"农户占有权"?"农户占有权"与成员权、"三权分置"下的"宅基地资格权"是何种关系?如何生成"农户占有权"和"土地使用权"?"农户占有权"与"土地使用权"是何种关系?当然,无论是采取何种思路构造"两权分置"下的宅基地权利,均受制于研究背景、理论及实践准备等因素,价值与问题并存,但都为后来开展的宅基地"三权分置"相关理论研究和实践探索作了

---

〔1〕参见丁关良:《"三权分置"政策下宅基地流转方式运行机理的剖析和思考》,载《农业经济与管理》2020年第4期。

〔2〕韩世远:《宅基地的立法问题——兼析物权法草案第十三章宅基地使用权》,载《政治与法律》2005年第5期。

〔3〕参见刘凯湘:《法定租赁权对农村宅基地制度改革的意义与构想》,载《法学论坛》2010年第1期。

〔4〕参见陈小君:《我国农村土地法律制度变革的思路与框架——十八届三中全会〈决定〉相关内容解读》,载《法学研究》2014年第4期。

〔5〕参见韩世远:《宅基地的立法问题——兼析物权法草案第十三章"宅基地使用权"》,载《政治与法律》2005年第5期。

〔6〕参见董祚继:《以三权分置为农村宅基地改革突破口》,载《国土资源》2016年第12期。

重要积淀。

(二)从宅基地使用权直接析出权利的方案

"两权分置"的制度惯性在很大程度上制约宅基地"三权分置"的权利构造。在此背景下,许多学者围绕"两权分置"下的宅基地使用权,通过权利析出方式研究宅基地"三权分置"下宅基地集体所有权以外的"两权"。例如,有学者提出,农户将宅基地使用权中一定年限内的占有、使用等方面的权能让渡给承租人,[1]这就形成依托农户宅基地使用权存在的宅基地其他权利(宅基地所有权、宅基地使用权、宅基地其他权)。其中,析出方式是这一构造的关键,直接影响宅基地其他权的定性和内容。学界围绕析出方式,主要提出"宅基地集体所有权、宅基地使用权、宅基地用益物权/宅基地债权"和"宅基地集体所有权、宅基地剩余权、宅基地使用权"两种构造思路。

1. "宅基地集体所有权、宅基地使用权、宅基地用益物权/宅基地债权"

这一构造思路是以传统"两权分置"下宅基地使用权析出权能方式设计的,即依据流转方式性质不同,将流转后形成的宅基地其他权划分为宅基地用益物权或宅基地债权。按照这一构造思路,通过转让、入股、抵押等物权性流转方式所形成的是宅基地用益物权,通过租赁等债权性流转方式所形成的是宅基地债权。前者相对于后者更具探讨的必要。部分学者就通过"三权分置"所形成的宅基地用益物权,提出设定为"次生/级宅基地使用权""宅基地经营权""宅基地利用权"等主张。[2] 有学者进一步提出采取地上权[3]建设用地使用权[4]等思路设计"次生/级宅基地使用权"。其中,按照"地上权—次级地上权"的思路,[5]要将经"转让一定年限宅基地使用权"形成的权利创设为宅基地上第三权,即"社会主体享有宅基地租赁权或宅基地经营权(次级宅基地使用权)",由此形成"土地所有权—(上级)地上权—次级地上权"三层权利结

---

[1] 参见宋志红:《宅基地"三权分置"的法律内涵和制度设计》,载《法学评论》2018年第4期。

[2] 参见丁关良:《"三权分置"政策下宅基地流转方式运行机理的剖析和思考》,载《农业经济与管理》2020年第4期;宋志红:《宅基地"三权分置"的法律内涵和制度设计》,载《法学评论》2018年第4期;高圣平:《宅基地制度改革政策的演进与走向》,载《中国人民大学学报》2019年第1期。

[3] 参见席志国:《民法典编纂视域中宅基地"三权分置"探究》,载《行政管理改革》2018年第4期。

[4] 参见刘锐:《乡村振兴战略框架下的宅基地制度改革》,载《理论与改革》2018年第3期。

[5] 参见宋志红:《三权分置下农地流转权利体系重构研究》,载《中国法学》2018年第4期。

构,权能内容依次递减。[1] 针对通过租赁等债权性流转方式形成的宅基地债权,学者认识较为一致,建议确定为"宅基地租赁权"。[2] 当然,学界并非割裂式研究,而是在宅基地"三权分置"的权利体系下,系统探讨"宅基地所有权、宅基地使用权、宅基地经营权/宅基地租赁权""宅基地所有权、宅基地使用权、宅基地租赁权/利用权"。[3]

"宅基地集体所有权、宅基地使用权、宅基地用益物权/宅基地债权"的权利构造方案具有突出的优势。主要表现为:其一,契合宅基地制度变迁的基本逻辑。从宅基地"两权分置"到宅基地"三权分置",是宅基地制度科学发展的必然方向。宅基地"两权分置"是宅基地"三权分置"权利构造的基础。延续宅基地"两权分置"下权利构造的科学内容仍然是宅基地"三权分置"改革的前提。这一构造思路保留了宅基地集体所有权、宅基地使用权的提法和主要内容,通过析出方式产生宅基地其他权,与"两权分置"下的宅基地权利体系具有对应性和延续性。其二,符合降低立法与运行成本的要求。我国现行宅基地制度是以"两权分置"为基础设计的,存在大量的立法、政策及规范性文件。这一构造思路保留了宅基地集体所有权和宅基地使用权的提法和基本内容,再按照实践中的流转方式析出相应权能形成相应的宅基地其他权,对现有宅基地制度相关立法、政策及规范性文件的影响较小,立法成本、实施成本较低,利于形成良好的法治效益。其三,具有较强的可接受性。这一构造思路实质上与已"入法"的承包地"三权分置"构造思路一致,且在名称甚至内容上不影响农户现有的宅基地使用权,比较符合农户乃至社会公众的预期。

当然,这一构造思路也存在明显的局限性。其实质上是对"两权分置"下宅基地使用权流转实践中受流转方通过流转所获得的利益的权利化解释,并未从根本上解决既存问题。例如,农户持有的宅基地使用权是何种属性,在流

---

[1] 参见宋志红:《宅基地"三权分置":从产权配置目标到立法实现》,载《中国土地科学》2019年第6期。

[2] 参见韩世远:《宅基地的立法问题——兼析物权法草案第十三章宅基地使用权》,载《政治与法律》2005年第5期;宋志红:《宅基地"三权分置"的法律内涵和制度设计》,载《法学评论》2018年第4期;高圣平:《宅基地制度改革政策的演进与走向》,载《中国人民大学学报》2019年第1期。

[3] 参见高圣平:《宅基地制度改革政策的演进与走向》,载《中国人民大学学报》2019年第1期;宋志红:《乡村振兴背景下的宅基地权利制度重构》,载《法学研究》2019年第3期;宋志红:《宅基地"三权分置"的法律内涵和制度设计》,载《法学评论》2018年第4期。

转前后是否存在实质差异？受流转方获得的宅基地其他权与以往流转后获得的权利是否仅存在立法认可这一差别？这一模式下流转后的宅基地使用权与《民法典》物权编中的用益物权（物权编就用益物权均使用"使用权"这一表述）在性质和内容上是否一致？当然，若按照这一构造思路设计"三权分置"下的宅基地"三权"亦非不可，能保持与承包地"三权分置"权利构造逻辑一致，但必然出现权利构造、改造不够彻底的问题，在一些方面将背离宅基地制度构造的目标要求。按照农村要素市场化配置改革要求，宅基地资源是重要的市场要素，相关构造应当秉持系统性思维，解决"木桶短板"，协同联动改革。[1]

2. "宅基地集体所有权、宅基地剩余权、宅基地使用权"

有学者围绕"两权分置"下的宅基地使用权，通过反向析出方式将让渡一定期限使用权之后由原农户拥有的剩余权利内容确定为宅基地资格权，[2]相应形成"宅基地集体所有权、宅基地剩余权、宅基地使用权"的构造思路。其要点主要包括：其一，析出"两权分置"下宅基地使用权的身份性内容并将之独立为一项农户专有权利。构造思路一是析出"两权分置"下宅基地使用权的财产性内容并将之独立为一项受流转方拥有的宅基地其他权。其二，将析出后的农户宅基地权利界定为宅基地剩余权，即在宅基地使用权相关权能流转后，由农户拥有宅基地使用权的剩余权能。宅基地剩余权具有兜底性，彰显了对农户宅基地权益的保护，体现了宅基地使用权内容的归属性。其三，宅基地使用权流转仍然是析出宅基地剩余权的关键。宅基地使用权的设定在根本上取决于宅基地使用权流转方式。有学者主张将宅基地使用权相应划分为物权性质的宅基地使用权和债权性质的宅基地租赁权。[3]

"宅基地集体所有权、宅基地剩余权、宅基地使用权"的构造思路并非单纯借鉴承包地"三权分置"的权利架构思路，而是立足实践，按照私法逻辑深入探索得出的宅基地"三权分置"的权利结构，具有很多值得肯定的方面。其一，该构造思路具有延续性和创新性。这一构造思路仍然以宅基地"两权分置"为基

---

[1] 参见孔祥智、周振：《我国农村要素市场化配置改革历程、基本经验与深化路径》，载《改革》2020年第7期。

[2] 参见李凤章、赵杰：《农户宅基地资格权的规范分析》，载《行政管理改革》2018年第4期。

[3] 参见陈耀东：《宅基地"三权分置"的法理解析与立法回应》，载《广东社会科学》2019年第1期。

础，特别是宅基地集体所有权和宅基地使用权的设置和定性基本上延续了传统宅基地制度规定。同时，其反向析出农户宅基地剩余权的思路符合协调处理"两权分置"下宅基地使用权中身份性内容与财产性内容关系的要求，具有一定的创新性，为科学构造宅基地"三权分置"权利结构提供了参考借鉴。其二，该构造思路具有现实性。按照这一构造思路，农户仍然按照传统程序申请并依法取得宅基地使用权；在未流转的情况下，农户拥有完整的宅基地使用权；在流转的情况下，受流转方取得宅基地使用权，农户保有宅基地剩余权。这一分置逻辑基本契合既有宅基地使用权流转实践，能够满足改革探索要求。其三，该构造思路具有可接受性。按照这一思路，农户拥有宅基地使用权并在流转后继续保有剩余权利，受流转方通过流转获得的是宅基地使用权。这一构造较为契合农户乃至社会公众在宅基地"两权分置"阶段所形成的基本认知，仍符合农户和社会公众的改革预期。

若宅基地"三权分置"改革采取这一构造思路，仍能建立起系统性且符合需要的宅基地权利体系，但在理论上和实践中仍然面临一些突出问题。主要包括：其一，理论设计和改革探索的彻底性问题。这一构造思路更多的是针对宅基地使用权流转阻滞问题，是为了解决实际问题需要，但却回避了宅基地剩余权与集体成员权的关系，未能清晰阐释宅基地剩余权的属性和来源，极易造成宅基地"三权分置"下权利体系构造与集体土地权利体系的割裂，影响土地权利的系统性、完整性设计。其二，用语规范和指向模糊问题。按照这一构造思路，宅基地剩余权与宅基地使用权分离后，流转的仍然是宅基地使用权。但"使用权"一词在物权理论和立法中具有较强的专用性，被专用于指称用益物权。但宅基地"三权分置"下的流转仍然存在债权性流转方式和物权性流转方式之别。受流转方通过物权性流转方式获得的宅基地使用权，到底为何种权利？若统一设定为用益物权，则债权性流转方式下流转的宅基地使用权不必然违背传统用益物权理论；若依据流转方式不同设置为用益物权或债权，则与构造思路一并无太大区别。无论上述哪类情况，宅基地剩余权究竟为何，并未得到具体厘清。当然，这一构造思路仍为系统、深入研究宅基地"三权分置"提供了重要参考。

（三）将宅基地资格权提取归入成员权方案

成员权是集体成员与集体关系框架内平等、共同分享集体利益的一项权利,[1]现已作为与其他民事权利并列的显权,[2]获得《民法典》的相应认可。[3] 正如作为农民土地权利重要组成部分的承包权被认为是一种重要的社员权(成员权),[4]集体成员作为集体的重要组成部分,依据成员资格拥有获得成员集体无偿提供的宅基地以保障其"户有所居"的权利,是成员权的重要实现形式。[5] 学界按照身份性与财产性相对分离的思路,从成员权视角设计宅基地"三权分置"改革政策提法中的宅基地资格权,并将宅基地使用权作为可依法自由流转的财产性权利(财产属性的用益物权),[6]相应形成"宅基地集体所有权、宅基地成员权、宅基地使用权"的构造思路。[7] 有学者认为,宅基地资格权属于集体成员权,是集体成员权的实体内容,[8]而集体成员权又属于集体所有权的范畴,因此可以将"宅基地集体所有权、宅基地成员权、宅基地使用权"的构造思路简化为"宅基地集体所有权、宅基地用益物权"的权利架构。[9]

"宅基地集体所有权、宅基地成员权、宅基地使用权"的构造思路与上文分析的"宅基地集体所有权、宅基地剩余权、宅基地使用权"构造思路存在相似性,均以"两权分置"下的宅基地使用权为重点改造对象,反向析出农户宅基地权益并设计该项权益,但两者又存在实质差异。从研究对象和内容来看,"宅基地集体所有权、宅基地成员权、宅基地使用权"的构造思路着重从成员权角度探讨宅基地资格权,是对"宅基地集体所有权、宅基地剩余权、宅基地使用权"构造思路的进一步发展、深化。相较既有观点,"宅基地集体所有权、宅基

---

[1] 参见韩文龙、谢璐:《宅基地"三权分置"的权能困境与现实》,载《农业经济问题》2018年第5期。

[2] 参见陈小君:《我国农民集体成员权的立法抉择》,载《清华法学》2017年第2期。

[3]《民法典》第264条基于集体成员作为农民集体的重要构成,明确赋予其查阅、复制集体相关资料的权利,直接规定农村集体经济组织或者村民委员会、村民小组应当依照法律、行政法规以及章程、村规民约向本集体成员公布集体财产状况的法定职责和义务。查阅复制权以及基于农村集体经济组织或村民自治组织履行公布集体财产状况的职责义务所带来的权益,属于成员权的重要内容之一。足见,尽管《民法典》乃至其他法律尚未直接认可成员权,但仍存在间接认可成员权相关立法内容。

[4] 参见高飞:《农村土地"三权分置"的法理阐释与制度意蕴》,载《法学研究》2016年第3期。

[5] 参见管洪彦:《农民集体成员权:中国特色的民事权利制度创新》,载《法学论坛》2016年第2期。

[6] 参见叶兴庆、李荣耀:《进城落户农民"三权"转让的总体思路》,载《农业经济问题》2017年第2期。

[7] 参见高飞:《农村土地"三权分置"的法理阐释与制度意蕴》,载《法学研究》2016年第3期。

[8] 参见程秀建:《宅基地资格权的权属定位与法律制度供给》,载《政治与法律》2018年第8期。

[9] 参见姜楠:《宅基地"三权"分置的法构造及其实现路径》,载《南京农业大学学报(社会科学版)》2019年第3期。

地成员权、宅基地使用权"构造思路具有突出的优势。其一，其与现行相关立法政策高度契合。《土地管理法》第34条规定，农民以户为单位向农村集体经济组织申请宅基地（没有设立农村集体经济组织的，应当向所在的村民小组或者村民委员会提出申请），事实上包含了以宅基地资格权作为成员权的内容。同时，农户依法向所在集体申请取得宅基地用于建造住宅，是农户成员作为集体成员的应有权利，早已成为相关政策设计的基础。其二，其与农村土地权利体系性构造高契合度。农村土地权利体系构造的系统性与集体所有制及其法律实现形式存在历史与现实、理论与实践、立法与政策不同维度的关联。"三权分置"下以农户家庭承包经营为主要形式所形成的土地承包经营权以及集体成员以户为单位依法获得集体分配的宅基地使用权，彰显了集体成员权在集体所有制下农村土地权利体系化构造中的根本性和关键性。"宅基地集体所有权、宅基地成员权、宅基地使用权"构造思路高度契合以作为私法权利的集体成员权[1]为基础构造体系化的农村土地权利这一私法逻辑。

"宅基地集体所有权、宅基地成员权、宅基地使用权"构造思路虽然存在诸多不足，但主要属于理论研究的深入性和系统性问题。主要包括：其一，究竟应当将"三权分置"下宅基地资格权定位为何种权利，存在宅基地资格权[2]、宅基地成员权[3]、宅基地配给权[4]等不同观点。相关研究所提出的直接派生于集体经济组织成员权、直接派生于现有宅基地使用权两类观点，在本质上均以成员权为源头，但在侧重点和资格权创设序列方面有所不同。[5]其二，学界当前对集体成员权缺乏权威、规范的阐释，对宅基地成员权与集体成员权的关系定位不够明确。现有集体成员资格判定标准[6]难以覆盖通过继承、返乡创业等方式取得宅基地使用权的特殊群体。其三，将宅基地"三权分置"政策提

---

[1] 参见王利明、周友军：《论我国农村土地权利制度的完善》，载《中国法学》2012年第1期。
[2] 参见陈广华、罗亚文：《宅基地"三权分置"之法教义学分析——基于试点地区改革模式研究》，载《农村经济》2019年第2期。
[3] 参见高飞：《农村土地"三权分置"的法理阐释与制度意蕴》，载《法学研究》2016年第3期。
[4] 参见岳永兵：《宅基地"三权分置"：一个引入配给权的分析框架》，载《中国国土资源经济》2018年第1期。
[5] 参见钟和曦：《创设宅基地资格权亟待解决的三个问题》，载《浙江国土资源》2018年第8期。
[6] 目前，尚未形成统一的农村集体经济组织成员资格认定的法定标准，但在实践中已经形成"以户籍为主要依据，强调权利义务对价性或集体范围内生产生活依赖性等"的共通做法。参见杨青贵：《进城落户农民有偿退出宅基地的实践探索与制度回应》，中国大地出版社2020年版，第143页。

法中的宅基地资格权归入宅基地成员权甚至直接以宅基地成员权取代宅基地资格权,在理论上和实践中符合公众认知。但这一做法仍然面临"三权分置"下宅基地"三权"系统协调的改革压力,可能引发因与中央政策提法不一致而造成的实践障碍。

二、宅基地"三权分置"权利架构的基本逻辑

既有研究为宅基地"三权分置"的权利架构奠定了重要的理论基础。宅基地"三权分置"相关探索则为宅基地"三权"架构提供了实践支撑。探索宅基地"三权分置"的权利架构不应过度受制于现有相关理论或实践的束缚,而应坚持科学性、系统性、实践性,形成符合我国实际的宅基地"三权分置"权利结构。

(一)宅基地"三权分置"权利架构的基本考量

关于宅基地"三权分置"的权利构造,应回应好几个前置问题。其一,宅基地制度从"两权分置"到"三权分置"的改革探索,是否沿用"两权分置"下宅基地权利架构思路。"两权分置"下的宅基地制度仍然是宅基地"三权分置"改革的前提和基础。宅基地制度惯性、改革成本与效益考量、社会公众可接受性以及集体与农户之间物权配置的既有实践,从根本上决定了宅基地"三权分置"的权利构造。其二,是否应当从集体成员权角度剖析宅基地"三权分置"政策提法中的宅基地资格权。成员权是"成员在基于其成员地位与社团发生的法律关系中,对社团享有的各种权利的总体"[1]。现有大量相关研究将宅基地资格权论证阐释为集体成员权。"两权分置"的宅基地制度及其实践已经证明,宅基地资格权中的资格实质上就是集体成员资格,即农村集体经济组织成员资格。农户基于成员资格拥有依法申请获得宅基地的权利。从集体成员权角度探讨宅基地资格权,也符合农村土地权利体系性构造的科学需要。其三,宅基地"三权分置"的权利架构是否应当符合农村土地权利体系的理论逻辑和框架设计。自我国宅基地制度产生之日起,宅基地权利并非处于独立体系,而是始终与承包地权利以及其他类型的农村土地权利同步改革发展。在集体所有制框架内,宅基地"三权分置"的权利架构仍然是农村土地权利体系的重要组成部分。农村土地权利的体系化早已成为设计和评估宅基地"三权分置"权利

---

[1] 谢怀栻:《论民事权利体系》,载《法学研究》1996年第2期。

结构的重要因素。

宅基地"三权分置"本就是社会理论和实践发展的产物,理应"以社会为基础"[1],充分考虑那些事关利益本位的基本价值判断和根本立法取向。[2] 从相关政策及实践来看,探索宅基地"三权分置"权利架构在价值层面主要面临理论和实践两方面冲突的可能。定位、协调好相关层面的关系,是科学架构宅基地"三权分置"下"三权"及其相关制度方案设计的内在依据。

在理论层面,宅基地"三权分置"的权利架构面临效益与安全价值的平衡要求。宅基地"三权分置"的效益价值主要指的是宅基地制度的法律效益。法律效益作为现代法治的基本价值,[3]一般是指整个法律体系或某一法律部门、某一法律乃至某一法律规范在实施过程中所取得的符合立法目的和社会目的的有益社会效益(包括经济效益)。[4] 这意味着,宅基地"三权分置"权利架构中的效益首先应当符合立法成本与立法收益的考量标准,包含对农村土地权利制度体系中相关制度构成的完善程度要求。[5] 同时,效益价值还体现为通过"三权"的科学架构,推动宅基地使用权财产价值的市场化实现。宅基地"三权分置"的安全价值主要体现在两个方面:一方面,宅基地"三权分置"作为一项重大的农村改革实践,不得突破集体所有制、不得突破耕地红线、不得侵犯农民的基本权益;另一方面,宅基地"三权分置"改革应当高度关注并实现好宅基地制度的保障功能。宅基地"三权分置"权利架构面临的效益与安全的价值冲突主要表现为过度实现宅基地的财产价值与宅基地制度所承载的"户有所居"保障目标的矛盾。科学协调宅基地"三权分置"改革中财产功能与保障功能的关系,成为宅基地"三权分置"权利构造及其制度设计的关键。

在实践层面,宅基地"三权分置"的权利架构面临公权与私权的协调压力。

---

[1] 《马克思恩格斯全集》(第6卷),人民出版社2016年版,第291~292页。

[2] 参见张文显、李步云:《法理学论丛》(第1卷),法律出版社1999年版,第518、541页。

[3] 参见顾培东:《效益:当代法律的一个基本价值目标——兼评西方法律经济学》,载《中国法学》1992年第1期。

[4] 参见郭道晖总主编:《当代中国立法》,中国民主法制出版社1998年版,第303页;汪全胜:《法律绩效评估机制论》,北京大学出版社2010年版,"导论"第5页。

[5] 有研究认为,制度安排"嵌入"制度结构中,制度安排的效率不仅取决于自身,还取决于制度结构中其他制度安排实现它们功能的完善程度。参见林毅夫:《关于制度变迁的经济学理论:诱致性变迁和强制性变迁》,载[美]R.科斯、[美]A.阿尔钦、[美]D.诺斯:《财产权利与制度变迁:产权学派与新制度学派译文集》,刘守英等译,格致出版社2014年版,第260~283页。

我国自20世纪80年代开始,主要按照公法逻辑,逐步从立法上构造以"两权分置"为架构的宅基地制度,并在政策导向下制定大量规范性文件。[1] 公权在传统宅基地制度建立及长期发展中发挥了主导作用,推动形成了宅基地由本集体农户依法申请和无偿取得、"一户一宅"且不超过限定面积等规则。"两权分置"成为公权主导构造宅基地制度的典型成果。进入21世纪后,我国理论界和实务界推动了以私法改造宅基地使用权的改革进程,将宅基地使用权作为用益物权明确纳入原《物权法》,肯定和实现宅基地使用权的财产价值。这就形成了以公权方式主导构造底层逻辑和制度框架、以私权方式确认和保护宅基地权利的制度现状,既肯定了宅基地使用权属于用益物权性质的财产权利,又限定了宅基地使用权主体范围。鉴于其存在的突出问题,中央明确将宅基地"三权分置"作为改革方向,力求解决公权主导、私权有限介入所引发的宅基地制度深层次问题。宅基地制度变迁实质上是"由人的有意图的活动创造的"[2];人的科学理论研究和实践探索,是推动宅基地制度发展的关键所在。为此,处理好公权与私权的关系是宅基地"三权分置"科学架构及其制度构造必须把握好的实践问题,也是宅基地制度构造中有效协调公法逻辑与私法逻辑的重要抓手。鉴于宅基地"三权分置"中"三权"的范围及其基本内涵作为私权在理论与实践中已取得共识,以私法逻辑构造宅基地"三权"的思路更为科学、合理,即以厘清宅基地权利制度与宅基地管理制度为前提,基于集体所有制的管制(规制)规则与宅基地权利制度的差异,立足实践,科学借鉴私权理论和制度,创新构造宅基地"三权分置"的权利架构。

  科学架构宅基地"三权分置"中的"三权"还需要注意五个影响因素。其一,集体所有制的根本要求。宅基地"三权分置"的权利架构需要厘清宅基地集体所有权与宅基地资格权的关系,协同实现成员宅基地权利保护与落实宅基地集体所有权。其二,"两权分置"的权利结构。宅基地"三权分置"并非要

---

  [1] 1982年2月,国务院发布的《村镇建房用地管理条例》第5条、第14条具体规定了宅基地申请主体、审查与批准程序等内容,首次在立法(行政法规)层面具体设计宅基地制度。1987年《土地管理法》第38条则从法律层面规定了宅基地申请、审批、标准等方面内容,并明确废止1982年《村镇建房用地管理条例》。此后,我国在《土地管理法》背景下,制定了大量有关宅基地制度的规范性文件,将"两权分置"的宅基地制度具体化。
  [2] [英]安东尼·吉登斯:《社会的构成》,李康、李猛译,生活·读书·新知三联书店1998年版,第91页。

彻底否定宅基地"两权分置"。"两权分置"下的宅基地权利构造是宅基地"三权分置"改革的基础,对宅基地"三权分置"改革具有惯性约束。其三,宅基地制度中公法内容与私法内容的边界。宅基地"三权分置"改革就是要厘清宅基地权利中的公法内容与私法内容,在此基础上着重开展符合市场逻辑的私法构造。这一探索的基础和关键在于明确宅基地制度中应有公法内容与应有私法内容的基本边界。其四,农村土地权利体系。"三权分置"下的宅基地集体所有权、宅基地资格权以及宅基地使用权是通过法律维护和实现集体所有制的重要形式(尤其是前两者),是我国农村土地权利体系的重要构成。宅基地"三权"的逻辑架构应当符合农村土地权利体系建设的科学性、系统性以及实践性要求。其五,宅基地制度的科学实践。宅基地"三权"架构在实践层面须考虑制度变革绩效、公众的认知及其可接受度以及农民、社会和国家的科学需求等因素。这些因素实质上属于宅基地制度科学实践要求,在很大程度上影响相关理论及实践探索。

(二)宅基地"三权分置"权利构造的路径依赖

宅基地"三权分置"改革是传统宅基地制度与宅基地利用科学需求冲突下的内生性变迁过程。[1] 经多年的理论和实践探索,宅基地"三权分置"政策提法中的宅基地集体所有权、宅基地资格权、宅基地使用权等权利及其语词表述,业已被纳入中央和地方相关文件,具有社会共识性,具备成为法律术语的条件和基础。在此背景下,宅基地"三权分置"权利构造的研究重心已从"三权分置"下"三权"的语词选择与立法表述转向对宅基地集体所有权、宅基地资格权、宅基地使用权的法理阐释与逻辑构造。[2] 分析相关研究及实践发现,宅基地资格权和宅基地使用权是宅基地"三权分置"权利构造的重点。宅基地资格

---

[1] 参见周雪光、艾云:《多重逻辑下的制度变迁:一个分析框架》,载《中国社会科学》2010年第4期。

[2] 前已论及,学界关于宅基地"三权分置"中的"三权"(尤其是宅基地资格权和宅基地使用权)的研究存在不同的语词表达,但相关成果存在阶段性特征,主要存在于中央首次提出宅基地"三权分置"表述之前。此后,相关研究就宅基地"三权分置"中"三权"采用正式文件中的语词表达基本达成共识。事实上,从权利表述及其内容设定的科学性、规范性来看,"三权"的语词表述本应当是宅基地"三权分置"研究的命题之一。但相比之下,语词表达符合法律技术要求,具有公众普遍接受性即可,科学研究不应当将过多的时间精力放到语词表述方面,而"三权"各自的属性、定位、内容及其实现才应当是宅基地"三权分置"研究的关键和重点所在。为此,本研究以中央正式提出的文件为依据,采用宅基地集体所有权、宅基地资格权、宅基地使用权这一表述。

权与宅基地使用权的生成路径是宅基地"三权分置"权利构造的核心和关键。

宅基地"三权分置"是对"两权分置"下宅基地权利制度的辩证发展,这是制度变迁视野下宅基地"三权"构造的制度逻辑。我国自1958年在事实上确立宅基地"两权分置"[1]框架后,"两权分置"的宅基地制度发展历经60多年,深刻影响我国农村各项制度安排,成为中国特色社会主义法治体系的重要组成部分。我国农村生产力发展或快或慢地推动了宅基地制度从"两权分置"向"三权分置"的发展转变。[2] 这一发展转变是突破性的,但并非完全否定传统"两权分置"的宅基地制度。"两权分置"下的宅基地权利构造仍然是宅基地"三权分置"权利构造的对象和出发点。这也是由作为宅基地"三权"构造路径选择之关键指标的制度效益所决定的。[3] 同时,宅基地"三权"的探索构架"又会导致大量作为其延伸的非正式制度的形成",适应以宅基地"三权分置"为基础的农村相关制度发展变迁的"适应性预期"。[4] 肯定并保护"两权分置"下成员集体的宅基地集体所有权、农户的宅基地使用权是宅基地"三权分置"改革遵循制度变迁逻辑的基本内容。不得侵害成员集体的宅基地集体所有权和农户的宅基地使用权,成为宅基地上"三权"架构的法律遵循。这既是改革的"底线",也是探索的目标方向。

秉持科学态度发展宅基地"三权"构造相关理论,是探索宅基地上"三权"构造逻辑的理论路径。现有相关研究大多将"三权"架构的探讨集中在宅基地资格权和宅基地使用权的生成路径和权利逻辑两方面。按照"两权分置"下宅基地使用权身份性内容与财产性内容分离的改革思路,宅基地使用权作为单纯财产性权利已经成为理论研究和实践探索过程中达成的重要共识;宅基地

---

[1] 1958年,中共中央根据高级农业生产合作社及农村经济社会发展情况,决定进一步推进集体化,实施小社并大社,逐步建立人民公社的做法和步骤。中共中央政治局通过了《关于把小型的农业合作社适当地合并为大社的意见》。同年下发的《中共中央关于在农村建立人民公社问题的决议》的相关内容,对宅基地制度的直接影响在于通过建立人民公社体制下的集体所有制,将包括宅基地在内的农村土地化归公有,实际取消了宅基地的农民私有权。公有制下宅基地所有者与使用者的分离,成为我国宅基地制度变迁的新特点,也事实上开启了宅基地"两权分置"的发展阶段。

[2] 参见《马克思恩格斯选集》(第2卷),人民出版社1995年版,第32~33页。

[3] See Douglass C. North and Robert Thomas, *The Rise of the Western World*, Cambridge University Press, 1973; Douglass C. North, *Institutions, Institutional Change and Economic Performance*, Cambridge University Press, 1990, p.7.

[4] 参见林岗:《诺斯与马克思:关于制度变迁道路理论的阐释》,载《中国社会科学》2001年第1期。

资格权相应成为宅基地权利中身份性内容的权利载体。基于不同的出发点及路径,学界形成了前述不同的宅基地上"三权"的构造思路。从改革预期来看,"宅基地集体所有权、宅基地使用权、宅基地用益物权/宅基地债权"这一构造思路仅具有理论探讨价值。[1]"宅基地集体所有权、宅基地剩余权、宅基地使用权"和将宅基地资格权提取归入成员权这两个方案,更能兼具理论和实践价值。后两个架构方案的分歧主要在于宅基地资格权是否源自并归入集体成员权。一方面,从宅基地"三权分置"改革对原宅基地使用权身份性内容与财产性内容的分解来看,既然要将"三权分置"下的宅基地使用权设计为单纯的财产性权利,那么宅基地资格权必然成为"两权分置"下宅基地使用权身份性内容的载体。由此来看,自"两权分置"下宅基地使用权析出宅基地资格权并将其作为一项农户专有的独立权利更为科学、可行。另一方面,集体成员权是"团体利益的分配机制",不能"套用个人法上的人身/财产的二元框架"认知、判断其性质。[2]"宅基地集体所有权、宅基地成员权、宅基地使用权"构造思路的主张者也注意到宅基地资格权作为集体成员以户为单位请求取得宅基地使用权这一理论逻辑和实践做法。[3]这是对"两权分置"下集体成员以户为单位请求成员集体无偿分配宅基地这一底层逻辑的坚守和诠释。事实上,上述两方面并无矛盾,将两者整合在一起更能契合理论一致性和逻辑完整性要求。

辩证汲取宅基地"三权分置"改革相关地方实践探索取得的经验,则是制度变迁视野下探索宅基地"三权"构造逻辑的实践路径。尤其2018年以来,各地开展的宅基地"三权分置"实践探索与"三权"架构的理论研究契合性较高,是探究宅基地"三权"构造的重要基础。一方面,相关实践探索聚焦宅基地集体所有权的定位和权能构成,事实上将宅基地资格权明确作为资格权与请求

---

[1] 按照农村土地制度改革历程来看,中央关于宅基地"三权分置"的提法和规定均是以实践为基础且经过了大量深入研讨后确定的。同时,从承包地"三权分置"立法实践来看,在遵循宅基地"三权分置"的正式提法前提下探讨宅基地资格权和宅基地使用权的定位、关系,更为切实可行且最为符合立法预期。事实上,2011年至2018年的研究成果也基本上都坚持了这一"惯例"。

[2] 参见房绍坤、曹相见:《集体土地所有权的权能构造与制度完善》,载《学习与探索》2020年第7期。

[3] 高海认为,"资格权主要限于农村住房跨集体转让这一特定原因催生的宅基地使用权的受让权、优先受让权、接受赠与权和继承权,甚至包括公租房等安置的申请权;资格权不同于宅基地分配请求权,但两者同属成员权的子权利"。参见高海:《宅基地"三权分置"的法实现》,载《法学家》2019年第4期。

权的结合,将宅基地使用权作为单纯用益物权。另一方面,相关实践探索所提出的"宅基地集体所有权、宅基地资格权、宅基地使用权"构造思路,实质上遵循的是"所有权、身份权、财产权"的逻辑,即将"两权分置"下的宅基地使用权的身份性内容与财产性内容剥离后,单独设置承载身份性内容的宅基地资格权。相关实践探索既为研究宅基地"三权"架构提供了方向指引,也验证了反向析出与集体成员权兼容路径的可行性。

(三)宅基地"三权分置"权利构造的框架结构

立足宅基地"三权分置"改革的基本考量,遵从宅基地"三权分置"改革的路径依赖,可将宅基地"三权分置"权利架构的基本思路确定为:在构造逻辑上,宜采取"宅基地集体所有权、宅基地资格权、宅基地使用权"的构造思路;在理论逻辑上,宜遵循"所有权、成员权、使用权"或"所有权、身份权、财产权"的构造路径。其中,成员权(身份权)在宅基地"三权分置"下就是宅基地资格权。换言之,集体成员权是一个特殊的权利束,宅基地资格权属于集体成员权的重要内容。按照这一思路,宅基地制度从"两权分置"到"三权分置"权利构造的基本逻辑为:按照改革的目标定位,将身份性内容与财产性内容相对剥离,使宅基地使用权回归财产权,将身份性内容纳入作为集体成员权重要内容的宅基地资格权;同时,将宅基地集体所有权中涉及自治管理的内容作为公共规制的重要内容纳入宅基地管理制度。在此框架下,宅基地制度保障功能主要体现为以宅基地资格权为载体的身份性内容。通过这一处理,宅基地上的"三权"也实现了私法中"所有权、请求权、用益物权"构造逻辑。

对于这一构造思路,具体阐释如下(见图3-1):其一,集体所有制的实现同时存在公法与私法两条路径。集体所有制在公法上主要表现为基于集体所有制和资源稀缺性保护的规制要求,在制度层面集中体现为公共规制权(公共规制权主要分为国家规制权和集体规制权)。集体所有制在私法上则主要表现为集体所有权(宅基地集体所有权为集体所有权的构成之一)和作为集体成员权重要构成的宅基地资格权。其二,宅基地集体所有权作为集体所有权的重要类型,根源于集体所有制。宅基地集体所有权作为集体所有制的基本法律实现形式,[1]在公法与私法相对分离的构造思路下理应成为物权法上特殊但纯粹的集体土地所有权,包括占有、使用、收益及处分等物权权能。其三,宅基地资格权作为从"两权分置"下宅基地使用权中析出的一类特殊权利,是对原宅基地使用权身份性内容进行权利化设定的结果,实质上是身份性内容向集体成员权的应然回归。宅基地资格权成为申请取得宅基地使用权的权利基础,也是宅基地使用权流转的权利依据。其四,"三权分置"下的宅基地使用权应当定位为纯粹的用益物权,是将"两权分置"下宅基地使用权析出身份性内容(宅基地资格权)后的剩余权利,即纯粹的用益物权。其五,"三权分置"下宅基地使用权流转可分为农户流转宅基地使用权、成员集体流转宅基地使用权以及其他主体依法流转宅基地使用权三类。其中,农户采用物权性或债权性流转方式流转宅基地使用权,依据宅基地资格权对宅基地使用权进行权源性约束;后两类流转的宅基地使用权实质上仅存在"宅基地集体所有权、宅基地使用权"两权结构。[2]

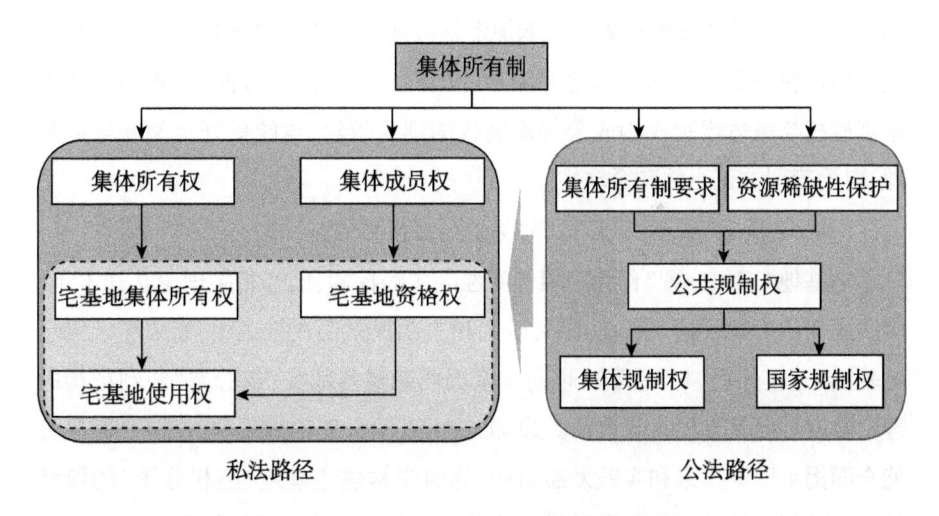

图 3-1 宅基地"三权分置"权利体系示意

按照"所有权、成员权、使用权"或"所有权、身份权、财产权"构造路径设计

---

〔1〕 "法律仍然是通过设立集体土地所有权并予以法律保护,以实现集体土地所有权主体对集体土地的所有者利益"。参见杨青贵:《集体土地所有权法律实现机制研究》,法律出版社 2016 年版,第 51 页。
〔2〕 成员集体及其法定代表主体直接依法流转宅基地使用权,以宅基地集体所有权为依据,仅存在"宅基地集体所有权、宅基地使用权"两权结构。但若其是按照市场规则流转取得的农户宅基地使用权,则存在"宅基地集体所有权、宅基地资格权、宅基地使用权"三权结构。

的宅基地"三权"结构实质上是对现有相关研究成果所提出的构造思路的辩证发展,既符合政策提法和改革方向,也契合宅基地"三权分置"权利构造的实践做法,较为切实、可行。值得注意的是,本书所主张的构造思路更具体系化、协同性优势。一方面,宅基地使用权在理论和实践中普遍被认为是新型城镇化发展进程中部分农民群体尤其是进城落户农民的重要物质基础。[1] "三权分置"下宅基地使用权的财产化(用益物权)、宅基地资格权身份性与请求性兼具则突出保障属性、彰显财产属性,最终实现宅基地制度财产功能与保障功能的平衡,为乡村振兴提供制度供给。[2] 另一方面,通过反向析出宅基地资格权,并将其回归到集体成员权的体系构成,将财产性的剩余权利作为宅基地使用权,更符合农地权利制度发展的体系性、科学性要求。此外,集体所有权、集体成员权以及基于集体所有制要求所设置的公共规制权均为集体所有制在公、私法上的基本实现形式。在私法方面,无论是"集体所有权、宅基地集体所有权、宅基地使用权"的体系,还是"集体成员权、宅基地资格权"的架构,都反映的是对符合私法逻辑的要求。宅基地资格权成为衔接宅基地集体所有权与宅基地使用权并实现宅基地制度保障功能的抓手。在公法方面,探索构造由国家规制权与集体规制权构成公共规制权的理论逻辑,也能更好地阐释集体治理、自治管理的正当性和合法性。

(四)宅基地"三权分置"权利构造的主要限度

宅基地"三权分置"作为一项创新性的实践探索,面临相关理论认知不足、实践条件约束的问题。当前,相关研究和实践探索仍在推进中,尚未深入揭示宅基地"三权分置"相关风险,也尚未全面明确宅基地"三权分置"权利架构的理论限度。但基于现有研究和实践,仍然可以结合理论假设和改革预期,尽可能全面揭示理论探索和实践发展方向,为科学构建宅基地"三权分置"的权利结构及其制度设计奠定坚实基础。为此,宅基地"三权分置"权利构造在理论研究和制度探索中应当把握好三个"度"。

其一,把握好宅基地集体所有权的落实之"度"。宅基地"三权分置"下的

---

[1] 参见宋志红:《中国农村土地制度改革研究:思路、难点与制度建设》,中国人民大学出版社2017年版,第272~278页。

[2] 参见严金明、迪力沙提、夏方舟:《乡村振兴战略实施与宅基地"三权分置"改革的深化》,载《改革》2019年第1期。

"三权"是一个逻辑紧密、相互结合的整体。探索宅基地"三权分置"的权利架构尤其需要避免陷入注重宅基地资格权与宅基地使用权而相对忽视宅基地集体所有权的误区。特别是在尚未确定"落实宅基地集体所有权"具体要求和制度内容的情况下,宅基地"三权分置"权利架构更要从整体性、体系性、可行性角度把握好宅基地集体所有权与宅基地资格权、宅基地使用权的应然关系。在落实方式方面,需要厘清集体所有制在公法和私法上的不同实现形式,并以此为基础,科学定位相应的内容,按照相应法理阐释和架构;在落实限度方面,要避免过于强调保护和实现宅基地制度保障功能和财产功能而弱化甚至虚化宅基地集体所有权,从"所有权、资格权、使用权"的权源关系角度予以科学定位和内容设计。基于上述考虑,科学定位宅基地集体所有权、宅基地资格权和宅基地使用权的法律属性及其基本内容,是宅基地"三权分置"探索应当把握好宅基地集体所有权落实之"度"的重要前提。

其二,把握好宅基地制度保障功能维护之"度"。20世纪50年代,我国通过集体所有制改造实现了宅基地从私有到集体所有、农户使用格局的转变。1956年6月,由第一届全国人民代表大会第三次会议通过的《高级农业生产合作社示范章程》第16条第2款规定,在"社员原有的坟地和房屋地基不必入社"的情况下,"社员新修房屋需用的地基和无坟地的社员需用的坟地,由合作社统筹解决,在必要的时候,合作社可以申请乡人民委员会协助解决"。此后,保障功能成为宅基地制度的主要功能。从理论和实践来看,坚持和维护宅基地制度的保障功能,仍然是宅基地"三权分置"改革探索所"不言自明的现实必然性"[1]。保障功能以农户成员的身份性(农村集体经济组织成员资格)为前提,但身份性意味着主体范围的有限性,与宅基地作为市场要素的利用方向和原则要求存在一定的冲突。对此,宅基地"三权分置"探索在权利架构和制度构造中既要坚持和维护宅基地制度保障功能,也要在此基础上注重宅基地财产价值市场化实现。

其三,把握好适度放活宅基地使用权之"度"。促进宅基地资源的市场化利用是宅基地"三权分置"改革的重要目标。唯有通过市场化,才能真正保护

---

[1] [美]戴维·约翰·法默尔:《公共行政的语言 官僚制、现代性和后现代性》,吴琼译,中国人民大学出版社2017年版,第28页。

和实现好宅基地的财产价值。然而,宅基地是农村土地的重要类型,尤其是大量宅基地还是从农用地转换用途而来。宅基地市场化利用与土地资源节约集约利用之间存在一定的张力。这意味着,宅基地"三权分置"对于宅基地市场化利用具有促进作用但仍然存在边界,尤其不可能为农用地转为宅基地后进入市场提供毫无节制的空间。同时,"户有所居"保障目标的实现仍须发挥宅基地制度保障功能。在相当长时期内,对于绝大多数农户而言,宅基地住房保障价值仍远大于财产价值。但宅基地"三权分置"的权利架构及其制度设计又不能忽略宅基地使用权的财产价值,尤其是进城落户农民等群体的科学需求。对此,仍须在坚持宅基地使用权财产化并设计其市场化规则时,把握好应有限度。把握这个"度"的关键在于协同推进宅基地"三权分置"制度与土地用途管制实施、住房保障制度建设。

三、"三权分置"下的宅基地集体所有权

在按照"所有权、成员权、使用权"或"所有权、身份权、财产权"逻辑所构造的宅基地"三权"结构中,宅基地集体所有权属于宅基地"三权分置"中的原始权利,是宅基地资格权和宅基地成员权确立和有效运行的关键。开展宅基地"三权分置"权利构造,既要克服宅基地制度在实践中长期存在的淡化乃至虚化宅基地集体所有权的倾向问题,也要科学界定宅基地集体所有权的法律属性,细化宅基地集体所有权的权能构成,为有效"落实宅基地集体所有权"奠定制度基础。

(一)宅基地集体所有权的构造困境

宅基地集体所有权作为通过法律实现集体所有制的重要体现,存在许多基于集体所有制、实践需求及其他因素所设定的法律约束,在很大程度上影响相关理论认知的发展。尽管集体土地所有权是否虚位作为早期理论争议命题早已在理论上和实践中基本取得共识,但在宅基地"三权分置"下"落实宅基地集体所有权"仍然面临两方面的现实困境:一方面,集体所有权的理论局限和制度构造不足深层次制约宅基地集体所有权理论和制度发展。诸如集体所有制在法律上究竟应当存在哪些实现形式,按照物权理论设计的集体土地所有权如何才能在制度上符合集体所有制的科学要求。有研究进一步指出,当前

我国宅基地集体所有权的实质与主体仍然存疑、行使主体缺乏科学设计与建构、行使的民主决策机制不健全、权能体系与保障机制欠缺。[1] 这些是宅基地集体所有权构造面临的基本问题。另一方面,宅基地集体所有权与其他类型集体土地所有权相比存在一定的特殊性,尤其是在制度变迁中早已固化的保障功能直接影响、制约宅基地"三权分置"改革。这意味着,宅基地集体所有权依然存在制度变迁路径依赖下的构造障碍。

其一,宅基地集体所有权的实质与主体仍然存疑。目前,我国并未直接规定宅基地集体所有权,而是从整体视角,将宅基地集体所有权作为集体土地所有权的重要类型之一,纳入法律上的"集体所有权"予以确认和保护。详言之,《民法典》第260条和第261条第1款将宅基地作为"集体所有的土地",规定由"本集体成员集体所有"。[2] 我国按照私法逻辑构造集体土地所有权,将宅基地集体所有权纳入《民法典》第二编"物权"之第二分编"所有权"中的第5章"国家所有权和集体所有权、私人所有权",实质上确认了宅基地集体所有权作为物权理论上所有权的基本属性。但宅基地集体所有权并非单纯的财产权,而是基于集体所有制实现需要而确立的法律形式。按照传统所有权理论和制度逻辑去构造和解读集体所有权显然不科学。但现有理论研究和法律制度尚未厘清两者的内在逻辑。同时,宅基地制度的保障功能与宅基地集体所有权的内在关系如何,也是宅基地集体所有权构造须解决的实质问题。由于对集体土地所有权实质的认知模糊,宅基地集体所有权主体仍然存在内涵模糊、理论不足等问题,[3] 对宅基地"三权分置"改革的法理支撑不足。

其二,宅基地集体所有权的权能体系仍然欠缺。《民法典》将宅基地集体所有权作为集体土地所有权的重要类型,纳入第二编"物权"之第二分编"所有权"。依据第4章"一般规定"第240条、第241条的规定,在法理和规则上其是由农民集体"依法享有占有、使用、收益和处分的权利",并可"设立用益物权和担保物权"。但我国现行立法和政策对集体土地所有权尤其是宅基地集体所

---

〔1〕 参见管洪彦、孔祥智:《"三权分置"下集体土地所有权的立法表达》,载《西北农林科技大学学报(社会科学版)》2019年第2期。
〔2〕 《土地管理法》第9条第2款也作了类似规定。
〔3〕 参见高飞:《集体土地所有权主体制度研究》(第2版),中国政法大学出版社2017年版,第107页。

有权的上述权能作了过多限制。这些限制既有来自集体所有制的要求,也有基于宅基地资源稀缺性而产生的,更有来自宅基地管理中对冲击集体所有制的过度"担忧"而引发的非正式规则限制,这些限制成为宅基地集体土地所有权实现的阻力。[1] 究其根源,在于原本按照公法逻辑推动构建的集体土地所有权及其制度构成与按照私权逻辑设定的集体土地所有权之间的路径差异乃至实践冲突;在表征上,集中反映的是基于集体所有制的集体土地所有权与公共规制权的边界混淆,缺乏对集体土地所有权应有限制及其法理基础的有效廓清。

其三,宅基地集体所有权行使方式仍不够健全。在现有法律政策框架内,我国通过法定代表模式(通过法律规定集体土地所有权由对应的农村集体经济组织或村民自治组织代表成员集体行使)解决了集体土地所有权主体(成员集体)缺乏组织结构等具体主体样态问题。自2021年9月1日起实施的《土地管理法实施条例》第34条第1款进一步明确农户申请宅基地,应当向农村集体经济组织提出(没有设立农村集体经济组织的,则应当向所在的村民自治组织提出申请),事实上解决了长期以来颇受关注的一个基础命题,即在农村集体经济组织与村民自治组织并存时谁应当优先作为成员集体的法定代表者。该条例确立了农村集体经济组织优先代表成员集体行使集体所有权的法定行使模式。这意味着,集体土地所有权并不存在虚化问题,集体土地所有权主体也不存在虚位问题,[2] 而真正存在的问题则是如何管控法定代表模式下的代理成本、如何有效实现集体土地所有权。在此背景下,当前开展的宅基地"三权分置"探索仍然面临"两权分置"下宅基地由农户占有、使用、收益、流转乃至处分的现实,宅基地集体所有权在宅基地福利供给模式下缺乏有效行使方式的困境。

其四,集体成员权的定性与定位仍然缺乏设计。除部分地方制定有农村集体经济组织成员资格相关立法外,我国尚未在全国性立法中设定集体成员权和确定集体成员资格判断标准,集体成员权制度体系与规范体系存在明显

---

[1] 参见杨青贵:《集体土地所有权实现法律机制研究》,法律出版社2016年版,第35页。
[2] 参见崔文星:《关于完善农村集体土地所有权主体制度的思考》,载《河南省政法管理干部学院学报》2007年第3期。

缺陷。[1] 首先,关于集体成员权的理论研究和制度体现不足。关于集体成员权是什么尤其是否能够独立作为一项权利及其权利性质等尚不清晰;关于集体成员权与集体所有权的应然关系仍然模糊,直接制约对在宅基地"三权分置"下"落实宅基地集体所有权"的认知和定位。其次,关于宅基地集体所有权与宅基地资格权在集体所有制框架内的关系定位尚未厘定。有学者认为,宅基地资格权派生于宅基地集体所有权,[2]甚至将其作为宅基地集体所有权范畴内的权利[3],但尚未深入、充分论证该论点的科学性、合理性和可行性,缺乏共识性,也与在宅基地"三权分置"下"落实宅基地集体所有权"与"保障宅基地农户资格权"的表述习惯和逻辑要求不符。尽管将宅基地资格权作为集体成员权的重要构成这一观点较为科学、合理,但集体成员权的定性和定位缺乏相应设计,进一步制约宅基地集体所有权的科学架构,影响落实宅基地集体所有权的研究探索。

(二) 宅基地集体所有权的理论诠释

生产资料所有制是特定生产资料在一定的社会形态中所确立起来的根本占有形式。[4] 宅基地集体所有制作为生产资料公有制[5]的重要构成,在马克思主义经典著作中有所体现。新中国成立后,我国通过社会主义改造,在宅基地上确立起了"集体所有—成员利用"的基本框架,最终形成生产资料和劳动产品属于联合起来的劳动者共同所有或公共占有[6]的公有制结构。尽管我国的宅基地集体所有制与马克思、恩格斯所提出的社会主义生产资料公有制在

---

[1] 参见管洪彦、孔祥智:《"三权分置"下集体土地所有权的立法表达》,载《西北农林科技大学学报(社会科学版)》2019年第2期。

[2] 参见江晓华:《"三权分置"下宅基地退出的权利表达》,载《华南农业大学学报(社会科学版)》2021年第3期。

[3] 参见姜楠:《宅基地"三权"分置的法构造及其实现路径》,载《南京农业大学学报(社会科学版)》2019年第3期。

[4] 参见《马克思恩格斯全集》(第12卷),人民出版社1962年版,第737页。

[5] 实际上,生产资料公有制的表述是由国人翻译形成。由于翻译人语言能力、翻译水平的局限以及文化思想等方面的差异,该翻译难免存在不准确的问题。正因如此,有学者认为《马克思恩格斯全集》里面不存在"公有制"的概念。参见于光远:《马恩严格区分"公有"与"社会所有"不应都译成"公有"——一个在理论上具有重要性质的翻译问题》,载《马克思主义研究》1988年第1期。足见,如此翻译仍然存在扭曲全社会成员共同所有之内涵的可能。不过,考虑到本书研究重点所在以及现行《宪法》对公有制的规定,本书仍然使用"公有制"一词。

[6] 参见王成稼:《关于生产资料公有制理论与公有制概念翻译问题》,载《当代经济研究》2006年第1期。

理论背景、内容构成等方面存在较大差异，[1]但仍坚持联合起来的社会劳动者与社会占有的生产资料有机结合[2]的思路，将宅基地由集体成员共同占有作为宅基地集体所有制的基本内核。

集体所有制需要依托法治，转化为相应法律规范，才能达到最优良的治理[3]。当然，法治作为社会治理方式之一，存在适用范围和能力边界，须与其他社会关系协同作用。确定集体所有制的法律实现形式是厘定宅基地集体所有权的内在依据。宅基地集体所有权作为集体所有权的重要类型，在根本上取决于集体所有制的内在规定性，即宅基地作为生产资料属于包括但不限于现有成员在内的全体成员所有（非共有），由成员集体所有与全体成员共同使用是集体所有制的基本要求。根据社会主义生产资料公有制，集体所有制应当坚持成员集体所有与集体成员利用的统一，但却存在一个根本性的逻辑问题："成员集体所有"中的成员集体包括但不限于现有全体成员，而"集体成员利用"中的集体成员则是现有集体成员，显然与集体所有制基本内核存在出入。对此，我国坚持宅基地归成员集体所有、集体成员以户为单位取得使用权的做法；围绕是否以户为单位设定宅基地资格权，形成了宅基地"两权分置"和宅基地"三权分置"的基本架构。

我国传统宅基地制度构造兼有公法和私权的理论逻辑。一方面，按照公法的逻辑，在公权力引导推动下构建起符合集体所有制内涵的宅基地集体所有权，形成所有权归公、使用权归私[4]的宅基地产权初始格局。另一方面，在政策层面，宅基地使用权主体的范围不断变化，从符合条件的户申请取得宅基地到农村村民以户为单位申请取得宅基地，再到本集体成员以户为单位申请取得宅基地，逐步确立了坚持宅基地由本集体成员以户为单位申请取得并利用的基本规则，也成为宅基地"三权分置"改革须坚持的基本原则和重要规则。

---

[1] 马克思和恩格斯所提出的生产资料公有制的基本背景是：自由竞争的资本主义已有了高速发展并开始出现资本家设立的股份公司和垄断组织的时代。宋涛：《马克思主义生产资料公有制理论的实践和问题》，载《经济评论》1996年第2期。

[2] 参见贾后明、丁长青：《公有制、社会所有制和公众所有制的关系辨析》，载《理论探索》2009年第2期。

[3] 参见[古希腊]亚里士多德：《政治学》，吴寿彭译，商务印书馆1981年版，第171页。

[4] 20世纪50年代，我国最初建立的宅基地集体所有制是在公权力引导推动下，在肯定农户房屋所有权和宅基地实际利用的前提下，将宅基地所有权规定为集体所有权（归公），进而形成宅基地集体所有权属于集体所有、宅基地使用权仍由房屋所有人拥有的格局。

上述两方面契合集体所有制要求,协调统一,共同构成集体所有制法律实现形式的底层逻辑。结合前述宅基地集体所有制的理论要求和实践特征,宅基地集体所有制的实现形式主要构成如下。

1. 宅基地集体所有制的基本实现形式

宅基地作为重要的生产资料归集体所有,是按照社会主义公有制要求所确定的集体所有制的核心内容。自生产资料的社会主义改造时期起,我国就注重宅基地集体所有,按照公法路径推动形成了由宅基地集体所有权和建设用地国家所有权组成的国家建设用地所有权体系。在相当长时期内,宅基地集体所有权以集体所有制的形式规定在中央政策文件中。[1] 1975年,第四届全国人民代表大会第一次会议通过的《宪法》首次在最高效力立法文件中以集体所有制形式明确"三级所有、队为基础"格局下的宅基地集体所有权。1982年,第五届全国人民代表大会第五次会议通过的《宪法》第10条第2款规定"宅基地和自留地、自留山,也属于集体所有",首次在最高效力立法文件中明确宅基地集体所有权。此后,宅基地集体所有权也成为《土地管理法》、原《物权法》(《民法典》生效前)、《民法典》等法律的重要内容。集体所有制关于宅基地由包括但不限于现有成员在内的全体成员集体所有这一根本要求,成为设定和阐释宅基地集体所有权的依据。宅基地集体所有权也成为宅基地集体所有制在法律上的基本表达和基本实现形式。

自21世纪初起,以原《物权法》制定为标志,我国理论界和实务界尝试按照私权逻辑改造宅基地集体所有权。《民法典》将宅基地集体所有权确定为所有权,赋予其占有、使用、收益及处分等权能。但这一改造仍然是不够彻底的。从形式来看,宅基地集体所有权尽管原则上具备所有权的全部内容,但缺乏有效的实现方式,难以彰显其作为所有权的应有地位;从实质来看,关于集体所有制与集体土地所有权的理论研究仍然不足,关于宅基地集体所有制转化为宅基地集体所有权的逻辑进路、应有内容、效用边界等理论探讨有限,严重制约宅基地集体所有权的认知和制度发展。对此,唯有既注意借鉴有益经验做法,又立足我国实际,不照搬既有公法和私权理论,才能提升宅基地集体所有

---

[1] 例如,1963年3月印发的《中共中央关于各地对社员宅基地问题作一些补充规定的通知》。

权制度的科学水平。[1]适应宅基地制度科学发展需要。

坚持宅基地集体所有权是其作为集体所有制基本法律实现形式的根本要求。开展相关探讨应当科学界分宅基地集体所有制中的公法内容与私法内容。宅基地集体所有制的公法内容主要包括宅基地对集体成员"户有所居"的保障功能、基于宅基地稀缺性的节约集约利用要求及其对应的规则内容。前者是集体所有制关于由"集体成员利用"这一根本要求的具体体现，也是我国宅基地制度发展变迁所确立且应当坚持的重要功能。从宅基地"两权分置"实践来看，"集体成员利用"主要体现为申请取得宅基地的资格和取得的宅基地使用权两方面，早已完整植入宅基地使用权。宅基地对集体成员"户有所居"的保障功能在"三权分置"下被植入宅基地资格权。基于宅基地稀缺性的节约集约利用要求及其对应的规则内容中与集体所有权物权直接相关的内容应当归入宅基地集体所有权的物权权能；宅基地使用权收回等与集体所有权物权权能缺乏直接相关性的节约集约利用要求的内容则具有更强的准公权力、单方性、规制性等特征，与规制权特征和内容更为契合，宜单独确定为与物权权能独立的管理权能。综上，物权权能和管理权能都是集体所有权的基本组成，是集体所有制的主要实现形式。

2. 集体成员权是集体所有制的应有实现形式

前已论及，"成员集体所有"和"集体成员利用"相统一是集体所有制的内在要求。在成员集体所有的框架下，"集体成员利用"内含了集体成员资格（身份性）和申请利用（请求性）两项重要内容。学界将之称为集体成员权（又称社员权）。集体成员权源自集体所有制，是协同实现"成员集体所有"与"集体成员利用"的重要抓手，已成为集体所有制的应有实现形式。目前，学界关于集体成员权存在身份权[2]、财产权[3]、混合型权利[4]等学说，但从团体法角度融合身份权与财产权来界定集体成员权已经成为基本共识。[5] 集体成员权作为身份权与财产权的集合，成为"集体成员利用"集体所有制的权利载体。事

---

[1] 参见国务院新闻办公室：《中国的法治建设（白皮书）》，载中华人民共和国中央人民政府网，http://www.gov.cn/zhengce/2008-02/28/content_2615764.htm。

[2] 参见王泽鉴：《民法总则》，中国政法大学出版社 2001 年版，第 67~76 页。

[3] 参见谢怀栻：《论民事权利体系》，载《法学研究》1996 年第 2 期。

[4] 参见龙卫球：《民法总论》（第 2 版），中国法制出版社 2002 年版，第 124 页。

[5] 参见陈小君：《我国农民集体成员权的立法抉择》，载《清华法学》2017 年第 2 期。

实上，关于集体成员权的认知早已取得理论共识，其也成为一项重要的应有权利。

学界关于推动集体成员权"入法"（写入《民法典》）尽管看似未能成功，但仍取得了部分效果。[1] 故而，不能因此否定集体成员权作为集体所有制实现形式的客观存在。[2] 详言之，《民法典》并未将集体成员权及其对应内容直接纳入第一编"总则"的第5章"民事权利"，但仍然存在大量有关集体成员权内容的规定。第一类大部分规定在《民法典》第二编"物权"的第二分编"所有权"中，包括决定权（重大事项决定权）、知情权（集体财产知情权）、分配权（集体收益分配权）等内容；第二类规定在《民法典》第二编"物权"的第三分编"用益物权"中的土地承包经营权和宅基地使用权。其中，决定权、知情权和分配权三项权利已被纳入第5章"国家所有权和集体所有权、私人所有权"，实质上已成为集体所有权的组成部分。土地承包经营权和宅基地使用权被列入第三分编"用益物权"，但作为用益物权，仍然源自宅基地集体所有权。在"三权分置"下，基于集体成员身份而获得的请求性权利（土地承包权、宅基地资格权）实质上属于集体成员权，成为集体所有权与承包地经营权、宅基地集体所有权与宅基地使用权衔接的关键。可见，《民法典》关于集体成员权的立法实践证明了集体成员权作为集体所有制应有实现形式这一根本命题（见表3-1）。

---

[1] 《民法典》在"民事权利"中并未规定集体成员权及其对应的权利构成，但在第二编"物权"之第二分编"所有权"中明确规定了集体成员权的具体权利。可见，尽管《民法典》并未直接认可集体成员权，但事实上间接认可了集体成员拥有的成员权内容。

[2] 参见陈小君：《我国农民集体成员权的立法抉择》，载《清华法学》2017年第2期。

表 3-1 《民法典》规定的集体成员权体系

权利类型	权利来源	权利构成	衍生权利	法律条文
集体成员权	集体所有权	决定权（重大事项决定权）	监督权、诉讼权	第二分编 所有权 第5章 国家所有权和集体所有权、私人所有权 第261条规定："农民集体所有的不动产和动产，属于本集体成员集体所有。下列事项应当依照法定程序经本集体成员决定：（一）土地承包方案以及将土地发包给本集体以外的组织或者个人承包；（二）个别土地承包经营权人之间承包地的调整；（三）土地补偿费等费用的使用、分配办法；（四）集体出资的企业的所有权变动等事项；（五）法律规定的其他事项。"
		知情权（集体财产知情权）		第264条规定："农村集体经济组织或者村民委员会、村民小组应当依照法律、行政法规以及章程、村规民约向本集体成员公布集体财产的状况。集体成员有权查阅、复制相关资料。"
		分配权（集体收益分配权）	监督权、财产权、诉讼权	第265条规定："集体所有的财产受法律保护，禁止任何组织或者个人侵占、哄抢、私分、破坏。农村集体经济组织、村民委员会或者其负责人作出的决定侵害集体成员合法权益的，受侵害的集体成员可以请求人民法院予以撤销。"
		土地承包权	土地承包经营权	第三分编 用益物权 第11章 土地承包经营权 第330条规定："农村集体经济组织实行家庭承包经营为基础、统分结合的双层经营体制。农民集体所有和国家所有由农民集体使用的耕地、林地、草地以及其他用于农业的土地，依法实行土地承包经营制度。"
		宅基地资格权	宅基地使用权	第13章 宅基地使用权 第362条规定："宅基地使用权人依法对集体所有的土地享有占有和使用的权利，有权依法利用该土地建造住宅及其附属设施。"

当然,《民法典》关于集体成员权的立法体例,实际上是以集体所有权为依托,力求实现集体所有权主体("成员集体所有")与集体成员权("集体成员利用")的有机统一。尽管集体所有权本应当承载集体所有权、集体所有权主体、集体成员权等内容,但鉴于集体成员权在语词表达和使用习惯中与集体所有权存在区别,集体所有权在私法上作为财产权的专用性以及既有按照财产权架构集体所有权的立法努力,更应当科学定位集体成员权与宅基地集体所有权的关系。在所有制层面,集体所有权是集体所有制的基本实现形式,集体成员权是集体所有制的应有实现方式。在法治框架内,集体成员利用与成员集体所有具有同质性。这意味着,可将集体所有权称为直接的集体所有权,将集体成员权视为相对的集体所有权。从政策表达和立法实践来看,承包地"三权分置"和宅基地"三权分置"是将直接的集体所有权和相对的集体所有权明确区分开的,其中集体所有权一般指的是直接的集体所有权,土地承包权和宅基地资格权则是作为相对集体所有权的集体成员权的重要组成部分。为此,宅基地"三权分置"中"落实宅基地集体所有权"的具体要求则是:既要维护好成员集体的宅基地集体所有权,又要保护好集体成员权(宅基地资格权),并在此基础上落实好宅基地集体所有权在占有、使用、收益、处分等方面的物权权能和管理权能。[1]

(三)宅基地集体所有权的物权权能

要落实宅基地集体所有权,就需要厘清其作为不动产所有权的权能构成。宅基地集体所有权物权权能是宅基地集体所有权作为物权法上的所有权理应具备的内容。确定宅基地集体所有权的物权权能应当考虑的主要因素有二:一是物权法理论和制度关于集体所有权权能的规范性。按照私法逻辑构造宅基地集体所有权,既要遵循物权法关于所有权的语词表述和框架结构,也要符合所有权权能构成的理论逻辑。依据《民法典》规定,宅基地集体所有权属于所有权,拥有占有、使用、收益、处分等物权内容。二是符合宅基地集体所有制的根本要求和社会公众的可接受性。前已述及,宅基地集体所有权是宅基地

---

[1] 前已论及,集体所有制关于基于宅基地稀缺性的节约集约利用要求,在利益属性上远超集体利益范畴,实质上属于公共规制的范畴,须按照公法逻辑具体构造为基于公权属性的国家规制权和基于自治属性的集体规制权。鉴于本书的重心是宅基地"三权分置"的权利架构及其相应的制度设计,不涉及规制、监管方面的内容,故未予详细、深入探究。

集体所有制的基本实现形式,属于直接所有权,与作为相对所有权的集体成员权(宅基地资格权)存在对应和协同关系。这意味着,宅基地集体所有权权能构造必须符合宅基地集体所有权归成员集体所有和保护农户宅基地资格权的内在要求。这也是在宅基地制度长期发展中形成的共识。

根据上述考量,结合宅基地"三权分置"探索实践来看,宅基地集体所有权内容极为繁杂、丰富,不宜采取全面列举方式,而更适合采取"一般规定+典型列举"方式界定宅基地集体所有权的权能。《民法典》第240条属于宅基地集体所有权的"一般规定",确立了宅基地集体所有权具有的"占有、使用、收益和处分"的权能。[1] 这四项权能符合物权理论关于所有权的权能表达和一般逻辑,是宅基地集体所有权内容的具体构成。在此框架下,基于宅基地集体所有权与一般所有权的特殊性,尚须在宅基地集体所有权四项权能基础上进一步分解。鉴于理论认知和制度实践的局限性,目前尚无法全面列出其具体构成,但仍可"列举"其典型的物权权能(见表3-2)。

表3-2 宅基地集体所有权的物权权能

权能类型	基本权能	典型权利 (包括与之直接相关的自治管理权)
正向权能	占有	宅基地集体占有权
	使用	宅基地集体利用权
		宅基地使用权设定权
		宅基地集体回购权
	收益	宅基地集体收益权
		宅基地集体补偿权
	处分	宅基地集体处分权
反向权能	宅基地妨害排除权	宅基地集体诉讼权

一是宅基地使用权设定权,即在集体成员以户为单位依法申请宅基地时,农村集体经济组织(未建立情况下的村民自治组织)代表成员集体依法审核同

---

[1] 有学者认为,宅基地"三权分置"中的集体所有权属于自物权,是农户资格权和宅基地使用权的"母权",具体包括占有、使用、收益和处分等权能。参见韩立达、王艳西、韩冬:《农村宅基地"三权分置"内在要求、权利性质与实现形式》,载《农业经济问题》2018年第7期。

意在宅基地集体所有权上设定宅基地使用权的一项权利。其实质上是宅基地集体所有权的设定用益物权的权能,但与一般所有权不同,成员集体基于"户有所居"的保障目标而依法向宅基地资格权主体分配宅基地,故宅基地使用权设定权在行使方面具有一定的强制性。换言之,基于集体所有制关于"集体成员利用"要求;对于符合条件的集体成员以户为单位依法申请分配宅基地,宅基地使用权设定权具有同意的必然性;对于不符合条件的集体成员以及非本集体成员,该宅基地使用权设定权的行使结果必然是否定的。

二是宅基地集体利用权,即在实现集体成员"户有所居"保障目标的前提下,农村集体经济组织(未建立情况下的村民自治组织)代表成员集体基于履行集体职责、职能需要,通过协议方式从宅基地使用权主体手中直接流转取得宅基地使用权并利用宅基地的一种权利。值得注意的是,宅基地集体利用权的行使应当以"户有所居"保障目标的实现为前提,并限定为履行集体职能的客观需要。同时,成员集体的法定代表主体作为民事主体当然有权以成员集体或自己的名义参与宅基地使用权流转。此外,上述主体占有、使用、收益和处分集体直接拥有的农房用地,同样属于宅基地集体利用权的行使方式。

三是宅基地集体收益权,即农村集体经济组织(未建立情况下的村民自治组织)代表成员集体依据宅基地集体所有权实现和获得收益的一项权利,本质上是宅基地集体所有权之收益权能的体现。首先,关于是否应当对集体成员以户为单位申请获得的宅基地使用权收取有偿使用费,相关理论和实践有所争议。但基于集体所有制关于"集体成员利用"这一根本要求以及集体成员以户为单位获得"户有所居"的保障这一基本要求,结合现有宅基地福利性供给的制度惯性和宅基地制度改革实践探索来看,对于集体成员以户为单位依法申请且符合省、自治区、直辖市限定面积的宅基地,不应当就其取得的宅基地使用权收取有偿使用费;对于集体成员以户为单位依法申请且超出省、自治区、直辖市限定面积部分,则成员集体有权确定收取有偿使用费(与违法用地行为受到的罚款无关)。其次,结合2015年以来开展的宅基地制度改革探索来看,将下列情形纳入宅基地集体收益权的适用范围较为可行:(1)基于合法原因形成的"一户多宅",对于超出"一户一宅"的部分可纳入该适用范围;(2)丧失集体成员身份的农户(如部分进城落户农民)且在城镇地区购置房屋的,就其拥有的宅基地使用权可纳入该适用范围;(3)宅基地使用权转让的,可将其纳入该适用范围。

四是宅基地集体补偿权,即农村集体经济组织(未建立情况下的村民自治组织)代表成员集体在宅基地被征收或特定项目临时建设使用的情况下依法获得宅基地补偿费用的权利。首先,在宅基地被征收情况下,宅基地补偿费以土地补偿费形式出现,可分为基于宅基地集体所有权的宅基地补偿费和基于宅基地使用权的宅基地补偿费两类。唯有前者属于宅基地集体补偿权的适用情形。其次,在宅基地被作为临时建设用地使用的情况下,应当以房屋权属为依据判定房屋和宅基地补偿费的归属。唯有在房屋属于集体所有的情况下,才可行使宅基地集体补偿权。

五是宅基地集体处分权,即农村集体经济组织(未建立情况下的村民自治组织)代表成员集体在法定框架内依法处置宅基地使用权的权利。[1] 尽管宅基地集体所有意味着宅基地不能在任何主体之间转让所有权,但宅基地集体所有权仍然具有一定的处分权行使空间。基于宅基地由农户使用的事实,为实现宅基地集体所有权并发挥集体的有效作用,有必要在宅基地资格权主体抵押、转让宅基地使用权等情况下,借鉴浙江省德清县的做法,[2] 规定须经成员集体(基于成本—效益考量可确定为农村集体经济组织)同意。这实质上是成员集体行使宅基地集体所有权处分权能的重要表现。

六是宅基地集体回购权。宅基地集体回购权是农村集体经济组织(未建立情况下的村民自治组织)代表成员集体按照市场规则与宅基地使用权主体协商,回购宅基地使用权及地上房屋(购买)的一项权利。该项权利并非依据宅基地集体所有权设定,而是基于成员集体及其法定代表主体拥有的宅基地使用权未受法律政策限制且具有参与宅基地使用权市场化流转的资格和条件而设定。既然成员集体及其法定代表主体属于民事主体且没有受到立法和政策约束,就理应拥有参与"三权分置"下宅基地使用权流转的能力和条件。宅基地集体回购权就是这一能力和条件的权利化。这也是成员集体及其法定代表主体依法履行集体职责的重要基础。这一项权利与宅基地集体利用权具有

---

[1] 参见高圣平:《中国土地法制的现代化——以土地管理法的修改为中心》,法律出版社2014年版,第10页。

[2] 《德清县农村宅基地管理办法(试行)》第33条规定:在符合规划和用途管制的前提下,抵押、出租、转让宅基地使用权的,须经村股份经济合作社同意。

一定的关联,是宅基地集体利用权得以行使的特定情形之一。

七是宅基地妨害排除权,即农村集体经济组织(未建立情况下的村民自治组织)代表成员集体依法排除针对危及宅基地集体所有权、妨害宅基地集体所有权实现的相关行为和情形的一种权利。该项权利属于宅基地集体所有权的反向权能,区别于占有、使用、收益及处分方面的正向权能,是任何一项所有权都不可或缺的重要内容。

八是宅基地集体诉讼权,其是宅基地集体妨害排除权的典型类型。农村集体经济组织或村民自治组织(前者缺位情况下)作为现行法律确定的成员集体的代表者,基于经营、管理宅基地集体所有权的职责、职能,成为宅基地集体诉讼权的行使主体。明确设定宅基地集体诉讼权,有利于更好地维护宅基地集体所有权。

(四)宅基地集体所有权的管理权能

有研究结合农村土地"三权分置"政策实践,将集体土地所有权的权能界定为发包权、调整权、监督权、收回权、获得补偿权、适度处分权、管理权等方面。[1] 其中,获得补偿权和适度处分权属于物权权能;其他内容则具有明显的规制性特征,但仍以宅基地集体所有权为基础,属于宅基地集体所有权的物权权能以外内容,有必要单独将其确立为管理权能。

1. 宅基地集体所有权管理权能的阐释

在长期实践中,我国基于集体所有权形成了集体与成员的基本框架,并在此框架下形成了成员集体及其法定代表主体的社区性自治管理职能。集体自治管理职能以集体所有权为基础和依托,实质上是集体所有权衍生的重要职能。首先,集体所有权是集体自治管理的产生基础。从历史来看,集体所有权通过引导农民以土地等重要生产资料转为集体所有而形成。共同利益是协调行动的逻辑基础。建立集体所有权从根本上摆脱了土地私有制下农民产权分散而引致的私人行为高成本、收入差距过大、公共产品供给不足等突出问题。基于对集体所有权的维护以及集体所有权实现的需要,成员集体应当拥有以集体所有权为基础的管理性权能,以科学利用集体所有物、排除妨害行为。没

---

[1] 参见管洪彦、孔祥智:《"三权分置"下集体土地所有权的立法表达》,载《西北农林科技大学学报(社会科学版)》2019年第2期。

有集体所有权,就不会产生和存在成员集体,也就不会产生成员集体自治管理。典型如集体土地的分配、集体土地使用权的设定与维护均以集体所有权为依据。其次,集体所有权是集体自治管理的制度依赖。从实践来看,正是存在集体所有权才形成了集体成员与成员集体之间的紧密关系。基于集体所有权,集体成员在集体与成员框架内聚集形成紧密的自治管理关系。若无集体所有权,这一自治管理关系就丧失了产权基础和制度依托。具体到宅基地领域,宅基地集体所有权是相关自治管理职能产生的基础和依据。由农村集体经济组织或村民自治组织代表集体确认集体成员资格、认定宅基地资格权、审核宅基地申请、纠偏特定违法使用宅基地行为等均为宅基地领域集体自治管理的重要体现。

宅基地集体所有权的管理权能及作为其权利化的集体规制权,兼具权力与权利特征。但在相关立法没有将其设定为权力的情况下,则主要依据主体、权源、内容确定集体所有权管理权能的构造进路。集体所有权主体及其法定行使主体为特殊的民事主体,集体所有权为管理权能的权源,以分配与利用为核心的管理是该权能的主要内容,这三个方面共同决定了集体所有权的管理权能及其转化的权利具有较多权利特征。宜按照民事主体拥有民事权利的原理,将其作为特殊类型的权利,并采取私法路径将其设计为集体所有权的管理权能。据此,结合宅基地集体管理实践,可将宅基地集体所有权的管理权能解释为:基于集体所有制以及节约集约利用要求,以宅基地集体所有权为权源,以维护集体利益为目标,由农村集体经济组织或村民自治组织代表集体就宅基地分配、利用等进行自治管理的规制性权利。在属性上,其具有规制性特征,与规制权较为契合。

2. 宅基地集体所有权管理权能的构成

宅基地集体所有权的管理权能在内容构成方面主要体现为以宅基地集体所有权为基础,以集体所有制、节约集约利用要求为主要要求,具有单方性、规制性的权利束。结合相关实践及理论探讨,可根据产生缘由差别,将宅基地集体所有权的管理权能划分为两类:第一类为基于集体所有制的管理权能,在权利形态上主要体现为宅基地资格认定权、宅基地申请审查权;第二类是基于资源稀缺性所提出的节约集约利用要求的集体规制权能,在权利形态上主要体现为宅基地规划参与权、宅基地利用激励权、宅基地收回权(见表3-3)。[1]

表3-3 宅基地集体所有权的管理权能及其权利转化

权能属性	设定理据	权能构成	权能转化
集体规制权	集体所有制	基于集体所有制的管理权能	宅基地资格认定权
			宅基地申请审查权
	资源稀缺性	基于资源稀缺性节约集约利用要求的集体规制权能	宅基地规划参与权
			宅基地利用激励权
			宅基地收回权

一是宅基地资格认定权。宅基地资格权作为宅基地"三权分置"下身份性的权利载体,是集体与成员关系框架下集体成员权的重要构成。宅基地资格认定权是集体对宅基地资格权的审查认定。按照行使主体和行使方式不同,可将宅基地资格认定权分为通过集体决议方式行使的宅基地资格认定权和由农村集体经济组织(未建立情况下的村民自治组织)[2]行使的宅基地资格认定权。两者效力等同。对于《农村集体经济组织法》第12条等相关立法已明确规定由农村集体经济组织行使宅基地资格认定权及已有集体决议的情形,由农村集体经济组织(未建立情况下的村民自治组织)代表成员集体行使宅基地资格认定权;对于立法规定须由集体决议或确需集体决议的情形,则应当由相应的成员会议或成员代表会议讨论通过后,由农村集体经济组织(未建立情况下的村民自治组织)执行。在行使方式和程序方面,宅基地资格认定权以自然人申请为主、集体主动认定为辅,一般采取"申请—受理—认定"的程序。在限定期限内,一经审查发现符合宅基地资格权认定条件,农村集体经济组织(未建立情况下的村民自治组织)便应当认定相关主体的宅基地资格权;在限定期限内,成员集体未予认定的,相关主体不当然取得宅基地资格权。

二是宅基地申请审查权。通过对宅基地申请的审查,既能落实好宅基地

---

[1] 鉴于认知局限以及权利的发展性,这里仅列举宅基地集体所有权两类管理权能转化的典型权利。其中,宅基地收回权以宅基地集体所有权的两类管理权能为权源依据。

[2] 《土地管理法实施条例》第34条关于由农村集体经济组织(相对于村民自治组织)优先代表成员集体开展审查宅基地申请资格、审查宅基地分配等规定,较为科学、合理。

集体所有权,也能管理好集体土地这一重要集体资产,及时发现和纠偏违法用地行为。宅基地申请审查兼具实体性和程序性特征,宜将其作为一项相对独立的权利,即宅基地申请审查权。宅基地申请审查权是农村集体经济组织(未建立情况下的村民自治组织)代表成员集体对宅基地资格权主体以户为单位申请宅基地,其他主体依法申请宅基地进行审查的一项权利。宅基地申请审查权与宅基地资格认定权具有紧密关联。在宅基地资格权主体申请宅基地的情况下,行使宅基地资格认定权的效果在于是否为其设定宅基地申请资格,行使宅基地审查权的效果则在于是否为宅基地资格权主体分配宅基地。我国亟须在未来的宅基地立法中明确设定宅基地申请审查权的行使期限并赋予申请主体相应的诉权;同时,兼顾地方实践特点,可将宅基地申请审查权行使程序交由地方立法规定。

三是宅基地规划参与权。宅基地作为重要类型的集体建设用地,科学的规划是节约集约利用土地的基本要求。目前,乡(镇)政府具体承担农村房屋建设规划审批工作。但有关宅基地利用规划的相关规定则相对较少。开展"三权分置"探索的地方大都注重宅基地规划。目前,宅基地规划参与主体主要有三类:宅基地规划主管部门、农村集体经济组织或村民自治组织、宅基地规划承担主体。农村集体经济组织或村民自治组织参与宅基地规划,实质上是基于科学利用集体土地以及保护和实现全体成员共同利益的需要,代表成员集体参与的,行使的是以集体利益为指向的管理性职能。《德清县农村宅基地管理办法(试行)》第 12 条规定:村股份经济合作社有权按规定参与宅基地规划,明确赋予农村集体经济组织(未建立情况下的村民自治组织)宅基地规划参与权。结合实践发现,可将宅基地规划参与权的主要内容确定为两点:其一,由农村集体经济组织(未建立情况下的村民自治组织)代表成员集体参与行政主管部门开展的涉本集体的宅基地规划活动;其二,在国家相关规划下,农村集体经济组织(未建立情况下的村民自治组织)代表成员集体组织开展本集体范围内的宅基地利用规划活动。

四是宅基地利用激励权。激励与约束是实现制度效能所不可或缺的。激励性的制度规则激发、引导宅基地使用权主体从事立法、政策设定之目标。有研究认为,集体成员权中的共益权是实现集体土地所有权管理权能的主要抓手。[1] 农户作为最主要的宅基地使用权主体,在宅基地集体土地所有权上存在共同利益(集体利益)诉求。农村集体经济组织(未建立情况下的村民自治组织)代表成员集体管理宅基地,对宅基地利用行为进行科学、合理的激励、引导。对此,个别地方在探索中明确设定了宅基地利用激励权。例如,《重庆市大足区农村宅基地管理办法(试行)》第22条规定,"农村集体经济组织决定可以适当给予农村宅基地节约奖"。关于宅基地利用激励权的构造:在主体上,应当坚持由农村集体经济组织优先于村民自治组织代表成员集体行使宅基地利用激励权;在方式上,可将宅基地利用激励分为宅基地利用精神激励、宅基地利用物质激励和宅基地利用综合激励;在效果上,以集体土地所有权为基础的集体经济实力是实施宅基地利用激励的重要物质基础,也是影响宅基地利用激励权实施效果的关键因素;在实施上,要将发展集体经济,完善激励制度作为实现集体规制权激励效果的重要思路。

五是宅基地收回权。该项权利原则上由宅基地资格权收回和宅基地使用权收回构成,是指在宅基地资格权主体或宅基地使用权主体存在法定情形或其他违反节约集约利用要求且情节特别严重时,由农村集体经济组织(未建立情况下的村民自治组织)代表成员集体依法强制收回宅基地资格权或宅基地使用权的权利。宅基地收回权具有单方强制性。关于宅基地收回权的属性,存在公法和私法两种不同探索思路。实质上,宅基地收回权作为宅基地集体所有权管理权能的体现,主要是基于宅基地集体所有制和宅基地资源的稀缺性所提出的节约集约利用要求而设定的。[2] 现有相关全国性立法及规范性文件仅规定了针对宅基地使用权的宅基地收回权,并未直接规定针对宅基地资格权的宅基地收回权。《土地管理法》第66条将乡(镇)村公共设施和公益事业建设,不按照批准的用途使用土地,因撤销、迁移等原因而停止使用土地三

---

[1] 参见管洪彦、孔祥智:《"三权分置"下集体土地所有权的立法表达》,载《西北农林科技大学学报(社会科学版)》2019年第2期。

[2] 宅基地收回权的产生基础,主要有二:其一,宅基地集体所有制。该项权利在本质上源自集体所有制下的宅基地集体所有权,是农村集体经济组织(未建立情况下由村民自治组织)代表成员集体排除妨害,有效实现宅基地集体所有权,维护好成员权益所不可或缺的权利。其二,集体规制权。在保护用益物权的背景下,要纳入宅基地收回权适用范围的情形,大都是严重危及宅基地质量或相关法益的情况。从乡村治理历程来看,基于土地资源稀缺性以及相关法益的维护需要,农村集体经济组织从集体与成员关系角度拥有对集体成员行为的规制力。相对而言,宅基地集体所有权成为设定宅基地收回权的最主要因素。

类情形作为强制收回宅基地使用权的法定情形,规定由农村集体经济组织报经原批准用地的人民政府批准,可收回宅基地使用权。其中,第一类法定情形涉及集体利益,为集体所有制的内在要求,第二、三类法定情形则涉及宅基地节约集约利用要求,均体现出公共性、管理性特征。此外,还有一些规范性文件和部分地方规定有针对宅基地使用权的宅基地收回权内容。个别地方在实践探索中确定了针对宅基地资格权的宅基地收回权。如前所述,《德清县农村宅基地管理办法(试行)》第23条规定了由村股份经济合作社强制收回宅基地资格权的六类主要情形。一经收回,原则上便不会再认定宅基地资格权或分配宅基地。宅基地收回权作为宅基地集体所有权管理权能的权利化,理应作为落实宅基地集体所有权制度的重要内容,成为宅基地"三权分置"改革探索的重要方向。

四、"三权分置"下的宅基地资格权

从形式上看,宅基地"两权分置"到"三权分置"仅增设了宅基地资格权,但却是对底层逻辑、权利架构、制度设计的深层次变革。宅基地资格权作为宅基地"三权分置"探索的重点,是科学阐释宅基地"三权分置"权利关系的关键,也是有效构建宅基地"三权"的着力点。探究宅基地资格权的法律构造,须立足宅基地集体所有制的法律实现要求,把握宅基地制度惯性约束和科学实践,注重农村土地权利的体系化建设。

(一)宅基地资格权相关学说述评

关于宅基地资格权,现有相关研究主要集中在法学领域,形成了集体成员权说[1]、用益物权说、双重属性说、受让权说等学说。现有学说为研究宅基地资格权应然属性提供了理论基础和重要借鉴。

1.集体成员权说

目前,从集体成员权角度界定宅基地资格权的研究较多,是关于宅基地资

---

[1] 在称谓方面,"集体成员权"一词能更准确表述成员集体与集体成员关系,且"集体成员权"一词更为具体、规范("成员权"一词容易产生其他理解),故采用集体成员权这一称谓更为恰当。当然,成员权仍可作为集体成员权的简称。

格权属性探讨的主流。[1] 该说认为,宅基地资格权作为"集体成员权下的独立子权利""派生于集体所有权"[2],是农户基于其集体成员身份而应当获得的由成员集体通过供给宅基地实现其"户有所居"的重要权利。相关研究力求通过集体成员权阐释宅基地资格权,续造宅基地"三权分置"下宅基地集体所有权与宅基地使用权的关系,明确农户在宅基地上的权利。[3] 提出这一学说,实际上与现有研究对集体成员权的理论认知、社会共识以及推动集体成员权列入《民法典》的努力有关。一方面,无论是从农地制度改革的协同性还是从农地权利体系的协调性考虑,都有必要将宅基地资格权界定为集体成员权;[4] 另一方面,宅基地资格权本就属于宅基地集体所有权的一种行使方式。基于集体成员身份而获得集体成员权并据此支配宅基地且取得相应财产权利属于集体成员权的重要内容。[5]

基于不同的着力点或研究视角,相关研究在集体成员权说框架下也存在分配资格说、期待利益说、人身权或身份权说、分配请求权说等不同主张。

其一,分配资格说。该说将宅基地资格权界定为仅限于宅基地初始分配阶段的一种分配资格,即分配宅基地的资格,[6] 而不应包括宅基地使用权及其通过转让、继承等方式继受取得宅基地使用权等实体财产属性的权利。[7] 拥有宅基地资格权"并不代表农户能够实际享有对宅基地的使用权"且农户行使该权利或转让宅基地使用权后,宅基地资格权即灭失。[8] 正因如此,有研究者

---

[1] 主张将宅基地资格权纳入集体成员权的学者较多。例如,陈小君、程秀建、宋志红等。参见陈小君:《宅基地使用权的制度困局与破解之维》,载《法学研究》2019 年第 3 期;程秀建:《宅基地资格权的权属定位与法律制度供给》,载《政治与法律》2018 年第 8 期;宋志红:《宅基地"三权分置"的法律内涵和制度设计》,载《法学评论》2018 年第 4 期;孟秀伶、李国强:《论宅基地"三权分置"中资格权的法理意蕴》,载《长春理工大学学报(社会科学版)》2020 年第 5 期。

[2] 江晓华:《"三权分置"下宅基地退出的权利表达》,载《华南农业大学学报(社会科学版)》2021 年第 3 期。

[3] 参见张力、王年:《"三权分置"路径下农村宅基地资格权的制度表达》,载《农业经济问题》2019 年第 4 期。

[4] 参见陈小君:《宅基地使用权的制度困局与破解之维》,载《法学研究》2019 年第 3 期。

[5] 参见宋志红:《宅基地"三权分置"的法律内涵和制度设计》,载《法学评论》2018 年第 4 期。

[6] 参见岳永兵:《宅基地"三权分置":一个引入配给权的分析框架》,载《中国国土资源经济》2018 年第 1 期;李凤奇、王金兰:《我国宅基地"三权分置"之法理研究》,载《河北法学》2018 年第 10 期;李凤章:《宅基地资格权的判定和实现——以上海实践为基础的考察》,载《广东社会科学》2019 年第 1 期。

[7] 参见宋志红:《宅基地"三权分置"的法律内涵和制度设计》,载《法学评论》2018 年第 4 期。

[8] 参见宋志红:《宅基地"三权分置"的法律内涵和制度设计》,载《法学评论》2018 年第 4 期。

将资格权归结为人身权。[1]

其二,期待利益说。该说从设立宅基地资格权的目的及其对于农户的实质意义入手,主张将宅基地资格权作为集体成员权的重要类型,确定为农户取得宅基地使用权的一种权利,本质上属于宅基地集体所有权的范畴。[2] 关于宅基地资格权主体,该说的主张者之间存在一定的认知差异。有学者认为,宅基地资格权主体是农村集体经济组织成员而非农户;[3]有学者则认为,农户作为宅基地资格权的主体与户内成员的集体成员资格存在一定的差异。这是因为农户宅基地资格权的丧失不等于户内全体集体成员资格丧失,但户内全体集体成员资格丧失则农户必然丧失宅基地资格权。[4]

其三,人身权或身份权说。该说的研究者较少,主要基于宅基地"三权分置"下的宅基地资格权与承包地"三权分置"中承包权的相似性,借鉴承包权相关理论和立法规则,主张将宅基地资格权界定为"依附于集体经济组织成员身份的人身权"[5]。还有学者通过亲属法外身份权,将宅基地资格权界定为"权利主体基于身份和立户等条件而享有的一种社区福利"[6]。

其四,分配请求权说。该说认为,将"两权分置"下宅基地使用权的身份性内容与财产性内容分离且将分出的身份性内容设定为集体成员以户为单位享有的宅基地资格权,是宅基地"三权分置"改革的基本思路。按此路径,宅基地资格权实质上就是集体成员专属的向所在集体申请分配宅基地(取得宅基地使用权)的请求权。[7]

相对而言,集体成员权说具有突出的优势。一是契合宅基地"两权分置"到"三权分置"改革中宅基地资格权对原宅基地使用权身份性权利内容的承接,促使这一身份性权利内容真正回归户内集体成员身份背后的集体成员权。

---

[1] 参见岳永兵:《宅基地"三权分置":一个引入配给权的分析框架》,载《中国国土资源经济》2018年第1期。

[2] 参见姜楠:《宅基地"三权"分置的法构造及其实现路径》,载《南京农业大学学报(社会科学版)》2019年第3期。

[3] 参见陈广华、罗亚文:《乡村振兴背景下宅基地资格权研究》,载《安徽大学学报(哲学社会科学版)》2019年第2期。

[4] 参见宋志红:《宅基地"三权分置"的法律内涵和制度设计》,载《法学评论》2018年第4期。

[5] 李凤奇、王金兰:《我国宅基地"三权分置"之法理研究》,载《河北法学》2018年第10期。

[6] 郭忠兴、王燕楠、王明生:《基于"人—地"二分视角的宅基地资格权探析》,载《中国农村观察》2022年第1期。

[7] 参见程秀建:《宅基地资格权的权属定位与法律制度供给》,载《政治与法律》2018年第8期。

二是推动了我国农村土地权利的体系化建设。"集体土地所有权、集体成员权、集体土地使用权"是我国农村土地权利的基本框架,也是实现农村土地权利体系化的基本模型。从理论和实践来看,宅基地资格权与土地承包权皆为以户为单位设立的身份性权利。户内成员的集体成员身份则是集体所有制下成员集体与集体成员之间相关制度安排的关键抓手。将宅基地资格权作为集体成员权的重要类型,实质是与土地承包权一同成为集体成员权的主要类型,最为契合农村土地权利体系化建设的架构方案。三是具有较低立法成本的突出优势。《民法典》第二编"物权"的第二分编"所有权"第5章以及第三分编"用益物权"第11章规定了决定权、知情权、分配权、土地承包权等集体成员权内容,实质上确立了集体成员权。同时,该法典第13章第362条关于宅基地使用权人依法申请宅基地的规定也内含了集体成员有权依法申请获得宅基地使用权之意,间接认可了宅基地资格权为集体成员权的组成部分。就此来看,集体成员权说更符合现行立法及政策对其的定位,利于降低改革成本,实现制度效益。

然而,该说仍然存在明显的不足。主要体现为:一是主张从集体成员权角度界定宅基地资格权,但却未完全遵循集体成员权的进路阐释宅基地资格权。最为突出的问题是,集体成员权是集体成员应有之权利,由具有理论和实践共识的身份性和财产性内容构成。但宅基地资格权则被认为是从"两权分置"下宅基地使用权析出的身份性权利内容的权利化,且大多数学者及实践探索将集体成员组成的农户作为宅基地资格权主体。现有研究并未合理阐释(大多数学者没有探究)两者在主体和内容方面的实质差异。二是该学说在理论界和实务界仍未完全取得共识,将宅基地资格权作为集体成员权的研究及探索不够深入、具体,尤其是缺少法律定位、功能设计、制度构造等方面的研究,制约了学说的科学性。三是将宅基地资格权认定为集体成员权,必须解释为何宅基地"三权分置"改革使用"宅基地资格权"一词(而非集体成员权)以及作为集体成员权的宅基地资格权与宅基地集体所有权、宅基地使用权之间的关系。但现有相关成果对此缺乏深入、系统研究,影响了学说的解释力和认同度。

2. 用益物权说

该说认为,宅基地资格权是农户依法享有的设立次级宅基地使用权之后的宅基地使用权,是"从具有完全支配权力的宅基地所有权中派生出的一种用益物权"[1]。关于宅基地资格权的属性,该说又主要存在宅基地使用权说、剩余权说、物权性请求权说等观点。其中,宅基地使用权说认为,宅基地资格权是仍由原成员享有的[2]"设立了次级使用权后的宅基地使用权",即"宅基地使用权本身"[3]。剩余权说认为,未发生宅基地"三权分置"时,农户拥有的就是宅基地资格权与宅基地使用权合一的原宅基地使用权;在发生宅基地"三权分置"时,农户拥有的就是设立了次级宅基地使用权后的原宅基地使用权的剩余权利,本质上仍然是宅基地使用权。[4] 物权性请求权说则认为,"宅基地资格权类似请求权,具有相对性",与具有绝对支配权属性的宅基地使用权根据情况统一或分置。[5]

关于宅基地资格权与集体成员权的关系,该说普遍认为宅基地资格权区别于集体成员权,以取得集体成员权为前提,但并非一项集体成员权。[6] 关于权利构成,不同的学者从不同角度提出了不同的宅基地资格权内容。例如:有学者从权利持有的角度提出,宅基地资格权是农户享有的"无偿分配宅基地并永续利用直至主客体消亡或成员关系灭失的权利"[7];有学者认为,宅基地资格权只有在设立次级宅基地使用权的基础上才会产生,是农户依据宅基地资格权这一"母权利"对宅基地使用权剩余内容拥有的支配性权利。[8] 可见,用益物权说有效阐释了宅基地"两权分置"与"三权分置"的衔接关系,注意到未发生"三权分置"时农户取得的宅基地资格权与宅基地使用权的统一性,以及

---

〔1〕 李丽、吕晓、张全景:《"三权分置"背景下宅基地使用权流转的法学视角再审视》,载《中国土地科学》2020年第3期。

〔2〕 有学者认为,宅基地"三权分置"的构造模式是由宅基地使用权派生出租赁权或利用权,宅基地使用权仍由原成员享有,受让人取得租赁权或利用权。参见高圣平:《宅基地制度改革政策的演进与走向》,载《中国人民大学学报》2019年第1期。

〔3〕 有学者认为,宅基地资格权是宅基地创设次级使用权之后的宅基地使用权。使用权本权仍归农户所有,一旦次级使用权的期限届满或符合终止条件时,该权利的使用限制将自动灭失并恢复至圆满的状态。参见刘国栋:《论宅基地三权分置政策中农户资格权的法律表达》,载《法律科学(西北政法大学学报)》2019年第1期。

〔4〕 参见李凤章、赵杰:《农户宅基地资格权的规范分析》,载《行政管理改革》2018年第4期;刘锐:《乡村振兴战略框架下的宅基地制度改革》,载《理论与改革》2018年第3期。

〔5〕 参见钟和曦:《创设宅基地资格权亟待解决的三个问题》,载《浙江国土资源》2018年第8期。

〔6〕 参见刘国栋:《论宅基地三权分置政策中农户资格权的法律表达》,载《法律科学(西北政法大学学报)》2019年第1期。

〔7〕 李丽、吕晓、张全景:《"三权分置"背景下宅基地使用权流转的法学视角再审视》,载《中国土地科学》2020年第3期。

〔8〕 参见李凤章、赵杰:《农户宅基地资格权的规范分析》,载《行政管理改革》2018年第4期。

农户在原来宅基地使用权上设置新的用益物权(次级用益物权)而形成"三权分置"格局的实践逻辑。这一学说与相关政策实质上具有一致性,[1]利于解释宅基地使用权在流转期限届满后回归宅基地资格权主体等实践。

然而,这一学说仍然存在较为明显的局限性。其一,与传统"一物一权"的物权理论冲突。因为农户流转出的是宅基地使用权,保留的宅基地资格权是用益物权,故必然在同一块宅基地上存在两个不相容的用益物权,显然违背"一物一权"的物权法理。其二,该说的许多主张者将集体成员权作为取得宅基地资格权的前置性权利,并将宅基地资格权作为用益物权属性的财产权,与土地承包权、集体收益分配权等集体成员权并列。其既回避了对集体成员权本质的阐释,未能厘清集体成员权与宅基地资格权以及以集体成员权为依据取得的其他财产权的基本关系,也不利于阐释并体系化构造"三权分置"下宅基地"三权"的权利结构。

3. 双重属性说

该说认为,宅基地资格权既具有成员权等身份权要素,也具有分配权、利用权和剩余权等财产权要素,具备身份性权利和财产性权利双重性质。[2] 一方面,宅基地资格权是集体成员获取宅基地用于建造住房的一种权利,在宅基地落地前表现为一种可以取得宅基地的资格;另一方面,宅基地资格权包含由农户享有的确权、抵押等相关财产权益,在宅基地流转后表现为剩余权利。[3]因此,"两权分置"下的宅基地使用权就是身份性权利和财产性权利的集合。在此背景下,部分学者进一步探究了宅基地资格权的法理依据。有学者从人役权角度探讨宅基地资格权,认为与资格权最为类似的物权种类是德国或瑞士的人役权种类下的土地负担。[4] 有学者认为,宅基地资格权是基于公平的

---

〔1〕 参见刘国栋:《农村宅基地"三权分置"政策的立法表达——以"民法典物权编"的编纂为中心》,载《西南政法大学学报》2019年第2期。

〔2〕 参见孙建伟:《宅基地"三权分置"中资格权、使用权定性辨析——兼与席志国副教授商榷》,载《政治与法律》2019年第1期。

〔3〕 参见徐忠国、卓跃飞等:《农村宅基地三权分置的经济解释与法理演绎》,载《中国土地科学》2018年第8期;钟和曦:《创设宅基地资格权亟待解决的三个问题》,载《浙江国土资源》2018年第8期。

〔4〕 参见孙宪忠:《德国当代物权法》,法律出版社1997年版,第87~92页。

社会价值,为保障特定弱势人群的生存利益而在土地上设定的用益物权;[1]还有学者提出,应当运用成员集体与集体成员的总有关系理论阐释宅基地资格权,其在人身性方面的权利源自集体与成员的关系,在财产性方面主要表现为成员获取分配土地或使用土地的权利。[2]

双重属性说的主张者并未进一步从身份性权利和财产性权利的角度界定宅基地资格权,而是从两者结合的角度提出宅基地资格权的主要内容。在身份性方面,该说主张者主要将宅基地资格权的身份性聚焦于通过分配取得宅基地的资格要求;但在财产性方面,该说主张者则对其内容构成存在不同的理解。有学者认为,宅基地资格权由宅基地分配取得、占有使用宅基地两方面构成;[3]有学者认为,宅基地资格权的内容包括分配取得宅基地、利用宅基地获得收益、收回宅基地、退出宅基地等;[4]有学者认为,宅基地资格权除含有集体成员权等身份权要素外,还含有分配权、利用权和剩余权等财产权要素;[5]还有学者将其概括为包含分配取得宅基地、宅基地确权、宅基地抵押等相关财产权益的身份权利。[6]

双重属性说比较符合从"两权分置"到"三权分置"宅基地制度变迁惯性,也能够合理解释农户在宅基地未流转情况下所拥有的该权利具有身份权与财产权相结合的权利内容这一实际。该学说也在一定程度上阐明了宅基地资格权与集体成员权在身份权与财产权方面的共同点,揭示了宅基地资格权与集体成员权的内在关系。但这一学说也存在明显的不足。主要包括:其一,未进一步判断宅基地资格权上身份性内容与财产性内容是否具有相对分离性,以及如若可相对分离,是否只能由宅基地资格权承载身份性权利内容。其二,由

---

[1] 尽管该学者落脚于用益物权,但集体保障成员作为特定社会弱势群体的生存利益这一内在限定性,实质上内含了身份性,故而实际上该人役理论所阐释的宅基地资格权,仍然属于双重属性说。参见徐忠国、卓跃飞等:《农村宅基地三权分置的经济解释与法理演绎》,载《中国土地科学》2018年第8期。

[2] 孙建伟:《宅基地"三权分置"中资格权、使用权定性辨析——兼与席志国副教授商榷》,载《政治与法律》2019年第1期。

[3] 参见吕广挥、张同德:《宅基地"三权分置"面临的问题和对策》,载《中国土地》2018年第8期。

[4] 参见孟秀伶、李国强:《论宅基地"三权分置"中资格权的法理意蕴》,载《长春理工大学学报(社会科学版)》2020年第5期。

[5] 参见孙建伟:《宅基地"三权分置"中资格权、使用权定性辨析——兼与席志国副教授商榷》,载《政治与法律》2019年第1期。

[6] 参见徐忠国、卓跃飞等:《农村宅基地三权分置的经济解释与法理演绎》,载《中国土地科学》2018年第8期。

于集体成员权研究的深入性和系统性不足,该说主张者尚未系统阐释集体成员权与宅基地资格权的关系。同时,将宅基地资格权双重属性类比等同于集体成员权的观点,尚缺乏充足的理据支撑,影响其解释力和可接受性。其三,对现有相关实践探索的解释力不足。现有相关实践探索基本上都是按照"宅基地集体所有权、宅基地资格权、宅基地使用权"的架构展开的,且大都明确规定农户取得宅基地资格权后,基于该权行使而取得宅基地使用权。这一做法在实践中得到良好运行。显然,实践中的宅基地资格权并不包括财产性权利内容,否则难以运用"一物一权"原理解释通过宅基地资格权取得宅基地使用权(用益物权)的实践,也无法阐释宅基地资格权主体流转出宅基地使用权(农户在流转后仅保留宅基地资格权)的做法。

4. 受让权说

该说认为,宅基地资格权是"资格权人在面积缺口内继受取得宅基地使用权的优先受让权,而且原宅基地使用权人有再继受取得其转出住房财产权的最先受让权"[1]。该学说的要点包括:其一,宅基地资格权是集体成员作为宅基地集体所有权主体的成员,以户为单位拥有的取得宅基地使用权的一种资格。其二,设立宅基地资格权的目的是由成员集体通过提供具有无偿性、无固定期限的宅基地使用权,实现对集体成员的居住保障。其三,宅基地资格权的优先受让权属性主要局限在面积缺口内。只有在面积缺口内,才能优先继受取得宅基地使用权。其四,宅基地资格权会基于宅基地使用权的取得而丧失,即在取得宅基地使用权后该权利即已用尽。此种情况下,宅基地资格权主体业已通过取得无偿的、无固定期限的宅基地使用权而充分实现居住方面的基本保障需求。这一学说仅将集体成员权作为宅基地资格权具有优先性的依据,实质上将宅基地资格权认定为用益物权。受让权说实质上是从物权法上受让的角度阐释的宅基地资格权,将宅基地资格权作为具有用益物权属性的权利,即认为该权利是从成员集体获得(受让)宅基地使用权的一种优先权。

尽管这一学说将宅基地资格权作为在面积缺口内优先受让宅基地使用权的一种权利且并未明确确定这一优先性的理论依据,但基于集体成员身份取

---

[1] 高海:《宅基地"三权分置"的法律表达——以〈德清办法〉为主要分析样本》,载《现代法学》2020年第3期。

得的集体成员权仍然是受让权说认定宅基地资格权优先性的依据。根据该学说，农户从集体获得宅基地使用权后，宅基地资格权即行使完毕，仅拥有宅基地使用权。继而，农户可选择物权性或债权性流转方式向第三方流转宅基地使用权。这一学说据此协调解决了流转后的宅基地使用权与宅基地资格权并存的"一物两权"问题。可见，受让权说关于宅基地资格权的阐述仍然存在许多值得肯定之处：其一，受让权说注意到了宅基地资格权对于集体成员的住房保障价值，并力图通过赋予集体成员优先权的方式予以实现。其二，受让权说强调仅在面积缺口内才拥有优先受让宅基地使用权的权利，契合节约集约利用土地要求以及由各省级行政区确定农户可申请宅基地面积的规定。其三，受让权说将宅基地使用权作为重点，避免宅基地资格权的虚化设计，使其更具实际价值。

但该说基于分析路径、理论逻辑的选择，仍然存在明显的问题。其一，受让权说实际上采取的是"所有权——用益物权"的模式架构"三权分置"下的宅基地权利结构，显然与宅基地"三权分置"的改革要求不太契合，缺乏实践基础。其二，受让权说主张农户获得宅基地使用权即丧失宅基地资格权，事实上否定了宅基地资格权作为集体成员权的其他应有内容。从现有理论与实践来看，农户一经获得宅基地使用权即丧失对应的集体成员权的观点显然缺乏理论依据和实践基础，缺乏可接受性。其三，受让权说在宅基地使用权流转下不利于实施对农户的住房保障。这一学说按照权利行使即消灭的思路设计宅基地资格权，实际上完全剥离了宅基地权利上的身份性因素。尽管据此所架构的宅基地权利符合宅基地财产权利市场化实现的趋势，但必然面临宅基地使用权流转下如何保障农户住有所居的问题。从相当长的时间来看，维持和实现好宅基地对农户"户有所居"的基本保障，是宅基地"三权分置"权利架构的前提和指向。就此看来，该学说改革力度过大，以致易偏离当前实际需求。

5. 可借鉴之处

尽管现有学说利弊共存，但关于宅基地资格权所取得的共识，为研究宅基地"三权分置"下的宅基地资格权提供了重要借鉴。主要包括：

其一，身份性。宅基地资格权是集体成员以户为单位取得的。尽管个别地方将宅基地资格权主体确定为个人，但绝大多数学者和地方实践都将由集体成员组成的户作为宅基地资格权主体。将宅基地资格权纳入集体成员权体系,作为"具有可期待利益的成员权性质的权利"[1],较为科学、可行。

其二,保障性。保障成员"不失所"是研究和探索宅基地资格权的重要出发点。[2] 宅基地资格权主要表现为集体成员以户为单位通过行权获得成员集体分配的宅基地的一种资格权。承载宅基地权利中的身份性内容,实现成员集体对集体成员"户有所居"的宅基地制度保障功能是宅基地资格权的功能定位。但该功能并非通过宅基地资格权直接满足集体成员建设农房用地的需求来实现的,而是通过行使宅基地资格权获得成员集体分配的宅基地来实现的。

其三,请求性。依据宅基地资格权取得宅基地使用权,是宅基地资格权内容的主要方面。宅基地"三权分置"改革将宅基地"两权分置"下宅基地使用权的身份性分离出来,分别形成身份性的宅基地资格权和财产性的宅基地使用权。成员资格是集体成员以户为单位获得宅基地资格权的依据;但凡获得集体成员资格的集体成员,均有权以户为单位获得宅基地资格权。成员集体通过向具备宅基地资格权的户依法无偿分配宅基地的方式,履行对集体成员"住有所居"的保障职能。在此意义上,宅基地资格权仅为法定请求权,而非物权;唯有依法行使,才可取得相应的宅基地使用权。

其四,优先性。在理论层面,身份性是宅基地资格权的基础,请求性和保障性是宅基地资格权的主要方面。宅基地资格权内在包含优先性的要求,即成员集体在宅基地配置与利用环节应当坚持宅基地资格权主体的优先性。唯有坚持优先性,才能够更好地保障宅基地资格权、实现宅基地制度保障功能。在实践层面,从"两权分置"到"三权分置",拥有宅基地资格权的农户始终是宅基地分配与利用的主要主体。由农户依据宅基地资格权获得并利用集体分配的宅基地,仍然是"三权分置"下宅基地配置与利用的常态。

(二)宅基地资格权遁入集体成员权的逻辑

关于宅基地资格权的认定,不能简单套用传统私法理论和规则。要厘清宅基地资格权,须从改革初衷谈起。[3] 宅基地"三权分置"改革是适应宅基地

---

[1] 徐丹丹:《宅基地资格权的权属定位及其制度实现》,载《福建农林大学学报(哲学社会科学版)》2020年第1期。

[2] 参见钟和曦:《创设宅基地资格权亟待解决的三个问题》,载《浙江国土资源》2018年第8期。

[3] 参见张克俊、付宗平:《"三权分置"下适度放活宅基地使用权探析》,载《农业经济问题》2020年第5期。

要素适度市场化配置和宅基地财产权市场化实现的产物。作为宅基地"三权分置"探索的重要内容,宅基地资格权在根本上取决于宅基地科学实践及其在制度价值、制度功能方面的科学要求,是对宅基地制度改革中的使用权适度市场化并加以规制的路径创新。[1] 集体成员权作为具有集体成员身份的主体在集体范畴内拥有的各种权益的总称,成为现代法治调整集体与成员关系的关键抓手,是阐释宅基地资格权的最优路径。

1. 宅基地资格权契合集体成员权的实质

现行研究主要从团体法角度,将成员在与集体关系中形成的身份性权益作为集体成员权。[2] 这一身份性权益实则是身份关系与产权关系的集合。其中:"身份性"主要指的是集体与成员关系框架中的成员身份,呈现出身份性、保障性、请求性特征;"权益"则是集体成员基于身份关系而取得的不动产或动产物权。可见,以身份性权益为主要表现的身份关系仍然以集体所有权为基础、以实现成员应有财产权益为指向。集体所有权和成员应有财产权益属于集体成员权的产权关系范畴。从成员权益保护的角度来看,应当从身份关系与财产关系集合的角度破解集体成员权的实质。在长期的实践中,我国在农用地、宅基地等领域坚持落实了集体成员权的身份关系与财产关系集合的要求,但因未厘清其中财产关系的具体内容及其与身份关系的构造逻辑,不断固化了集体所有物配置与利用中的身份性、保障性,以致违背集体所有物作为重要市场要素的适度流动性要求,不利于集体所有物财产价值的实现,也进一步阻滞了集体成员依据集体成员权取得之用益物权财产价值的释放。

---

〔1〕 参见张力、王年:《"三权分置"路径下农村宅基地资格权的制度表达》,载《农业经济问题》2019年第4期。

〔2〕 目前,学界关于集体成员权内涵的学说主要包括:一是主张将成员权置于集体内部关系的团体法中,是身份权属性的内容构成的私权(参见陈小君:《我国农民集体成员权的立法抉择》,载《清华法学》2017年第2期)。二是将集体成员权界定为农民集体成员在农民集体中享有的各种权益的统称(参见管洪彦:《农民集体成员权研究》,中国政法大学出版社2013年版,第12~33页)。三是将集体成员权界定为成员对集体的事务和集体所有的动产和不动产享有的一定的权益(参见郭明瑞:《物权法实施以来疑难案例研究》,中国法制出版社2011年版,第48页)。四是将集体成员权界定为对集体财产以及集体其他事务享有的管理、使用、收益等各项权利(参见王利明:《物权法研究》,中国人民大学出版社2007年版,第537页)。五是将集体成员权认定为具备集体成员资格的人所享有的概括性权利(参见吴兴国:《集体组织成员资格及成员权研究》,载《法学杂志》2006年第2期)。六是将集体成员权界定为集体内部事务资助管理和享受利益的权利(参见沈旸、雷子君:《农村集体成员权的界定》,载《河南公安高等专科学校学报》2008年第6期)。

结合承包地"三权分置"改革、宅基地"三权分置"改革的目标要求和发展方向来看,科学界定集体成员权中的身份关系与产权关系是改革探索的主线。关于身份关系,基于集体成员保障目标,宜将其作为集体成员权实质内容的主要方面;关于产权关系,既要坚持以集体所有权作为集体成员权基础,又要以身份关系为依据,适应性改造集体成员对宅基地所拥有的财产权益。对此,结合现有相关探索,建议将财产权益从集体成员权中剥离,使之成为独立的不动产用益物权或动产物权,基于维护和实现身份关系所指向的保障性而将集体成员优先作为集体所有的不动产或动产配置利用的基本原则,纳入集体成员权的产权关系范畴。据此,从现有相关立法及实践来看,集体成员权主要由土地承包权、宅基地资格权、集体收益分配权、集体事项参与权、集体事务监督权等方面构成。承包地经营权、宅基地使用权、集体资产收益权等财产性权利则不属于集体成员权范畴,而是通过集体成员依法行使集体成员权,优先获得不动产用益物权或动产物权而实现。集体成员权主体获得上述不动产用益物权或动产物权成为上述不动产活动物权配置利用的主要形式。

宅基地"三权分置"改革通过相对分离宅基地权利中的身份性内容与财产性内容,并通过分别设置相应的权利推动宅基地制度保障功能与财产功能的协同实现。其中,宅基地资格权成为身份性内容的载体,直接反映的是在集体与成员关系框架下成员以户为单位理应获得的身份性、保障性、请求性的宅基地权益,主要属于身份关系的范畴。但这一身份关系仍以宅基地集体所有权为基础,没有宅基地集体所有权,也就不会存在集体与成员在宅基地方面的身份关系。同时,这一身份关系以实现对成员"户有所居"的保障为目标方向,可见该权利是集体成员以户为单位在宅基地分配与利用中享有的优先性、主导性的权利。同时,用益物权说、双重属性说、受让权说等现有宅基地资格权学说在权利的身份性、保障性、请求性方面取得了重要共识。不同学说实则是在集体成员权说框架内基于不同角度或重心形成的,在根本上指向的还是宅基地资格权是集体成员权重要组成部分的观点。故而,"三权分置"下的宅基地资格权在根本上属于特定身份关系与特定产权关系的结合,是成员集体与集体成员关系框架下宅基地集体所有权与宅基地使用权的关键衔接,完全契合集体成员权身份关系与产权关系集合的实质。

2. 宅基地资格权符合集体成员权的特征

通过分析现有相关理论及实务,可梳理出集体成员权的五个显著特征:一是身份性,即以取得集体成员资格为前提,[1]拥有集体成员资格即拥有集体成员权,丧失集体成员资格即会丧失集体成员权。集体成员资格也就是农村集体经济组织成员资格。二是保障性。集体成员权存在于集体与成员关系范畴内,具有双向性,即成员对集体以及集体所有权设定与发展作出应有贡献,集体对成员生存和发展进行保障。从实践来看,集体无偿向成员提供承包地、宅基地等基本生产生活资料已成为保障和实现集体成员权的主要形式。三是请求性,即集体成员权属于集体成员依法获得集体提供的不动产或动产物权的请求权。从典型集体成员权的规定及实践来看,具有集体成员权并不等于实实在在拥有对应的财产性权益,而须通过行使集体成员权才能切实取得财产性权益。四是优先性。在成员集体所有的不动产或动产的配置与利用中,集体成员相对于非本集体成员、已行使集体成员权的本集体成员等主体,拥有优先获得不动产或动产物权的权利。五是概括性。集体成员权是集体成员依法在成员与集体关系框架内拥有的相关权益的统称。集体成员权作为概括性的权利基本上成为现有理论和实务的共识。土地承包权、集体收益分配权、集体事项参与权、集体事务监督权等是典型的集体成员权。

值得注意的是,概括性是集体成员权外延的客观显现,并非集体成员权的实质特征。故而,不宜将概括性直接作为相关权益是否属于集体成员权的判断依据,身份性、保障性、请求性、优先性才是集体成员权的主要特征。凡具备

---

[1] 目前,理论界和实务界普遍将集体成员资格等同于农村集体经济组织成员资格。尽管成员集体与农村集体经济组织在法律地位和权利义务方面存在差异,但以农村集体经济组织成员资格直接取代集体成员资格仍然具有必要性和可行性。主要理由:其一,农村集体经济组织与成员集体在理论和实践上的对应性,且《民法典》等相关立法作了相关规定。两者的成员范围事实上具有高度同一性。其二,从变迁来看,农村集体经济组织和成员集体是20世纪80年代人民公社体制下组织功能分离的结果。其中,农村集体经济组织是集体产权经营管理的承担者,成员集体则是集体产权的拥有者,两者具有同源性且在历史性、社区性、经济性、集体性等方面具有同一性。其三,农村集体经济组织成员资格作为集体成员认定条件,是长期以来的实践做法。其四,《农业农村部、中国人民银行、国家市场监督管理总局关于开展农村集体经济组织登记赋码工作的通知》规定,将成员人数作为农村集体经济组织登记赋码的事项,并在登记时须提交成员大会或经成员大会授权的成员代表会议决议、成员名册、组织章程、法定代表人的身份证原件及复印件、住所证明等材料。由此看来,将农村集体经济组织成员资格作为集体成员资格、将农村集体经济组织成员作为集体成员,既能避免采取两类体系设计所带来的高额立法及实施成本,也有利于实现农村集体产权制度及其运行的效益化。

前述四项特征的成员权益均为集体成员权的体系构成。从既有相关研究及实践来看,宅基地资格权具有与集体成员权一致的"四性"(身份性、保障性、请求性、优先性)。申请分配宅基地的农户的成员必须具备集体成员资格,属于成员集体的成员。原则上,只有具备集体成员资格,才能依法申请成员集体无偿分配宅基地。这也是成员集体通过分配宅基地实现成员"户有所居"保障需求的依据。身份性决定了宅基地资格权的产生、定位及内容。请求性则表现为集体成员以户为单位向成员集体依法请求分配宅基地的一项请求性权利。宅基地资格权的保障性则仍以身份性为依据,即集体成员基于其身份,通过成员集体分配宅基地建房,进而依法取得宅基地使用权和房屋产权,以实现"户有所居"保障目标。宅基地资格权实质上是成员集体履行对集体成员保障职能的体现,是宅基地制度保障功能实现的抓手。此外,要实现身份性、保障性、请求性,还离不开对优先性的设定。唯有确认集体成员及其组成的农户拥有相对于非农户、已取得宅基地使用权的其他农户等主体在宅基地配置与利用中的优先性,才能真正体现身份性、实现保障性和请求性。足见,宅基地资格权的特性与集体成员权的特征高度相符,内在决定了宅基地资格权是集体成员权的基本属性。当然,这并不意味着宅基地资格权与集体成员权完全等同。集体成员权是一个权利束;宅基地资格权仅为集体成员权构成体系中的一项具体构成,仍然具备有别于其他类型集体成员权的特殊性。

3. 宅基地资格权作为集体成员权的必然

将宅基地资格权作为集体成员权还具备历史和现实的正当性。我国宅基地制度经历了由私有制到公有制的转变。宅基地集体所有是国家引导农民自愿放弃宅基地私有权,取得集体成员身份以及以此为依据获得的集体福利保障的结果。《土地改革法》明确规定宅基地私有制,保护宅基地私有权,[1]形成了农民所有、不限利用的基本格局,并被 1954 年《宪法》[2]和后来的《农业生产合作社示范章程》《高级农业生产合作社示范章程》所认可。自 1958 年起,国家引导农民逐步建立人民公社,实质上是通过将宅基地私有权让渡给集体的方式,获得集体成员身份和集体福利保障,进而形成宅基地集体所有权和集

---

[1] 参见《中华人民共和国土地改革法》第 2 条、第 30 条。
[2] 参见 1954 年颁布的《宪法》第 8 条、第 11 条、第 12 条。

体所有、农户利用的权利架构。通过规定"一律不得出租和买卖"宅基地[1]和由集体无偿分配建房用地的方式,维护和实现集体对成员"户有所居"的保障目标。这一基本架构已成为《土地管理法》《民法典》等相关立法及政策的重要基础。

"两权分置"下宅基地使用权的身份性和财产性内容高度聚合,满足了集体成员住的方面基本保障需求,是实现"户有所居"保障目标的关键抓手。但其身份因素客观固化了宅基地作为重要市场要素的流动性,实质限制了宅基地权利的财产价值实现。在现有理论及实践探索中,通过析出限制宅基地资源适度市场化配置利用的身份性内容,实现身份性内容与财产性内容各自的权利设定,成为破局的关键。宅基地资格权作为"两权分置"下宅基地使用权的身份性内容的载体,成为集体成员以户为单位依法申请取得作为财产性权利的宅基地使用权的依据。

此外,宅基地"三权分置"相关实践探索,主要适用的仍然是"两权分置"下宅基地申请审批程序。相关申请只有经集体(农村集体经济组织或村委会)审核同意后,才能提交乡(镇)政府审查。集体审核同意的关键在于该户成员是否具备集体成员资格以及是否符合"一户一宅"等基本要求。这些要求实际上是前文所归纳的宅基地资格权五个特征在规则中的体现,既促进了成员集体履行保障职责、落实宅基地集体所有权,也契合"两权分置"到"三权分置"的改革发展趋势。可见,析出"两权分置"下宅基地使用权的身份性内容并设置为宅基地资格权,将宅基地资格权作为集体成员以户为单位申请成员集体无偿分配宅基地,实际上就是将宅基地资格权定位为集体成员拥有的一种身份性、资格性、请求性、优先性权利,是向集体成员权的应有回归。

4. 宅基地资格权作为集体成员权的释疑

将宅基地资格权作为集体成员权,可能因宅基地资格权与集体成员权在现有理论认知及实践中的差异而引起相关合理性疑问。为此,应当坚持宅基地资格权作为集体成员权的逻辑进路,合理解答以下三个方面的疑问。

其一,宅基地资格权主体与集体成员权主体的差别,是否影响宅基地资格

---

[1]《农村人民公社工作条例(修正草案)》第21条第1款规定:"生产队范围内的土地,都归生产队所有。生产队所有的土地,包括社员的自留地、自留山、宅基地等等,一律不准出租和买卖。"

权作为集体成员权？从现有理论及实践发展来看，宅基地资格权是以户为单位取得的。作为宅基地资格权主体的"户"即"一户一宅"中的"户"，由集体成员构成。但集体成员权的主体却是集体成员。对此，可阐释为：宅基地资格权作为集体成员权的决定因素并不在于主体方面，而是其完全契合集体成员权的实质，符合集体成员权的特征。同时，按照现有理论及实践认知，农户作为宅基地资格权主体仍然由集体成员构成（集体成员以户为单位申请宅基地），实质上是集体成员的"加总"；农户依法获得的宅基地资格权实际是户内家庭成员相应集体成员权的集合。故而，这一差别不会影响宅基地资格权作为集体成员权。

其二，宅基地资格权与集体成员权的取得方式有别，是否影响宅基地资格权作为集体成员权？从现有实践来看，大多数地方坚持将按照一定的程序开展认定作为宅基地资格权的取得方式。集体成员权则主要采取的是自动取得方式，即但凡具备集体成员资格即自动取得集体成员权，丧失集体成员资格即会丧失集体成员权。就取得方式的差别，可阐释为：集体成员权由包括宅基地资格权在内的多项权利构成，属于概括性的权利束。目前，尚无理论及实践显示须统一各个集体成员权的取得方式。事实上，各个集体成员权之间也存在取得方式的区别。为此，从集体成员权与具体集体成员权的一般与具体关系来看，采取自动取得方式最能兼顾各种集体成员权，也较为符合相关理论及实践认知。故而，取得方式的差别不会影响宅基地资格权作为集体成员权的认定。

其三，农户的家庭成员并非全部是集体成员的，是否影响宅基地资格权作为集体成员权？尽管大多数情况下农户的全体成员均为集体成员，与作为集体成员权主体的集体成员同一，但也可能出现农户中部分家庭成员不是集体成员的现象。尤其随着乡村振兴战略的实施以及新型城镇化快速发展，由部分集体成员与非集体成员共同组成农户的类似现象会越来越多。但从宅基地节约集约利用要求、以户为单位申请宅基地要求、"一户一宅"的目标功能指向来看，以户为单位确认宅基地资格权，与集体成员权的确认并不存在实质矛盾。从实践来看，农户具有以血缘为纽带的极稳定的关系，集体成员往往会理性选择归属于原所在户还是新分户。若原所在户原本已取得宅基地资格权，则该集体成员自然成为宅基地资格权主体之一；若新分户，则其有权以户为单位申请认定宅基地资格权。"以户为单位"取得的宅基地资格权,实质上就是该户组成人员的集体成员权的共同共有关系组合。[1] 无论农户家庭成员中集体成员占比如何,该集体成员及其所在户均为宅基地资格权主体,属于以宅基地资格权为依据的"户有所居"保障对象。

(三)集体成员权视野下宅基地资格权界定

宅基地"三权分置"改革存在一明一暗两条线索。"明线"是通过设定宅基地资格权和宅基地使用权,以实现宅基地上身份性内容与财产性内容的相对分离,破除宅基地配置和利用中的身份性障碍。"暗线"则是基于如何更好地实现通过私法路径改造按照公法逻辑设计的宅基地权利制度之目标,将宅基地权利中的公法因素析出并设定为宅基地资格权,实现宅基地使用权的单纯财产权化。在此框架下,宅基地资格权作为集体成员权的重要类型,成为原来按照公法逻辑形成的许多内容即身份性内容的权利载体。结合现有研究及实践,立足改革主线,可从内涵、独立、主体、内容、实现等方面具体界定宅基地资格权。

1. 宅基地资格权的内涵

确定的内涵是宅基地资格权作为一项相对独立的权利的重要前提。在现有相关学说中,集体成员权说、用益物权说、双重属性说、受让权说从不同角度阐释宅基地资格权,为界定宅基地资格权提供了理论基础和经验借鉴。在集体成员权的框架内,界定宅基地资格权的内涵须把握好三点要求:其一,符合集体成员权的实质属性。宅基地资格权是集体成员权的重要类型。集体成员权为界定宅基地资格权内涵提供了基本框架,是宅基地资格权内涵的落脚点。当然,这并非要求所界定的宅基地资格权内涵完全符合集体成员权的特征,甚至简单套用集体成员权的内涵,而是符合集体成员权的理论逻辑、主要特征及其具体构成的体系性要求。其二,体现宅基地资格权的本质特征。宅基地资格权的特征是其与其他相关概念尤其是集体成员权、宅基地使用权的重要区别,是界定宅基地资格权内涵的重要理据。其三,遵循权利界定的技术要求。在法学上,权利的内涵界定存在一定的技术性要求。宅基地资格权作为"三权

---

[1] 考虑到集体成员权的人身性,集体成员所组成的户的紧密性以及在宅基地申请和使用中的不可分性,不宜采取按份共有理论分析,共同共有理论更适合解读作为宅基地资格权主体的户的构成关系。

分置"中与宅基地集体所有权、宅基地使用权并列的重要权利,在本质上仍然属于民事主体拥有的民事权利。这就要求应当按照民事权利界定的基本技术要求去界定宅基地资格权。

以上三点既是阐释宅基地资格权内涵的基本要求,也是检验宅基地资格权内涵科学性、合理性的主要标准。农户依法拥有宅基地资格权且通过成员集体分配取得宅基地,继而取得宅基地使用权,是宅基地资格权的主要方面。这在理论和实践中具有普遍认可度,应当在宅基地资格权内涵界定中得到明确体现。至于宅基地资格权是否包括最终取回流转后的宅基地使用权这一内容,则尚未在相关理论及实践探索中达成共识。若将宅基地使用权流转分为物权性流转方式和债权性流转方式,则仍可基于宅基地资格权的内在性以及宅基地制度保障功能予以判定。在物权性流转方式(典型如转让)下,根据转让期限有限性的认知及实践做法,宅基地资格权成为宅基地使用权按照物权性流转方式流转后取回的依据。这是保障宅基地资格权的需要,也是实现宅基地制度保障功能的重要保障。在债权性流转方式(典型如租赁)下,农户手中仍然拥有宅基地资格权,并将在流转期限届满后回归农户。从形式上看,这种回归的依据是债权性流转方式涉及的流转协议,但实质上在于农户仍然拥有宅基地资格权,且该宅基地资格权成为农户取回宅基地使用权的最直接、最可能的权利依据。就此看来,在采取债权性流转方式流转宅基地使用权的情况下,仍然应当由农户拥有在流转期限届满后最终取回宅基地使用权的权利。故而,宅基地资格权应当包括最终取回流转后的宅基地使用权这一内容。

综上所述,在辩证评析现有学说的基础上,结合相关研究及实践,可将宅基地资格权的内涵界定为由集体成员构成的农户依法取得的以宅基地分配请求权为核心的具有身份性、保障性、请求性、优先性的集体成员权。

2. 宅基地资格权的独立

目前,学界关于宅基地资格权是否应被独立设定为一项权利存在不同态度。但将宅基地资格权设定为一项相对独立的权利,更为科学、合理。主要理由包括以下几个方面:

其一,符合宅基地"两权分置"到"三权分置"的改革进路。"两权分置"下的宅基地使用权是"三权分置"下宅基地资格权和宅基地使用权的主要来源。解决"两权分置"下宅基地使用权承载非物权性内容对宅基地资源节约集约利用的阻滞,实现身份性内容与财产性内容的相对分离并分别由宅基地资格权和宅基地使用权承接,正是宅基地"三权分置"改革的重点和关键。基于其特殊属性,这一身份性内容显然无法直接纳入宅基地集体所有权和宅基地使用权,而更适合作为一项独立的权利。同时,"两权分置"下集体成员以户为单位获得的宅基地使用权实质上包含了身份性、保障性、请求性的资格权益。"宅基地资格权"这一语词表达与之最为契合。

其二,利于协调好宅基地制度中公法逻辑与私法逻辑关系。我国主要按照公法逻辑逐步建立了宅基地制度。"两权分置"下成员集体与集体成员在宅基地上的关系以及成员集体向集体成员以户为单位无偿分配宅基地及其在宅基地制度中展现的保障功能,均为"两权分置"下按照公法逻辑构造的宅基地制度的重要体现。如何理顺其与后来按照私法逻辑构造出的宅基地上的所有权、用益物权的关系,始终是相关理论及实务探索的重点和难点。为此,我国提出并推进宅基地"三权分置"改革探索。在"三权分置"下,将宅基地资格权独立为一项权利并依法予以认定,既能理顺"宅基地集体所有权、宅基地使用权"的物权逻辑,又能畅通成员集体与集体成员关系框架下宅基地制度保障功能的实现路径。宅基地资格权实质上成为协调身份性内容及宅基地制度保障功能与宅基地物权体系关系的关键抓手。

其三,具备独立为一项特殊权利的实践条件。义乌市、德清县等多地在宅基地"三权分置"改革探索中也通过登记方式设定宅基地资格权,为单独设定宅基地资格权奠定了实践基础。

3. 宅基地资格权的主体

以户为单位认定宅基地资格权是地方实践的普遍做法,契合宅基地资格权的身份性内容权利化本质以及承载宅基地制度保障功能的定位。关于户的表述,现行立法中存在"农村承包经营户"(《民法典》第55条)、"农户"(《农村土地承包法》第16条)、"农村专业户"[《确定土地所有权和使用权的若干规定》(已被修改)(第50条)]、"承包经营户"(《村民委员会组织法》第8条第2款)等。但"农户"一词最适宜作为宅基地资格权主体的规范称谓。《中共中央关于全面深化改革若干重大问题的决定》明确提出"保障农户宅基地用益物权"。这里的"宅基地用益物权"是"三权分置"下农户依据宅基地资格权取得的宅基地使用权,这里的"农户"实则是宅基地资格权主体。"农户"作为个体性与团体性的集合,[1]在语词上早已成为集体成员组成户的规范表达。将由集体成员构成的农户作为宅基地资格权主体符合以户为单位分配宅基地的既有制度约束。作为宅基地资格权主体的户与作为土地承包经营权主体的户在集体与成员关系范畴内实质等同。统一使用"农户"一词益于协调不同类型农村土地上的权利表达,维护"户"的情感认同和共同利益,[2]系统保护农民的土地权利。

  有学者主张按照财产法原理将宅基地资格权的法律主体由农户逐步变更为农民个体。[3]但从家户制度的中国意义以及家户在乡村振兴中的重大价值来看,将农户作为法律主体更为必要、可行。关于农户的认定,主要存在户籍说、赡养抚养关系说、土地承包关系说等。但从传统中国法律的家户性来看,户籍制度巩固和维护了家户制度,[4]户籍成为农户主体认定的主要依据。[5]但农户构成人员的认定仍然是农户主体认定的关键。在宏观层面,宅基地资格权主体认定仍应聚焦农户组成人员是否具备集体成员资格。按照遁入集体成员权思路,但凡由集体成员组成的农户,原则上都属于宅基地资格权主体。在微观层面,关于农户组成人员的集体成员身份判定已形成以"户籍"为基础、兼顾"权利义务关系"等因素的识别模式。[6]但宅基地资格权主体判定的难点并不在于个体身份识别,而在于厘清农户内集体成员数量与宅基地资格权主体认定的关系,具体涉及四个问题:宅基地资格权主体的认定是否与农户中集体成员数量有关、集体成员新分户是否影响原户继续拥有宅基地资格权、外来户是否可成为宅基地资格权主体、农户成员均丧失集体成员资格是否影响宅基地资格权主体认定。

  宅基地资格权主体的认定与农户组成人员是否具备集体成员身份有关,

---

[1] 参见高宽众:《我国农户法律地位初探》,载《法学研究》1984年第2期。
[2] 参见管洪彦:《宅基地"三权分置"的权利结构与立法表达》,载《政法论丛》2021年第3期。
[3] 参见申惠文:《集体土地用益物权农户主体问题研究》,载《河北法学》2020年第2期。
[4] 参见徐勇、张慧慧:《传统中国法律的家户性及当代价值》,载《东南学术》2022年第1期。
[5] 2020年7月22日,自然资源部办公厅印发的《宅基地和集体建设用地使用权确权登记工作问答》规定:"地方对'户'的认定有规定的,按地方规定办理。地方未作规定的,可按以下原则认定:'户'原则上应以公安部门户籍登记信息为基础,同时应当符合当地申请宅基地建房的条件。根据户籍登记信息无法认定的,可参考当地农村集体土地家庭承包中承包集体土地的农户情况,结合村民自治方式予以认定。"
[6] 参见陈甦:《农村集体经济组织法构众说窥略——有关农村集体经济组织法律形式变革的稿件编后感》,载《法学研究》2022年第3期。

与所占比例无关。宅基地资格权实质上是农户全体成员之成员权的集合行使。立足宅基地资格权的实质与功能,结合现有实践来看,只要户内有一人具备集体成员资格,则该成员必然拥有集体成员权。唯有获得以户为单位申请宅基地的权利并以其所在户的总人数依法确定可使用的宅基地面积,方可实现"户有所居"的基本住房保障需求。这意味着,若构成人员中有一人以上基于出生等因素取得集体成员资格(包括视为取得集体成员资格),则其组成户当然属于宅基地资格权主体;若构成人员均不具有集体成员资格,则该农户原则上不能成为宅基地资格权主体(除非法律、行政法规另有规定)。

集体成员新分户不会影响原户的宅基地资格权主体身份。新分户是宅基地管理实践中的常态。一般而言,子女年满18周岁且具有独立生活能力便可分户。从实践来看,原农户新分户这一情形不影响原农户的宅基地资格权。若新分户后原农户现有组成人员均不具备集体成员资格且原农户尚未取得宅基地使用权,则不再符合宅基地资格权取得条件,理应丧失宅基地资格权;若新分户后原农户现有组成人员均不具备集体成员资格但已依法获得宅基地使用权,则基于保护房屋产权和宅基地利用需要,仅须确认和保护其宅基地使用权,但因其不再符合宅基地资格权取得条件,理应丧失宅基地资格权。至于新分户的宅基地资格权确认,则仅须关注新户组成人员中是否有集体成员即可。若新分户中存在集体成员,则应当认定新分户拥有宅基地资格权。[1]

关于外来户是否可成为宅基地资格权主体,许多地方认定外来户的成员不具备集体成员资格,不能拥有具有集体成员权性质的宅基地资格权。但也有个别地方作了不同规定。例如,金华市中级人民法院发布的《关于涉义乌市农村宅基地资格权、使用权转让纠纷裁判规则(试行)》第3条规定,将"基于买卖、继承等合法形式已经取得的宅基地使用权""视为基于宅基地资格权取得"。但"视为"与认定存在实质差别。对于外来户,存在认定宅基地资格权和不认定宅基地资格权两条路径。若"一刀切"地认定宅基地资格权,则意味着实质认可外来户的集体成员身份并赋予其集体成员权,但面临的困局是:若外来户组成人员均不具备集体成员资格条件,赋予其宅基地资格权主体资格则

---

〔1〕 例如,金华市中级人民法院发布的《关于涉义乌市农村宅基地资格权、使用权转让纠纷裁判规则(试行)》第4条规定,"具备分户条件的原宅基地使用权共有人""有权请求确认宅基地资格权"。

与基于集体与成员框架而建立的宅基地资格权的法理基础和宅基地制度的保障功能相冲突。故而,仍须坚持以外来户组成人员是否存在集体成员为依据:若存在,则应当认可外来户的宅基地资格权;若不存在,则不予认可。

农户的构成人员均丧失集体成员资格的,并不当然影响宅基地资格权主体身份。丧失集体成员资格的情形或原因较多,须分情形探讨。农户在其组成人员均丧失集体成员资格前已取得宅基地资格权但尚未取得宅基地使用权的,从保护集体成员权和社会共识来看,宜继续认可其宅基地资格权主体身份,并通过设定法定行权期限,平衡宅基地资格权保护与其他成员权益、集体利益保护的关系。从行权程序、行权成本以及行权事项来看,建议将法定行权期限设定为3年至5年并授权国务院确定。若农户在其组成人员均丧失集体成员资格前尚未取得宅基地资格权和宅基地使用权,则不予认定。可见,判断的关键仍在于该户是否存在集体成员以及是否因此而确需认可宅基地资格权。

4. 宅基地资格权的内容

尽管宅基地资格权使用"资格"二字,易被解读为申请宅基地的资格,但这一"称谓并不能真实反映其真实内涵"[1]。宅基地资格权具有丰富的权利内容。关于宅基地资格权的内容构成,现有研究均认可其构成的多样性,普遍认为宅基地分配请求权和宅基地使用权回复权是宅基地资格权的主要组成部分。其中,宅基地分配请求权是宅基地资格权的首要内容,直接彰显宅基地资格权作为集体成员权的本质属性,是宅基地"三权分置"改革下"三权"逻辑架构的关键。宅基地使用权回复权则属于宅基地资格权主体对流转后的宅基地使用权拥有的最终取回的权利。但学界就其他构成方面存在争议。相关观点有无偿继受、优先继受、申请集体提供居住保障,[2]受让权、适度分配权、获益权,[3]费用豁免权、优先受让权,[4]政府征收补偿权、退出权、退出补偿权,[5]

---

[1] 董新辉:《宅基地"三权分置"改革的路径选择:变"政策主导"为"法律主治"》,载《贵州师范大学学报(社会科学版)》2020年第4期。

[2] 参见江晓华:《"三权分置"下宅基地退出的权利表达》,载《华南农业大学学报(社会科学版)》2021年第3期。

[3] 参见徐丹丹:《宅基地资格权的权属定位及其制度实现》,载《福建农林大学学报(哲学社会科学版)》2020年第1期。

[4] 参见陈小君:《宅基地使用权的制度困局与破解之维》,载《法学研究》2019年第3期。

[5] 参见刘宇晗、刘明:《宅基地"三权分置"改革中资格权和使用权分置的法律构造》,载《河南社会科学》2019年第8期。

获得宅基地的使用费、征收补偿、有偿退出宅基地、监管宅基地的利用,[1]费用豁免权、退出权及补偿权、优先受让权[2]。

分析发现:现有相关学说所提出的适度分配权属于宅基地分配请求权的内容;费用豁免权(无偿继受)本就内含在宅基地资格权中,不具有成为独立类型内容的价值;受让权(优先受让权)主要存在于"三权分置"下的宅基地使用权流转中,并非宅基地资格权的内容;获益权(获得宅基地的使用费)则是获得宅基地资格权后,流转所取得的宅基地使用权所带来的收益,具有明显的契约性特征,并非宅基地资格权的应有内容;至于退出权(有偿退出宅基地),对其不但存在是否可退出宅基地资格权的争议,而且宅基地资格权本就是一种须经认定的资格性的权利,缺乏设定退出权的实质意义。由此看来,现有学说中较为符合要求且具有可行性的宅基地资格权内容主要是宅基地分配请求权、宅基地使用权回复权、宅基地补助补偿权。此外,相关地方探索中还存在宅基地资格权与国家住房保障制度转移衔接等做法,为厘定宅基地资格权内容构成提供了重要参考。

关于宅基地资格权内容构成的认知差异,也会随着宅基地"三权分置"实践探索和理论研究的深入而逐步消解。但从现有相关理论及实务来看,确定宅基地资格权的内容仍须把握好如下几点:其一,宅基地资格权的内容是集体成员以户为单位利用宅基地实践的产物,农户利用宅基地的科学实践从根本上决定了宅基地资格权的内容。这一科学实践集中表现为农户基于家庭成员作为集体成员获得集体无偿分配的宅基地的正当性以及成员集体保障集体成员"户有所居"需求的基本职责。其二,宅基地资格权作为集体成员权的重要类型,在本质上是团体法范畴内的民事权利,不宜在其中加入公法性内容。监管权等显然不适合作为宅基地资格权的内容。无论是从宅基地制度变迁还是从"三权分置"改革需求来看,宅基地资格权作为民事主体的民事权利这一性质均不受集体与成员关系的直接影响。从团体法角度回归宅基地资格权的本源,才是确定宅基地资格权内容的可行路径。其三,"三权"架构的逻辑要求是

---

〔1〕 参见刘国栋:《论宅基地三权分置政策中农户资格权的法律表达》,载《法律科学(西北政法大学学报)》2019年第1期。

〔2〕 参见管洪彦:《宅基地"三权分置"的权利结构与立法表达》,载《政法论丛》2021年第3期。

确定宅基地资格权内容的重要因素。宅基地"三权分置"下的"三权"是一个体系化、系统性的结构。宅基地资格权作为"三权"的重要构成,理应符合"三权"架构的逻辑体系要求。"三权"的体系性、系统性构造是确定宅基地资格权内容的实践要求。

综合上述考虑,可将宅基地资格权分解为积极权能和消极权能。积极权能是宅基地资格权的主要方面,由主要权能和转接权能构成。宅基地资格权的主要权能包括宅基地分配请求权、宅基地使用权回复权和宅基地补助补偿权。其中,宅基地分配请求权是宅基地资格权的首要内容,也是宅基地资格权作为集体成员权这一本质属性的体现和宅基地制度保障功能权能化的结果。宅基地资格权衍生于宅基地集体所有权并在权能上表现为宅基地使用权回复权,即宅基地资格权主体在特定情形下拥有取回已流转的宅基地使用权的权利。宅基地补助补偿权则是宅基地资格权在征收等法定情形下依法获得补偿的权利。需说明的是,宅基地分配请求权、宅基地使用权回复权、宅基地补助补偿权仅为宅基地资格权的主要构成,并非独立的宅基地权利(见表3-4)。

表3-4 宅基地资格权的内容构成

权能类型	基本权能	权利构成
积极权能	主要权能	宅基地分配请求权
		宅基地使用权回复权
		宅基地补助补偿权
	转接权能	集体住房福利分配权
		政府住房保障请求权
消极权能	主动保护和被动保护	宅基地妨害排除权
	被动保护	不得收回
		不得流转

宅基地资格权所承载的基本住房保障职能与国家住房保障职责、有条件的集体通过其他形式所承担的住房保障职责在实现"户有所居"的保障目标和功能上存在一致性,相互间具有较强的替代性。浙江省德清县等地的实践表明,"三权分置"下的宅基地制度与国家住房保障制度存在替代关系,但须以宅

基地资格权为抓手构建相应的转接规则。就宅基地资格权主体而言,通过宅基地资格权与前述具有替代性职责的相关制度的转接,亦可获得"户有所居"的基本住房保障。在制度层面,主要表现为宅基地资格权制度与集体住房保障制度、国家住房保障制度的转接;在权利层面,集中反映为宅基地资格权与成员拥有的集体住房保障权[1]、国家住房保障权[2]的衔接。同时,从实践来看,呈现出从宅基地资格权向其他两项职责转接的单向性;从理论来看,唯有将转接权能植入宅基地资格权并在转接后依法取消宅基地资格权,方可实现实质公平。相对而言,将转接权能植入宅基地资格权更为科学、准确。一方面,将转接权能植入宅基地资格权,实际上是将实现"户有所居"基本保障的选择权交还给集体成员。"三权分置"下宅基地资格权就是实现"户有所居"基本保障的唯一权利载体。同时,转接权能的内容与"三权分置"下的宅基地资格权高度契合。将其植入宅基地资格权,实现了宅基地资格权的内容完整性,以及"三权分置"下宅基地制度作为实现"户有所居"基本保障权利载体的唯一性和确定性。另一方面,将转接权能植入宅基地资格权契合宅基地资格权的体系性构造要求,利于理顺宅基地资格权与集体住房保障权、国家住房保障权的关系,便于更好构造单向度的转接规则。在此框架下,通过适度扩张宅基地资格权的权能,将"两权分置"下宅基地权利中身份性内容和转接权能整合归入宅基地资格权,利于实现公私法内容在民事权利框架内的兼容。

此外,消极权能仍是宅基地资格权的重要构成,主要包括基于保护宅基地资格权而设定的宅基地妨害排除权以及宅基地资格权不得收回、不得流转等要求。但其并非宅基地资格权法律构造的重点。

5. 宅基地资格权的实现

宅基地资格权在法律层面的体现,是宅基地资格权实现的首要且基本层次。宅基地资格权作为"三权分置"下"三权"的关键构成,是宅基地"三权分置"法律制度设计的核心,理应属于《立法法》确定的应当制定法律的事项。宅

---

[1] 集体住房保障权是指符合条件(尚未分配宅基地)的宅基地资格权主体依据宅基地资格权向所在集体申请分配集体住房的请求性权利。

[2] 国家住房保障权则是符合条件(尚未分配宅基地)的宅基地资格权主体依法申请享受政府住房保障福利的一项请求性权利。

基地资格权属于集体成员权,理应属于未来农村集体经济组织立法[1]的重要方面。尽管考虑到集体成员权的概括性,我国宜选择"间接入法"而非"直接入法"方式规定集体成员权,[2]但宅基地资格权作为宅基地上的一项具体权利,不宜直接归入集体成员权立法,而应当采取"直接入法"方式,在法律中明确列出宅基地资格权的主要权能。在此基础上,宅基地资格权实现的重心则是如何实现宅基地资格权的权能内容。当前,要实现的宅基地资格权权能主要是积极权能。

权利应有边界,早已成为共识。宅基地资格权作为团体法上特殊类型的民事权利,仍然是具有边界的。宅基地资格权的边界主要取决于宅基地资格权设立的目标、属性和功能,由宅基地资格权的内容边界和宅基地资格权的行使边界构成。宅基地资格权的内容边界属于应有权利与法定权利的边界,主要涉及宅基地资格权内容的法定性与实有性的区别。宅基地资格权内容的边界内在取决于宅基地资格权的理论正当性,但应当与特定社会发展阶段的立法技术、立法条件相适应。现阶段,我国首先应当在立法上明确将宅基地分配请求权、宅基地使用权回复权、宅基地补助补偿权确定为宅基地资格权的内容。至于是否应当增加其他方面作为宅基地资格权的内容,仍然取决于前述内在性和可行性两项指标要求。在行使方式上,宅基地资格权的内容具有极强的身份性和保障性,理应由宅基地资格权主体自行行使。

宅基地资格权的行使边界则是对宅基地资格权实现的限制,属于法定权利转化为实有权利的范畴。从正面看,宅基地资格权的行使边界主要涉及宅基地资格权由谁行使、采取哪些手段或方法行使等问题,主要取决于宅基地资格权制度的科学性。但跨集体实现宅基地资格权同集体与成员框架下"户有所居"的集体保障职责设定存在冲突,极易导致宅基地资格权的泛化、滥用。除法定情形外,宅基地资格权不具备跨集体实现之正当性与可行性。从反面来看,宅基地资格权行使的边界性主要聚焦于对宅基地资格权行使的限制性规定和禁止性规定。明确宅基地资格权行使的限制性和禁止性规定是确定宅

---

[1] 当前,国家层面正在推进农村集体经济组织立法工作。参见《农业农村部对关于制定农村集体经济组织条例建议的答复》。

[2] "直接入法"是指将一项应有权利直接规定到立法中,将其设定为一项法定权利;"间接入法"则是指在立法并未直接规定的情况下,将该应有权利的内容构成规定到立法中,间接实现权利的法定化。

基地资格权边界的关键。故而，宅基地资格权行使的限制性和禁止性情形，必然是探讨宅基地资格权边界问题的重点。

结合现有相关规定及研究来看，宜将宅基地资格权行使中的约束性情形确定为两类：第一类是"以户为单位"认定和行使宅基地资格权。"一户一宅""以户为单位"认定和行使宅基地资格权，既是对"两权分置"下宅基地制度的承续发展，也是"三权分置"下宅基地制度功能实现以及宅基地资源节约集约利用的关键。这不仅是对现有农户的限制，也是在分户情况下原户宅基地使用权处置和新户宅基地资格权认定与行使的规则约束。第二类是宅基地资格权不得流转。集体与成员的关系以及成员个体集体成员权的确认与保障是确认宅基地资格权的依据。宅基地资格权实质上是具体集体成员及其所组成的具体农户的专有权利。即使双方均符合本集体成员资格，亦往往在具体构成及其对应的集体成员权方面存在一定差别，且尚未获得宅基地资格权的一方本就可依法申请取得相应的宅基地资格权。故，宅基地资格权缺乏流转的必要性和可行性。

五、"三权分置"下的宅基地使用权

宅基地"三权分置"改革力求通过宅基地资格权与宅基地使用权的分置，实现宅基地上身份性内容与财产性内容的分离。结合相关理论及实践来看，将宅基地使用权定位为单纯的财产权，更为科学、合理。结合相关理论及实务共识，可将"三权分置"下的宅基地使用权界定为：基于农村住宅及其必要附属设施建造需要，由成员集体依据法律、法规规定和约定设立并用于住宅建造使用的一种特殊的不动产用益物权。

（一）"三权分置"下宅基地使用权的语词表述与主体范围

现有理论及实务中经常出现"宅基地""农村宅基地"等不同称谓，引发了关于"宅基地"一词是否属于农村农民建造住房用地的专用词的疑问。对此，需要从语词表述上回应"宅基地"一词是否具有专用性。从来源看，"宅基地"一词最早出自《农村人民公社工作条例（修正草案）》。该条例第 21 条规定，"生产队所有的土地，包括社员的自留地、自留山、宅基地等等，一律不准出租和买卖"。此后，"宅基地"一词被中央相关政策文件和许多立法普遍使用，用

于指称建造住宅用的集体土地。从土地所有权和用途来看,"宅基地"一词的确具有明显的专用性,即在集体所有的土地上依法建造住宅的用地。由此来看,"宅基地"一词,是对农村住宅建设使用的集体土地的描述,不应当出现"农村宅基地""城镇宅基地"等不当称谓。

关于"宅基地"一词是否专用于指称农户建造住宅用的集体土地,需要结合"两权分置"和"三权分置"下宅基地配置的实际予以解答。从长期的实践来看,由集体成员组成的农户是宅基地配置与利用的主要主体,但并非唯一主体。符合条件的其他主体仍然可以依法直接申请取得相应成员集体分配的宅基地。根据宅基地确权登记实践,特定主体也可以依法初始取得宅基地使用权。这里的特定情形主要包括:一是非本集体成员因易地扶贫搬迁、地质灾害防治、新农村建设、移民安置等按照政府统一规划和批准使用宅基地,在退出原宅基地并注销登记后依法确定新建房屋占用的宅基地使用权的;二是非本农民集体经济组织成员(含城镇居民)因继承房屋占用宅基地的;三是1999年《国务院办公厅关于加强土地转让管理严禁炒卖土地的通知》(国办发〔1999〕39号)印发前已回原籍村庄、集镇落户的职工、退伍军人、离(退)休干部以及回乡定居的华侨、港澳台同胞等原在农村合法取得宅基地的或因合法取得房屋而占用宅基地的且经公告无异议或异议不成立的。[1]

从宅基地"三权分置"改革探索来看,市场主体仍可采取市场化手段直接获得成员集体拥有的房屋产权、通过与拥有宅基地使用权的农户达成流转协议等方式获得相应的宅基地,取得宅基地使用权。按照上述路径形成的宅基地并非由农户专门占有和利用,市场主体也可占有和利用宅基地。由此来看,"三权分置"下的宅基地使用权是纯粹的用益物权,在主体范围设定方面应当秉持适当开放的态度。将宅基地使用权主体的范围确定为包括但不限于宅基地资格权主体,符合宅基地使用权的基本属性,契合宅基地"三权分置"改革的目标要求。当然,基于对集体成员"户有所居"的保障目标以及宅基地制度保障功能,农户依据宅基地资格权参与宅基地的集体分配并依法取得、行使宅基

---

[1] 参见《国土资源部、中央农村工作领导小组办公室、财政部、农业部关于农村集体土地确权登记发证的若干意见》(国土资发〔2011〕178号)、《国土资源部关于进一步加快宅基地和集体建设用地确权登记发证有关问题的通知》(国土资发〔2016〕191号)的相关规定。

地使用权。这是宅基地配置与利用的主要形式。

(二)"三权分置"下宅基地使用权的形成路径与法律属性

宅基地"三权分置"改革在很大程度上就是要通过改造"两权分置"下的宅基地使用权,形成"农民集体享有所有权、农户享有宅基地使用权、社会主体享有某种宅基地用益物权"[1]的宅基地配置与利用格局。在"三权分置"下,宅基地使用权成为宅基地资源适度市场化配置与利用的关键。宅基地"三权分置"必然遵循从"两权分置"到"三权分置"的制度发展的内在性和规律性约束。为此,"三权分置"下的宅基地使用权和宅基地资格权与"两权分置"下的宅基地使用权的关系,以及"三权分置"下宅基地使用权与宅基地资格权的关系,成为确定"三权分置"下宅基地使用权形成路径和法律属性的基本依据。同时,宅基地使用权的法律属性与形成路径直接关联,不同路径构造下的宅基地使用权往往存在不同的法律属性;不同的法律属性也意味着宅基地使用权内容构成的差异。

结合相关理论及实践来看,宅基地使用权的形成路径主要有三种:其一,保留"两权分置"下的宅基地使用权并将其内容划分为身份性内容和财产性内容。但这一路径事实上与"两权分置"下的宅基地使用权并无实质差异,有违宅基地"三权分置"改革中"三权"的提法及目标要求。其二,未流转情况下,仅存在成员集体的宅基地集体所有权和农户的宅基地使用权;流转情况下,农户仍拥有宅基地使用权,流转出的是租赁权或利用权。[2]这一路径实际上属于"宅基地集体所有权、宅基地使用权、宅基地用益物权"的构造思路,改革成本相对较小。但将宅基地资格权与宅基地使用权合并确定为农户拥有的宅基地使用权(尤其是在未发生流转的情况下),仍不能满足宅基地"三权分置"改革要求;同时,基于宅基地使用权流转出的租赁权或利用权,仍然面临用益物权上再设用益物权的困局。其三,从"两权分置"下的宅基地使用权中反向析出宅基地资格权并予以相对独立,将剩下的财产性权利确定为"三权分置"下的宅基地使用权。这一路径将宅基地使用权确定为不动产用益物权,符合宅基地"三权分置"改革要求,与现有大多数学说相契合,具有较好的实践基础。

---

[1] 宋志红:《宅基地"三权分置"的法律内涵和制度设计》,载《法学评论》2018年第4期。

[2] 参见高圣平:《宅基地制度改革政策的演进与走向》,载《中国人民大学学报》2019年第1期。

关于宅基地使用权属性,学界主要存在"租赁权说"[1]和"用益物权说"。"租赁权说"倾向于将宅基地使用权定位为债权。该说聚焦宅基地上房屋市场化交易,相对忽视了宅基地使用权的相对独立性以及流转的特殊性,[2]必然面临债权相对短暂性和流转公示的天然不足问题。[3] 在宅基地"三权分置"提出之后,学界关于宅基地使用权的属性研究基本转向了"用益物权说"。该说认为,"三权分置"下的宅基地使用权相较"两权分置"下的宅基地使用权更加强调以宅基地为流转客体,在流转对象、流转范围、流转形式方面凸显宅基地财产价值,[4]是宅基地财产价值向私益属性的回归。[5] 该说就用益物权的权能存在不同主张。例如,有学者主张将宅基地使用权界定为去身份化的完整用益物权,并允许其在本集体经济组织之外适度流转;[6]有学者针对农房市场化利用,探讨宅基地使用权流转,主张在宅基地使用权上设立次级用益物权性质的宅基地经营权作为流转对象;[7]但也有学者主张按照允许其他法律设定新物权种类和内容的思路设定而非派生次级用益物权。[8] 尽管次级用益物权说不是对宅基地使用权的直接判定,也存在违背"一物一权"原则等问题,但其在实质上认可了宅基地使用权的用益物权属性。可见,将宅基地使用权定位为用益物权,也是宅基地"三权分置"改革背景下的理论共识。

从原《物权法》到《民法典》,相关立法均将宅基地使用权纳入用益物权并将其界定为宅基地使用权人依法对集体所有的土地享有占有和使用(依法利

---

[1] 但该说具有明显的阶段性特征,是在宅基地"三权分置"提出之前针对"两权分置"下宅基地使用权流转障碍的回应。相关研究成果参见刘凯湘:《法定租赁权对农村宅基地制度改革的意义与构想》,载《法学论坛》2010年第1期;陈小君:《宅基地使用权的制度困局与破解之维》,载《法学研究》2019年第3期;陈小君:《我国涉农民事权利入民法典物权编之思考》,载《广东社会科学》2018年第1期;高圣平:《宅基地制度改革政策的演进与走向》,载《中国人民大学学报》2019年第1期。

[2] 参见宋志红:《乡村振兴背景下的宅基地权利制度重构》,载《法学研究》2019年第3期。

[3] 参见董新辉:《新中国70年宅基地使用权流转:制度变迁、现实困境、改革方向》,载《中国农村经济》2019年第6期。

[4] 参见李丽、吕晓、张全景:《"三权分置"背景下宅基地使用权流转的法学视角再审视》,载《中国土地科学》2020年第3期。

[5] 参见董新辉:《新中国70年宅基地使用权流转:制度变迁、现实困境、改革方向》,载《中国农村经济》2019年第6期。

[6] 参见陈广华、李凤兴:《三权分置视角下外嫁女宅基地使用权继承问题研究》,载《江苏农业科学》2020年第6期。

[7] 参见宋志红:《宅基地"三权分置"的法律内涵和制度设计》,载《法学评论》2018年第4期。

[8] 参见孙宪忠:《推进农地三权分置经营模式的立法研究》,载《中国社会科学》2016年第7期。

用该土地建造住宅及其附属设施)的权利。[1] 可见,在反向析出身份性内容后,将财产权内容设定为宅基地资格权即纯粹的用益物权,这一思路具有突出的理论优势和充分的实践支撑。其一,该路径利于厘清"两权分置"下宅基地使用权中的身份性内容与财产性内容,通过权利架构使宅基地使用权真正回归财产法上的使用权(用益物权)。其二,该路径以宅基地资格权为抓手,利于协调宅基地制度中按公法路径形成的内容与按私法路径形成的内容,理顺集体与成员的关系,确保了集体成员以户为单位依据宅基地资格权获得宅基地使用权这一基本逻辑。其三,该路径确保了农户依据宅基地资格权取得的宅基地使用权与流转后受流转方获得的宅基地使用权的一致性,适应了成员集体与第三方基于契约关系所形成的"宅基地集体所有权、宅基地使用权"的实践样态,符合公众对宅基地使用权作为用益物权的认知共识。其四,按照该路径析出身份性内容后,将财产性内容设定为宅基地使用权(纯粹的用益物权),在权能构成方面以及与宅基地集体所有权形成的"所有权—用益物权"架构方面高度契合物权理论要求。

将宅基地使用权界定为用益物权,还须合理解释宅基地使用权流转相关问题。在转让等物权性流转方式下,流转的宅基地使用权就是农户作为流转方拥有的宅基地使用权,但采取出租(租赁)等债权性流转方式的,则需判定流转对象是不是宅基地使用权。重庆市大足区、浙江省德清县以及其他一些地方开展的相关探索,都明确允许宅基地使用权出租(租赁)、转让。以出租为例,受流转方通过租赁方式取得的是宅基地的租赁权,而非宅基地使用权这一用益物权。同时,按照现行法的规定,通过租赁(出租)方式流转的,协议期限最长不得超过20年。可见,按照现有物权理论及立法规定,采取出租(租赁)等债权性流转方式流转的并非宅基地使用权这一用益物权,而是租赁权等债权。宅基地使用权的设定与宅基地使用权流转属于不同环节、不同范畴,不得以作为后置命题的流转领域问题作为宅基地使用权属性的判断依据。[2] 对宅基地使用权属性的判定会影响宅基地使用权流转规则设计,但宅基地使用权

---

[1]《民法典》将宅基地使用权纳入用益物权篇并界定为宅基地使用权人依法对集体所有的土地享有占有和使用(依法利用该土地建造住宅及其附属设施)的权利。

[2] 至于农户向受流转方流转的到底是什么,并不影响其依据宅基地资格权取得宅基地使用权,也不影响宅基地使用权作为农户依法取得的财产权利这一基本判断。

流转不会影响对宅基地使用权属性的判定。

(三)"三权分置"下宅基地使用权的权利边界与实现形式

任何权利都是有边界的。不动产物权的边界主要涉及权能构成、行使禁限以及标的范围。换言之,作为不动产用益物权的宅基地使用权在权利边界方面主要由权能范围、行使禁限以及空间范围构成。影响宅基地使用权权利边界确定的因素主要是立法规定和地方实际。宅基地使用权的权能范围和行使禁限主要以相关立法规定为依据;地方实际则主要是指各地在宅基地资源配置与利用方面的资源禀赋、实际需求,以及宅基地使用权对应的宅基地范围、宅基地权利行使相关地方规定。《土地管理法实施条例》第33条规定,"应当统筹考虑农村村民生产、生活需求,突出节约集约用地导向,科学划定宅基地范围",体现了立法对地方实际这一因素的认可。

在权能范围方面,既然宅基地使用权是用益物权,理应拥有占有、使用、收益及有限处分的权能。占有、使用、收益及有限处分作为宅基地使用权的权能,已达成理论共识,存在立法依据,具有实践基础。宅基地使用权四项权能已在学界尤其是"用益物权说"主张者中达成共识。相关立法也认可宅基地使用权的占有、使用等权能。《民法典》第362条将占有、使用作为宅基地使用权的权能。同时,《民法典》第363条作为引致性条款,通过规定"行使和转让"须"适用土地管理的法律和国家有关规定"的方式,间接认可了宅基地使用权的收益以及有限的处分权能。[1] 相关实践探索既存在直接确认宅基地使用权四项权能的规定,也从宅基地使用权流转角度确认宅基地使用权的收益及有限处分权能。例如,《德清县农村宅基地管理办法(试行)》第33条第1款规定,宅基地使用权包括占有、使用、收益和处置权能。

行使禁限是宅基地使用权与传统用益物权相比存在差异的体现。宅基地使用权面临一般性禁限和特殊性禁限两类制约。一般性禁限情形是指宅基地使用权作为一项不动产用益物权,理应受到来自立法、法理及相关实践的约束。权利不得滥用是宅基地使用权一般性禁限的集中体现。特殊性禁限情形

---

[1] 尽管《土地管理法》第62条第3~6款是对出卖、出租、赠与住宅以及有偿退出宅基地的监管性规定,但我国适用的是"房地一体"原则,实质上认可了宅基地使用权的收益和有限的处分权能。同时,确认宅基地使用权的收益和有限处分权能,也符合宅基地"三权分置"改革关于适度放活宅基地使用权的要求,存在理论和实践共识。

则是宅基地使用权区别于一般不动产用益物权之特殊性所在,主要来自相关立法、政策及实践的约束。立足集体所有制及其法律实现形式、宅基地制度主要功能以及宅基地"三权分置"改革相关法理,可将宅基地使用权的禁限情形归纳如下:其一,不得突破三条"底线",即不得改变土地集体所有性质、不得改变土地用途、不得损害农民合法权益(以下简称"三个不得")。"三个不得"源自农村土地承包制度,但仍然是宅基地制度改革探索的"底线"。其二,大量存在于宅基地管理政策文本中的宅基地利用监管性限禁规则。典型的如"一户一宅""面积不得超过本省、自治区、直辖市规定的标准""严禁城镇居民到农村购买宅基地,严禁下乡利用农村宅基地建设别墅大院和私人会馆。严禁借流转之名违法违规圈占、买卖宅基地",[1]宅基地利用"应当遵循节约集约、因地制宜的原则合理规划"[2]等。其三,相关地方立足实践对宅基地使用权作出的科学、合理限制。例如,浙江省义乌市以村落更新改造为时间标志,对宅基地使用权处分权能(转让)所作的区分性限制规定。[3]

在空间范围方面,宅基地使用权的权利范围主要涉及对权利客体的界定,即哪些土地属于宅基地。按照《土地管理法》确定的土地所有制类型和土地用途划分,宅基地属于集体建设用地,但基于集体成员"以户为单位申请""一户一宅""限定面积""户有所居"等规则,明显区别于集体公益设施及公益事业用地、集体经营性建设用地等集体建设用地类型。当前,实践中主要采取"房脚点测量"方式,以测量农民住宅外墙后计算所得面积为准。然而,关于住宅周边院坝以及另建厨房、厕所、院坝等配套生活用地是否计入宅基地面积在立法上存在模糊性,实践中也存在一定的争议。但从宅基地作为公共资源的稀缺性来看,按照土地节约集约利用要求,理应平衡建造房屋用宅基地与院坝、厨房、厕所等配套生活生产用地的关系。结合相关实践,建议在区分宅基地与配套生活设施用地基础上,由省、自治区、直辖市立足实践确定配套生活设施用地面积,但不得超过获批宅基地面积的1/3,主要理由在于:各地均根据农户人数批准可使用的宅基地面积,但至少为90平方米,这意味着每户可使用附属生

---

[1] 参见《中央农村工作领导小组办公室、农业农村部关于进一步加强农村宅基地管理的通知》。
[2] 《土地管理法实施条例》第33条第1款。
[3] 参见叶红玲:《"宅改"造就新农村——大理、义乌宅基地制度改革试点探析》,载《中国土地》2018年第5期。

活设施用地至少为30平方米,已完全能够满足生活需要乃至农业生产需要。

宅基地使用权的实现形式主要包括宅基地使用权权能实现和宅基地使用权妨害排除两方面。宅基地使用权权能实现的前提是宅基地使用权的确权。宅基地使用权确权须按照"房地一体"原则,坚持将宅基地使用权作为宅基地上房屋财产权的组成部分一体确权。[1] 在此基础上,可按照权能实现方式的不同,将宅基地使用权权能实现分为自主实现和他主实现。其中,自主实现即宅基地使用权主体直接占有、利用宅基地及其上住房并获得相应收益的实现方式;他主实现则是依托于宅基地使用权流转方式,通过市场化方式实现宅基地使用权。他主实现是适度放活宅基地使用权和房屋财产权相关改革探索的主要方向,关键在于宅基地使用权的设定及其流转规则设计,是宅基地"三权分置"制度设计的重要内容。宅基地使用权妨害排除则根源于宅基地使用权的占有权能。宅基地使用权主体据以排除对宅基地使用权财产权利及其实现的阻滞,以保护和实现宅基地使用权。既然宅基地使用权属于用益物权,则宅基地使用权理应具有妨害排除的权利内容。

---

[1] 参见蔡继明:《关于当前土地制度改革的争论》,载《河北经贸大学学报》2015年第2期。

第四章 落实宅基地集体所有权的制度构造

凡规定国家与公民之间权力服从关系或权力者与服从者意思的是公法，凡规定公民之间权利对等关系或平等意思的是私法。[1] 宅基地"三权分置"改革适用的是民法上的所有权、资格权、使用权概念，且在内容构成上具有较高的相似度。但宅基地集体所有权具有物权权能和管理权能，具有区别于一般所有权的特殊性。一方面，宅基地集体所有权的物权权能在构成、设置、功能、路径等方面与一般不动产所有权存在显著差别；另一方面，宅基地集体所有权的管理权能在本质上是成员集体及其法定代表主体作为民事主体的自治管理权利，但其主要基于公法逻辑设定且具有较强的规制性特征。在此基础上，落实宅基地集体所有权在很大程度上就是落实宅基地集体所有权的物权权能和管理权能，亟须以权能转化为主线，适应性强化法律制度供给。

一、落实宅基地集体所有权的基本进路

（一）落实宅基地集体所有权的实质

宅基地集体所有权制度的产生与发展并未完全遵循私法构造路径，而主要是以公法逻辑设定的，但仍兼有私法赋权的元素。我国通过颁布原《物权法》着力从私法逻辑构造"两权分置"下基于宅基地集体所有权形成的宅基地使用权及其行使规则，但在内容与行使方面却深受以往按照公法逻辑设定的

---

[1] 参见韩松：《集体所有制、集体所有权及其实现的企业形式》，法律出版社2009年版，第91~92页；陈红光、曹达全：《公私法划分问题探析》，载《安徽大学法律评论》2006年第2期。

宅基地规则的限制。宅基地"三权分置"制度设计无法完全舍弃公法相关内容,但仍须秉持以私法为主、适度兼顾公法的制度构造进路。从集体所有制实现的基本法律形式来看,物权性质的宅基地集体所有权、集体成员权、宅基地管理权是宅基地集体所有权的主要方面。其中,以宅基地资格权为核心的宅基地领域集体成员权基于集体所有制而成为落实宅基地集体所有权的应然内容,但在实现逻辑方面主要被归入"三权分置"下保障宅基地资格权制度范畴。物权性质的宅基地集体所有权和宅基地管理权则是落实宅基地集体所有权制度的重点。

物权性质的宅基地集体所有权和宅基地管理权,是宅基地集体所有权的物权权能和管理权能的权利转化。要厘清落实宅基地集体所有权的实质,就应当科学界分宅基地集体所有权管理权能与物权权能的边界。依据《民法典》的规定,宅基地集体所有权拥有占有、使用、收益和处分等物权权能。宅基地集体所有权的管理权能则以宅基地物权权能为基础,以保护和实现宅基地集体所有权为目标,是集体规制权的核心内容,其在本质上仍然是成员集体及其法定代表主体作为民事主体针对法定情形的自治管理权利。作为宅基地集体所有权管理权能权利化所形成的宅基地资格认定权、宅基地申请审查权、宅基地规划参与权、宅基地利用激励权、宅基地收回权等成为宅基地集体所有权管理权能实现的制度内核。

可见,通过制度构造,确认和实现宅基地集体所有权的物权权能和管理权能就成为落实宅基地集体所有权的实质。

(二)落实宅基地集体所有权的思路

宅基地集体所有权物权权能的转化、实现具有较为成熟的理论和法律规则。即使是全民所有制转化形成的国家土地所有权,《民法典》"物权编"仍将其作为国家所有权纳入所有权制度体系,并未赋予国家土地所有权公权性质内容。这说明,公法性质内容不能成为阻碍甚至否定物权权能实现的缘由。在协同推进宅基地集体所有权物权权能与管理权能制度构造的框架下,宅基地集体所有权物权权能主要通过转化形成的宅基地集体所有权及其权能实现。较为特殊的是,除物权性质的宅基地集体所有权及其权能外,与该物权性权利实现直接相关的宅基地集体管理权同样是由宅基地集体所有权物权权能转化形成的权利。实际上,《土地管理法》第11条规定的集体所有的土地由农村集体经济组织"经营、管理"中的"管理"一词,在法律意蕴方面,第一层次的内涵就是基于集体所有权行使的直接需要设定的,主要包括农村集体经济组织对集体所有权及其客体开展物权性质的管理以及在"集体—成员"关系框架下对集体成员相关物权性权益的保障,以及集体财产的日常性管理、向本集体农户发包农用地、向本集体农户提供宅基地、流转管理、收取集体收益金、依法提供临时建设用地、分配集体收益等。当然,该条中的"管理"还存在第二层次的内涵,即以《土地管理法》第66条确定的土地使用权收回权为典型代表,以集体所有权为基础但超越集体利益、更多指向社会公共利益且具有单方性、强制性、约束性等特征的职能。这些规制性职能实质上就是集体所有权的管理权能。

《民法典》第126条还确定了转致条款,为依据其他"法律规定"将管理权能作为宅基地集体所有权内容构成提供了可能。[1] 相对而言,宅基地集体所有权管理权能的转化实现,才是落实宅基地集体所有权制度构造的关键和难点。关于管理权能及其转化形成的典型权利的法律属性,主要存在公权(准公权)、私权两条阐释进路。管理职能的相关内容主要形成于按照公法逻辑构造的宅基地土地制度形成和发展阶段。按照管理权能所形成的宅基地收回权等权利具有较强的公法属性。因其规制性与现代法治中的规制权最为契合,故按照公权(准公权)逻辑定性管理权能及其转化形成的权利成为首选。相对而言,将其定位为纯粹的私权,则陷入了混淆管理权能与物权权能的窘境。《民法典》将农村集体经济组织定位为"特别法人",即实质上仍将其认定为特殊类型的民事主体。农村集体经济组织作为民事主体原则上不得拥有和行使公权力。故而,在现行法治框架下,若将管理权能及其转化形成的权利确定为公权,则唯有两种方案可供选择:其一,参考《行政许可法》《行政处罚法》《行政强制法》等立法规定将农村集体经济组织确定为"法律、行政法规授权的具有管理公共事务职能的组织",在相关法律或行政法规中授权农村集体经济组织行

---

[1] 《民法典》第5章"民事权利"第126条规定:"民事主体享有法律规定的其他民事权利和利益。"这一规定意味着只要没有法律法规另行规定,则民事主体依据法律规定所行使的权利(无论是否具有管理性或规制性特征)均为民事权利。既然成员集体、农村集体经济组织、村民自治组织属于民事主体,则可依据《土地管理法》《村民委员会组织法》《农村集体经济组织法》等相关立法,拥有自治管理性质的权利。宅基地集体所有权的管理权能属于这一性质权利的范畴。

使管理权能及其转化形成的权利。照此方案,农村集体经济组织成为行政主体,其既要在相关法律、行政法规中明确规定管理权能及其转化形成的权利,又要明确授权农村集体经济组织行使,存在较高的立法成本,也无法解释农村集体经济组织行使物权权能的规定,甚至可能引发行政授权滥用的问题。相对而言,将管理权能定位为一项准公权,利于形成科学诠释,也符合以土地使用权收回权为典型的现有相关立法模式,具有突出的立法优势。其二,按照公共规制理论将管理权能转化形成集体规制权。相较而言,后者具有更强的可行性和实践基础。

管理权能具有明显的单方性、强制性、约束性特征,与现行法上的"规制"[1]更为契合,可将其转化形成的权利统称为集体规制权。尤其从《土地管理法》第 66 条和 2022 年 11 月 28 日发布的《农村宅基地管理暂行办法(征求意见稿)》第 31 条确定的土地使用权收回权的法定情形来看,结合该项权能及其行使主体的集体性特征,将集体规制权作为集体所有权管理权能的权利化,并确定为准公权力的特殊民事权利,更为科学、合理。在宅基地领域,宅基地收回权等前述管理权能转化的权利成为宅基地集体规制权的主要构成,宅基地集体规制权则是宅基地集体所有权管理权能转化形成的权利束。

二、宅基地集体所有权物权权能的实现

宅基地集体所有权并非传统物权法上的所有权,其在属性和权能构成上有别于单纯按照私法构造的不动产所有权。要科学构造宅基地集体所有权物权权能的制度规则,就要明晰宅基地集体所有权物权权能的基本构成,理清其在集体所有制的法律实现框架内契合理论和实践的应有限定,形成系统性的宅基地集体所有权物权权能实现制度规范。

(一)宅基地集体所有权物权权能的立法明确

宅基地集体所有权与其他类型的集体土地所有权均为物权法上的不动产所有权,理应适用一般意义上的不动产所有权相关规定,在物权权能方面同样

---

[1] 有学者认为:"所谓规制,向来被认为是公共权力机构基于公共利益导向而对社会共同体的活动依法施加持续的管理与控制活动。"参见胡税根、翁列恩:《构建政府权力规制的公共治理模式》,载《中国社会科学》2017 年第 11 期。

由四项积极权能(占有、使用、收益和处分)和消极权能(排除妨碍)构成。就后者而言,《民法典》第265条从集体财产的角度规定,"禁止任何组织或者个人侵占、哄抢、私分、破坏"集体所有的宅基地,保护宅基地集体所有权等权利。相对而言,宅基地集体所有权的积极权能构造才是物权权能实现相关制度构造的重点。

1. 宅基地集体所有权物权权能的立法不足

尽管《民法典》第二编"物权"明确规定了宅基地集体所有权,但并未直接规定集体所有权的权能范围,而是按照法典篇章体例结构,间接适用第二分编第4章"一般规定"中第240条和第241条关于"依法享有占有、使用、收益和处分的权利"和"设立用益物权和担保物权"的规定,间接确认集体土地所有权的权能。然而,这一立法模式仍然存在一定的不足。主要包括:

其一,未直接将集体土地所有权规定到《民法典》的物权编。《民法典》直接规定了"集体所有权"并将集体土地作为所有权的客体,但在条文中并未直接出现"集体土地所有权"或"土地的集体所有"之类的表述。[1] 不过,这并不影响当前立法对集体土地所有权的间接认可。宅基地集体所有权作为集体土地所有权的重要类型,没有必要被直接写入相关立法,仅在法律中明确规定集体土地所有权即可实现物权法定。

其二,关于集体土地所有权物权权能的回避式立法与"物权法定"相关要求不符。《民法典》仅在第263条规定"城镇集体所有的不动产和动产"由本集体依法"享有占有、使用、收益和处分的权利",但没有直接规定城镇集体以外的成员集体拥有的土地等不动产和动产的物权权能。看似依据《民法典》第240条和第241条这一"一般规定"能够间接确定集体土地所有权的物权权能,但集体土地所有权作为极为独特的不动产所有权,仍有必要在相关法律中实现"物权法定"。这也成为相关理论研究及实务认为宅基地集体所有权物权权能处于不明确状态的重要原因,制约了集体所有权的落实。

其三,《土地管理法》将宅基地、集体经营性建设用地、公益设施和公益事业用地、临时建设用地等纳入第5章"建设用地";《民法典》则将建设用地使用

---

[1] 集体土地所有权相关条文的不足,尤其是集体土地所有权物权权能条文的缺失,在一定程度上说明立法者对集体土地所有权的认知存在一定的局限。

权与宅基地使用权并列为第三分编"用益物权"的基本构成。这意味着,我国并未在用途上区分宅基地和集体建设用地,但基于利用所形成的用益物权则区分了集体建设用地使用权和宅基地使用权。实践中,许多地方基于盘活利用闲置宅基地,亦将宅基地纳入集体建设用地。这模糊了宅基地与集体建设用地在设权目的、权利构成、功能指向等方面的差别,也有碍宅基地权利的法定化。

2. 宅基地集体所有权物权权能的立法设定

宅基地集体所有权制度与农用地及其他类型集体土地所有权制度,在产生、发展、内容、实现等方面均存在明显的差异。厘清宅基地集体所有权物权权能的特别属性,是落实宅基地集体所有权物权权能的重要保障。尤其相对于其他类型的集体土地所有权而言,宅基地集体所有权拥有明显的特殊性。一方面,宅基地集体所有权在用途方面具有专用性。所谓宅基地集体所有权是成员集体对包括农户在内的相关主体住宅及其附属设施使用的宅基地拥有的所有权,在用途上主要为建造住房满足居住需求且以向本集体农户福利性供给为主。这是由成员集体对集体成员承担的"户有所居"保障职责所决定的,也是对落实宅基地集体所有权制度构造的基本约束。另一方面,宅基地集体所有权承载对集体成员"户有所居"需求的基本保障。自产生以来,宅基地集体所有权始终承载满足成员"户有所居"基本需求的保障功能。这是集体土地所有权制度得以建立的重要基础和宅基地制度的惯性约束。

考虑到宅基地集体所有权与集体土地所有权存在从属关系且与其他类型集体土地所有权在对象、功能等方面存在差异,宅基地集体所有权物权权能的立法宜采取"一般规定+专门规定"的模式。其中,"一般规定"是指在《民法典》中明确规定集体土地所有权的物权权能,并据此间接明确宅基地集体所有权的物权权能。该规定可通过直接修改《民法典》第263条实现,即将"城镇集体所有的不动产和动产"修改为"成员集体所有的不动产和动产"。[1]"专门规定"则是指在"一般规定"下,依据集体所有制、住房保障功能以及节约集约利用要求确定的宅基地集体所有权物权权能之边界。主要包括:

---

[1] 据此,建议修改后的《民法典》第263条规定为:成员集体所有的不动产和动产,依照法律、行政法规规定由成员集体享有占有、使用、收益和处分的权利。

其一，宅基地须主要由农户依法占有并利用。一方面，集体成员以户为单位利用宅基地是集体所有权的主要实现形式。自宅基地集体所有权形成以来，宅基地向来被用于描述本集体成员以户为单位获得成员集体分配用于建造住宅用的集体土地。集体成员利用宅基地与成员集体拥有宅基地的有机结合也是集体所有制的基本要求。另一方面，宅基地占有和利用具有特定性。由本集体农户使用宅基地是成员集体履行"户有所居"基本保障职能的主要形式。分配给本集体成员构成的农户并用于建造住宅，已成为我国宅基地配置与利用的常态，是宅基地使用权占有与利用的主要形式。这是对宅基地集体所有权占有、使用乃至收益权能的基本限制。

其二，不得非法介入农户宅基地利用。一旦农户通过集体分配得到宅基地并将其用于建造住房，便可依法取得相应的宅基地使用权和住宅产权。虽然"两权分置"下的宅基地使用权存在主体身份限制，但许多地方也从房屋所有权的角度肯定了租赁、继承、抵押等多种利用方式，体现出对宅基地使用权用益物权的保护。"三权分置"下的宅基地使用权更需要立法、行政和司法的协同保障，排除可能来自基层公权力和农村集体组织的妨碍。有必要在集体土地所有权相关立法中进一步明确加强对农户等农村土地权利主体权益的法律保护。

其三，宅基地集体所有权不得转让。基于集体所有制的限制以及集体所有权保护要求，我国相关法律及政策自建立宅基地集体所有权后始终禁止买卖宅基地，即禁止转让宅基地集体所有权。结合相关规定及法理可知，除征收及其他法定情形外，不得转让宅基地集体所有权。这仍然是对宅基地集体所有权处分权能的严格限制。

其四，宅基地集体收益的有效实现。从相关实践探索来看，特定情况下收取宅基地使用费是宅基地集体所有权收益权能实现的重要体现。从落实宅基地集体所有权来看，需要确认和做实宅基地集体所有权收益权能。但收取宅基地使用费容易加重农民负担，引发系列问题。故而，有必要在权衡改革成本与收益的前提下，协调宅基地制度保障功能与宅基地集体所有权实现的关系，从收费情形、收费标准、费用管理等方面体系化构造宅基地有偿使用制度。

(二)宅基地集体所有权物权权能的协同实现

宅基地的专用性以及"户有所居"基本保障要求，是坚持以宅基地农户利用作为主要利用形式的根本缘由。农户申请取得宅基地用于建造住宅,成为宅基地集体所有权实现的主要形式。同时,保障农户宅基地权益也是落实宅基地集体所有权物权权能的前提和基础。换言之,宅基地集体所有权物权权能的实现应当不得损害农户宅基地权益。落实宅基地集体所有权物权权能应当协调好与农户宅基地权益保障的关系,并在此前提下探求实现宅基地集体所有权物权权能的制度规则。

1. 宅基地集体所有权物权权能的行使主体

《土地管理法实施条例》第 34 条第 1 款首次在立法上确定了农村集体经济组织具有优先于村民自治组织代表成员集体行使宅基地集体所有权的地位,[1]彻底解决了农村集体经济组织与村民自治组织行使集体所有权的优先性问题。农村集体经济组织作为《民法典》确定的特别法人,在地方实践中已经成为更适合行使集体所有权、管理集体资产的特殊市场主体,明显优于拥有政治性职能的村民自治组织。在此基础上,结合村组集体资产统一运营需要以及村级统一代表村组两级成员集体的实践来看,我国确无必要分别在村和组建立相应的农村集体经济组织。浙江省确定由村农村集体经济组织统一代表村、组成员集体行使集体所有权的实践,符合降低成本、提高效益以及更好地维护集体利益的要求。在确定承包地发包主体时所适用的法定代表理论也为由村农村集体经济组织统一代表村、组两级成员集体行使集体所有权提供了支撑。故而,基于集体资产规模效应要求和集体资产统一管理需要,有必要由村农村集体经济组织统一行使村、组集体所有权;尚未建立村农村集体经济组织的,也应当按照村、组集体所有权统一行使的思路,由村民委员会统一行使。[2]这也是确定宅基地集体所有权物权权能和管理权能行使主体的基本方案。

---

[1] 根据《土地管理法实施条例》第 34 条第 1 款的规定,农村集体经济组织优先于村民自治组织作为农户宅基地申请的受理主体。

[2] 村农村集体经济组织与组农村集体经济组织之间并不存在上下级、管理与被管理关系。村农村集体经济组织作为上位的农村集体经济组织与下位的农村集体经济组织存在成员构成的包容与被包容关系。村农村集体经济组织在内部治理、集体利益代表广度和深度方面也远优于组农村集体经济组织。同时,村民委员会在承包地发包以及其他集体资产管理中受托行使集体土地所有权也存在政策依据和实践先例,加之村农村集体经济组织相对村民委员会而言更具参与市场运行的条件和能力,故而由村农村集体经济组织(未成立情况下的村民委员会)代表成员集体行使组宅基地集体所有权更为科学、可行。

2.宅基地集体所有权物权权能的客体类别

宅基地集体所有权物权权能的实现与土地用途立法直接相关。前已论及,《民法典》从用益物权角度,将宅基地使用权与建设用地使用权并列,但《土地管理法》则从土地用途角度,将宅基地纳入建设用地中。这意味着,现行立法在类型上将宅基地用益物权和客体予以差别对待,极易造成宅基地使用权及其客体的规则冲突。部分地方通过将宅基地转化为建设用地以实现盘活利用宅基地,但稍不注意则将影响集体对成员的宅基地供给能力。对此,存在两条解决路径:其一,通过修改《民法典》宅基地使用权的篇章位置,将宅基地使用权作为建设用地使用权的类别,确保与《土地管理法》的立法思路一致。其二,将宅基地从建设用地中分离出来,独立作为与建设用地并列的一类特殊的土地用途,形成宅基地、集体建设用地并列的格局。

相较而言,将宅基地与集体建设用地并列的立法思路更为科学、可行。[1]究其原因,主要包括:其一,社会公众普遍将宅基地作为一种独立且重要的集体土地类型,已形成宅基地与建设用地有别的认知共识。其二,相较于《土地管理法》最近一次修改,《民法典》出台时间更晚,其条文规定在一定程度上反映出立法者对于宅基地与集体建设用地关系的认知态度。这也体现了"新法"优先。其三,《民法典》作为我国第一部法典,关于物权的规定应当是其他相关立法的基本依据。宅基地与集体建设用地的关系属于物权客体的范畴。唯有《民法典》是物权设定的基本法律,故应以《民法典》相关规定为准。其四,宅基地与集体经营性建设用地、集体公益性建设用地在目标、功能、主体、构成、用途等方面存在实质差异;但集体经营性建设用地、集体公益性建设用地的共性或者说相似性更多,且在理论和实践中一般将两者并称为集体建设用地。其五,鉴于宅基地在农业农村稳定和发展中的重要性,我国专门针对宅基地设置了大量相关规则,且这些规则与集体建设用地相关规定存在较大差别。将宅基地从建设用地中分离并独立为一种集体土地类型,利于彰显相关规则的体系性以及国家对"户有所居"基本保障的重视程度。

---

[1] 按照这一思路,农用地、建设用地(集体经营性建设用地、集体公益性建设用地)、宅基地共同构成集体土地的基本类型。

3.宅基地集体所有权物权权能的实现路径

在廓清宅基地与集体建设用地边界的基础上,探讨宅基地集体所有权物权权能的实现路径仍须坚持一个重要前提,即只有本集体农户以及法律确定的其他主体才能依法向成员集体申请分配宅基地并以前者为主要形式。依据现行相关立法规定,可以直接从成员集体申请分配宅基地的主体包括宅基地资格权主体、视为取得宅基地资格权的主体以及按规定取得宅基地使用权的非本集体成员。其中,第三种情形并非基于集体与成员关系取得,也不属于"户有所居"基本保障范围,故而不宜赋予其宅基地资格权;视为取得宅基地资格权的主体同样存在居住方面的基本保障需求,该需求与本集体农户"户有所居"基本保障需求极其相似,故而有必要从理论和制度上将其视为取得宅基地资格权。同时,该类主体被视为取得的宅基地资格权与本集体农户取得的宅基地资格权,在内容、对象等方面并无实质差别。尽管视为取得宅基地资格权主体与宅基地资格权主体在成员身份上存在实质差异,但考虑到立法基于特定考量而将其视为具备宅基地资格权,且在未来其与成员集体之间很可能会产生成员与集体的身份关系,故而可以将其与宅基地资格权主体同等对待。

基于集体所有制以及成员集体"户有所居"基本保障职能,本集体农户作为宅基地资格权主体并由成员集体依法向其分配建房用宅基地应当成为宅基地集体所有权物权权能实现的主要形式。在确保实现本集体成员"户有所居"基本保障的前提下,成员集体及其法定代表主体依据法律规定或按照市场规则,认可或提供建造住宅用的集体土地给市场主体,这同样是实现宅基地集体所有权物权权能的重要形式。例如,非本集体成员基于继承等原因而按规定取得宅基地使用权、其他主体直接从成员集体以协议方式依法获得建造住房用土地。但宅基地资格权(包括视为取得宅基地资格权)主体依据宅基地资格权取得宅基地及其使用权,仍然是宅基地集体所有权物权权能实现的主要形式。

上述以本集体农户为主体的宅基地配置与利用关系,直接限制了宅基地集体所有权占有、使用、收益以及特定的处分权能的行使。因而,宅基地集体所有权物权权能无法像一般不动产所有权一样得以市场化实现。结合前述提及的对处分权能行使的严格禁止来看,宅基地集体所有权实现的主要是占有、使用和收益权能,且须按照宅基地配置与利用形式分类实施。宅基地资格权主体(包括视为取得宅基地资格权的主体)申请取得宅基地及其使用权的,宅基地集体所有权物权权能的实现主要表现为宅基地使用权主体直接占有、利用宅基地以及流转宅基地使用权并获得收益,成员集体依法获得相应的宅基地集体所有权收益;其他主体依据法律规定或市场规则获得宅基地及其使用权的,宅基地集体所有权物权权能的实现则直接体现为成员集体及其法定代表主体依法对宅基地实施的占有、利用、收益等行为。

三、宅基地集体分配制度的改革

宅基地制度是成员集体对集体成员"户有所居"基本保障职能的规则化。长期以来,基于"户有所居"基本保障目标所形成的成员集体向本集体农户无偿分配宅基地的实现模式,实际反映的是成员与集体之间稳定且特殊的宅基地供求关系。在宅基地"三权分置"改革背景下,宅基地集体分配制度仍需适应性调整和完善。

(一)集体分配宅基地的集体公共产品属性

现代政治经济学将公共产品理论作为政府与市场关系的一个重要理论,将公共产品界定为由所有人共享且任何个体对这种产品的消费不会导致其他人对该种产品消费减少的消费品,[1]具有消费上的非竞争性、获益方面的非排他性[2]且存在公共产品以及介于公共产品与私人产品之间的"准公共产品"两类。[3] 其中,具有非排他性但非竞争性不充分的公共产品或者具有非竞争性但非排他性不充分的公共产品被界定为准公共产品。尽管公共产品主要被学界用于廓清政府与市场的边界,但同样可以用于界定集体与成员关系中集体相关供给活动。一方面,集体多角色分离下,作为集体法定代表者的农村集体经济组织和村民委员会均为农村经济社会发展以及相关方面治理的主要参与者,在集体范围内发挥的作用和影响往往不亚于乡(镇)政府。另一方面,从高级农业生产合作社时期成员"享受合作社举办的文化、福利事业的利

---

[1] 参见杜万松:《公共产品:边界迷局及其破解》,载《福建行政学院学报》2010年第3期。
[2] 参见许航敏:《全球公共产品:演进的公共产品理论》,载《地方财政研究》2007年第4期。
[3] 参见张晋武、齐守印:《公共物品概念定义的缺陷及其重新建构》,载《财政研究》2016年第8期。

益"[1]到人民公社三级组织对社员修建房屋的用地供给,再到改革开放以来农村合作医疗、农村合作养老保险中的集体补助乃至集体建设的公益设施、开展的公益事业,均符合公共产品的理论界定。上述实践证明,成员集体自产生以来始终承担集体范围内集体公共产品的供给职责。

成员集体分配宅基地是成员集体依据宅基地集体所有权,无偿为本集体农户设立宅基地使用权的行为。集体分配宅基地始自宅基地集体所有权事实形成时期("两权分置"与开放利用阶段),早已成为成员集体始终肩负的供给特定公共产品的重要职责。[2]宅基地制度是在社会主义公有制改造进程中通过国家引导、农民自愿将私有土地交给人民公社下的生产队、生产大队、公社等成员集体而形成的。[3]农民让渡宅基地私有权,获得集体成员身份及其相应的集体福利;集体提供集体福利,获得宅基地集体所有权并逐步形成较为稳定的集体与成员关系。其中,集体成员以户为单位(本集体的"农户")申请获得集体无偿提供的建房用宅基地,这既是集体所有制实现和节约集约利用约束下理论与实践的共同选择,也是其作为集体成员理应获得的重要保障性福利。基于宅基地分配的身份性和保障性,结合供给主体的集体性、供给行为的成员保障性,宜将集体分配宅基地与成员集体及其法定代表主体供给的其他特定公共产品统称为集体公共产品。故而,集体分配的宅基地属于集体公共产品,集体分配宅基地的行为则是集体公共产品供给行为。[4]

将集体分配的宅基地作为集体公共产品,具备充分的现实性和实践基础。一方面,为实现对集体成员"户有所居"的保障目标,集体无偿向其范围内符合条件的农户提供宅基地,由农户利用宅基地建造房屋,这完全符合公共产品理论上的宅基地供给者与受益者分担原则。[5]另一方面,公共产品并不强调某个具体的"产品",其特征是对类别物而非特定物的提炼和体现。集体分配宅

---

[1]《高级农业生产合作社示范章程》第9条第1款。
[2] 参见杨青贵:《集体土地所有权实现的困境与出路》,载《现代法学》2015年第5期。
[3] 1958年下发的《中共中央关于在农村建立人民公社问题的决议》实际上推动了全国范围内将农用地以外的其他私有土地(包括宅基地)转化为社会主义公有土地,取消了农民宅基地私有权。
[4] 集体公共产品的供给主体为成员集体。农村集体经济组织或村民自治组织作为成员集体的法定代表主体,以成员集体名义具体承担集体公共产品供给职责。
[5] 政府与市场分担原则是公共产品供给的主要原则。但传统理论局限于政府与市场关系范畴,忽略了农村经济社会发展中成员集体及其对应集体组织作为公共产品供给主体的实践性和变然性。在肯定集体作为公共产品供给主体的情况下,该原则实质上就是供给者与受益者对公共产品的分担原则。

基地完全符合公共产品的非排他性、非竞争性特征。尽管宅基地作为土地具有稀缺性和公共性特征,不同农户不可能同时申请分配取得同一地块,但集体所有的土地范围类型较广且存在其他类型集体土地转化为宅基地的制度渠道,成员集体依法向某农户分配宅基地并不会影响其他符合条件的农户分配取得宅基地的权利。但凡符合条件的集体成员均可依法向集体申请分配宅基地。同时,本集体的农户依法向所在集体申请宅基地并使用规定面积建房后,无偿取得宅基地使用权、获得房屋所有权,与本集体其他农户依法取得宅基地使用权之间并不存在利益方面的排他性。

(二)集体分类供给作为公共产品的宅基地

宅基地资格权主体是"户有所居"基本保障的对象,依据宅基地资格权依法获得集体分配的宅基地并取得宅基地使用权是宅基地集体分配制度的运行常态。宅基地资格权主体以外的初始取得宅基地使用权的主体,则是宅基地集体分配制度下的特殊情形。就后者而言,其依据相关立法规定,基于"房地一体"原则,初始取得宅基地使用权。在身份上,其既可能是具有宅基地资格权的主体,也可能是非本集体成员。但无论其是否具备宅基地资格权,该种情形下的宅基地使用权取得主体均不属于宅基地制度保障的范围,获得宅基地使用权的方式亦非集体分配(而是基于继承农房等特定情形取得)。故而,唯有基于宅基地资格权和视为取得宅基地资格权的主体依法取得集体无偿分配的宅基地,才属于宅基地集体分配制度重点关注的范畴。

宅基地资格权主体与视为取得宅基地资格权主体仍然存在一定差异。宅基地集体分配制度应当考虑据此分类设计相应的宅基地集体分配规则。对此,笔者提出以下几点主要建议:其一,明确成员集体的宅基地分配职责。建议在《土地管理法》第62条对应条款中增加关于农村集体经济组织或村民委员会应当代表成员集体依法向符合条件的成员以户为单位提供宅基地的内容。其二,厘清成员集体分配宅基地的规则差异。其中:在集体分配宅基地的程序、效力、后果等方面,应当构建并适用同一规则;差异规则集中体现在分配情形、分配依据、分配收益等方面。基于宅基地制度的统一性,应当在保障宅基地资格权和适度放活宅基地使用权相关制度中分类规定这些差异规则。其三,注重两类情形的规则衔接。视为取得宅基地资格权的主体在其家庭成员取得集体成员身份前,应当适用单独的宅基地集体分配规则;但视为取得宅基地资格权主体在其家庭成员取得集体成员身份后,则应当直接认定宅基地资格权,并自获得集体成员身份之日起适用与宅基地资格权主体相同的宅基地分配规则。这意味着,若据此申请宅基地,则须适用与宅基地资格权主体相应的分配规则;若已获得宅基地,则集体不再分配宅基地。

(三)集体供给作为公共产品之宅基地的限度

集体供给作为集体公共产品之宅基地的限度主要包括理论限度和实践限度两方面。集体供给宅基地的理论限度,主要源自集体所有制要求、宅基地供给的价值判断以及宅基地供给的制度惯性。主要包括:其一,集体所有制理论要求在宅基地上实现全体集体成员所有与全体集体成员利用的高度统一。集体成员以户为单位无偿获得集体分配的宅基地并取得宅基地使用权本就属于集体所有制的实现要求,是落实宅基地集体所有权的主要形式。这就要求,成员集体应当主要面向集体成员供给宅基地。其二,通过集体供给宅基地满足集体成员"户有所居"的基本保障需求。集体成员"户有所居"基本保障需求具有特定阶段的稳定性和不同阶段的变动性。成员集体供给宅基地应当兼顾稳定性与变动性,有效满足不同发展阶段以及同一发展阶段不同地区集体成员的有效需求。其三,宅基地供给的制度惯性。集体供给宅基地在面积标准、基本程序、法律效果等方面仍深受传统宅基地制度惯性约束。

成员集体供给宅基地的实践限度主要在于地理位置局限、资源稀缺程度、科学利用需要、公众普遍认知等方面。其一,成员集体之间存在区位差异,可供给的宅基地在地形地貌、开发利用成本等方面存在差异。这是影响不同集体供给宅基地质与量的重要因素。其二,新申请的宅基地大多由农用地变更用途而来,耕地保护的"红线"、生态保护相关规划等直接限制集体可供给宅基地的具体范围。其三,集体成员以户为单位建房实际极易违反基于稀缺性的节约集约利用要求。成员集体供给宅基地应当协调好两者的关系。其四,成员集体供给宅基地仍受到公众普遍认知的影响。以集体供给宅基地面积为例,本集体农户作为宅基地资格权主体存在基于既往宅基地分配面积的实践预期,也通常会与其他集体分配的宅基地、本集体成员获得的宅基地情况进行横向对比。为降低因对比出现预期差距过大而引发的制度运行成本,有必要在坚持以省级行政区为单位规定宅基地面积标准的基础上注重与既往面积标准和省级行政区域间面积标准的协调。

四、集体土地收益金制度的构建

宅基地集体收益是宅基地集体所有权物权权能的重要体现,但在农户利用为主的宅基地配置与利用实践下,因涉及农民负担等因素而缺乏相应的制度设计。这也是"两权分置"下宅基地集体所有权存在落实不足问题的重要表现。当前,宅基地有偿使用基本上成为理论和实践的共识,相关分歧主要集中在宅基地有偿使用制度内容细节方面。相比宅基地有偿使用制度,宅基地集体收益制度这一表述更能反映宅基地集体土地所有权收益权能,也能与集体收益制度、集体收益分配制度等相关提法在表达上对应。在宅基地"三权分置"改革背景下,要落实宅基地集体所有权就要实现好的收益权能,相应构建符合国情的宅基地集体收益制度。在体系上,宅基地集体收益制度作为集体收益制度的重要构成,是宅基地集体土地所有权收益权能的制度化。我国长期实行的宅基地使用权无偿取得与利用,能够较好地实现对集体成员"户有所居"的基本保障要求。基于"户有所居"基本保障要求,"三权分置"下的宅基地使用权仍然以无偿取得为主要形式,但也应当适应实践需求,建立健全以宅基地有偿利用为核心的集体土地收益金制度。"三权分置"下的宅基地集体所有权为物权意义上的所有权,集体土地收益金的收取有利于实现宅基地集体所有权的收益权能。

关于宅基地有偿使用费的称谓,现有地方实践中存在集体土地收益金[1]、土地所有权收益[2]、土地增值收益调节金[3]等不同表述,但无一例外都未以"宅基地"命名。这一做法较为科学、可行。一方面,宅基地集体所有权与其他类型的集体所有权相同,均为集体土地所有权主体对拥有的集体土地享有的收益权利,不存在实质差别。无论何种类型的集体土地,基于集体土地所有权收益权能取得的收益,均为成员集体的集体土地收益。没有必要单独命名宅基地领域的集体土地收益金。以集体土地收益金命名直接体现了集体所有权的收益权能。另一方面,"集体土地收益金"一词更能够涵盖"土地所有权收

---

[1] 参见《重庆市大足区农村宅基地使用权流转管理办法(试行)》第15条。
[2] 参见《义乌市农村宅基地使用权转让细则(试行)》第16条。
[3] 参见《德清县农村宅基地管理办法(试行)》第13条、第44条。

益""土地增值收益调节金"等词汇意蕴,符合宅基地集体收益的表述习惯。故,本部分仅使用"集体土地收益金"这一称谓展开讨论。尽管"集体土地收益金"一词最适合作为宅基地集体收益制度中宅基地有偿使用费的语词表述,但宅基地领域的集体土地收益金在具体制度规则方面又与其他集体土地领域的集体土地收益金存在一定的差别。为此,本书着重从适用情形、适用主体、缴纳标准、费用管理等方面专门探讨作为宅基地集体收益制度构造核心的集体土地收益金制度规则。[1]

(一)集体土地收益金的适用范围

如前所述,确定宅基地领域集体土地收益金的适用范围应当以满足集体成员"户有所居"的基本保障需求为前提。成员集体以户为单位无偿向集体成员提供限定面积的宅基地就是实现这一基本保障需求的基本形式。这就意味着集体成员基于"户有所居"基本保障需要以户为单位获得成员集体分配的限定面积的宅基地理应无偿使用。这是确定宅基地领域集体土地收益金适用范围的基本前提和根本原则。宅基地领域集体土地收益金适用范围应当以基于主体类型的宅基地初始配置即宅基地分配和宅基地利用(主要是宅基地使用权流转)为依据进行分类探讨。对此,相关地方在实践探索中形成的三类情形(超面积使用宅基地且无法退出、非本集体成员按规定取得宅基地使用权、宅基地使用权流转)完全契合这一分类探讨的要求且具备较坚实的实践基础。这也是当前可以确定的宅基地领域集体土地收益金制度适用的主要情形。

一是宅基地资格权主体(包括视为取得宅基地资格权的主体)超面积使用宅基地且无法退出,在满足"户有所居"基本保障要求情况下继受取得、利用其他宅基地的。这里的"超面积使用宅基地且无法退出"是指经乡(镇)政府依法认定农户实际使用宅基地面积超过所在省、自治区、直辖市规定标准且无法退出超过面积的部分这一情况。因初始分配取得宅基地的主体不同,故可从宅基地资格权主体和视为具备宅基地资格权的主体两方面,分别探讨集体土地收益金的具体适用范围。宅基地资格权主体即本集体农户依法申请宅基地使

―――――――――

[1] 尽管宅基地、农用地、建设用地等领域均涉及相应的集体土地收益金,但考虑到本书所涉及的集体土地收益金仅为宅基地"三权分置"下宅基地有偿使用费,且集体土地收益金已经是最为规范的语词表达,故宜统一使用"集体土地收益金"一词,无须徒添文字。

用权是否应当缴纳集体土地收益金的判定,与宅基地制度保障功能有关。对此,须分类确定:其一,本集体农户在规定面积内申请取得宅基地使用权的,原则上应当坚持无偿使用规则。在宅基地制度保障功能未完全剥离前,基于集体"户有所居"保障职能以及本集体农户无偿利用的制度惯性,宅基地资格权主体申请集体无偿分配限定面积的宅基地,均无须缴纳集体土地收益金(未来宅基地制度保障功能完全剥离后,方可考虑收取)。其二,本集体农户超出规定面积使用宅基地的,须分情形确定。对于本集体农户超出规定面积使用宅基地且可退出的,理应强制退出,也就不存在缴纳集体土地收益金的问题;本集体农户超出规定面积使用宅基地且无法退出的,则可能面临罚款、不予确权、缴纳集体土地收益金等后果。其中,罚款、不予确权属于行政行为范畴;缴纳集体土地收益金则是宅基地集体所有权收益权能的体现,但不属于集体规制权约束的对象。成员集体仅针对不属于"户有所居"保障目标要求的那部分集体土地收取集体土地收益金,超面积使用集体土地行为不能因此而合法化。无论乡(镇)政府是否对超面积使用宅基地行为给予行政处罚,均不影响成员集体对超出限定面积部分收取集体土地收益金。罚款、不予确权不能替代集体土地收益金的缴纳,且收取集体土地收益金理应具有执行的相对优先性。在无法退出情况下,是否需要确定超出规定面积使用宅基地的具体标准,则属于宅基地管理制度的范畴。无论超出规定面积达到宅基地管理制度确定的何种标准,均应当缴纳集体土地收益金。缴纳的集体土地收益金类似于宅基地合法或违法占用下成员集体应当获得的集体土地占用费或使用费。其三,在满足"户有所居"基本保障要求的情况下,宅基地资格权主体继受取得、利用其他宅基地的,理应缴纳集体土地收益金。究其原因,该类主体早已实现"户有所居"基本保障需求,不再属于无偿取得与利用的范畴。其四,就视为具备宅基地资格权的主体而言,是基于政策移民等特定情形而被依法视为具备宅基地资格权,在"户有所居"的基本保障需求方面与本集体农户存在共性。尽管这类主体与成员集体的融合度较为松散、既往缺乏对集体的发展贡献,但从长远来看也会逐步形成紧密的社区关系。故而,应当将其与宅基地资格权主体同等对待,不缴纳集体土地收益金,仅就其超面积使用宅基地且无法退出的情形适用集体土地收益金制度。

二是宅基地资格权主体(包括视为取得宅基地资格权的主体)以外的其他

主体按规定取得、利用宅基地使用权的。探讨这一情形时，须将其区别于前一类情形中的视为取得宅基地资格权的主体，仅限于视为取得宅基地资格权主体以外的其他主体依法从成员集体取得并利用宅基地使用权的情况。总体来讲，该类型下相关主体并非集体成员所在户，不属于宅基地制度保障功能覆盖范围。若允许将其排除在集体土地收益金的适用范围之外，必然有损宅基地集体所有权，导致其与集体成员在集体土地利用方面的不公平问题。为此，理应将该情形作为集体土地收益金的适用范围。这里选择该情形中的两种较为典型的情况予以分析：其一，成员集体及其法定代表主体从本集体农户流转取得宅基地使用权的，按照前述探讨，成员集体及其法定代表主体作为受流转方理应缴纳相应的集体土地收益金。但考虑到受流转方参与流转的集体利益取向以及受流转方与成员集体的一致性，这类情形实际上没有必要收取集体土地收益金。在此情况下，成员集体及其法定代表主体再流转该宅基地使用权的，由成员集体与再流转的受让方签订的流转协议具体约定的流转费实质上就是归属于成员集体的宅基地使用权再流转收益，也无须另行缴纳集体土地收益金。其二，非集体成员通过继承方式取得宅基地使用权的，相关立法及实践基于"房地一体"原则下保护其房屋财产权的需要而允许其继续持有宅基地使用权。在继承人不具备集体成员身份时，若允许其无偿占有宅基地则会实质上损害宅基地集体所有权。故而，理应在其继续持有宅基地使用权期间向其收取集体土地收益金。

三是闲置宅基地达到一定期限的。闲置宅基地大多属于浪费稀缺土地资源，违背节约集约利用宅基地要求的情况。《土地管理法》第38条第1款规定，非农业建设占用耕地闲置的，面临缴纳闲置费、无偿收回等后果。同时，闲置宅基地也是近年来宅基地"三权分置"改革探索的重点领域。足见，闲置宅基地在立法和政策上均存在负面评价。将闲置宅基地纳入有偿利用的适用范围，有利于规制闲置行为，提高宅基地节约集约利用效能。需说明的是，纳入有偿利用适用范围的闲置宅基地这一情形无须区分权属主体是否为宅基地资格权主体。一方面，闲置宅基地行为属于法律和政策否定的行为。实行有偿利用是对行为成本的增加，加大闲置行为成本，利于发挥法律规范效果。另一方面，仍须分情况进行讨论分析。宅基地资格权主体（包括视为取得宅基地资格权的主体）闲置集体无偿分配的宅基地的，在达到特定期限（结合住房建设周期及特殊因素可考虑采用《土地管理法》第38条第1款规定的2年)后,实行有偿利用,缴纳集体土地收益金(闲置费用);但此后超过特定期限仍然闲置的,则可将此情形规定到《土地管理法》中,作为宅基地使用权收回的法定情形(违反法律法规强制性规定)。若宅基地资格权主体(包括视为取得宅基地资格权的主体)闲置有偿取得的宅基地,则按照不得重复收费原则,不应实行有偿利用。就非宅基地资格权主体而言,因实行的是有偿利用规则,故按照不得重复收费原则,不应实行有偿利用。

四是宅基地使用权流转的。宅基地使用权流转须进一步划分为宅基地使用权流转和宅基地使用权再流转。宅基地使用权流转是宅基地使用权主体与其他主体基于流转行为而形成的宅基地使用权流动关系。按照流转方式不同可作进一步分类。宅基地使用权流转是对宅基地使用权及宅基地住宅产权财产价值的实现,已经超越了"户有所居"基本保障目标,无论流转方是否为宅基地资格权主体,均应当就流转宅基地使用权向宅基地集体所有权主体缴纳集体土地收益金。对此,重庆市大足区、浙江省德清县、浙江省义乌市均规定宅基地使用权流转须缴纳相应的集体土地收益金,为对宅基地使用权流转收取集体土地收益金奠定了实践基础。但前述地方对于哪些流转方式须缴纳集体土地收益金却存在不同规定。重庆市大足区规定为转让、入股(联建)、租赁、赠与等全部流转方式,[1]浙江省德清县则仅限定为宅基地使用权租赁、转让两类。[2]事实上,集体土地收益金是宅基地集体所有权收益权能的具体体现,原则上应当适用于所有的宅基地使用权流转方式。但也要避免集体土地收益金在宅基地配置与利用两个环节被重复收取的问题。这意味着,但凡流转方在初始取得宅基地使用权时未缴纳集体土地收益金,均应当就流转宅基地使用权缴纳集体土地收益金。

宅基地使用权再流转则是指其他主体作为再流转的受流转方从再流转的流转方手中获得宅基地使用权的情况。从流转与再流转的关系来看,现有相关规定及实践都将再流转限定在流转剩余期限内,实际上是受流转方将通过流转获得的宅基地使用权剩余权利再次进行的市场化交易。在一般情况下,

---

[1] 参见《重庆市大足区农村宅基地使用权流转管理办法(试行)》第15条。

[2] 参见《德清县农村宅基地管理办法(试行)》第44~45条。

因宅基地使用权流转理应缴纳集体土地收益金,故宅基地使用权再流转不得再收取集体土地收益金,否则构成重复收取。但须注意的是,"房地一体"下的宅基地使用权与宅基地上住宅产权极易存在价值增值现象。按照价值增值性,可将宅基地使用权再流转分为增值性再流转和非增值性再流转两类。增值性再流转即宅基地使用权人在宅基地再流转中取得的流转收益高于在流转时所支付的获得宅基地使用权的费用。其中,与流转时所支付的获得宅基地使用权的流转费用相当的再流转收益,所对应的集体土地收益金已经在流转时缴纳或处理。故而,对于该部分再流转收益,不得再收取集体土地收益金,否则将面临重复收取的问题。再流转收益中高于流转时所支付的获得宅基地使用权的流转费用的部分,则属于再流转中的增值收益。关于再流转的增值收益是否需要收取集体土地收益金,根本上取决于集体土地所有权是否在形成再流转增值收益中做了贡献。若集体土地所有权对于宅基地使用权再流转所产生的增值收益做了贡献,则理应以集体土地收益金的方式参与分配。但就此,建议在理论上予以肯定,但在实际操作中不予收取集体土地收益金。一方面,基于宅基地集体所有权贡献参与的分配,与一般意义上的宅基地集体所有权收益权能实现有差别,相对脱离了私法逻辑,属于按贡献参与社会分配的范畴;另一方面,从实践来看,此类增值收益规模往往不大且很难判定集体土地收益权对其形成的贡献比重,容易加大立法及其适用成本而使法律效益甚微。

不难发现,宅基地领域的集体土地收益金作为宅基地集体所有权收益权能的体现,实质上就是适度放活宅基地使用权中的宅基地有偿利用制度中有偿利用费用的规范表达。故而,集体土地收益金的适用情形应当与适度放活宅基地使用权中宅基地有偿利用的适用情形保持一致。在此前提下,综合上述研究来看,可将集体土地收益金的适用情形确定为四类(见表4-1):(1)宅基地资格权主体(包括视为取得宅基地资格权的主体)超面积使用宅基地且无法退出,在满足"户有所居"基本保障要求情况下继受取得、利用其他宅基地的;(2)宅基地资格权主体(包括视为取得宅基地资格权的主体)以外的其他主体初始取得、利用宅基地或继受取得、利用宅基地的;(3)闲置宅基地达到一定期限的;(4)宅基地使用权流转的(已缴纳集体土地收益金的除外)。

表 4-1 集体土地收益金缴纳法律关系分解

所处阶段	取得方式	适用情形	收取主体	缴纳主体
宅基地使用权取得	依宅基地资格权（包括视为取得宅基地资格权）初始取得宅基地使用权	超面积使用宅基地且无法退出的	村农村集体经济组织（未成立情况下的村民委员会）	宅基地资格权主体（包括视为取得宅基地资格权的主体）
	继受取得宅基地使用权	满足"户有所居"基本保障要求情况下继受取得、利用其他宅基地的		
	非依据宅基地资格权主体（包括视为取得宅基地资格权的主体）初始取得宅基地使用权	初始取得、利用宅基地的		宅基地资格权主体（包括视为取得宅基地资格权的主体）以外的其他主体
		继受取得、利用宅基地的		
宅基地使用权流转	流转	所有流转方式（已缴纳集体土地收益金的除外）		作为流转方的初始取得宅基地使用权主体
	再流转	宅基地使用权再流转增值收益中基于宅基地集体所有权贡献所形成的那部分增值收益		宅基地使用权再流转中的流转方或受流转方（理论上可行但不建议）
宅基地利用	初始取得	闲置宅基地达到一定期限的		宅基地使用权主体
	继受取得			

(二) 集体土地收益金的缴纳主体

在主体方面，作为宅基地集体所有权主体的成员集体理应是集体土地收益金的收取主体，并按照宅基地集体所有权法定行使模式，由农村集体经济组织或村民委员会代表成员集体行使。[1] 集体土地收益金的缴纳主体范围划定应当与集体土地收益金适用范围保持对应性（见表4-1）。其中，视为具备宅基地资格权的主体与宅基地资格权主体，存在相似的"户有所居"基本保障需

---

[1] 前已论及，这里的农村集体经济组织是作为宅基地集体所有权主体的农村集体经济组织的法定代表人，建议采取"村农村集体经济组织、村民委员会"的先后顺位。

要,可通过依法从成员集体初始取得宅基地使用权,满足其在住的方面基本保障需求。故而,原则上不应当将宅基地资格权主体、视为取得宅基地资格权的主体纳入集体土地收益金的缴纳主体范围,但违反"户有所居"基本保障目标要求的除外。初始取得、继受取得以及利用基于这些取得方式而获得的宅基地使用权的其他主体均应当纳入集体土地收益金的缴纳主体范围。

关于宅基地资格权主体是否应当成为集体土地收益金缴纳主体,浙江省德清县、重庆市大足区等地作了明确规定。[1] 事实上,宅基地自形成之初即具备本集体成员以户为单位申请取得宅基地的限定性、专用性、无偿性特征。宅基地方面的集体土地收益金的缴纳关系,必然依存于成员集体与本集体农户之间的宅基地利用法律关系。如前所述,在"三权分置"下,宅基地资格权是本集体农户申请取得宅基地使用权的前提和依据。在理论上,集体所有制要求实现成员集体所有与成员集体利用的统一。这意味着,本集体农户与成员集体基于申请和利用宅基地而产生法定契约关系属于集体所有制的法律转化形式。本集体农户作为宅基地资格权主体取得和利用宅基地使用权本就属于宅基地集体所有权实现的范畴,是落实宅基地集体所有权的重要形式。同时,基于"户有所居"保障目标,本集体农户无偿取得集体分配的限定面积的宅基地早已成为宅基地制度的基本内容并形成较强的实践惯性。故而,本集体成员依据宅基地资格权取得限定面积的宅基地,不应当缴纳集体土地收益金,也就不应当成为宅基地领域集体土地收益金缴纳主体。本集体农户依据宅基地资格权无偿取得宅基地使用权,更多的是基于"户有所居"基本保障要求和既有制度实践惯性。这也意味着,只有在普遍实现对集体成员"户有所居"基本保障目标的情况下,方可考虑将本集体农户作为宅基地领域集体土地收益金的缴纳主体。

前文已论及,宅基地使用权流转理应适用集体土地收益金制度。无论采取何种方式取得宅基地使用权,采取何种流转方式,宅基地使用权流转均须缴纳集体土地收益金。集体土地收益金作为宅基地集体所有权收益权能的制度体现,理应依托于宅基地集体所有权与宅基地使用权之间的契约关系运行和

---

[1] 参见《重庆市大足区农村宅基地使用权流转管理办法(试行)》第15条、《德清县农村宅基地管理办法(试行)》第44~45条。

实现。故而,宅基地使用权流转下的集体土地收益金缴纳主体理应限定为与宅基地集体所有权主体存在契约关系的相对方即初始取得宅基地使用权的主体,亦即宅基地使用权流转中的流转方,不得及于受流转方。与前述集体土地收益金的四类适用情形相对应,这里的流转方具体包括初始取得宅基地使用权的所有主体类型。基于宅基地领域集体土地收益金不重复收取的原则,就流转的宅基地使用权已缴纳相应集体土地收益金的,则该宅基地使用权的流转、再流转不再缴纳集体土地收益金。如前所述,对于宅基地使用权再流转形成的增值收益,在理论上应当归属于成员集体,可以以集体土地收益金的方式收取。既然是基于宅基地集体所有权贡献取得的增值收益,那么缴纳主体既可以是再流转中的流转方,也可以是再流转中的受流转方。但基于前述系列因素考虑,仍不建议就此情形收取集体土地收益金,故再流转环节不存在集体土地收益金缴纳主体。

(三) 集体土地收益金的缴纳标准

学界主要围绕宅基地有偿利用展开相关探讨。综合来看,关于缴纳标准的研究应当注意几点:其一,集体土地收益金缴纳标准的构成具有复杂性,须区分不同学科关注领域之差别。关于集体土地收益金缴纳标准的法学研究不能过多涉及具体数额等操作层面,而应当定位于法学研究所应关注的基本命题。其二,集体土地收益金缴纳标准涉及普遍性和具体性两个层次,是统一规定与地方规定相协调的结果。其中,普遍性层次主要涉及具有全国性、一般性的问题,如考量因素、计算方法;具体性层次则是在普遍性基础上,相关地方立足实践所采取的具体做法。例如,沂南县人民政府印发的《关于开展农村宅基地"三权分置"试点促进乡村振兴实施方案》规定,将试点村集体土地收益金缴纳标准纳入村民自治范畴。这在很大程度上注重了对实践的具体适应,但有违按照《立法法》的规定应当将宅基地集体收益制度纳入立法这一基本要求。其三,关于宅基地有偿利用的不同情形是否影响集体土地收益金缴纳标准的确定,在根本上取决于集体土地收益金制度的目标要求和功能定位并需要结合集体土地收益金缴纳标准的影响因素进行具体探索。综上,集体土地收益金缴纳标准的探索,需要从主体、影响因素、计算方法等方面展开。因宅基地有偿利用收费是相关制度的核心组成部分,故集体土地收益金缴纳标准的影响因素应当由立法确定。从该影响因素的普遍性、基本性来看,理应在法律、行政法规中对其予以直接规定。经借鉴相关实践做法，建议将集体土地收益金缴纳标准的影响因素确定为以下几个方面：

其一，违法性。研究发现，可按照行为的违法性，将集体土地收益金制度的适用情形分为违法行为（闲置宅基地）、合法行为（基于继承等原因依法取得宅基地但违背"一户一宅""面积限定"等规定）、需要根据具体情况判定是否违法的行为（如基于宅基地资格权申请分配利用但超标准占用宅基地）三类。相对而言，宅基地违法利用行为应当成为集体土地收益金相关规则关注的重点。集体土地收益金缴纳标准设计，应当注重发挥有偿利用收费的调整效能，从规则的角度增加利用人对宅基地违法利用行为的预期。这意味着，针对宅基地违法利用行为开展宅基地有偿利用收费，理应适应更高、更严的收费标准，体现一定的惩罚性；对于须实行有偿利用的合法行为则应当适用相对宽松的收费标准。

其二，地区经济发展水平。地区经济发展水平作为区域生产力发展状况的体现，是确定集体土地收益金缴纳标准乃至宅基地违法利用行为行政处罚方式的重要依据。集体土地收益金缴纳标准应当与地区经济发展水平相适应。一方面，地区经济发展水平是确定集体土地收益金缴纳标准的重要因素；另一方面，集体土地收益金缴纳标准呈现发展性特征，应当基于地区经济发展水平变化及时作出适应性调整。

其三，缴费主体的承受力。从实践来看，基于宅基地资格权申请分配取得宅基地仍然是"三权分置"下宅基地制度运行的常态。宅基地资格权主体超标准占用宅基地往往也将长期缴纳集体土地收益金。这意味着，本集体农户往往也是集体土地收益金的主要缴费主体。制定集体土地收益金缴纳标准理应慎重兼顾缴费主体的承受力，将缴费主体的承受力作为制定集体土地收益金缴纳标准的考虑因素。

其四，有偿利用实施效果。研究发现，集体土地收益金制度的立法目标包括宏观、中观和微观三个层次。其中，宏观目标是构建适应农业农村现代化的宅基地制度，推进乡村振兴；中观目标是构造体系性的集体土地收益金制度，适度放活宅基地使用权；微观目标则是理顺宅基地上的主体关系，规范宅基地利用关系，实现宅基地集体所有权收益权能。确定宅基地有偿利用制度中的收费标准，应当兼顾上述目标，协调好宅基地集体所有权实现与约束性目标的关系。

结合上述因素,要确定集体土地收益金的缴纳标准,还须协调好集体土地收益金缴纳标准的立法设定与集体自治、全国规定与地方规定的关系。从重庆市大足区、浙江省德清县、浙江省义乌市等部分地方开展的实践探索来看,针对宅基地资格权主体超面积使用宅基地且无法退出以及宅基地资格权以外主体依据继承、政策及其他规定取得宅基地使用权、通过其他方式取得宅基地使用权的,大多数地区规定了集体土地收益金的最低缴纳标准以及由成员集体自治确定具体缴纳标准;对于宅基地使用权流转和再流转,大多数地方则是按照特定地价标准的比例确定集体土地收益金。这一按照宅基地使用权利用类型为依据分别确定集体土地收益金缴纳标准的实践做法,较为科学、可行。

基于初始取得的非市场性,集体土地收益金也相对缺乏市场机制调节空间。对此,宜直接以面积为依据,采取"统一规定+地方确定"相结合的方式。关于"统一规定",建议在未来修改《土地管理法》时明确规定前述四类情形应当缴纳集体土地收益金,并明确由省级政府参考城乡统一基准地价确定须缴纳的每平方米的集体土地收益金最低标准。详言之,宅基地资格权主体超面积使用宅基地且无法退出的,应以省级政府参考城乡统一基准地价确定的标准,按面积缴纳超出规定面积的集体土地收益金;宅基地资格权主体以外初始取得宅基地使用权的主体,则应以省级政府参考城乡统一基准地价确定的标准,按面积缴纳集体土地收益金。

宅基地使用权流转,实际上是宅基地使用权首次市场化利用。如前所述,在流转阶段,应当按照不重复收取的原则确定由流转方缴纳的集体土地收益金。从集体土地收益金的四类适用情形来看,就流转环节应当收取集体土地收益金的情形,在集体土地收益金交纳标准方面,相关地方实践中主要存在按流转涉及的宅基地面积计算、按流转费用计算两种做法。从宅基地使用权流转以及流转后受流转方追求的经济效益目标来看,以流转费用作为流转环节须缴纳集体土地收益金的缴纳标准更为合适。宅基地使用权流转费用在流转关系中实质为流转方取得的流转收益。针对流转收益,收取集体土地收益金又存在以流转收益为基数按比例收取和以依据流转收益所确定的城乡统一基准地价为基数按比例收取两种方案。相较而言,后一方案更符合立法效益要求且能够避免流转实践中通过流转收益条款设计变相侵蚀集体土地收益金的现象。这里的城乡统一基准地价与宅基地使用权取得阶段所适用的城乡统一基准地价是一致的。对此,建议在未来修改《土地管理法》时明确规定由省级政府制定城乡统一基准地价。至于收取的城乡统一基准地价的比例,则建议在《土地管理法》或其实施条例(行政法规)中明确规定由省级政府制定宅基地使用权流转的集体土地收益金最低缴纳比例,并由成员集体在法定范围内具体确定。关于最低缴纳比例,宜根据省级政府参考区位分布、经济水平等因素综合确定。[1]

如前所述,在宅基地使用权再流转阶段不宜收取集体土地收益金。但结合部分地方实践探索来看,仍有必要单纯从理论上探讨宅基地使用权再流转阶段的集体土地收益金缴纳标准,以为宅基地领域集体土地收益金制度的未来运行提供理论参考。从实践来看,主要存在宅基地使用权流转阶段一次性收取[2]和宅基地使用权再流转阶段单独收取两种方案。然而,宅基地使用权再流转具有或然性,一次性缴纳流转和再流转的集体土地收益金,极易加大宅基地使用权流转成本,影响宅基地使用权的适度放活。故而,不应采取一次性收取,而宜适用宅基地使用权再流转阶段单独收取方案。再流转阶段的缴纳标准宜确定为再流转增值收益的比例。其中,对于再流转增值收益,建议在《土地管理法》或其实施条例(行政法规)中明确规定由省级政府依据城乡统一基准地价确定,以利于实现集体土地收益金适用的四类情形中相关主体之间的公平,落实宅基地集体所有权,降低诚信风险。对于再流转增值收益的比例的确定,则应当综合考虑宅基地使用权流转市场发展情况、宅基地节约集约利用等因素,建议由省级政府具体规定其上、下限,由成员集体在该幅度内具体确定。

(四)集体土地收益金的自治管理

集体土地收益金仍然应当按照归属关系适用集体收益分配制度。政府不得参与分配宅基地有偿利用费用,但可依法以税收方式参与集体收益的收取

---

[1] 这一建议方案也在个别地方探索中得到了证明。《义乌市农村宅基地使用权转让细则(试行)》第16条就转让这一流转方式,针对流转收益,规定按照"不低于农村宅基地基准地价的20%一次性缴纳土地所有权收益,具体标准由村级组织民主决策决定"。

[2]《重庆市大足区农村宅基地使用权流转管理办法(试行)》第15条规定,宅基地使用权流转时,由宅基地资格权主体一次性缴纳集体土地收益金。

与分配。针对当前就集体收入的税收规定不明甚至缺失问题,建议在未来修改《企业所得税法》时,通过将村农村集体经济组织(未成立情况下的村民委员会)作为企业所得税中居民企业的方式,将宅基地领域集体土地收益金等集体收益纳入企业所得税法的应纳税所得额。但基于支持集体发展的考虑,宜对其免征企业所得税。在此基础上,集体土地收益金理应适用农村集体"三资"管理制度,实行"自治管理 + 法律监管"的基本模式。其中,自治管理是集体土地收益金管理的主要形式。从宏观上看,国家和地方有关农村"三资"管理的规定,是集体土地收益金自治管理的主要依据。从中观上看,自治管理是集体土地收益金管理制度的基本特点。由集体收取管理集体土地收益金本就是自治管理。集体土地收益金的收纳、运行、用途等都属于集体自治管理的范畴。从微观上看,集体成员会议或集体成员代表会议、农村集体经济组织内部监督机构是集体土地收益金自治管理的基本形式。相关管理制度和机制以及集体土地收益金的自主管理、内部监督等共同构成集体土地收益金自治管理的基本内容。

集体土地收益金自治管理的目标取决于集体土地收益金的根本属性。在总体目标方面,集体土地收益金的自治管理在于维护和实现宅基地集体所有权,壮大经济实力,推动实现乡村振兴;在具体目标方面,集体土地收益金的自治管理在于依法落实集体土地收益金缴纳管理制度,落实宅基地集体土地所有权收益权能,有效实现集体土地收益金的保值增值。在此目标下,鉴于宅基地、承包地以及其他类型集体土地均可将所获得收益定性为集体土地收益金,且集体土地是农村集体"三资"的主要构成,集体土地收益金在农村集体"三资"中的重要性和特殊性较为明显,故有必要在未来通过立法推动建立以自治管理为主要特点的集体土地收益金制度,将集体土地收益金适用范围、缴纳主体、缴纳标准、自治管理等作为重要内容,以协同实现集体利益与个体利益的均衡。

五、宅基地集体管理制度的完善

宅基地集体管理制度是宅基地集体所有权管理权能的具体化,其根源于集体所有制及其法律实现要求和宅基地作为稀缺资源的节约集约利用要求。集体规制权是集体所有权管理权能的权利化,也是宅基地集体管理制度的核心。针对当前宅基地集体管理中存在的不足,亟须以宅基地集体所有权管理权能为依据,体系化完善宅基地集体管理制度。

(一)集体规制权立法配置

"规制"意指依据一定的规则对构成特定社会的个人和经济主体的活动进行限制的行为。[1] 行政主体向来被认为是主要的规制主体,拥有"对别人行为产生预期影响的能力"[2]。无论是"能力说""强制说""关系说",还是"力量说",实质上反映的都是规制主体采用经济、法律等手段规制特定市场主体的行为,并未直接将规制主体限定为行政主体。[3] 规制权的定性并非取决于主体,而主要取决于规制权内容及其特征。规制权仍以尊重和保护主体权利为基础,在基本内容、调整对象、调整方式方面兼有公法和私法特征,具有法定性、强制性等属性。正因如此,有学者主张将其归入介于公法与私法之间的新法域——第三法域。[4] 以土地使用权收回权为代表的管理权能以集体所有权为基础、以保护集体成员等主体合法权益为前提,具有单方性、强制性、约束性特征,与前述规制权高度契合。尤其是土地使用权收回权作为管理权能权利化的典型权利,完全证明了按照规制权路径实现管理权能转化的科学性和可行性。鉴于管理权能与集体所有制、集体与成员关系密切相关且农村集体经济组织具有较强的集体属性,故应当将管理权能转化形成的规制权界定为集体规制权。宅基地集体管理制度的部分内容就是集体规制权在宅基地领域的体现。

宅基地集体所有权物权权能行使应当采取农村集体经济组织优先、村民自治组织补充的基本模式。这一模式也适应宅基地集体所有权管理权能实现的基本需要。从理论和实践来看,宅基地上的集体规制权所指向的宅基地集体所有制和宅基地节约集约利用要求,均已超越成员集体的范畴。由村农村集体经济组织等村一级集体组织统一行使集体规制权更符合集体规制权的权源定位和目标要求。鉴于村农村集体经济组织与村民委员会在集体产权及其管理中积累了大量实践经验,且前者在理论和规则上已被确立了优先代表成

---

[1] 参见[日]植草益:《微观规制经济学》,朱绍文等译,中国发展出版社1992年版,第1页。
[2] [英]罗杰·科特威尔:《法律社会学导论》,潘大松等译,华夏出版社1989年版,第131页。
[3] 参见[美]保罗·萨缪尔森、[美]威廉·诺德豪斯:《经济学》第16版,萧琛等译,华夏出版社1999年版,第246页;[美]布雷耶、[美]麦卡沃伊:《管制与放松管制》,载《新帕尔格雷夫经济学大辞典》第4卷,陈岱孙等,经济科学出版社1996年版,第137~143页。
[4] 参见钱叶芳:《"社会法法域说"证成——大陆法系和英美法系融合的一个例证》,载《法学》2017年第4期。

员集体的法律地位,故村农村集体经济组织(未成立情况下的村民委员会)当然成为集体规制权主体,代表成员集体进行宅基地集体管理。同时,从以往相关规定及实践来看,无论组一级是否成立组农村集体经济组织,均可按照法定代理关系,由村农村集体经济组织(未成立情况下的村民委员会)代表组成员集体行使。这符合规制效率目标的要求,契合长期以来农村土地由村级集体组织开展自治管理的实践做法,利于实现村范围内村内集体成员对公平分配与利用宅基地的现实诉求。

基于集体规制权的体系性要求,宅基地领域集体规制权配置的相关立法应当与集体规制权的立法构造保持一致。鉴于集体规制权主要涉及农村经济事项(区别于《村民委员会组织法》涉及的村民自治的政治性事务)且在长期实践中主要由村农村集体经济组织(未成立情况下的村民委员会)行使,加之我国近年来大力推动农村集体经济组织普遍建立以及农村集体经济组织法立法,因此集体规制权更适宜规定到《农村集体经济组织法》中。在未来修改《农村集体经济组织法》时,适时增加相应内容,建议将具体条文设计为:"村农村集体经济组织代表成员集体管理土地,依法规范集体土地利用行为。"在该"一般规定"基础上,宅基地领域集体规制权的具体内容还须具体设定,形成"特别规定"与"一般规定"的立法体系。关于宅基地领域集体规制权及其行使主体(见表4-2),应当根据未来宅基地制度的立法模式,具体规定到《土地管理法》有关宅基地条款或可能单独制定的全国性宅基地法律中。建议将具体条文设计为:"村农村集体经济组织代表成员集体行使宅基地集体所有权,负责宅基地资格权认定、宅基地申请审查、利用管理、流转管理等工作,参与相关国土空间规划制定和实施,引导集体成员参与村庄规划等集体活动。未设立村农村集体经济组织的,由村民委员会承担。"

表4-2 宅基地领域集体规制权及其行使主体

权能构成	权利大类	权利次类	优位主体	补充主体
宅基地集体所有权物权权能	宅基地集体所有权	村宅基地集体所有权	村农村集体经济组织	村民委员会
		组宅基地集体所有权		
宅基地集体所有权管理权能	宅基地集体规制权	村/组宅基地集体规制权		

(二)宅基地利用规划管理

利用宅基地建造住宅,事关集体成员安居乐业,也与集体发展密切相关。《土地管理法》第59条规定,农村村民住宅等乡(镇)村建设,应当按照村庄规划,合理布局;建设用地应当符合乡(镇)土地利用总体规划和土地利用年度计划并依法办理审批手续。建设规划许可和土地利用规划是我国宅基地管理制度的重要内容。农户在建造住房前应当依法取得建设规划许可证和宅基地审批证书。宅基地利用规划属于土地利用规划的重要构成,实际上包括宅基地整体规划和宅基地转用管理两方面。《土地管理法》第21条第2款规定,村庄规划应当与土地利用总体规划相衔接,但并未具体规定如何开展村庄规划及其相关土地利用总体规划。事实上,宅基地基于土地用途而产生,同样存在基于资源稀缺性而产生的节约集约利用要求。在宏观层面,宅基地利用规划须协调好农用地、宅基地、建设用地之间的关系,确保粮食安全;在中观层面,宅基地利用规划是乡村规划的重要组成部分,宅基地的规划布局涉及乡村规划尤其是村庄规划的科学合理性,事关乡村振兴战略实施;在微观层面,农户建造住房的宅基地选址、利用程度与乡村发展、集体利益存在一定关联,应当协调好集体利益与成员个体利益的关系。

宅基地利用规划管理的上述三个层次,同样适用于宅基地"三权分置"相关改革探索。《德清县农村宅基地管理办法(试行)》第12条规定,村股份经济合作社有权按规定参与宅基地规划。由作为集体利益代表者的村股份经济合作社参与宅基地规划制定和实施,是实现宅基地科学利用、维护集体利益的内在要求。为实现宅基地节约集约利用,均衡实现公共利益(包括集体利益)与个人利益,亟须完善宅基地利用规划管理制度。主要措施包括:其一,在法律层面明确将宅基地利用规划作为土地利用规划制度的重要构成,强调政府、成员集体及其法定代表主体、集体成员在宅基地利用规划管理中的参与主体地位。其二,注重引导成员集体参与土地利用规划和村庄发展规划的编制与实施。成员集体作为集体土地所有权主体,理应拥有对有关集体土地利用、事关集体利益的土地利用规划编制的参与权,具体由村农村集体经济组织(未成立情况下的村民委员会)代表成员集体实施。通过参与,可及时、有效地反映和体现全体集体成员的基本需求和共同利益,提升土地利用规划编制的科学性和合理性。同时,村庄发展规划与土地利用规划紧密相关,为实现宅基地的科学利用,还应当协调推进土地利用规划和村庄发展规划的编制与实施。其三,基于宅基地利用规划主要属于集体利益范畴且与全体集体成员基本权益密切相关,理应将成员集体确定为宅基地利用规划编制和实施的主导者。其四,强化宅基地利用规划管理制度的法律效力。成员集体主导编制和实施宅基地利用规划管理制度属于乡村治理范畴。这就需要将自治、法治与德治相结合作为宅基地利用规划管理制度的基本主线,在法治框架下协同发挥自治与德治在宅基地利用规划管理中的优势功能。

(三)宅基地利用状态奖惩

宅基地作为农村土地的重要类型,具有高度稀缺性,应当符合节约集约利用要求。科学利用宅基地也是落实宅基地集体所有权中保护集体土地的基本要求。《土地管理法》第4条、第7条、第42条主要从宅基地利用要求、检举控告的角度间接将成员集体、农村集体经济组织、村民自治组织作为宅基地利用状况的利益相关者;《民法典》则仅从所有权物权权能的角度,按照所有权人管理所有物的基本规则,间接认可了宅基地集体所有权主体对宅基地利用状态的管理权能。就此来看:一方面,现行立法并未体系性规定有关宅基地利用状态奖惩的内容;另一方面,未明确将成员集体及其对应的农村集体经济组织认定为宅基地利用行为的规制主体。这反映出现行立法相对忽视了成员集体及其法定代表主体在宅基地利用管理中的优势功能,也忽视了基于资源稀缺性和宅基地集体所有权而产生的成员集体对宅基地利用状态的自治管理需要。在此背景下,相关探索应当从宅基地利用状态的集体管理转向宅基地利用状态奖惩制度。

宅基地利用激励权、宅基地收回权等是宅基地集体所有权管理权能的制度体现,适应了宅基地作为稀缺土地资源的节约集约利用要求。这两项权利作为宅基地集体所有权主体的重要权利,分别从对科学利用宅基地的引导、激励和对违法利用宅基地的惩罚、治理两方面致力实现宅基地节约集约利用,落实宅基地集体所有权。这两方面共同构成宅基地利用状态奖惩制度的主要内容。宅基地利用状态奖惩制度应当重点从适用对象、主要措施、法律后果等方面构建。相关建议主要包括:其一,宅基地利用状态奖惩制度的适用对象在根本上取决于集体自治范围和宅基地利用关系。宅基地利用状态奖惩制度应当以集体自治管理为依据。初始、继受取得宅基地使用权的主体以及流转等情形下按规定或约定接受集体管理的主体,均为适用对象。其二,宅基地利用状态奖惩制度主要由宅基地利用奖励和宅基地利用惩罚两类措施构成。现行相关实践中运用的物质、精神奖励均可根据集体自治决定纳入奖励措施范畴;现有相关实践中出现的宅基地强制收回则是惩罚宅基地违法利用的主要形式。当前,尤其需要以宅基地收回权为核心探讨宅基地违法利用惩罚制度的内容。其三,农村集体经济组织代表成员集体作出的宅基地利用状态奖惩决定,原则上具有法律效力。该效力源于集体成员自治程序的合法性和相关协议约定的有效性。

(四)宅基地收回权法定化

宅基地收回权是成员集体依法收回宅基地使用权的权利。宅基地收回权制度是对宅基地收回权的确认和规范。[1] 准确阐释宅基地收回权,构建适应性的宅基地收回权权利法定与法定行使的实现方案,对于深入理解和阐释宅基地"三权分置"制度、完善宅基地监管制度至关重要。针对当前宅基地收回权缺乏体系性制度规范的问题,应当以宅基地收回权的实质为逻辑起点,将宅基地收回权设置为法定权利并构造体系性的制度规则。

1. 宅基地收回权的立法依据

宅基地集体所有权主体、宅基地使用权主体依据《民法典》关于物权权能的规定便可取得、行使相应的权利,甚少需要通过立法明确规定其某些权能乃至转化为具体权利。但宅基地集体所有权的管理权能是对宅基地集体所有权行使、宅基地使用权的设置与行使的规范、管理,具有显著的规制性和管理性特征;在权源、属性、权利化要求等方面明显区别于宅基地集体所有权的物权权能,无法依托传统物权理论和制度直接实现权利化。在此框架下,宅基地收回权作为宅基地集体所有权管理权能的权利转化,是对特定情形下宅基地使用权的强制性收回,极易与宅基地使用权和宅基地上住宅及其附属设施产权的法律保护发生冲突。无论是从落实宅基地集体所有权的基本要求,还是从规范宅基地收回权行使、实现"户有所居"基本保障目标和宅基地节约集约利用要求、保护宅基地使用权及宅基地上住宅及其附属设施产权来看,都理应在

---

[1] 参见[德]鲍尔、[德]施蒂尔纳:《德国物权法》(上册),张双根译,法律出版社2004年版,第3~4页。

立法上明确设置宅基地收回权,形成科学的宅基地收回权制度。

宅基地收回权是宅基地收回权制度构造的核心。根据《立法法》第11条、第12条关于基本制度应由法律设定之规定,理应由相关法律或行政法规具体设置宅基地收回权。[1] 基于宅基地集体所有权管理权能转化而呈现的公共性、规制性和系统性,应当由作为我国土地管理专门立法的《土地管理法》《土地管理法实施条例》予以规定。考虑到宅基地收回权是农村土地收回权的具体类型,与其他类型农村土地收回权在权源、主体、内容、行使、效力等方面具有同一性,因而宜采取"统一规定+分类设定"的立法思路。一方面,坚持《土地管理法》第66条统一规定农村土地收回权的模式,并在此基础上根据确定的宅基地收回权的法定情形,完善"可以收回土地使用权"的法定情形,即新增"法律、行政法规规定的其他情形"为第1款第4项,新增一款作为该条第3款规定为"依照前款第(一)至(四)项规定收回农民集体所有的宅基地的,应当对宅基地使用权人拥有的合法产权给予适当补偿"。另一方面,既可以采取在《土地管理法》第66条后新增条文的方式,也可以采取在《土地管理法实施条例》第36条的基础上新增条文的方式,具体规定宅基地收回权及其基本内容。在纳入《土地管理法》的条件不成熟的情况下,可行的方案是:分拆《土地管理法实施条例》第36条相关内容并在该条例中单独设置宅基地收回权条文。

关于是否可以通过集体决议或宅基地集体所有权主体与宅基地使用权主体自愿协商的方式设置宅基地收回权,不可一概而论。就前者而言,集体决议与宅基地收回权的效力逻辑不同。集体决议是宅基地集体所有权主体意思的重要形成方式。结合《村民委员会组织法》关于集体决议的规定及相关实践来看,"集体—成员"关系框架是集体决议有效性的基本限定;成员集体事项由成员集体决议,集体决议由集体成员会议或集体成员代表会议作出并约束全体集体成员是集体决议效力的基本逻辑。宅基地收回权属于对宅基地使用权的单方强制收回权。坚持权利法定是实现集体成员"户有所居"基本保障需求的重要措施,也是保护宅基地使用权和宅基地上住宅及其附属设施产权的必然要求。从实践来看,非本集体农户仍然属于宅基地使用权主体,不属于集体决

---

[1] 在尚未纳入相关法律规定的情况下,可由全国人大及其常委会授权国务院在相应行政法规中予以规定。

议效力的逻辑范畴,原则上不受成员集体决议约束。就后者而言,在"房地一体"原则下,有关特定情形出现后宅基地集体所有权主体有权收回宅基地使用权的约定,应当在不违反法律、行政法规强制性规定的情况下方可将其作为合同权利。从实践来看,合同权利的行使无须遵循特定程序且在行使时本身并无强制性。无论是宅基地使用权,还是宅基地及其住宅、附属设施产权,关于宅基地集体所有权主体在特定情形下收回宅基地使用权的约定都取决于双方的真实意思表示,本质上属于双方契约权利。宅基地收回权具有单方性、强制性,这显然与合同权利的设定依据、效力逻辑不同。故而,宅基地集体所有权主体与宅基地使用权主体关于特定情形下由宅基地集体所有权主体收回宅基地使用权的约定并非宅基地收回权的适用情形。结合上述分析来看,应当按照法定权利设置宅基地收回权,不得法外创设宅基地收回权。相关集体决议、宅基地集体所有权主体与宅基地使用权主体相关约定仅在宅基地收回权法定框架内有效。

2. 宅基地收回权的法定主体

相关研究及实务对宅基地收回权主体存在不同理解。《土地管理法》第66条将其确定为农村集体经济组织,1995年施行的《确定土地所有权和使用权的若干规定》第48条和第52条将其确定为"集体",《浙江省农村宅基地管理办法》第15条和《广东省农村宅基地管理办法》第15条将其确定为"村集体"。也有学者认为,宅基地收回权涉及对集体成员重大财产的剥夺,应定性为征收,因而应当由县级政府或县国土局下属的乡镇土地管理所承担。[1] 宅基地收回权的本质属性是确定宅基地收回权主体的决定因素。宅基地收回权作为宅基地集体所有权管理权能的权利转化,是依托"所有权—使用权"的逻辑架构实施的,体现的是宅基地集体所有权对宅基地使用权的管理和规制,在本质上属于遵循一定的程序、运用恰当的工具对集体公共产品供给、宅基地违法利用等问题进行干预的活动。[2] 据此,可排除将宅基地收回权主体归结为行政主体的可能性。相对而言,村集体或集体、农村集体经济组织均属于集体所有制上集体的范畴,具备作为宅基地收回权主体的正当性和可行性。

---

〔1〕 参见贺日开:《宅基地收回权的虚置、异化与合理配置》,载《政法论坛》2020年第4期。
〔2〕 参见应飞虎、涂永前:《公共规制中的信息工具》,载《中国社会科学》2010年第4期。

按照法律高于法规、规章及规定的效力原则和"新法"优先的适用规则，《土地管理法》第66条理应成为确定宅基地收回权的法律依据。[1] 但该条文规定的是农村集体经济组织可以收回农村土地使用权，当中的"可以"二字意味着立法者仅认可农村集体经济组织可以作为收回权主体，而未直接将收回权主体限定为农村集体经济组织。按照现行立法确定的法定代表模式，农村集体经济组织是成员集体的法定代表主体，代表成员集体行使集体土地所有权。[2] 前述文件将村集体或集体、农村集体经济组织作为宅基地集体所有权主体，与将宅基地收回权主体确定为村集体或集体、农村集体经济组织并不存在实质差别。一方面，宅基地集体所有权是物权权能与管理权能的统一。宅基地收回权作为宅基地集体所有权管理权能的权利化，理应成为宅基地集体所有权的内容构成，归属于作为宅基地集体所有权主体（成员集体）并依法由村农村集体经济组织（未成立情况下的村民委员会）代表行使。另一方面，从语义解释来看，宅基地收回权中的"收回"一词是在特定情形下依法单方、强制收回宅基地使用权的法律行为。一经收回，原宅基地利用关系即终止，宅基地使用权回归宅基地集体所有权主体。基于"谁拥有的标的物""标的物由谁收回""收回后标的物归谁"三者的同一性，理应将这里的"谁"确定为宅基地集体所有权主体即成员集体。由此看来，农村集体经济组织实则是依法代表成员集体行使宅基地收回权的主体。

近年来，农村集体经济组织大规模建立，农村集体经济组织立法也正快速推进。探索更为科学、可行的宅基地收回权行使主体方案具备了理论和实践条件。宅基地收回权是落实宅基地集体所有权的重要形式，关于宅基地收回权主体的探讨应当置于集体所有权行使主体的逻辑框架中。《土地管理法实施条例》第34条第1款首次在立法上确立了农村集体经济组织优先于村民自治组织代表成员集体行使宅基地集体所有权的地位，[3] 解决了法定代表模式下的主体优先性问题。农村集体经济组织作为《民法典》确定的特别法人，已

---

[1] 2022年11月28日发布的《农村宅基地管理暂行办法（征求意见稿）》第31条同样规定，在七类情形下，"农村集体经济组织可以收回宅基地"。

[2] 参见宋志红：《论农村集体经济组织对集体土地所有权的代表行使——〈民法典〉第262条真义探析》，载《比较法研究》2022年第5期。

[3] 根据《土地管理法实施条例》第34条第1款的规定，作为农户宅基地申请的受理主体，农村集体经济组织优先于村民自治组织。

成为更适合行使集体所有权、管理集体资产的特殊类市场主体,明显优于承担政治性职能的村民自治组织。在此基础上,结合村、组集体资产统一运营和规模效应实现需要以及村级集体统一代表村、组成员集体行使集体所有权的实践来看,借鉴浙江省等省份实施的由农村集体经济组织统一代表村、组成员集体行使集体所有权的经验做法,确定采取村农村集体经济组织统一代表行使模式更符合代表性、效益性等要求。承包地发包中村农村集体经济组织或村民委员会统一代表村、组成员集体分包的实践做法,也为实行村农村集体经济组织统一代表行使模式奠定了实践基础。可将这一模式具体确定为:村农村集体经济组织统一行使村、组成员集体的集体所有权;尚未建立村农村集体经济组织的,由村民委员会代表村、组成员集体统一行使集体所有权。基于宅基地收回权主体与集体所有权主体的同一性,可将宅基地收回权主体确定为村农村集体经济组织(未成立情况下的村民委员会)。

3. 宅基地收回权的法定情形

根据《土地管理法》第66条的规定,可以收回宅基地使用权的情形为基于乡(镇)村公共设施和公益事业建设需要而收回、违反批准用途而收回、因撤销或迁移等原因停止使用宅基地而收回三类。从文义解释来看,立法者仅将上述三类确定为农村集体经济组织可以收回的情形,并非将农村集体经济组织的收回情形限定为三类。这意味着,既往相关文本确定的情形仍然是确定宅基地收回权行使情形的依据。除《土地管理法》第66条规定外,确定宅基地收回权行使情形的文件依据主要有三类:第一类是1995年施行的《确定土地所有权和使用权的若干规定》(已被修改)第48条和第52条规定的非农业户口居民(含华侨)原有宅基地上房屋拆除后没有批准重建和"空闲或房屋坍塌、拆除两年以上未恢复使用的宅基地"两种情形。第二类是部分地方在《土地管理法》第66条确定的三种情形基础上新增规定的情形。例如:《安吉县农村宅基地管理办法》第25条新增规定宅基地依法批准并划定后超过2年未建房的、法律法规等规定的其他情形两类;2021年9月发布的《广东省农村宅基地和住宅建设管理规定(草案征求意见稿)》第47条新增规定农户按规划易地建房竣工后按协议约定应当退回原宅基地而未退回的、参加集体建房或者申请分配到足额面积的农民公寓应当在新房分配后限期退回原有宅基地而未退回的、"五保户"等无继承人的孤寡老人户内成员全部死亡的、逾期未开工建设的、长期闲置的房屋坍塌或者拆除2年以上未恢复使用的以及法律、法规、规章规定的其他情形。第三类是2022年11月28日发布的《农村宅基地管理暂行办法(征求意见稿)》确定的七类宅基地收回情形。其中,部分属于现行文件确定的收回情形,属于新增情形的有两类,即被继承的住宅经鉴定为D级危房且继承人不符合宅基地申请条件的、"法律、法规和省、自治区、直辖市规定的其他情形"。此外,实践中也存在因丧失集体成员身份而被收回的情况。[1]

相关案件的裁判同样以《土地管理法》第66条规定为依据,也印证了宅基地收回权行使情形的法定化思路。深入剖析相关文件确定的现有情形是探究宅基地收回权行使法定情形的重要前提。总的说来,《土地管理法》《土地管理法实施条例》以外的相关文件确定的宅基地收回权行使情形显然与根据《立法法》所确定的应当由法律、行政法规设定这一结论相悖,存在合法性、具体性、有效性问题。[2] 但从多年的实践来看,现有相关文件确定的收回情形较为全面,是探讨宅基地收回权法定情形的主要来源。同时,基于宅基地利用方式、利用情况的复杂性,采取类型化而非穷尽式列举的方式更符合科学设计宅基地收回权法定情形的技术要求。

关于宅基地收回权法定情形的类型化,依据不同标准会得出不同结论。有学者主张根据集体是否需要被收回人同意的标准,将宅基地使用权收回分为单方收回和协商收回并将类型化探讨的重点放在前者;[3] 后者为基于双方真实意思表示的民事行为,显然不属于宅基地收回权的范畴。也有学者提出,宅基地使用权收回主要存在公益事业收回、因违法行为收回与因丧失集体成员身份收回三种类型。[4] 相对可行的类型化思路是将现有情形归纳到对应的大类中,并以兜底规定方式确定可能出现的其他情形。分析发现,未经批准或通过骗取方式取得批准的,理应归为不得设定宅基地使用权的情形,因为不得设立宅基地使用权,也就不存在宅基地使用权收回。相关实践中出现的收回情形实际上就是四种类型:第一类,基于集体利益需要而收回,即因乡(镇)村

---

[1] 参见耿卓:《宅基地使用权收回事由类型化及立法回应》,载《法律科学(西北政法大学学报)》2019年第1期。

[2] 参见耿卓:《宅基地使用权收回的流程规范》,载《交大法学》2018年第4期。

[3] 参见耿卓:《宅基地使用权收回事由类型化及立法回应》,载《法律科学(西北政法大学学报)》2019年第1期。

[4] 参见张健、熊荣:《农村宅基地使用权收回制度研究》,载《农业经济》2021年第9期。

公共设施和公益事业建设而需要收回宅基地这一情形;第二类,违反法律、行政法规关于节约集约利用宅基地规定而收回,主要包括违反批准用途使用宅基地、宅基地获批并划定后超过 2 年未开工建设(无须经批准的特殊情况)、长期闲置的房屋坍塌或拆除 2 年以上未恢复使用、经批准易地建房或参加集体建房或获得足额面积农民公寓后应当退回原宅基地而未退回的;第三类,因撤销或迁移等原因停止使用宅基地的;第四类非本集体农户在原有宅基地上的房屋坍塌或依法拆除后没有获得批准重建的。

这里须排除实践中的两类情形:一是丧失集体成员身份。集体成员身份仅是取得集体成员权的依据,集体成员以户为单位依法行使集体成员权而取得宅基地使用权。宅基地使用权一经取得即受法律保护。是否丧失集体成员身份仅影响对集体成员权的保有,并不能成为否定已设定宅基地使用权和宅基地上住宅及其附属设施产权的依据。集体成员身份仅是影响宅基地资格权的因素,而不是收回相关主体基于宅基地资格权所取得的宅基地使用权的理由。二是"五保户"等无继承人的孤寡老人户内成员全部死亡。这一情形实则属于本集体农户的全部成员死亡且无继承人(农户消亡且无人继承)这一情形的表现形式。根据《民法典》第1160条的规定,在这一情形下死者生前属于集体所有制组织成员的,则宅基地使用权和宅基地上住宅及其附属设施产权"归所在集体所有制组织所有"。无论此种情形下的宅基地使用权和宅基地上住宅及其附属设施产权最终归集体所有还是国家所有,[1]均以"房地一体"下宅基地使用权和宅基地上住宅及其附属设施产权拥有主体的全部成员死亡且无继承人这一事实出现为标准发生法律效力,而根本不需要行使宅基地收回权。故而,本集体农户的全部成员死亡且无继承人这一情形不属于宅基地收回权行使的法定情形。

总的来说,前述四类构成了宅基地收回权行使法定情形的基本类型。但考虑到宅基地利用情形的复杂多样,还须在四类基本情形外,单独规定宅基地

---

[1] 该规定引发的问题是:非本集体农户也可成为宅基地使用权主体,在全部成员死亡且无继承人的情况下,按照前述规定宅基地使用权和宅基地上住宅及其附属设施产权归国家所有,导致宅基地使用权归国家所有而宅基地集体所有权归成员集体的宅基地权属不统一的状态。对此,宜将集体成员身份或宅基地所有权归属作为此种情形下宅基地使用权和宅基地上住宅及其附属设施产权归属的判断依据,明确"归所在集体所有制组织所有"。应据此完善《民法典》第1160条。

收回权的兜底情形。对此,相关地方在实践中主要采用的是"法律、法规等规定的其他情形"[1]"法律、法规、规章规定的其他情形"[2]"法律、法规和省、自治区、直辖市规定的其他情形"[3]的立法方式。基于宅基地收回权的基本制度属性以及强化宅基地使用权和宅基地上住宅及其附属设施产权保护要求,应当按照《立法法》第11条和第12条规定,将宅基地收回权的兜底情形确定为"法律、行政法规规定的其他情形"。不得由地方性法规、地方政府规章和省、自治区、直辖市规定收回情形,也利于加强对宅基地使用权和宅基地上住宅及其附属设施产权的法律保护,避免为地方推动强制"合村并居"、强迫"上楼"等现象留下法律空间。

4. 宅基地收回权的法定程序

法律程序是确保相关方公平表达意见、相关决定获得当事人理解或认可的重要规则。[4] 作为法律控制的核心要素[5],正当程序是宅基地收回权有效、规范运行的重要保障。目前,关于宅基地使用权收回程序的理论及实践探索较少。《土地管理法》第66条仅规定"报经原批准用地的人民政府批准"。有学者从收回决定的作出、听证、审批、公示和注销登记等方面构建宅基地收回权行使程序并强调应基于不同的收回事由制定相应的收回程序。[6] 宅基地收回权的法定情形具有一定的差别性,对行使程序规则的供给需求也存在一定差别。为平衡普遍性与特殊性的关系,应当按照系统性、适应性要求设置宅基地收回权的法定程序。

设置宅基地收回权的法定程序应当协调好三对关系:一是宅基地收回权有效行使与宅基地使用权保护的关系。应当将保护宅基地使用权和宅基地上住宅及其附属设施产权作为正当程序的底线要求。既要通过程序规则规范宅基地收回权行使,又要在程序规则设计中引入抗辩、申诉等权利保护措施。二是收回程序的权威性与灵活性的关系。收回程序作为宅基地收回权制度的重要组成部分,应当由《土地管理法》等相关法律或行政法规就宅基地收回权的

---

[1] 参见《安吉县农村宅基地管理办法》第25条第1款。
[2] 2021年9月发布的《广东省农村宅基地和住宅建设管理规定(草案征求意见稿)》第47条。
[3] 2022年11月28日发布的《农村宅基地管理暂行办法(征求意见稿)》第31条第1款。
[4] 参见季卫东:《程序比较论》,载《比较法研究》1993年第1期。
[5] 参见罗英:《数字技术风险程序规制的法理重述》,载《法学评论》2022年第5期。
[6] 参见张健、熊荣:《农村宅基地使用权收回制度研究》,载《农业经济》2021年第9期。

一般程序作统一性、权威性规定，适应不同情形的详细规则或具体要求则应当由地方乃至成员集体在一般程序规定的范围内具体确定。三是宅基地使用权收回与宅基地违法利用处罚的关系。两者均指向宅基地节约集约利用要求且具有单方强制性，但在权源、属性、主体、情形、对象、程序、功能、生成进路等方面有所不同。在明确两者关系的基础上，应当立足宅基地收回权实质，设定其法定程序。

结合现行相关规定及实践做法，有必要将公告公示、通知公告、集体决议纳入宅基地收回权的法定程序。在此基础上，将宅基地收回权的法定程序设定为"六步"。分别是：

第一步，程序启动。村农村集体经济组织（未成立情况下的村民委员会）在接到检举举报或主动发现符合宅基地收回权行使的法定情形时，启动宅基地收回程序。是否符合法定情形，应当由农村集体经济组织开展初步审查。对于农村集体经济组织应当启动收回程序但未启动的，可单独通过集体决议方式予以启动。简言之，符合特定情形，经集体决议启动的，村农村集体经济组织（未成立情况下的村民委员会）应当启动宅基地收回程序。

第二步，调查核实。村农村集体经济组织（未成立情况下的村民委员会）应当对涉及的宅基地利用情况是否符合宅基地收回权的法定情形进行调查，收集、固定相应证据，确定事实。

第三步，公告公示。在充分收集证据并调查核实基础上，由村农村集体经济组织（未成立情况下的村民委员会）将符合要求的收回事由以及拟作出的收回决定以书面方式告知宅基地使用权主体并在集体范围内公示不少于 7 个工作日。

第四步，报经原批准用地的人民政府批准。村农村集体经济组织（未成立情况下的村民委员会）应当自公告公示到期之日起限定时间内（建议设定为 3 个工作日）将宅基地收回的事由、依据以及拟收回的决定报原批准用地的人民政府批准。

第五步，通知公告。自原批准用地的人民政府批准之日起限定时间（建议设定为 3 个工作日）内，村农村集体经济组织（未成立情况下的村民委员会）应当制作宅基地收回决定书，送达被收回的权利主体并在集体范围内发布公告。

第六步，实施收回。自发布公告之日起特定时间内（建议设定为 5 个工作日),村农村集体经济组织(未成立情况下的村民委员会)应当办理相关权证的注销手续,完成收回工作。

5. 宅基地收回权的法律效果

法律效果通常取决于法律规范的结构构成,[1]是法律制度设计的目标指向。我国尚未在相关立法中明确宅基地收回权行使的法律效果,但结合相关法理及实践,仍可归纳出宅基地收回权行使的一般法律效果,即单方依法终止宅基地利用关系、宅基地使用权消灭、宅基地收归宅基地集体所有权主体。除法律、行政法规另有规定外,宅基地收回权原则上仅适用于宅基地使用权而不及于宅基地资格权。在效力判断方面,基于宅基地收回权的单方强制性,为确保宅基地使用权主体的知情权和抗辩权,宅基地使用权收回行为应当以原批准用地的人民政府批准之日作为发生法律效力的时间。换言之,宅基地使用权收回行为以原批准用地的人民政府批准为生效依据,依法注销宅基地使用权仅为宅基地使用权收回的后续程序。

关于是否补偿被收回的宅基地使用权,应当以收回情形为依据,在"房地一体"原则下具体确定。《土地管理法》第66条仅规定应当对基于集体公共利益需求而收回宅基地的情形予以补偿,在实践中也是基于"房地一体"原则对"房""地"产权一并补偿。对于因其他法定情形而收回宅基地使用权的,原则上不应当对宅基地使用权进行补偿,而应当按照"房地一体"原则仅补偿宅基地上住宅及其附属设施合法产权扣除折旧后的建造成本;[2]涉及房屋拆除的,原则上应当由当事人自行拆除;未按期拆除的,产生的损失应当由当事人承担。此外,宅基地使用权收回与宅基地违法利用处罚之间也不具有替代性。尽管两者在适用情形方面存在一定的交叉,但在权源、属性、是否基于集体公共利益需求、程序、构成、效力等方面存在较大区别。两者属于不同的制度范畴,不存在替代关系。

---

[1] 参见胡学军:《证明责任中国适用的限缩——对"程序法上证明责任"在本土适用性的质疑》,载《法学家》2022年第2期。

[2] 参见张健、熊荣:《农村宅基地使用权收回制度研究》,载《农业经济》2021年第9期。

第五章 保障宅基地资格权的制度构造

宅基地资格权是实现集体成员权与宅基地财产权衔接的关键,也是处理好宅基地权利制度上私法逻辑与公法逻辑的重要着力点。保障宅基地资格权旨在实现成员集体对集体成员"户有所居"的基本保障职责,也是宅基地制度保障功能实现的主要依据。保障宅基地资格权法律制度的重点在于认定宅基地资格权,主要涉及宅基地资格权取得、登记、形式、退出等体系性的制度内容。同时,相关制度构造还应当注重落实宅基地集体所有权转接权能,以宅基地资格权为抓手,推进宅基地制度保障功能与相关住房保障制度衔接。保障宅基地资格权的制度构造,既要围绕宅基地资格权在宅基地制度中的定位和功能展开,又要从宅基地"三权分置"的整体性及其与相关制度的协同视角去设计。就后者而言,需要聚焦三个方面:其一,要立足宅基地"三权分置"改革的主要目标,理清保障宅基地资格权与落实宅基地集体所有权、适度放活宅基地使用权在制度、机制等方面的内在机理和体系逻辑;其二,要从宅基地资格权与宅基地集体所有权、宅基地使用权的权利架构视角去探讨宅基地资格权以及保障宅基地资格权的制度;其三,基于保障宅基地资格权所指向的"户有所居"保障目标及其对应的宅基地制度保障功能,从宅基地资格权与集体住房保障、国家住房保障、土地征收制度协调与转接的视角,探讨适应性的保障宅基地资格权的制度体系。

一、宅基地资格权的取得

宅基地资格权的取得是宅基地资格权制度的首要和关键内容,也是成员集体分配宅基地、宅基地使用权初始配置的关键依据。宅基地资格权的取得规则作为宅基地资格权制度乃至宅基地"三权分置"制度的重要构成,主要由宅基地资格权取得方式、认定主体和认定模式构成。宅基地资格权的取得规则设计,应当立足宅基地资格权的权利架构,面向宅基地资格权内容有效展开。

(一)宅基地资格权的取得方式

目前,宅基地资格权的取得方式主要包括自动取得和认定取得两类。自动取得是指但凡符合特定条件或资格即自动取得宅基地资格权的取得方式;认定取得则是在符合相关条件或资格的情况下,特定主体依法向特定对象提出申请,待获得认定后方可获得宅基地资格权的取得方式。我国不宜采取自动取得,而应当将认定取得作为宅基地资格权的取得方式。从理论来看,集体成员采取的是自动取得方式,即只要具备集体成员资格(集体成员条件)就当然取得集体成员权。但宅基地资格权主体(本集体的农户)区别于集体成员权主体(本集体成员),且其在取得方式上存在对本集体成员与本集体农户关系的前置判断。同时,集体成员权具有复杂的构成,各种集体成员权之间也存在一定的独特性。这意味着,并非所有类型的集体成员权均应当坚持自动取得方式。受制于宅基地资源公共性与稀缺性要求以及宅基地与农用地的消长关系,取得集体成员身份即取得相应集体成员权的自动取得方式不适合作为宅基地资格权的取得方式。此外,认定取得相对于自动取得而言,还具备如下比较优势:

其一,认定取得具有相应的规则依据。《农业农村部、自然资源部关于规范农村宅基地审批管理的通知》(农经发〔2019〕6号)明确提出,村民小组收到宅基地申请后,应交由村民小组会议讨论,经公示后还须由村集体经济组织或村民委员会审查,"村级组织重点审查提交的材料是否真实有效、拟用地建房是否符合村庄规划、是否征求了用地建房相邻权利人意见等""没有分设村民小组或宅基地和建房申请等事项已统一由村级组织办理的""经村民代表会议讨论通过并在本集体经济组织范围内公示后,由村级组织签署意见,报送乡镇政府"。尽管这一通知并未指明村民小组会议讨论和公示以及村集体经济组织或村民委员会审查是否包括宅基地资格权认定这一内容,但这也是在宅基地"三权分置"尚处探索阶段的背景下对文件规定的最合理表达,实质上包含了宅基地资格权认定取得这一含义。

其二,认定取得契合相关实践的普遍做法。例如,《德清县农村宅基地管理办法(试行)》第 16 条规定,宅基地资格权经村股份经济合作社依法认定后,以"户"为单位登记。浙江省金华市中级人民法院印发的《关于涉义乌市农村宅基地资格权、使用权转让纠纷裁判规则(试行)》第 3 条、第 4 条、第 5 条也将"确认"作为取得宅基地资格权的前提。尽管"认定"与"确认"存在语词差别,但两者具有相同的法律意义,即须经农村集体经济组织"确认"或"认定",方可取得宅基地资格权。鉴于"认定"一词在现行立法中适用面更广、使用频率更高,故使用"认定取得"一词更为科学、合理。

其三,认定取得彰显宅基地集体所有权权能。宅基地资格权是实现"户有所居"保障目标、节约集约利用要求以及宅基地集体管理要求并兼顾相关制约因素的权利抓手。将宅基地资格认定权作为集体规制权的重要类型,既是宅基地集体所有权管理权能的权利化要求,也是相关理论和实践的共同选择。为此,若宅基地资格权采取自动取得方式,则实质上否定了成员集体的宅基地资格认定权,淡化了宅基地集体所有权,也违背落实宅基地集体所有权的改革要求。相对而言,认定取得方式具有更好的兼顾性,契合了宅基地集体所有权管理权能的实现及其他相关要求。为此,交由作为成员集体法定代表主体的村农村集体经济组织(未成立情况下的村民委员会)依法认定后,本集体农户方可取得宅基地资格权。

其四,认定取得契合宅基地"三权分置"制度构造要求。将认定取得作为宅基地资格权的取得方式并将之纳入立法后,有利于"三权分置"相关实践探索与"两权分置"相关实践做法有序衔接,实现宅基地制度变迁的稳定性。同时,本集体农户申请分配宅基地须经成员集体及其法定代表主体依法审查,早已成为现行立法规定下的公众常识。坚持认定取得方式更符合广大社会公众的共同认知,利于降低宅基地"三权分置"改革成本。将认定取得作为宅基地资格权的取得方式,也符合规则统一性要求。宅基地资格权的取得事关农户的基本权益,是一个普遍性的法律问题,须在全国性立法中予以设计。但随着乡村振兴战略的深入实施,集体成员身份的稳定性将有所改变,实践中将会越来越多地出现非基于出生而自动取得集体成员身份的主体,也将进一步动摇关于其构成的"户"是否属于本集体农户的传统认知。自动取得方式有效适应了前述变化,利于实现宅基地资格权配置的平等性和公平性。

（二）宅基地资格权的认定主体

宅基地申请利用与宅基地资格权认定属于不同范畴,不可根据申请利用的宅基地的归属来确定宅基地资格权主体,而应当基于成员与集体的关系,从正当性与可行性两个角度予以确定。这意味着,无论农户未来申请利用的宅基地属于组成员集体还是村成员集体所有,并不直接影响宅基地资格权认定主体的确定。从现有相关研究及实践来看,唯有农村集体经济组织或村民自治组织、成员会议或成员代表会议,才具备成为宅基地资格权认定主体的理论依据和实践基础。宅基地资格权认定具有团体法上的民事法律行为的性质,是成员集体在成员身份认可基础上以户为单位予以认定的一项重要权利。唯有确认宅基地资格权,成员集体方可以此为依据履行对集体成员"户有所居"的保障职能。宅基地资格权认定属于集体与成员框架下集体规制权范畴。按照《民法典》《土地管理法》等立法所确定的成员集体职权职责法定行使模式,农村集体经济组织或村民自治组织理应成为宅基地资格权认定工作的具体承担者。

将农村集体经济组织优先于村民自治组织作为宅基地资格权的认定主体,在理论和实践上均具备科学性和可行性。宅基地资格权认定属于宅基地资格权制度的重要内容,与宅基地配置、宅基地使用权生成等直接相关,最适宜由具有经济职能的农村集体经济组织承担。《土地管理法实施条例》第34条第1款概括规定了宅基地资格权认定和宅基地使用权分配两项内容。[1] 但就前者来看,该规定事实上明确了农村集体经济组织作为宅基地资格权认定主体的当然、优先地位。浙江省德清县、义乌市等多地直接将村股份经济合作社(村农村集体经济组织)作为宅基地资格权认定主体。[2] 在此基础上,基于村农村集体经济组织和村民委员会的常设性、代表集体的广泛性以及集体产权统一行使的实践要求,宜明确将村农村集体经济组织(未成立情况下的村民委员会)作为宅基地资格权认定主体。同时,宅基地资格认定权与宅基地集体管理权,均为宅基地集体所有权管理权能的制度化。它们与宅基地集体所有

---

[1]《土地管理法实施条例》第34条第1款规定:农户申请宅基地应当向农村集体经济组织申请;没有设立农村集体经济组织的,则应当向所在的村民小组或村民委员会申请。

[2]《德清县农村宅基地管理办法(试行)》第13条规定:村股份经济合作社按照有关规定对农户宅基地资格权进行认定并按顺序分配宅基地。

权用益物权应当采用同一成员集体法定代表行使模式,即由村农村集体经济组织(未成立情况下的村民委员会)代表村、组成员集体统一行使宅基地资格认定权。

由村农村集体经济组织(未成立情况下的村民委员会)代表村、组成员集体统一行使宅基地资格认定权,仅为宅基地资格权认定主体的一般规定。在实践中,宅基地资格权认定主体仍需进一步根据直接认定情形和难以直接认定情形两种类型予以具体确定。本集体农户的家庭成员中部分或全部拥有集体成员资格且尚未取得宅基地资格权的,属于可直接认定情形,应当由村农村集体经济组织(未成立情况下的村民委员会)直接予以认定;对于难以直接认定宅基地资格权的情形或确有必要由集体成员会议或集体成员代表会议讨论决议的,则应当在村农村集体经济组织(未成立情况下的村民委员会)受理后,提交集体成员会议或集体成员代表会议认定(讨论并表决确定)。这里的集体成员会议或集体成员代表会议在实践中存在村一级和组一级两种类型。浙江省多地采用的是前者,而"两权分置"下大多数地方实践采用的是后者。前者具有统一、高效并能兼顾实现村内不同组之间在宅基地资格权认定方面的一致性和公平性;后者则与大多数宅基地的所有权都归组成员集体所有这一实际相符,具有长期实践基础。

尽管集体成员未来以户为单位申请使用的宅基地存在组集体所有和村集体所有之别,但确定由村农村集体经济组织统一代表相应集体行使宅基地资格认定权,符合效益价值、公平原则且具有可行性。其一,《民法典》等立法已明确村农村集体经济组织(未成立情况下的村民委员会)对村成员集体集体所有权管理的法定代理关系。我国也在农村土地承包实践中明确规定,可以由村农村集体经济组织或村民委员会代表组成员集体行使集体所有权,该关系仍属于法定代理关系。这也为确定由村农村集体经济组织(未成立情况下的村民委员会)、村集体成员会议或村集体成员代表会议统一认定村范围内全体农户的宅基地资格权提供了实践借鉴。其二,在未来的实践中,宅基地资格权认定与宅基地分配申请是相对脱离的,甚至许多宅基地资格权主体长期不向集体提出分配宅基地申请,因此不能以未来拟申请的宅基地所有权归属来确定。由村农村集体经济组织、村集体成员会议或村集体成员代表会议统一认定的主体在未来申请分配宅基地时与宅基地所有权主体存在错位的可能,但仍可依据法定代表理论及相关规则有效回应。在此框架下，宅基地资格权认定实质上属于纯粹的集体自治管理事宜，不存在专门设计取得程序之必要，故无须专门探讨。

(三)宅基地资格权的认定模式

设置宅基地资格权的理据缘由和功能定位，是确定宅基地资格权认定模式的根本依据。宅基地资格权作为集体成员权，承载着成员集体对集体成员"户有所居"的基本保障职能。这是传统宅基地权利制度存在身份性、保障性内容的重要原因，也是宅基地"三权分置"改革须"保障宅基地资格权"的主要理据。集体成员身份并非设计宅基地资格权并开展认定工作的根本原因，宅基地资格权设计和认定从根本上取决于成员集体对集体成员"户有所居"的基本保障职能。这也体现在相关文本所提及或界定的宅基地资格权中。例如，《德清县农村宅基地管理办法(试行)》第2条第2款将"农村集体经济组织用于保障其成员生活居住"的内容纳入第1章"总则"中，作为宅基地资格权界定、认定的总体依据。《重庆市大足区农村宅基地使用权流转管理办法(试行)》第1章"总则"第5条也规定要"坚守改革底线，保障农户'户有所居'"。这些规定实质上将成员集体对集体成员"户有所居"的基本保障职能作为宅基地"三权分置"中"保障宅基地资格权"相关规则设计的根本依据和目标指向。

在此基础上，宅基地资格权认定主要存在"条件/要件+认定""因素+身份+认定"两种可选模式。但现有相关实践关于宅基地资格权认定实际采取的是"因素+身份+认定"而非"条件/要件+认定"模式。目前，在开展相关实践探索的大部分地区并未规定宅基地资格权的认定条件/要件/因素。金华市中级人民法院印发的《关于涉义乌市农村宅基地资格权、使用权转让纠纷裁判规则(试行)》第4条将宅基地资格权的申请主体确定为五类，即"新出生人员、因婚姻关系新增人员、尚未审批取得宅基地权利的村集体经济组织成员""移民等政策性原因取得村集体经济组织成员身份的人""因旧村改造、宅基地自然灭失等原因而丧失宅基地的原宅基地使用权人""具备分户条件的原宅基地使用权共有人""其他具有依法取得宅基地资格权的人"。其中，前两类采取的是"因素+身份+认定"模式，后两类采取的是"因素+认定"模式。但实践中普遍将"具备分户条件的原宅基地使用权共有人"限定为集体成员(非集体成员分户后可直接申请认定宅基地资格)，故而其在本质上仍属于"因素+身份+认定"模式;除前述三类以外的"其他具有依法取得宅基地资格权的人",则属于为其他法定因素所设计的兜底条款,但要认定宅基地资格权仍然离不开对是否具备集体成员身份或是否视为集体成员的前置判断,故其在本质上仍属于"因素+身份+认定"模式。

此外,成员集体对集体成员"户有所居"的基本保障职能,本质上也应纳入国家住房保障职责的范畴。从长期来看,"户有所居"的保障职责从集体向国家转移具有长期性、必要性和必然性。从现有实践来看,这种转移并不具有稳定性而是基于特定因素而呈现出动态性特征。例如,《德清县农村宅基地管理办法(试行)》第23条规定,"村股份经济合作社社员已享受过房改购房(含集资建房、住房补贴)、经济适用住房(含货币补贴)等住房政策的",村股份经济合作社应当收回经认定的宅基地资格权。这里的宅基地资格权收回实质上是对本集体农户在特定情形下是否能够拥有宅基地资格权的认定。若在认定宅基地资格权前便已享受国家住房保障,则当然不能享有宅基地资格权。《德清县农村宅基地管理办法(试行)》第27条也规定,"村股份经济合作社社员已纳入政府集中供养的,不得申请宅基地,村股份经济合作社应当保障其合理居住权利"。这里的"纳入政府集中供养"具有动态性、变动性,也暗含了根据动态因素确定宅基地使用权之意。

综上所述,采取"因素+身份+认定"模式更符合宅基地资格权设计所须坚持的根本依据和目标指向,也能够更加灵活地适应宅基地资格权制度科学运行的需要。这里的"身份"是指集体成员身份,即现有相关规定及地方实践中所提及的农村集体经济组织成员资格;这里的"因素"则须根据集体成员是否需要成员集体履行"户有所居"的基本保障职能来具体判定。对此,可借鉴义乌市的相关做法,将"因素"确定为"新出生人员、因婚姻关系新增人员、尚未经审批取得宅基地权利的""移民等政策性原因""因旧村改造、宅基地自然灭失等原因而丧失宅基地的""具备分户条件的""其他法定因素"等情形。

关于基于买卖、继承等因素而取得宅基地使用权的非本集体成员,是否应当认为其取得或视为其取得宅基地资格权,仍然存在地方实践差异。例如:金华市中级人民法院印发的《关于涉义乌市农村宅基地资格权、使用权转让纠纷裁判规则(试行)》第3条第2款将之规定为"视为基于宅基地资格权取得",即视为取得宅基地资格权;浙江省德清县、重庆市大足区等地则回避了对此种情况下本集体农户是否取得或视为取得宅基地资格权的规定,但从其将宅基地资格权限定为"村股份经济合作社社员""以'户'为单位认定登记"来看,实质上否定了上述情形下主体的宅基地资格权。实际上,无论是从宅基地资格权作为集体成员权的构成、作为成员集体对集体成员所承担的"户有所居"的基本保障职能来看,还是从该情形下宅基地使用权及其上房屋所有权对于该主体的财产价值及其实现需求来看,均不宜将买卖、继承作为宅基地使用权认定的因素。基于"房地一体"原则,确认并保护其通过买卖、继承所取得的房屋所有权、宅基地使用权,已经能够达到权利保护的效果,也利于平衡集体成员与非集体成员在宅基地上的利益,可有效实现实质公平。

二、宅基地资格权的登记

宅基地资格权作为一项集体成员权,具有相对独立且丰富的内容。宅基地资格权的认定仍须在实体法和程序法方面形成适应性的规则,以满足宅基地"三权分置"下宅基地制度科学运行需要,实现宅基地"三权分置"改革的目标任务。登记作为现代法治中的重要制度,为宅基地资格权认定管理提供了一个有力的切入视角和实现模式。宅基地资格权登记相关规则也成为保障宅基地资格权相关制度构造的重要内容。

(一)宅基地资格权登记的止争

关于宅基地资格权是否应当登记,学界存在肯定说和否定说两种观点。肯定说认为,宅基地资格权是集体土地所有权派生出的兼具人身权和财产权性质的权利,具有可虚拟化但无法自动"落地"的特点,故而应当办理登记。同时,通过登记可以对宅基地资格权进行确权保护,为推动宅基地使用权流转奠定基础。[1] 否定说认为,宅基地资格权的确认和行使均建立在成员资格基础上,且基于集体与成员之间的关系而具有人身专属性;同时,农村地区主要属于熟人或半熟人社会,一般不涉及交易安全,故而开展宅基地资格权登记缺乏必要性。[2] 相对而言,肯定说注重发挥登记的确权和公示效力,将宅基地资格

---

[1] 参见孙建伟:《宅基地"三权分置"中资格权、使用权定性辨析——兼与席志国副教授商榷》,载《政治与法律》2019年第1期。

[2] 参见管洪彦:《宅基地"三权分置"的权利结构与立法表达》,载《政法论坛》2021年第3期。

权与宅基地集体所有权、宅基地使用权纳入登记制度体系，利于实现宅基地"三权分置"制度的整体性、系统性，但该说未给出翔实的理据和论证，缺乏具体的制度设计，易引发关于现实性和必要性的疑惑。相比之下，否定说给出了较为翔实的理由，但对宅基地资格权阐释的深度不足，甚至在一定程度上存在将集体成员资格等同于宅基地资格权之嫌。但无论是从理论上还是实践中来看，具有集体成员资格并不等于且不当然等于拥有宅基地资格权。为此，宜采取宅基地资格权登记的观点但须深入探索宅基地资格权登记规则。主要理由包括：

其一，有效保护宅基地资格权的需要。宅基地资格权作为一项相对独立的集体成员权，并非单纯的请求权、资格性权利，而是兼具公私法属性，有别于其他类型权利的集体成员权。宅基地资格权是集体成员以户为单位获得成员集体以无偿供地形式实施的基本住房保障的依据，事关集体成员基本生存权。其具有较为丰富的内容，包括宅基地分配请求权、宅基地使用权回复权、宅基地补助补偿权、宅基地资格退出权等。对经认定后的宅基地资格权进行登记，能够实现赋权与限权相结合，更好地适应保障宅基地资格权的科学需要。当然，这里须排除两种不当认知：

第一种认知：将宅基地资格权等同于集体成员资格（或农村集体经济组织成员资格），获得集体成员资格即自动取得宅基地资格权。这一认知实质上混淆了宅基地资格权与集体成员权、集体成员资格的关系。集体成员权以集体成员资格（或农村集体经济组织成员资格）为依据，具备集体成员资格（或农村集体经济组织成员资格）理应拥有集体成员权，但集体成员权在性质、内容、实现等方面均区别于集体成员资格（或农村集体经济组织成员资格）。在"因素+身份+认定"模式下，集体成员资格（或农村集体经济组织成员资格）仅为宅基地资格权认定所必需的"身份"要素。在符合法定"因素"的前提下，拥有集体成员资格（或农村集体经济组织成员资格）的主体方可依法认定取得宅基地资格权。宅基地资格权与集体成员资格（或农村集体经济组织成员资格）并不等同。

第二种认知：将宅基地资格权的认定纳入宅基地审批程序，经审批取得宅基地使用权而自然获得宅基地资格权。"两权分置"下的宅基地审批实质上包含了对申请资格和利用资格的实质审查。若将宅基地资格权认定纳入宅基审批程序,实则仍未摆脱"两权分置"下宅基地制度存在的身份性、保障性困局。同时,宅基地资格权认定在理论和实践中均属于成员集体的集体规制权范畴,有别于行政权力主导的宅基地审批。若将宅基地资格权的认定纳入宅基地审批程序,则实质上混淆了集体规制权与行政审批权。从理论及实务来看,宅基地资格权不可能基于经审批取得宅基地使用权而自然获得。相反,宅基地资格权是申请取得宅基地使用权的依据。只有相关主体依法行使宅基地资格权,方可无偿取得相应的宅基地使用权。

其二,宅基地"三权分置"制度的系统设计要求。"三权分置"中的宅基地集体所有权、宅基地使用权均为不动产物权,适用的是不动产物权登记原理及规则;宅基地资格权作为一种特殊类型的集体成员权,具有突出的身份性、请求性、保障性特征。宅基地"三权分置"改革将宅基地权利中的身份性内容析出并设定为宅基地资格权,实现了宅基地使用权的单纯财产化。将宅基地资格权独立为一项权利并依法予以认定,既能理顺"所有权—用益物权"的物权逻辑,又能畅通成员集体与成员之间保障功能的实现路径。同时,宅基地资格权作为一项相对独立的权利,在认定、行使等方面具有明显的特性,与取得建造住宅用宅基地、获得宅基地使用权不存在同步性(经行使宅基地资格权,方可获得建房用宅基地,取得宅基地使用权)。作为相对独立的宅基地资格权经认定后成立,但单纯的认定与宅基地集体所有权、宅基地使用权的不动产物权登记存在衔接、适应问题,与宅基地资格权行使、适度放活宅基地使用权相关要求之间存在匹配问题。因此,登记成为设定具有公私法属性的宅基地资格权的基本且有效形式。

其三,宅基地资格权登记管理实践使然。义乌市、德清县等多地在宅基地"三权分置"探索中采取登记方式管理宅基地资格权。《德清县农村宅基地管理办法(试行)》第16条第2款、第21条、第22条规定:以"户"为单位认定登记宅基地资格权;宅基地资格权主体可以取得"村股份经济合作社出具的资格权人证明",也可以在"未申请宅基地且不愿退出宅基地资格权的"情况下"申请领取《农户宅基地资格权票》"。金华市中级人民法院印发的《关于涉义乌市农村宅基地资格权、使用权转让纠纷裁判规则(试行)》第7条第2款规定,"转让、互换、赠与"宅基地资格权,应当向政府指定机构"办理备记手续,宅基地资格权自备记完成时转移"。尽管上述规定存在一定差异且在理论上存在不同认识,但其将登记作为宅基地资格权管理的重要手段,在很大程度上为引入宅基地资格权登记奠定了重要的实践基础。

其四,宅基地制度保障功能转接的需要。宅基地制度保障功能实质上是国家住房保障制度功能的"异化"。成员集体通过向集体成员提供建造住宅用宅基地,实现对集体成员"户有所居"基本保障职能,但这一基本住房保障职能实质上应由国家住房保障制度承担。在当前乃至未来相当长时间内,我国都不可能全面推进宅基地制度保障功能向国家住房保障制度功能转接,但"三权分置"下的宅基地制度设计应当为之预留法律空间。这一基本住房保障职能的制度转移,也在相关地方实践中得到验证。例如,《德清县农村宅基地管理办法(试行)》第20条、第21条、第22条就有条件的镇(街道)和村股份经济合作社建设集体公寓、置换城镇国有住房解决宅基地资格权主体住房保障问题,允许符合条件的宅基地资格权主体"向县申请享受政府住房保障政策""申请居住补贴"。足见,宅基地资格权已成为实现宅基地制度保障功能转接的关键抓手。从权威性、公信力、公示力来看,采取登记方式管理宅基地资格权更契合实现宅基地制度保障功能转接的需要。

(二)宅基地资格权的登记管理

宅基地资格权登记是对经认定的宅基地资格权予以登记管理,无论是采取登记生效还是采取登记公示备案模式,均为宅基地资格权认定的重要形式。宅基地资格权认定的依据则是宅基地资格认定权,而宅基地资格认定权属于宅基地领域集体规制权的重要类型。由此来看,宅基地资格权登记在性质上与集体规制权同一,具有显著的集体自治管理属性。同时,宅基地资格权登记自治管理也具有实践可行性。一方面,农村集体经济组织、村民委员会作为常态化设立的农村集体组织,具有开展宅基地资格权认定与登记的组织结构和人员条件,以及丰富的农村集体登记管理的实践经验;另一方面,宅基地资格权属于集体成员权,现有理论和实践均将集体成员权纳入集体自治管理范畴,原则上排除乡(镇)政府等公权力的介入,完全有必要且理应将开展宅基地资格权登记作为集体自治管理的重大事项。集体自治管理作为宅基地资格权登记的基本模式,也决定了宅基地资格权登记制度规则设计。

宅基地资格权登记作为一种管理模式,并不当然属于行政职权、职责范畴。从集体规制权的角度来看,宅基地资格认定权行使的效果之一,便是认定宅基地资格权。宅基地资格认定权由宅基地资格认定和宅基地资格登记构成,按照认定与登记同一的集体自治管理模式,理应由村农村集体经济组织(未设立情况下的村民委员会)开展宅基地资格权登记管理工作。尽管乡(镇)政府等行政主体开展宅基地资格权登记管理工作具有权威性、稳定性等突出优势,但与宅基地资格权作为集体成员权的基本属性及其对应的集体自治管理的应然性不符,也极易引发公权力过度介入乡村社会、制约集体自治的问题。同时,村农村集体经济组织(未成立情况下的村民委员会)在组织结构人员配备、管理经验、监督约束等方面更具优势,最为契合宅基地资格权登记自治管理需要。由村农村集体经济组织(未成立情况下的村民委员会)开展宅基地资格权登记,利于实现认定与登记的统一,符合集体自治管理需要及其公平、效益的目标要求。

(三)宅基地资格权的登记颁证

以户为单位登记宅基地资格权,是浙江省德清县等国内相关实践探索的普遍做法,也是对本集体农户向集体申请分配宅基地这一普遍做法的确认。关于经认定的宅基地资格权是否应当办理登记,理论界和实务界尚未形成定论。从实践来看,相关地方并未要求对经认定的宅基地资格权进行登记,但也预留了登记颁证的余地。例如:《德清县农村宅基地管理办法(试行)》第20条至第22条规定,"宅基地资格权应当以'户'为单位认定登记",宅基地资格权主体可以取得村股份经济合作社出具的资格权人证明,申请领取《农户宅基地资格权票》;金华市中级人民法院印发的《关于涉义乌市农村宅基地资格权、使用权转让纠纷裁判规则(试行)》第7条第2款规定,宅基地资格权变动的,"应当向义乌市人民政府指定的机构办理备记手续"。上述规定也说明开展宅基地资格权登记,具有实践基础和可行性。

综合来看,由村农村集体经济组织(未成立情况下的村民委员会)在宅基地资格权登记簿上进行宅基地资格权统一登记并颁发宅基地资格权证,更为科学、可行。其一,宅基地资格权作为集体成员权的重要类型和基本民事权利,事关集体成员的基本生存权。通过强制性的统一登记和发证,能够更好地实现对宅基地资格权的确认与保护。其二,符合宅基地资格权稳定性的特征。从实践来看,宅基地资格权主体主要是集体成员,在"因素+身份+认定"模式下仍然具有突出的稳定性。通过统一登记和发证确认保护宅基地资格权,也不存在因变动性强而加重自治管理成本的问题；相反，更能稳定权利预期，突出对宅基地资格权的重视，加强对该权利所反映的集体成员权的保护。其三，采取统一登记并颁发宅基地资格权证的方式，有利于更好地实现宅基地资格权与住房保障制度等相关制度的衔接。例如，《德清县农村宅基地管理办法（试行）》第21条、第22条规定，凭宅基地资格权人证明、《农户宅基地资格权票》，可以"向县申请享受政府住房保障政策""申请居住补贴"。采用统一的《宅基地资格权登记簿》和宅基地资格权证，有利于降低制度衔接成本，更好地适应相关制度、机制衔接需要。

鉴于宅基地资格权具有普适性和基础性特点，对宅基地资格权的登记和发证应当坚持全国统一和权威的基本要求。为此，笔者建议，由国务院或农业农村部制定全国统一样式的宅基地资格权登记簿和宅基地资格权证。经认定的宅基地资格权，由村农村集体经济组织（未成立情况下的村民委员会）统一登记到宅基地资格权登记簿。从成本分摊及权威性要求来看，建议由乡（镇）人民政府在官方指定单位按照全国统一样式制作宅基地资格权证，相关成本支出纳入乡（镇）财政支出。宅基地资格权证的颁证单位（加盖对应公章）应当确定为村农村集体经济组织（未成立情况下的村民委员会）。宅基地资格权登记簿应当详细登记宅基地资格权主体及其构成人员以及宅基地资格权的认定时间、认定主体等必要信息。宅基地资格权证是显示宅基地资格权登记簿记载内容的证明文件，以户为单位颁发，仅须注明户主所在户、认定时间、认定主体等基本信息，以免因宅基地资格权主体构成人员变化而面临换证问题。

在此基础上，可根据宅基地资格权的设立、变更、退出，将宅基地资格权登记分为初始登记、变更登记和注销登记。三类登记均涉及依法管理宅基地资格权登记簿、宅基地资格权证。其中，初始登记将在宅基地资格权得到认定后的一定期限内完成，须登记到宅基地资格权登记簿并颁发宅基地资格权证。变更登记仅涉及宅基地资格权主体构成变化，仅须变更宅基地资格权登记簿即可。注销登记属于宅基地资格权消灭，应当将注销事由、注销依据、注销主体、注销时间等信息登记在宅基地资格权登记簿，收回已发放的宅基地资格权证并予注销。

（四）宅基地资格权的登记生效

关于宅基地资格权登记的效力，实务中主要存在登记生效、登记备案两种做法。登记生效,即宅基地资格权经依法认定后,一经登记到宅基地资格权登记簿即生效;若未经登记,则尚未形成宅基地资格权。登记备案,则意味着登记作为备案程序,是对已经生效的宅基地资格权认定、变更或消灭行为的确认和公示,具有公示效果。目前,关于宅基地资格权登记的探索不多,但从可收集到的资料来看,相关地方主要采取登记生效模式。浙江省德清县规定,村股份经济合作社登记形成《村股份经济合作社宅基地资格权登记簿》,并将该登记簿报县国土资源行政主管部门备案,作为宅基地审批的依据;在分户的情况下,则由村股份经济合作社依法认定并重新公示,同时变更《村股份经济合作社宅基地资格权登记簿》,更新后的《村股份经济合作社宅基地资格权登记簿》报县国土资源行政主管部门备案。[1] 可见,无论是宅基地资格权的初始认定,还是分户情况下的重新认定,经认定后均须经公示等程序。这意味着无论是初始认定,还是重新认定乃至在公示阶段,宅基地资格权均未正式确立。只有经登记的《村股份经济合作社宅基地资格权登记簿》,方可作为宅基地审批的依据。足见,德清县采取的是宅基地资格权登记生效模式。浙江省义乌市规定,宅基地资格权的"转让、互换、赠与",应当"办理备记手续""宅基地资格权自备记完成时转移"。[2] 尽管研究发现宅基地资格权流转不具有科学性和可行性,但仍能从中梳理出其采取的是宅基地资格权登记生效模式。

综上,宅基地资格权登记应当采取登记生效模式。主要理由包括:其一,宅基地资格权经村农村集体经济组织(未成立情况下的村民委员会)认定并不立即发生法律效力,还须经过公示等程序。从实践来看,经公示无异议后即可办理宅基地资格权登记。唯有将宅基地资格权登记作为宅基地资格权设定的依据,方可适应宅基地资格权认定的逻辑要求。其二,宅基地资格权作为事关基本生存权的集体成员权类型,对权利设定存在权威性、稳定性等要求。相对于登记备案而言,登记生效非常直接、直观地将登记作为宅基地资格权认定、变更、消灭的依据,确保了宅基地资格权相关行为效力的统一。其三,采取宅基地资格权登记生效模式,与村农村集体经济组织(未成立情况下的村民委员

---

[1] 参见《德清县农村宅基地管理办法(试行)》第17、19条。
[2] 参见金华市中级人民法院《关于涉义乌市农村宅基地资格权、使用权转让纠纷裁判规则(试行)》第7条第2款。

会)在宅基地资格权登记簿上开展的宅基地资格权登记和宅基地资格权证颁发行为保持一致。其四,与现有相关地方实践探索高度契合。除前述浙江省德清县、义乌市等地外,河北省定州市等地也采取宅基地登记生效模式。《定州市农村宅基地资格权管理指导意见(试行)》第2条、第11条规定,宅基地资格权采取"认定登记","村集体经济组织初核登记"并在张榜公示无异议后,"报乡镇(街道)人民政府审核、备案"。虽然河北省定州市规定的是由乡镇(街道)人民政府审核登记后生效,与由村农村集体经济组织审核登记后生效的建议在认定主体上存在差别,但实质上仍然属于登记生效模式。可见,登记生效模式已逐步成为相关实践发展的基本方向。

三、宅基地资格权的行使

宅基地分配请求权、宅基地使用权回复权、宅基地补助补偿权等是宅基地资格权的主要内容。这些内容需要通过宅基地资格权主体的行权方可从法定转为实有。在宅基地"三权分置"架构中,宅基地资格权与宅基地集体所有权、宅基地使用权密切关联但又在性质、内容、功能等方面存在较大的特殊性。故而,宅基地资格权作为一项相对独立存在的基础性权利,仍须设置相应的行使规则。宅基地资格权行使规则设计应当符合宅基地资格权的权利目标,回应好、把握好宅基地资格权的属性及其基本限定。

(一)宅基地资格权行使的基本分类

按照行使主体不同,可将权利行使分为自主行使和他主行使两类。其中,自主行使是权利主体自行行使权利,他主行使则是权利主体将权利的全部或部分内容委托给其他主体行使。宅基地资格权是宅基地"三权分置"下身份性、请求性、保障性集于一体的集体成员权。鉴于宅基地资格权的身份性与请求性的高度集合以及对保障性的目标指向,宅基地资格权仅能由集体成员组成的本集体农户拥有和行使,不得采取他主行使的方式。这也是宅基地制度保障功能的基本特征和内在要求。即使宅基地资格权主体委托其他主体以宅基地资格权主体的名义行使,行使宅基地资格权的行为及其效果在法律上等同于宅基地资格权主体自主行使,在实质上仍属于宅基地资格权主体自主行使。

以行使对象的不同为依据,可将宅基地资格权行使分为面向集体行使宅基地资格权和面向政府行使宅基地资格权。其中,面向集体行使宅基地资格权是宅基地资格权行使的常态和主要方式,主要包括向集体请求分配宅基地和分享集体住房福利两种情形。设置宅基地资格权的首要目的是实现宅基地权利中身份性内容与财产性内容的相对分离,规范宅基地权利中身份性内容的逻辑架构。按照宅基地"三权分置"的权利架构,只有在农户获得宅基地资格权后,才能向成员集体申请取得建造住房需要的宅基地。故而,宅基地资格权也就被认为是农户取得宅基地使用权的依据。同时,部分经济发达地区的集体经济实力较强的成员集体还通过提供集体住房保障的方式改善农户住房质量,将宅基地资格权作为获得集体住房福利的依据。例如,《德清县农村宅基地管理办法(试行)》第20条规定,宅基地资格权主体有权申请取得有条件的镇(街道)和村股份经济合作社建设的集体公寓,以实现"户有所居"的保障目标。

此外,许多地方也在宅基地"三权分置"改革相关文件中规定,宅基地资格权主体未申请分配宅基地的,有权依法申请享受政府住房保障政策。这也是宅基地资格权行使的方式。须注意的是,从实践来看,前述所提及的分享集体住房福利和面向政府行使宅基地资格权,均以宅基地资格权转接权能为依据、以宅基地资格权主体尚未行使宅基地分配请求权为前提条件。这一限制是宅基地资格权转接权能的制度体现,完全契合以宅基地资格权为抓手的宅基地制度保障功能与国家住房保障制度、集体住房保障制度在对集体成员"户有所居"保障目标方面的一致性和替代性要求。

(二)宅基地资格权行使方式与限制

宅基地资格权行使是保障宅基地资格权的关键,由实现宅基地资格权积极权能、宅基地资格权消极权能、宅基地资格权限制三方面构成。其中,实现宅基地资格权积极权能即保障宅基地资格权的主要方面,其主要指的是宅基地资格权主体依法行使宅基地分配请求权、宅基地使用权回复权、宅基地补助补偿权、集体住房福利分配权、政府住房保障请求权。宅基地资格权积极权能实现应当注意两点要求:其一,具有替代性的权利内容,须择一行使。从宅基地资格权性质、功能以及宅基地节约集约利用要求来看,宅基地分配请求权与集体住房福利分配权、政府住房保障请求权在满足集体成员"户有所居"基本保障需求方面具有替代关系,原则上应当择一行使。实现宅基地制度保障功能是设定宅基地资格权的主要理由。农户通过行使宅基地分配请求权获得宅基地并依法初始取得宅基地使用权,是实现"户有所居"基本保障目标的主要形式;行使集体住房福利分配权、政府住房保障请求权亦是实现"户有所居"基本保障目标的重要形式,但与宅基地分配请求权存在替代关系,不得重复行使,否则有违公平。对此,可考虑确定为:尚未行使宅基地分配请求权且自愿放弃宅基地资格权的,可以依法申请集体住房福利分配、政府住房保障,满足"户有所居"基本保障需求。其二,部分宅基地资格权的积极权能须以宅基地分配请求权实现为前提。取得宅基地使用权是集体成员以户为单位行使宅基地分配请求权的结果;[1] 宅基地使用权回复权、宅基地补助补偿权则是宅基地资格权主体就取得的宅基地使用权在特定情形下行使的权利;宅基地资格权主体还拥有对流转后宅基地使用权的最终取回权,以及特定情形下基于"户有所居"基本保障需要和作为集体成员权的宅基地资格权保护需要而依法获得相应的补助补偿。可见,以上权利内容基本上都以行使宅基地分配请求权为前提条件。此外,宅基地资格权消极权能还主要体现为宅基地资格权妨害排除。宅基地资格权妨害排除规则同样是宅基地资格权行使规则的重要构成,主要包括私力救济和公力救济两种方式。

宅基地资格权作为一项重要民事权利,仍然面临来自理论及实践的限制。只有明确具体限制,方可廓清宅基地资格权的行使边界。这些限制主要包括:其一,基于公共利益(集体利益和公共利益)保护而产生的合法性要求。宅基地制度上承载着个体利益、集体利益、社会利益等多元利益类型和主体。宅基地资格权作为相关利益平衡、相关关系协调下的制度设定,只有在不违背集体利益、社会利益的前提下方可有效行使。这主要体现为不得违反禁止性、限制性规定,应当符合集体所有制和节约集约利用要求。其二,基于节约集约利用而产生的效益性要求。符合规划、限定面积、不得违法占用永久基本农田、有效利用等均为长期土地管理实践形成的宅基地节约集约利用相关规则,是基于宅基地作为稀缺土地资源而设定的重要制度,也是宅基地资格权行使的重要限制。其三,基于权利行使限度而产生的适当性要求。一方面,宅基地资格

---

[1] 参见管洪彦:《宅基地"三权分置"的权利结构与立法表达》,载《政法论坛》2021年第3期。

权行使不得损害宅基地集体所有权、他人合法拥有的宅基地使用权及其他合法权益。尤其要加强保护他人通过流转取得的宅基地使用权,适当限制宅基地资格权。原则上,除符合宅基地使用权回复权法定行使情形外,宅基地资格权行使不得干涉他人合法行使宅基地使用权的行为。另一方面,"权利不得滥用"同样是对宅基地资格权行使的基本要求。宅基地资格权作为重要的民事权利,理应适用"权利不得滥用"原则。

(三) 宅基地资格权行使的法律效果

宅基地资格权行使的法律效果,具体取决于宅基地资格权内容。宅基地资格权的不同内容在行使中会产生具有一定差异的法律效果。宅基地分配请求权是宅基地资格权的首要、核心权能。在"两权分置"向"三权分置"转变背景下,农户通过行使宅基地资格权(实施宅基地分配请求权权能),依法获得财产权属性的宅基地使用权。宅基地分配请求权具有优先性、单次性、单向性特征,即集体成员以户为单位获得宅基地资格权后就获得优先(相对于非集体成员和已获得宅基地使用权的农户)取得集体分配的宅基地的请求权;一旦农户行使宅基地分配请求权,村农村集体经济组织(尚未建立村农村集体经济组织情况下的村委会)就应当依法向其无偿分配宅基地;一旦获得集体分配的宅基地,宅基地资格权的该项权能就行使完毕,即宅基地分配请求权行使具有单次性。该项权能行使完毕原则上不影响宅基地资格权主体对宅基地资格权其他权能内容的行使。

宅基地资格权的其他权能(宅基地使用权回复权、宅基地补助补偿权)则不具有单次性特征。与宅基地分配请求权不同,除转接权能外,宅基地使用权回复权、宅基地补助补偿权均以权利人行使宅基地资格权取得宅基地使用权为前提,在行使及其效力方面均与宅基地使用权状况直接相关。例如,宅基地使用权回复权仅在宅基地使用权流转情况下由宅基地资格权主体拥有,是最终取回宅基地使用权的一项资格性权利。基于宅基地制度保障功能,应当将各种流转形式下农户取回宅基地使用权的权利纳入宅基地使用权回复权,亦即只要存在非根本丧失性质的宅基地使用权物权性流转,宅基地使用权回复权便可持续存在。再如,宅基地补助补偿权作为农户的宅基地被征收、依法用于其他用途或有偿退出等情况下获得物质利益补偿的一项请求性的权利,只要宅基地资格权主体拥有宅基地使用权,便可一直行使宅基地补助补偿权;若宅基地资格权主体获得补助补偿后丧失宅基地使用权,则宅基地补助补偿权相应消灭。目前,宅基地补助补偿权适用的典型情形主要包括征收、有偿退出、临时建设用地使用等。其中,在征收、有偿退出情形下,一经补助或补偿,宅基地资格权即发生灭失的法律效果。

四、宅基地资格权的转接

以宅基地资格权为依托并以保障功能为导向的宅基地制度与国家住房保障制度、集体住房保障制度等住房保障制度在实现集体成员"户有所居"基本保障需求方面具有明显的同一性、替代性特征。从实践来看,宅基地资格权也被作为宅基地制度与住房保障制度转接的关键抓手,但以保障功能为导向的宅基地制度仍然是实现集体成员"户有所居"需求的主要形式。同时,宅基地资格权具有身份性,权利主体行使转接权能实现"户有所居"基本保障需求后,往往会丧失宅基地资格权等权利乃至集体成员身份,故而这种转接必然具有单向度特征。转接具有单向性和长期性,这就要求坚持"户有所居"实现方式的多样性并将以保障功能为主要导向的宅基地制度作为主要实现形式,在此基础上将转接权能植入宅基地资格权并作为其积极权能的次要方面,探索适度实现转接权能的单向度转接方案。

(一)明确转接条件

宅基地制度与住房保障制度转接的基本条件,须满足基于宅基地资格权开展转接的一般条件和基于目标制度要求开展转接的特殊条件。其中,一般条件主要回答宅基地制度与住房保障制度能否转接的问题,是宅基地制度与住房保障制度转接应当遵循的一般要求。宅基地制度与住房保障制度转接的特殊条件则是基于转接目标制度的特殊性而设定的,属于国家住房保障制度、集体住房保障制度相应的条件要求。宅基地制度与住房保障制度转接的一般条件属于宅基地制度与住房保障制度的转接规则。特殊条件主要属于相应住房保障制度规则体系的范畴,仅须在规则体系中保留与宅基地制度转接的"接口"即可。故而,一般条件才是宅基地制度与住房保障制度转接条件探索的重点。这里的一般条件与"户有所居"基本保障直接关联,实质上属于宅基地制度内容构成,加之"户有所居"基本保障事关集体成员基本生存权,故而应依据

《立法法》第 11 条的规定将之作为只能由法律规定的事项。

宅基地制度保障功能限制和"户有所居"基本保障目标要求,是确定宅基地制度与住房保障制度转接的一般条件的主要因素。其中,宅基地制度保障功能限制主要体现为宅基地资格权对主体身份性要求。只有具有本集体成员资格的自然人,才能成为本集体成员,依法以户为单位取得宅基地资格权。故而,宅基地制度保障功能对宅基地制度与住房保障制度转接的限制主要是以宅基地资格权作为转接的依据。宅基地资格权也就成为影响宅基地制度与住房保障制度转接的关键条件。宅基地资格权相关要求就是宅基地制度保障功能限制的具体体现。同时,"户有所居"基本保障目标是宅基地制度与住房保障制度同一性和替代性的根据。据此,只有尚未实现"户有所居"基本保障需求的宅基地资格权主体才有权通过行使转接权能实现"户有所居"基本保障需求。已通过宅基地制度实现"户有所居"基本保障需求的,则不应当再享受与"户有所居"基本保障具有同质性的国家住房保障制度、集体住房保障制度福利;已通过住房保障制度实现"户有所居"基本保障需求的集体成员,则不得再行使宅基地资格权中的转接权能和宅基地分配申请权。

针对当前缺乏对转接条件的规定的问题,基于前述因素,可将宅基地制度与住房保障制度转接的一般条件确定为:其一,依法取得宅基地资格权(包括视为取得宅基地资格权)。依法取得(包括视为取得)宅基地资格权是"三权分置"下通过宅基地制度实现"户有所居"基本保障目标的制度依据,也是依法行使转接权能,通过住房保障制度实现"户有所居"基本保障需求的前提。未取得(包括视为取得)宅基地资格权的主体属于国家住房保障制度的适用对象。其二,尚未依据宅基地分配请求权或其他方式取得宅基地。已取得集体分配的宅基地或通过继承等方式取得宅基地的集体成员通过利用宅基地建造住宅,取得房屋所有权和宅基地使用权,实际上已实现"户有所居"基本保障需求,原则上不得再享受具有同一性的住房保障制度福利;否则,有违实质公平且低效占用公共资源,亦影响住房保障制度的覆盖面和有效性。同时,国家和集体的住房保障供给能力存在有限性,原则上也不宜允许集体成员用宅基地使用权和房屋所有权置换国家住房保障。其三,转接目标制度的差异性规定。以宅基地资格权为抓手推动宅基地制度与住房保障制度转接,除应当满足前述一般条件外,还应当符合住房保障制度的申请条件。集体住房保障制度与国家住房保障制度在申请条件方面存在差异性,是影响转接的特殊条件设置的主要因素。

(二)规范转接程序

宅基地制度与住房保障制度转接程序,一般包括启动、审核两个步骤。宅基地资格权作为宅基地制度与住房保障制度转接的权利依据,在性质上仍属于民事权利,应当由集体成员依法、自主行使,而不应当由法律规定行使程序。宅基地制度与国家住房保障制度转接、与集体住房保障制度转接,均无须在立法上确定转接程序。国家住房保障制度存在相对完善的启动、审核程序,无须单独从宅基地制度与住房保障制度转接层面另行设计相应的转接程序;宅基地制度与集体住房保障制度是在集体与成员关系框架内的转接,主要属于集体自治范畴,事实上还是按照启动、审核的基本程序运行,亦无必要就转接程序单独立法。需要由转接制度规则规范的并非转接程序,而是转接程序中关于转接启动是否采取强制转接方式、是否需要成员集体同意等关键问题。

宅基地制度与住房保障制度转接的启动方式,主要有依申请转接和强制性转接两种。浙江省德清县采取的是依申请转接方式。强制性转接则是在达到转接条件的情况下,由政府、集体等特定主体主动实施的通过宅基地制度与住房保障制度转接以实现集体成员"户有所居"基本保障需求的转接方式,具有明显的单方性、强制性特征。应当注意的是,浙江省德清县关于基于土地征收、享受国家住房保障等原因而应当收回宅基地资格权的规定,实际上并非强制性转接方式,而是在已实现"户有所居"基本保障目标的情况下基于实质公平的要求而实施的收回行为。宅基地资格权作为宅基地制度与住房保障制度转接的权利依据,理应符合民事主体依法、自愿行使民事权利的基本逻辑。若允许强制性转接,则有违转接权能植入宅基地资格权的构造路径以及宅基地资格权作为民事权利的行使逻辑,危及基于保障功能的宅基地制度在实现"户有所居"基本保障目标方面的主导性和基础性地位,甚至为个别地方滥用转接规则留下空间,极易侵害集体成员依据宅基地资格权申请集体福利分配宅基地以实现其"户有所居"基本保障需求的基本权益。故而,唯有依申请转接才适合作为宅基地制度与住房保障制度转接的启动方式。

集体同意既是成员集体基于集体所有权作出的意思表示,也是确定集体住房保障制度适用主体的基本依据。集体成员是否选择通过宅基地制度与住房保障制度转接实现其"户有所居"基本保障需求,属于宅基地资格权自主行使的范畴,不应当将集体同意作为前置性要求。但成员集体在集体与成员关系框架下负有保障集体成员"户有所居"的重要职责,需要掌握集体成员"户有所居"基本保障的需求与各种路径实现情况,也需要了解选择通过转接实现"户有所居"基本保障需求的集体成员情况。综合来看,要避免将集体同意设置为前置性要求但又要确保成员集体的知情了解,最佳办法是根据宅基地制度与住房保障制度转接的一般条件要求,将成员集体确认符合转接的一般条件作为申请通过住房保障制度实现"户有所居"基本保障需求的基本要求,即由村农村集体经济组织(未设立情况下的村民委员会)出具申请主体具有宅基地资格权且尚未通过分配宅基地或继承等其他方式取得符合"户有所居"基本保障需要的宅基地使用权和房屋产权的证明材料。此外,还应当完善住房保障制度网络平台并向成员集体及其法定代表主体开放,以便其及时掌握集体成员通过转接制度实现"户有所居"基本保障需求的情况。相对而言,集体同意仅限于宅基地制度与集体住房保障制度转接这一情形,成员集体及其法定代表主体以集体住房保障供给者、集体住房拥有者和集体成员的社区性管理者的身份,对集体成员的集体住房保障申请予以审查批准。

(三)完善转接效果

获得国家住房保障或集体住房保障以实现权利人"户有所居"的基本保障需求,是宅基地制度与住房保障制度转接的基本效果。尽管依据国家住房保障或集体住房保障制度开展的审查批准是确定申请主体是否可以获得相应基本住房保障的根据,但其不适合作为判断是否实现转接目标、取得转接效果的根据。按照转接的目标导向,应当以"户有所居"基本保障需求事实上的实现情况作为判断宅基地制度与住房保障制度转接效果的根本标准。从规则层面来看,"户有所居"基本保障主要表现为法定申请主体依法取得住房保障制度规定的房屋使用权(或房屋所有权)和土地使用权。采取法定购买方式的,应当以办理房屋产权登记作为判断转接效果的依据;采取法定租赁以及其他方式的,则以住房保障制度下的房屋交付作为判断转接效果的依据。

关于宅基地制度与住房保障制度转接是否会产生放弃或丧失宅基地资格权的法律后果,浙江省德清县在探索中并未明确。事实上,"三权分置"下的宅基地资格权存在相应的取得和丧失情形且这些情形基于宅基地资格权的基本民事权利本质而须由法律规定,但宅基地制度与住房保障制度转接在实践中实则是相关主体行使宅基地资格权转接权能的制度体现,并不属于当前普遍认同的应由立法确定的宅基地资格权丧失情形。两者属于不同范畴,若将转接权能植入宅基地资格权的路径下,转接权能行使至多影响宅基地资格权中的转接权能和宅基地分配请求权,原则上不影响宅基地资格权的其他内容,不会产生放弃或丧失宅基地资格权的后果。当然,为避免多次适用在实现集体成员"户有所居"基本保障方面具有的替代性的制度而导致实质公平问题,更好地发挥住房保障制度的覆盖力和有效性,应当以是否实现"户有所居"基本保障需求为标准,明确要求通过行使转接权能获得基本住房保障且已实现"户有所居"基本保障的申请主体放弃(或者说丧失)宅基地分配请求权和转接权能。换言之,一经行使宅基地资格权的转接权能且已通过集体住房保障、国家住房保障或土地征收情况下住房保障解决"户有所居"基本保障需求,申请主体即丧失宅基地资格权中的转接权能和宅基地分配请求权。

关于经成功转接而丧失的宅基地资格权中的转接权能和宅基地分配请求权,更适合采取自动丧失的立法模式。基于转接而丧失的转接权能和宅基地分配请求权仅为宅基地资格权的部分内容,按照民事权利内容可部分丧失的原理,仅由立法明确规定丧失时间即可。同时,从宅基地"三权分置"改革探索来看,宅基地资格权由成员集体认定,普遍都不要求办理登记,无须在立法上明确宅基地资格权部分内容的得与失。关于宅基地资格权中转接权能和宅基地分配请求权自动丧失的时间应当以事实上实现"户有所居"基本保障需求的时间为判断依据,以便与转接基本效果的判断保持一致:采取法定购买方式的,应当以办理房屋产权登记之日作为自动丧失之日;采取法定租赁以及其他方式的,则以住房保障制度下的房屋交付之日作为自动丧失之日。

(四)配套制度建设

相对于较为完善的国家住房保障制度,宅基地制度与住房保障制度转接相关配套制度建设的重点是集体住房保障制度。集体住房保障制度是通过宅基地制度实现"户有所居"基本保障目标的重要补充,应当引导、激励有条件的成员集体利用好集体建设用地与宅基地地性转换、集体经营性建设用地开发建设等制度政策红利,通过适度供给集体保障性住房等方式保障集体成员在"住"的方面的基本生存权。在此基础上,关于宅基地资格权向集体住房保障转接的规则构建的主要建议包括：其一，鉴于其与再分配特征的契合，建议认可成员集体通过供给集体保障性住房方式实现在集体范围内的社会分配调节功能，并将之确定为再分配。其二，按照统一性、公平性、效益性标准，建议采取法定代表模式，进一步明确规定由村农村集体经济组织统一代表村、组两级成员集体行使集体所有权，提高"户有所居"基本保障能力。其三，借力落实集体所有权相关改革，适度实现集体所有权收益，增强集体供给公共产品的能力，并提升"户有所居"基本保障的实现效益。其四，协调好宅基地制度与宅基地集体所有权、宅基地使用权的关系，立足"户有所居"基本保障目标，以宅基地资格权为抓手，推进宅基地制度与集体住房保障转接规则的体系化。

涉及农房和宅基地的土地征收的安置补偿，则属于宅基地制度与住房保障制度衔接较为特殊的领域。相关的土地征收安置补偿主要有重新安排宅基地建房和提供安置房或货币补偿等方式。但唯有后者才属于宅基地制度与土地征收制度转接的范畴。被征地农户一旦获得相应货币补偿或安置房，也就实现了"户有所居"基本保障需求。关于宅基地资格权与土地征收制度转接的特殊规则设计，重点有二：其一，转接规则的适用情形仅限于具有保障基本住房需求的土地征收补偿方式，即农户的房屋所有权和宅基地使用权被征收且采用货币补偿、安置房安置等具有基本住房保障效果的征收方式。其二，被征地农户丧失宅基地资格权是宅基地制度与土地征收制度转接的重要效果，但应当以被征地农户已获得基本住房保障这一事实为依据。针对农户的房屋所有权和宅基地使用权的征收，实质上是将宅基地资格权一并征收。故而，按照实质公平、参与、法定、适度的原则，唯有在确认被征地农户实际获得土地征收安置补偿且满足其"户有所居"基本保障需求后，方可视为已行使宅基地资格权转接权能，且因征收情况下宅基地资格权内容行使完毕而自动丧失宅基地资格权。

五、宅基地资格权的限制

"两权分置"下的宅基地资格权内容与宅基地使用权高度融合，并基于宅基地使用权流转实践而产生是否可流转的问题。尽管个别地方在相关实践中开展了宅基地资格权流转的探索，但这并不意味着宅基地资格权流转具备理论正当性和实践可行性。宅基地资格权退出同样是保障宅基地资格权相关制度构造的重要方面。从理论上看,宅基地资格权存在确认也就应当存在退出。可以肯定的是,无论是流转还是退出均为宅基地资格权主体的真实意思表示,属于其作为民事主体的民事行为,明显区别于宅基地资格权收回等强制性行为。这也是研究宅基地资格权流转与退出的前提和基础。

(一) 禁止流转宅基地资格权

关于宅基地资格权是否可流转,存在较大的理论争议。个别学者认为,可在严格条件下在集体范围内流转宅基地资格权;[1]但大多数学者认为,宅基地资格权具有较强的身份专属性,是满足集体成员"户有所居"基本保障需求的重要依据,不得交易(流转)宅基地资格权,否则将混淆宅基地资格权与宅基地使用权的关系。[2] 在实践探索中,浙江省义乌市等个别地方制定了宅基地资格权可适度流转的规定。[3] 然而,如若允许宅基地资格权流转,必然面临宅基地资格权流转与宅基地使用权流转并存的局面,实质上将导致宅基地资格权与宅基地使用权各自独立,破坏两者之间的紧密逻辑。

集体成员"户有所居"的基本保障需求是设定宅基地资格权的主要原因。对集体成员"户有所居"的基本保障需要结合具体集体成员的情况予以单独识别且一经确认即以户为单位认可其宅基地资格权,宅基地资格权流转就丧失了存在的理论基础,同样也就缺乏了实践可行性。从其他视角来看,宅基地资格权是以集体成员这一身份为核心的集体成员权,凡具备集体成员身份的人,原则上都能以户为单位申请认定宅基地资格权。宅基地资格权的取得主要取决于户内构成人员的集体成员身份,通过流转交易而继受取得宅基地资格权这一途径显然缺乏法理支撑和实践基础。因此,理应禁止流转宅基地资格权。

(二) 谨慎退出宅基地资格权

关于宅基地资格权是否可以自愿退出,也有个别地方作了相应规定,但绝

---

[1] 参见陈晓军、郑财贵、牛德利:《"三权分置"视角下的农村宅基地制度改革思考——以重庆市大足区为例》,载《国土与自然资源研究》2019年第5期。
[2] 参见宋志红:《宅基地"三权分置"的法律内涵和制度设计》,载《法学评论》2018年第4期;管洪彦:《宅基地"三权分置"的权利结构与立法表达》,载《政法论坛》2021年第3期;姜楠:《宅基地"三权"分置的法构造及其实现路径》,载《南京农业大学学报(社会科学版)》2019年第3期;钟三宇:《论农民住房财产权抵押制度构造——以宅基地资格权与使用权分离为视角》,载《社会科学》2019年第10期。
[3] 《关于涉义乌市农村宅基地资格权、使用权转让纠纷裁判规则(试行)》第7条规定:"宅基地资格权可以在试点区域内,按照'三权分置'规范性文件规定流转。宅基地资格权转让、互换、赠与的,应当向义乌市人民政府指定的机构办理备记手续,宅基地资格权自备记完成时转移。"

大多数地方在探索中并未予以明确规定。《德清县农村宅基地管理办法(试行)》第20条规定,"在自愿有偿的基础上,允许资格权人退出宅基地资格权"。既然宅基地资格权主体属于民事主体,宅基地资格权是具有较强私权属性的集体成员权,那么民事主体当然可以自主放弃相应的集体成员权。这也是相关立法应当认可的当事人的真实意思表示。事实上,宅基地资格权退出与宅基地资格权取得相对应,两者均为宅基地资格权制度的重要构成,在性质上是宅基地资格权主体基于真实的意思表示所为的放弃行为。同时,宅基地资格权退出不同于宅基地资格权收回,基于宅基地资格权退出所形成的关系主要属于民事关系的范畴。我国早在2015年就开展了进城落户农民有偿退出宅基地的实践探索,实际包含了"三权分置"下宅基地资格权退出的相关内容。

在宅基地"三权分置"下,宅基地资格权作为一项关键性的权利,同样具备退出的可能性和可行性。这也与进城落户农民自愿有偿退出的"三权"相关政策与实践相契合。《土地管理法》、《民法典》及相关政策亦有关于集体成员及其所在户自愿有偿退出承包地使用权、宅基地使用权的内容。这里的宅基地使用权实际上包含了宅基地分配请求权的内容,这也印证了集体成员可自愿有偿退出宅基地资格权的观点。为此,宅基地资格权制度设计应当为宅基地资格权退出预留渠道。尽管宅基地资格权退出同样是宅基地资格权制度的重要构成,但从"户有所居"保障目标以及宅基地制度保障功能的长期性来看,我国不应当在宅基地资格权立法中明确规定宅基地资格权退出。这是因为宅基地资格权事关成员集体对集体成员的"户有所居"基本保障职能,不宜在立法中单独凸显,以致引起误认误判。同时,宅基地资格权退出本就属于民事行为中的法律行为,即便无立法明确规定亦可依据民事权利理论及其相应规定,基于真实意思表示而实施,无立法规定之必要。即使确有必要在立法中明确,仍应当明确规定坚持"自愿有偿"原则。以上理解及建议体现了对于宅基地资格权退出应当秉持的慎重、谨慎态度。

(三)不得收回宅基地资格权

作为宅基地收回权的对象,宅基地资格权是从宅基地权利中析出的身份性内容的权利化,其事关集体成员权尤其是"户有所居"保障目标,具有身份性、请求性特征。同时,宅基地资格权并非仅包含宅基地分配请求权,而是具有丰富的权利内容,即使出现特定情形,宅基地资格权主体也不会丧失宅基地资格权的全部内容。故而,仅设置针对宅基地使用权的宅基地收回权即可,完全没有必要且不应当规定针对宅基地资格权的宅基地收回权。这也在个别地方开展的相关实践探索中得到证明。

《德清县农村宅基地管理办法(试行)》第 23 条规定,原则上不得收回宅基地资格权,并将例外情形限定为丧失集体成员资格(不再属于本村股份经济合作社社员),在其他农村集体经济组织已享受宅基地,已享受过拆迁安置政策以及村股份经济合作社社员已享受过房改购房(含集资建房、住房补贴)、经济适用住房(含货币补贴)等住房政策四类主要情形。[1] 该办法确定的四类主要情形较为全面,可以成为确定针对宅基地资格权的宅基地收回权法定情形的实践来源。但仍需在进一步识别判断的基础上,确定宅基地收回权的法定情形。

其一,集体成员身份是宅基地资格权设定的基本条件,丧失集体成员资格(不再属于本村股份经济合作社社员)即不再具备持有宅基地资格权的权利基础和基本条件,理应自动丧失宅基地资格权。因而,这一情形根本就不存在宅基地资格权的收回。

其二,在其他农村集体经济组织已享受宅基地的主体不再存在由本集体解决其"户有所居"基本保障需求的需要,则无论其是否已经依据宅基地资格权取得宅基地使用权,均可作为针对宅基地资格权的宅基地收回权行使情形。除符合针对宅基地使用权的收回权的行使情形外,收回宅基地资格权并不影响其已取得的宅基地使用权。故,该情形下并无设定针对宅基地资格权的收回权需要。

其三,拆迁安置政策已对宅基地资格权和宅基地使用权、宅基地上住宅及其附属设施一并作出补偿。一旦获得相应补偿,宅基地资格权随即消灭。除法律、行政法规另有规定外,这里的"消灭"指的是自动丧失宅基地资格权,而无须经由宅基地收回权主体行使宅基地收回权。故该情形不属于针对宅基

---

[1]《德清县农村宅基地管理办法(试行)》第 23 条规定:"经认定的宅基地资格权原则上不得收回,不得以退出宅基地资格权作为农民进城落户的条件。但有下列情形之一的,村股份经济合作社应当收回宅基地资格权:(一)不再属于本村股份经济合作社社员的;(二)经自愿申请退出宅基地资格权的;(三)在其他集体经济组织已享受宅基地的;(四)已享受过拆迁安置政策的;(五)村股份经济合作社社员已享受过房改购房(含集资建房、住房补贴)、经济适用住房(含货币补贴)等住房政策的;(六)其他不符合宅基地资格权的情形。"

资格权的宅基地收回权行使情形。

其四,村股份经济合作社社员已享受过房改购房(含集资建房、住房补贴)、经济适用住房(含货币补贴)等住房政策,与以宅基地资格权为载体的宅基地制度在实现"户有所居"基本保障需求方面具有替代性。前者以主体自愿放弃宅基地资格权为基础。这里的"自愿放弃"区别于宅基地收回权的单方强制性,故而这一情形不应当成为宅基地收回权的法定情形。

综上所述,实践中提出的宅基地资格权收回权的法定情形实质上属于宅基地资格权自愿退出、宅基地资格权自动丧失,而非宅基地资格权收回。为加强对宅基地资格权的保护,有必要在立法中予以明确。笔者建议将相应立法条文设计为:"依法取得的宅基地资格权受法律保护。任何单位、个人不得收回依法设立的宅基地资格权。"

第六章　适度放活宅基地使用权的制度构造

在"反向析出"身份性内容并将其设定为宅基地资格权后,宅基地使用权成为财产性内容的权利载体即纯粹的用益物权,为探索"适度放活宅基地使用权和农民房屋使用权"[1]奠定了制度基础。"三权分置"下适度放活宅基地使用权不可能完全遵循"两权分置"下宅基地使用权的实现路径,而是在辩证汲取成熟经验做法基础上进行创新发展。这就要求,适度放活宅基地使用权的路径设计既要符合宅基地"三权分置"的有机、系统要求,又要契合宅基地制度变迁惯性和科学实践特征。通过保护"存量"、拓展"增量"方式,探索形成适应性的适度放活宅基地使用权的实现路径。

一、适度放活宅基地使用权的法理阐释

2018年中央一号文件正式提出宅基地"三权分置"改革,要求"适度放活宅基地和农民房屋使用权",应对我国宅基地资源从封闭流动向适度配置的转变。适度放活宅基地使用权原本就是一项政策提法,仍须在现代法治框架内转化为相关法律设计。这就需要首先厘清适度放活宅基地使用权的目标导向,并用法律术语表达其法理意蕴。

---

[1] 宅基地"三权分置"改革政策中的"适度放活宅基地使用权和农民房屋使用权",实则是"房地一体"原则下宅基地和农房利用方面引入市场机制配置的要求。从现有相关法律和政策限制来看,"适度放活宅基地使用权和农民房屋使用权"的关键和核心仍在于"适度放活宅基地使用权"。"适度放活宅基地使用权和农民房屋使用权"实则是"适度放活宅基地使用权"。为此,在探讨宅基地"三权分置"时,宜单独提出和研究"宅基地使用权"和"适度放活宅基地使用权"。

(一)适度放活宅基地使用权的理论依据

《中共中央关于全面深化改革若干重大问题的决定》提出,保障农民宅基地用益物权,改革完善农村宅基地使用权制度,并通过试点方式慎重稳妥开展农民房屋流转改革。引入市场机制,适度放活宅基地使用权已成为宅基地使用权制度改革的基本方向。在此背景下,我国明确将"适度放活宅基地和农民房屋使用权"作为宅基地"三权分置"改革探索的关键内容。尽管"房地一体"下宅基地"三权分置"改革政策表达为"适度放活宅基地和农民房屋使用权",但农民房屋作为私法上的财产权本身并无法律上的特质性。相关探索的难点和关键则在于适度放活宅基地使用权。正因如此,相关理论研究和实践探索主要聚焦适度放活宅基地使用权。但基于制度惯性、认知依据及探索进路差异,关于适度放活宅基地使用权的认知也存在差异性。

关于适度放活宅基地使用权,主要存在"存量盘活论"和"市场配置论"两种学说。前者主要立足宅基地使用权制度变迁的惯性约束,将适度放活宅基地使用权的重点放在存量宅基地层面,尤其是存量闲置宅基地。例如,有学者认为,宅基地"三权分置"政策并没有改变宅基地基本政策,仍然明确强调不得买卖宅基地、严格禁止下乡利用农村宅基地建设别墅大院和私人会馆,只是从完善农民闲置宅基地和闲置房屋政策角度,提出探索宅基地"三权分置",并没有改变宅基地是农民住房用地的性质。[1] 后者则立足宅基地的要素功能,力求发挥市场机制的基础性调节作用,但未限制适度放活宅基地使用权的对象范围。有学者认为,适度放活宅基地使用权有利于充分发挥市场配置宅基地资源功能,让权利主体能够更加充分实现宅基地的经济、财产价值,平等保护受让人依法取得的宅基地使用权,稳定主体预期。[2] 两种学说均与宅基地"三权分置"改革政策高度契合,但在考量因素、改革力度、改革进度等方面有所差异。

宅基地"三权分置"改革仍然强调保障宅基地资格权,在处理好身份性与财产性、保障功能与财产功能基础上,通过适度放活宅基地使用权实现宅基地

---

[1] 参见韩松:《宅基地立法政策与宅基地使用权制度改革》,载《法学研究》2019年第6期。
[2] 参见张克俊、付宗平:《"三权分置"下适度放活宅基地使用权探析》,载《农业经济问题》2020年第5期。

的要素价值、宅基地使用权的财产权内容。其中,身份性、保障功能在实践层面表现为对既往宅基地制度中大量相关内容的保留和坚守,与"存量盘活论"完全契合。但宅基地制度中财产功能的释放以及在相关群体中财产功能大于保障功能的现实也意味着适度放活宅基地使用权应当朝制度发展方向,发挥市场机制在宅基地资源配置中的基础性作用。故而,适度放活宅基地使用权,就是以宅基地使用权为抓手,实现包括存量宅基地在内所有宅基地资源的适度市场配置和宅基地使用权的财产价值,力求达到宅基地使用权一般收益和增值收益的统一。但适度放活宅基地使用权不能一蹴而就,应当分阶段逐步实施。一方面,任何一项制度变革必然受到制度变迁的惯性约束。宅基地使用权制度事关农民"户有所居"这一基本生存权,坚持稳步、逐步推进必然是制度改革的最优方案。另一方面,宅基地制度的保障功能存在回归国家住房保障制度的实践基础及可能性、必然性、长期性,分阶段、有步骤地适度放活宅基地使用权是实现改革效能最大化和平衡相关主体利益的理性选择。

(二)适度放活宅基地使用权的目标指向

有效解决集体成员"户有所居"基本保障需求是适度放活宅基地使用权的根本前提。按照分阶段、有步骤地推进的思路,适度放活宅基地使用权实质上就是要实现宅基地使用权的适度市场化配置与利用。适度放活宅基地使用权的基本目标建立在宅基地上"三权"架构以及通过宅基地资格权承载保障功能、通过宅基地使用权实现财产价值这一框架基础上,旨在确认和保护宅基地使用权,实现宅基地使用权权能,释放宅基地使用权的财产价值。现阶段可将闲置宅基地作为适度放活宅基地使用权探索的重点,利用市场机制配置宅基地使用权,打破城乡生产要素单向流动格局,[1] 盘活利用宅基地。须说明的是,增加农民财产性收入是放活宅基地使用权的政策红利而非适度放活宅基地使用权的目标。[2] 在此基础上,适度放活宅基地使用权的长远目标在于,立足宅基地制度长远发展方向,将宅基地使用权作为纯粹的用益物权,由市场机

---

[1] 参见韩立达、王艳西、韩冬:《农村宅基地"三权分置":内在要求、权利性质与实现形式》,载《农业经济问题》2018年第7期。

[2] 参见杨雅婷:《〈民法典〉背景下放活宅基地"使用权"之法律实现》,载《当代法学》2022年第3期。

制有效配置宅基地资源。[1]

在目标指引下,适度放活宅基地使用权这一提法事实上由"适度"和"放活"两方面构成。其中,"适度"是在时空视角、安全向度下对引入市场机制、通过市场化方式放活宅基地使用权的限定。[2] 探索阐释"适度"的理据主要有两点:其一,农户"户有所居"的保障功能。在集体所有制框架下,宅基地"三权分置"改革对农户"户有所居"保障功能的坚守直接制约宅基地使用权市场化的参与主体范围。唯有厘清这一约束的机理和要求,方可廓清放活宅基地使用权之"度"。其二,安全、稳定、发展的政策取向。《农业农村部关于积极稳妥开展农村闲置宅基地和闲置住宅盘活利用工作的通知》要求,依法规范盘活利用行为,防止侵占耕地、大拆大建、违规开发,不得违法违规买卖或变相买卖宅基地,严格禁止下乡利用农村宅基地建设别墅大院和私人会馆。这体现出国家对放活宅基地使用权存在"度"的方面的要求和考虑。"放活"则是在"适度"范围内的探索重点。"放活"的主线是通过引入市场机制,实现宅基地使用权市场化利用,释放宅基地使用权的财产价值。相关政策和制度重点在于放活要求、放活条件、放活模式、放活方案等。

二、宅基地使用权的取得、变更与丧失

宅基地使用权的取得、变更与丧失是适度放活宅基地使用权相关制度的基础内容。"三权分置"下的宅基地使用权在生成逻辑和权利定位方面区别于"两权分置"下的宅基地使用权。探索"三权分置"下的宅基地使用权不仅要承继"两权分置"下宅基地使用权制度中的科学内容,更要瞄准宅基地"三权分置"改革,形成适应性的制度规则。故而,适度放活宅基地使用权的制度构造尤其应当重点探索宅基地使用权取得、变更与丧失相关规则。

(一)宅基地使用权的取得

尽管《民法典》将宅基地使用权确定为用益物权,但并未完全采取不动产

---

[1] 相对于基本目标,长远目标在实现市场化配置的范围和参与市场化配置的主体方面不再受到过多限制。

[2] 有研究认为,应当从流转安全角度而非时空角度界定适度放活宅基地使用权中的"适度"概念。参见陈胜祥:《农村宅基地"三权"分置:问题导向、分置逻辑与实现路径》,载《南京农业大学学报(社会科学版)》2022年第2期。显然,这一理解不太恰当,"适度"是基于特定时空性考量而对放活宅基地使用权的限制。流转安全当然属于特定时空性考量因素之一。

物权取得思路。影响宅基地使用权设立的因素主要有两点:其一,"两权分置"下宅基地使用权的制度惯性。在"两权分置"阶段,集体成员身份便已成为宅基地集体所有权与宅基地使用权关系架构的基本因素,影响宅基地使用权的取得。从宅基地"三权分置"改革进路来看,这一身份因素仍然被继续肯定并基于宅基地的市场化利用而由独立设立的宅基地资格权承载。由此可见,"两权分置"下的宅基地使用权制度内在制约"三权分置"下宅基地使用权的取得。其二,宅基地"三权分置"改革中适度放活宅基地使用权的目标要求。适度放活宅基地使用权本就是宅基地"三权分置"改革的重要目标和基本要求。宅基地"三权分置"改革目标要求是宅基地使用权取得规则的宏观约束,适度放活宅基地使用权的目标要求则是对宅基地使用权取得规则的具体限制。两者共同构成宅基地使用权取得相关约束的主要方面。在把握前述因素的基础上,可将宅基地使用权取得分为初始取得和继受取得。初始取得是对宅基地使用权的最初设定,是宅基地使用权取得的主要方面。可根据取得主体的不同,将初始取得划分为农户宅基地使用权初始取得和非农户宅基地使用权初始取得。宅基地使用权的继受取得是已经取得的宅基地使用权通过流转等方式形成的,主要涉及宅基地使用权流转与再流转。一般意义上的宅基地使用权取得,主要指的是宅基地使用权初始取得。在保障功能作为宅基地制度主导、优先功能的背景下,农户宅基地使用权初始取得是宅基地使用权取得相关规则设计的主要面向。

1. 宅基地使用权的条件

宅基地使用权的取得条件主要取决于宅基地制度功能定位和宅基地使用权的特殊性。后者则是在"户有所居"基本保障要求下影响宅基地使用权取得条件设计的主要方面。宅基地使用权具有一般属性与特殊属性。宅基地使用权作为《民法典》确认的用益物权,具备作为用益物权的一般属性,原则上应当遵循不动产用益物权的设立规则。《民法典》第363条规定,宅基地使用权的取得、行使和转让,适用土地管理的法律和国家有关规定。这意味着用益物权的取得条件是宅基地使用权取得的一般条件。由此,宅基地使用权取得的一般条件主要包括:产权权属清晰、意思表示真实以及履行法定程序。上述一般条件是按照纯粹的私法逻辑设计的,具有较强的私权属性和明显的可交易特征。采取流转等市场化方式实现的宅基地使用权继受取得则是宅基地使用权一般属性的重要体现。

基于宅基地使用权的特殊属性,宅基地使用权取得条件也存在对特殊规则设定的需要。从初始取得来看,宅基地制度保障功能和"户有所居"基本保障要求是确定宅基地使用权初始取得的特殊条件的主要依据。相关实践探索并未列明宅基地使用权初始取得的特殊条件,但仍可按照设定依据的不同,大体确定其具体构成。从制度变迁及改革走向来看,依据宅基地制度的目标要求和功能定位,本集体的农户是初始取得宅基地使用权的主要主体,但本集体农户以外的其他主体也可以依法初始取得宅基地使用权。须注意的是,为更好地实现"户有所居"基本保障要求,更好地实现宅基地制度保障功能,仍应当在制度和政策中将农户基于宅基地资格权取得宅基地使用权作为宅基地使用权初始取得的主要形式。这就需要依托立法技术,在相关制度中明确将宅基地资格权主体作为宅基地使用权初始取得的主要主体,将基于宅基地资格权之外的其他情形作为例外规定到相应立法中。同时,从宅基地使用权的用益物权属性以及宅基地"三权分置"改革关于适度放活宅基地使用权要求来看,相关立法及政策不宜过多限制宅基地使用权的初始取得。综合来看,应当从资格要件、行为要件、限定要件三个方面明确宅基地使用权初始取得的条件。

本集体农户初始取得宅基地使用权是关于宅基地使用权取得的特殊条件设计的重点。其特殊条件的主要构成包括:其一,以是否具有宅基地资格权为资格要件。这主要是由农户"户有所居"的基本住房保障需求和宅基地制度主要功能(保障功能)决定的。初始取得宅基地使用权是农户依法行使宅基地资格权的主要结果。以宅基地资格权为初始取得宅基地使用权的资格要件才能更好地维护和实现好农户基本住房保障需求。这也在很大程度上协调了农户基本住房保障需求与宅基地市场化利用的关系。其二,依法申请是宅基地使用权初始取得的行为要件。农户初始取得宅基地使用权是在"集体—成员"这一特殊框架下集体成员权的重要实现形式。成员依法向集体提出分配宅基地的申请,是自"两权分置"以来宅基地使用权初始取得的行为要件,也成为宅基地"三权分置"改革须遵循的重要制度内容,契合宅基地资格权作为集体成员权的定位,与落实宅基地集体所有权、保障宅基地资格权在逻辑和规则上达致系统性、周延性。其三,宅基地使用权初始取得的限定要件主要包括"以户为单位""一户一宅""面积限定"。这些要件往往被作为宅基地使用权持有状态合法性的判断指标,但实质上首先是宅基地使用权初始取得的限定条件。但凡不符合"以户为单位""一户一宅",农户即便拥有宅基地资格权也不得初始取得宅基地使用权;对于超出法定"面积限定"标准的部分,原则上不得初始取得其使用权。

相对于农户基于宅基地资格权初始取得,非农户依法取得宅基地使用权亦具有历史依据和实践印证。围绕其初始取得宅基地使用权设定相应的特殊要件,既能规范该类主体的宅基地使用权初始取得行为,也能够维护好以农户"户有所居"基本住房保障需求为主要导向的宅基地使用权初始取得制度。该类主体的宅基地使用权初始取得的特殊要件仍然由三方面构成:其一,资格要件,即法律行政法规规定。[1]为维护好、实现好宅基地制度主要功能和农户"户有所居"基本住房保障需求,应当严格限制非农户初始取得宅基地使用权这一情形。同时,初始取得宅基地使用权作为宅基地制度的重要构成,应当"入法"且坚持全国层面制度规则的统一性、权威性和协调性。故而,从立法主体、法律位阶来看,唯有法律和行政法规才是宅基地使用权初始取得资格要件的最佳载体。其二,行为要件,即依法申请。从资格要件以及宅基地使用权初始取得的农户导向来看,我国不宜将集体与其他主体自愿协商的市场配置机制作为宅基地使用权初始取得的方式。非农户主体在符合法律行政法规规定情形时,依据该条文规定向集体申请取得宅基地使用权是该类主体初始取得宅基地使用权的行为要件。其三,限定要件仍然是"以户为单位""一户一宅""面积限定"。这是由宅基地作为稀缺公共资源的基本禀赋以及节约集约利用土地的法律政策要求所共同决定的,具有必要性和可行性。当然,相关限定要件仍要考虑农户基本住房保障需求的实际满足情况,将宅基地建房容积率等因素适当纳入限定要件的判定范围,[2]以更有效实现"户有所居"保障目标。

继受取得也是宅基地使用权取得的重要方式。常见的继受取得方式有继承、赠与、转让、租赁、抵押、入股等。初始取得基于制度政策及其功能导向并未完全采取市场配置方式,但继受取得原则上并不存在过多限制,其主要采取的是市场化配置方式,更多适用以《民法典》为代表的私法规则。在此基础上,结

---

[1] 限定为以宅基地资格权为依据的其他情形。为行文方便,仅在本处作统一说明。
[2] 参见韩松:《论宅基地分配政策和分配制度改革》,载《政法论丛》2021年第1期。

合相关实践,可将继受取得宅基地使用权的特殊要件设定为:其一,权属要件,即权属清晰明确。一方当事人依法取得宅基地使用权且宅基地使用权清晰、明确,是物权继受取得的前提条件。这在规则上主要体现为相关标的归属于该当事人且无任何争议。其二,行为要件,即意思表示真实。按照是否需要双方当事人参与,可将继受取得方式分为基于单方意思表示的继受取得和基于双方意思表示的继受取得。就前者而言,采取赠与等基于单方意思表示的继受取得方式的,要求拥有宅基地使用权的当事人处置宅基地使用权须秉持真实的意思表示;否则,将产生处置效力问题。就后者而言,要实现继受取得宅基地使用权则必然要求双方当事人均存在真实的意思表示且达成合意。其三,程序要件,即经法定程序、办理相应手续。宅基地使用权区别于一般意义上的用益物权,相关立法及政策也长期采取区别于一般用益物权的程序规则。从宅基地使用权的功能定位来看,宅基地使用权继受取得应当适用不动产物权继受取得的程序规定。经法定程序、办理相应手续同样是宅基地使用权继受取得的特殊要件。

2. 宅基地使用权的无偿取得

宅基地使用权作为宅基地集体所有权物权权能的权利化,理应按照物权理论及相应规则,由宅基地使用权主体向宅基地集体所有权主体缴纳相应的使用费用即集体土地收益金。但基于"户有所居"基本保障目标,我国仍有必要对于特定情形实行宅基地使用权无偿取得。具体而言,宅基地使用权无偿取得包括两种情形:

一是依据宅基地资格权申请成员集体分配限定面积的宅基地并依法取得宅基地使用权的,应当坚持无偿性,即依据宅基地资格权初始取得宅基地使用权的实行无偿取得。在"宅基地集体所有权、宅基地资格权、宅基地使用权"框架下,农户基于宅基地资格权初始取得宅基地使用权或者说成员集体无偿向宅基地资格权主体分配宅基地,并非按照传统物权理论或市场规则形成的,而是宅基地制度保障功能长期实践的产物。基于宅基地资格权无偿取得限定面积的宅基地使用权早已成为常态。例如,泸县人民政府2017年印发的《泸县农村宅基地使用和管理暂行办法》(泸县府发〔2017〕60号)第8条明确规定"村民无偿取得宅基地的法定面积"。"三权分置"下依据宅基地资格权无偿取得宅基地使用权仍然是"户有所居"基本保障目标的根本要求。若实行有偿分配,则丧失了集体成员作为集体土地所有权主体构成的意义。[1] 为实现这一基本保障目标,成员集体向集体成员所在农户无偿提供限定面积土地用于建房,该农户依法无偿取得宅基地使用权。

二是宅基地资格权主体基于继承、依法流转乃至历史等因素首次取得宅基地使用权的,应当坚持无偿性。"户有所居"的基本保障要求依然是确定该类情形下宅基地使用权无偿取得的内在依据。宅基地资格权主体基于这些因素而非宅基地资格权首次取得宅基地使用权的,仍属于这一无偿取得情形。若宅基地资格权主体基于这些因素继受取得宅基地使用权,在当地省级政府限定面积内的部分应当实行无偿利用,但超出限定面积部分则在不违法的情况下应当实行有偿取得。尚未行使宅基地资格权(宅基地分配请求权)获得集体提供建造住宅用宅基地的主体继受取得宅基地使用权的,应当视为已行使宅基地资格权。但若已基于宅基地资格权无偿取得集体分配的宅基地后又基于上述原因继受取得宅基地使用权,则无论继受取得的宅基地是否超出限定面积,均不得实行无偿利用。宅基地资格权主体(包括视为取得宅基地资格权的主体)以外的其他主体基于继承、依法流转乃至历史等因素而首次取得宅基地使用权的,不属于"户有所居"基本保障范畴,不应当实行无偿取得。

宅基地使用权无偿取得的相应规则,应当从宅基地制度及其实践的系统性角度深入探索。其一,要协调宅基地无偿取得与宅基地使用权期限性的关系。宅基地使用权无偿取得实际上包含了无偿利用宅基地之意。长期以来,我国宅基地制度实行农户无偿取得和无期限、无偿持有,以致实践中出现将无偿取得、持有等同于宅基地使用权就应当是无期限性的等不当认识。在宅基地使用权有期限的方案下,仍须以"户有所居"基本保障目标为宅基地使用权无偿取得和期限利用规则的根本依据。只要符合这一基本保障目标,无论处于宅基地使用权无偿取得后的哪一阶段,均应实行无偿利用,但流转宅基地使用权的除外。其二,无偿取得宅基地使用权流转的,应当实行有偿利用,缴纳相应的集体土地收益金。流转宅基地使用权是宅基地使用权主体利用市场机制实现宅基地使用权及宅基地住宅产权财产价值的重要方式。尽管这一财产价值的实现很难与"户有所居"基本保障需求完全区分开来,甚至不排除通过

---

[1] 参见韩松:《论宅基地分配政策和分配制度改革》,载《政法论丛》2021年第1期。

流转宅基地使用权以满足"户有所居"基本保障需求的可能,但宅基地使用权流转已经脱离了"户有所居"基本保障目标实现的理论路径和制度框架,事实上已经超越了集体成员的"户有所居"基本保障需求。故而,无论是否基于宅基地资格权初始取得宅基地使用权,以及初始取得宅基地使用权是否无偿,对于宅基地使用权均不能实行无偿利用;但该流转的宅基地使用权已由相应主体缴纳集体土地收益金的,不得再行收取。

3. 宅基地使用权的取得程序

基于宅基地使用权初始取得与继受取得之分,可将宅基地使用权的取得程序相应划分为宅基地使用权初始取得程序和宅基地使用权继受取得程序。现有相关政策及实践主要围绕宅基地使用权初始取得展开。该取得程序具体由两个阶段构成:第一个阶段为用地主体申请获得建房用宅基地。对此,现有相关立法乃至地方探索较多。我国主要从宅基地申请的角度作了规定。《土地管理法实施条例》第34条第1款规定,农户申请宅基地使用权须遵循"申请—经村民集体讨论通过—在集体范围内公示—乡(镇)政府审核批准"的程序。个别地方也具体规定了宅基地使用权取得程序。《重庆市大足区农村宅基地管理办法(试行)》第14条规定的程序为,申请—村民小组会议讨论通过—公示—村民委员会初审—镇街人民政府(办事处)审核。第二阶段为房屋竣工验收并依法办理不动产登记、取得宅基地使用权。这一阶段主要围绕宅基地使用权作为不动产用益物权登记展开,相对明确、具体。例如,《德清县农村宅基地管理办法(试行)》第32条和《重庆市大足区农村宅基地管理办法(试行)》第16条均规定了"竣工验收—申请登记—不动产权登记—核发不动产权利证书"的程序。

目前,相关立法以及部分地方探索将宅基地使用权初始取得程序与宅基地资格权认定程序混合规定在一起,这有违"三权分置"下宅基地资格权和宅基地使用权各自目标要求和功能定位。宅基地使用权与宅基地资格权存在实质差异,直接表现为相关程序规定的差别。例如,"三权分置"下的宅基地使用权被定位为用益物权,但宅基地资格权则是身份性的权利载体,是集体成员权的具体构成。宅基地资格权应当在"集体—成员"框架下由相应的村农村集体经济组织(未成立情况下的村民委员会)认定,无须乡(镇)政府审批,但宅基地使用权属于不动产用益物权,应当根据不动产物权理论及其认定规则办理登记。故而,独立设计宅基地使用权取得程序更符合"三权分置"下宅基地使用权制度设计要求,也利于有效衔接宅基地资格权认定程序。在此路径下,考虑到宅基地使用权取得程序具有普适性、普遍性特点,应当将其规定到相关全国性立法中。

宅基地使用权取得程序是集体成员以户为单位原始取得宅基地使用权的程序,[1]不宜采取前述两阶段分离的立法思路。按照整体性、统一性、普遍性特征和要求,可将宅基地使用权初始取得程序确定为"用地申请—成员集体审查通过—集体公示—政府审批—丈量放批—检查验收—不动产权登记—核发不动产权利证书"。无论是否基于宅基地资格权初始取得宅基地使用权,均可完整适用该初始取得程序。但在"成员集体审查通过"这一环节则应当以是否基于宅基地资格权初始取得而有所区别。基于宅基地资格权初始取得且符合初始取得条件的,则由村农村集体经济组织(未成立情况下的村民委员会)代表成员集体直接审查通过;非基于宅基地资格权初始取得且符合初始取得条件的,则应当适用宅基地集体所有权代表行使、宅基地资格权认定一致的行使模式,即由村成员集体会议或村成员集体代表会议讨论通过。

此外,宅基地使用权继受取得针对的是已合法取得的宅基地使用权。宅基地使用权继受取得的程序规则主要围绕宅基地使用权登记展开。同时,宅基地使用权作为不动产用益物权,在权属变动上仍应当适用不动产物权登记生效规则。结合不动产权登记规定及其实践来看,宅基地使用权继受取得的程序仅为宅基地使用权初始取得程序中相关部分,即"检查验收—不动产权登记—核发不动产权利证书"。

(二)宅基地使用权的变更

宅基地使用权的变更,是指基于特定事由而引起的宅基地使用权主体、内容、客体的变化。其中,宅基地使用权主体和内容的变化是宅基地使用权变更的主要方面。宅基地使用权客体的变更则是宅基地的物理、面积变化。若宅基地出现毁损或灭失,必然从根本上影响宅基地使用权的存续,故而属于宅基地使用权消灭的范畴。"三权分置"下宅基地使用权作为宅基地制度的重要组成部分,仍然受到宅基地制度保障功能的间接而非直接影响,但宅基地使用权

---

[1] 参见管洪彦:《宅基地分配的制度结构、现状检讨与立法表达》,载《法治研究》2021年第5期。

被定位为不动产用益物权，理应适用不动产用益物权变更的理论逻辑和制度规则。结合相关理论及实践来看，在制度层面探讨宅基地使用权变更主要集中在变更情形、变更登记、变更效力三个方面。

宅基地使用权基于特定情形而发生变更。引起宅基地使用权变更的原因较多。"三权分置"下的宅基地使用权具备了市场化利用条件，在适度放活宅基地使用权相关活动中极易发生变更。同时，就变更而言，《民法典》亦未直接规定用益物权变更情形。由此看来，宅基地使用权变更是基于市场规则的变更，不仅难以直接、全面列出宅基地使用权变更情形，也无须在立法中专门规定。宅基地使用权变更同样应当按照不动产用益物权变更规则开展登记。依据《民法典》第214条的规定：宅基地使用权作为不动产用益物权，其变更应当"依照法律规定应当登记的，自记载于不动产登记簿时发生效力"。未办理变更登记的，宅基地使用权不发生变更的法律效力。宅基地使用权变更适用登记生效规则，也有利于稳定宅基地市场化利用预期，为适度放活宅基地使用权提供制度保障。在登记程序方面，宅基地使用权变更登记应当与宅基地使用权取得登记、宅基地使用权注销登记适用统一的登记管理程序。此外，依据《民法典》第214条和第215条的规定，宅基地使用权变更于"记载于不动产登记簿"时发生变更的法律效力，但"未办理物权登记的，不影响合同效力"。

（三）宅基地使用权的消灭

宅基地使用权作为不动产用益物权基于特定行为或事件而消灭。宅基地使用权消灭是宅基地使用权作为物权的应有制度构成。宅基地使用权退出与宅基地使用权收回是宅基地使用权消灭的基本类型。"三权分置"下的宅基地使用权消灭具有双重内涵：第一层次的宅基地使用权消灭是其作为不动产用益物权，按照不动产用益物权消灭的理论和规则所引起的物权消灭后果；第二层次的宅基地使用权消灭则是宅基地使用权基于特定行为或事实，在国家或集体规制权作用下引发的物权消灭后果。前者属于物权法理论及其对应规则范畴的不动产用益物权消灭，具有明显的民事法律关系属性，直接适用《民法典》相关规定；后者则是以规制为导向，按照适度干预理念，通过行使国家或集体规制权实施的强制性剥夺、激励性退出（自愿退出），是宅基地使用权消灭相关制度规则探索的重点。需要说明的是，宅基地使用权消灭区别于宅基地使用权流转下受流转方与流转方发生的宅基地使用权转移。宅基地使用权消灭是从根本上取消已设定的宅基地使用权,一经消灭该宅基地使用权即不存在;受流转方与流转方的宅基地使用权转移不消灭宅基地使用权,属于宅基地使用权变更范畴。

1. 宅基地使用权消灭的情形

宅基地使用权消灭针对的是依法设立的宅基地使用权,事关相关主体的基本土地权益,在大多数情形下均涉及国家或集体规制权的行使。故而,无论是从确认和保护宅基地使用权,还是从规范国家或集体规制权行使来看,我国均应当在立法上明确规定宅基地使用权消灭的情形。考虑到宅基地使用权消灭是宅基地使用权制度的重要构成,事关相关主体尤其是农户基本土地权益且具有基本性、普遍性特征,只能从法律或行政法规层面规定宅基地使用权消灭的情形。但作为宅基地使用权消灭原因的特定事实或行为繁多,难以直接在立法上全面列举,故最适宜采取"原则规定+正向列举"的立法模式。

宅基地使用权属于用益物权,但基于集体所有制、"户有所居"基本保障以及节约集约利用要求而具备一定的社会属性。用益物权属性和社会属性成为影响宅基地消灭情形设定的主要因素。据此,可将宅基地使用权消灭的情形分解为一般情形和特殊情形。其中,宅基地使用权消灭的一般情形主要取决于宅基地使用权作为不动产用益物权的基本属性,是遵循不动产用益物权消灭相关理论逻辑和制度规则的结果;宅基地使用权消灭的特殊情形则主要取决于宅基地使用权的社会属性。可根据宅基地使用权的主体不同,将宅基地使用权消灭的一般情形分为农户宅基地使用权消灭的一般情形和非农户宅基地使用权消灭的一般情形。但两者在适用不动产用益物权消灭相关理论和规则时并不存在明显的差异,故不宜将其进一步区分。

宅基地使用权消灭的一般情形由期限届满且不续期和自愿退出两种情形构成:其一,宅基地使用权的取得期限届满且存在不予续期的法定情形。前已论及,宅基地使用权取得应当坚持期限性且在期满后原则上可以自动续期。为此,无论是农户还是非农户依法取得宅基地使用权后,在取得期限届满且存在不予续期的法定情形时,应当不再予以续期,宅基地使用权则会消灭。当然,这里的宅基地使用权取得期限届满,既包括初始取得的宅基地使用权取得期限届满,也包括继受取得的宅基地使用权取得期限届满。考虑到不予续期在性质上属于处罚,与宅基地使用权强制收回具有高度相似性,加之无单独规定不予续期情形的立法需要,故应当将不予续期的法定情形与宅基地使用权强制收回的情形保持一致。其二,宅基地使用权主体自愿退出。无论是农户还是非农户作为宅基地使用权主体,均有权按照《民法典》及其他相关立法规定,自愿退出宅基地使用权。这里的"自愿退出"既包括宅基地使用权主体单方自愿退出,也包括宅基地使用权主体与宅基地集体所有权主体达成合意退出;在补助补偿方面,自愿退出可分为无偿退出和有偿退出两类。在上述情形出现后,经相应程序,宅基地使用权消灭,由宅基地集体所有权主体直接占有宅基地。

宅基地使用权消灭的特殊情形则基于特定社会属性而设定,是国家或集体规制权行使的结果,集中体现为宅基地使用权的法定收回。宅基地使用权的法定收回与宅基地使用权的自愿退出共同构成宅基地使用权消灭的情形。但宅基地使用权收回以宅基地集体所有权的管理权能为权源依据,属于宅基地收回权制度的重要内容。故而,其属于宅基地使用权消灭的情形,但无须在适度放活宅基地使用权的制度构造中予以探讨。

2. 宅基地使用权的自愿退出

自愿退出是民事主体基于真实意思作出的放弃特定标的的法律行为。从2015年开始,我国推动进城落户农民有偿退出宅基地相关探索,积累了大量丰富的实践经验。在此基础上,《土地管理法》第62条第6款、《土地管理法实施条例》第35条将"国家允许进城落户的农村村民依法自愿有偿退出宅基地"纳入立法,将自愿有偿作为进城落户农民退出宅基地的前提。值得注意的是,既然《民法典》将宅基地使用权归入用益物权,那么宅基地使用权主体基于真实意思放弃宅基地使用权本就属于其拥有的用益物权权利,原则上无须在立法上予以规定。但我国先后在前述法律和行政法规中予以明确规定,体现出立法者对进城落户农民有偿退出宅基地的慎重,也从深层次体现出宅基地制度与传统物权制度的差异以及宅基地制度改革与传统物权制度发展的路径差别。这也成为"三权分置"下适度放活宅基地使用权相关制度探索的重要限制。

宅基地使用权退出应当坚持合法、自愿、有偿原则。现行立法规定了自愿、有偿的要求,也包含了合法这一前提,但并未将其作为宅基地使用权退出的基本原则,未能成为对宅基地使用权退出的根本性、普遍性约束。一方面,现行立法关于国家允许进城落户农民自愿退出宅基地的规定利于避免实践中可能出现的以放弃宅基地作为进城落户条件等问题，但这一规定并非强制性规定，而是激励性、引导性规定。另一方面，现行立法仅将主体限定为"进城落户的农村村民"，并非全部农村村民。明确将合法、自愿、有偿作为宅基地使用权退出的基本原则，符合物权保护的基本原理，[1]利于协同推动现有立法目标与立法公平性的实现。其中，合法原则主要指的是权属合法（所退出的宅基地使用权由主体合法拥有）、程序合法（宅基地使用权退出程序合法）；自愿原则重在强调宅基地使用权主体退出宅基地使用权的意思表示真实；有偿原则是指在合法、自愿的基础上，按照房地一体化保护要求，由宅基地集体所有权主体对退出的宅基地使用权和宅基地上住宅产权予以适当补偿。合法、自愿、有偿原则既是宅基地使用权退出制度的基本遵循，也是宅基地使用权退出法律效果判断的基本依据。可见，宅基地使用权退出实则是宅基地使用权合法、自愿、有偿退出的简称。

在此基础上，考虑到退出的宅基地使用权存在初始取得与继受取得之别以及宅基地使用权存在流转与再流转之分，较为复杂，故应当分类探讨宅基地使用权退出相关规则。但无论是哪种类型，相关规则均应坚持对"房地一体"下房屋产权和宅基地使用权的一体化保护。当然，基于"房地一体"下房屋和宅基地产权的基本特征，宅基地使用权退出才是房地一体化保护下相关退出规则探讨的重点。为此，以初始取得的主体类型为依据，下面分类探讨宅基地使用权自愿退出。

第一类是宅基地资格权主体依法退出宅基地使用权。宅基地资格权主体自愿退出基于宅基地资格权而取得的宅基地使用权的，相关规则设计应当重点关注"户有所居"基本保障要求。宅基地资格权主体依法退出宅基地使用权的具体规则，宜由各地确定，不宜被规定到全国性立法中。但仍应当将满足"户有所居"的基本保障要求作为宅基地资格权主体自愿退出宅基地使用权的根本前提，在相应的法律中予以规定。在此前提下，应当参考《土地管理法》《土地管理法实施条例》关于进城落户农民有偿退出宅基地的立法思路，明确将有偿作为该类主体自愿退出宅基地使用权的基本要求并鼓励有条件的集体

---

[1] 参见梁亚荣：《论农村宅基地使用权退出制度的完善》，载《法学论坛》2015年第6期。

与其协商确定高于特定标准的补偿。在此类情形下,一旦宅基地资格权主体实施自愿退出宅基地使用权行为即消灭宅基地使用权,产生宅基地归还宅基地集体所有权主体的法律效果。宅基地资格权主体基于继承而取得宅基地使用权的,同样应当以满足"户有所居"的基本保障要求作为其自愿退出宅基地使用权的前提。如前所述,若该类主体尚未依法取得建房用本集体宅基地,则应当将继承宅基地使用权视为行使宅基地资格权(宅基地分配请求权),视为其已满足"户有所居"基本保障要求;若该类主体已经依法取得建房用本集体宅基地(无论是否依据宅基地资格权取得),则应当认定其已满足"户有所居"基本保障要求。此外,若宅基地资格权主体在城镇有住房,则可由村农村集体经济组织(未成立情况下的村民委员会)根据具体情况审查确定其是否已实现"户有所居"基本保障要求。在流转与再流转情形下,宅基地资格权主体自愿退出宅基地使用权的,应当依据《民法典》相关规定,取得流转与再流转关系当事人同意。

第二类是非宅基地资格权主体依法退出宅基地使用权。如前所述,非宅基地资格权主体可以依据法律、行政法规规定初始取得宅基地使用权。对于此种情形下形成的宅基地使用权的退出仍应当以流转为依据分类探讨。在未流转情况下,非宅基地资格权主体自愿退出宅基地使用权的,仍须考虑宅基地使用权及宅基地上住宅对于主体基本住房需求的满足情况。在满足主体基本住房需求的情况下,可适用自愿有偿退出宅基地使用权相关规则,由宅基地集体所有权主体就退出的宅基地使用权和宅基地上住宅予以适当补偿;在不满足该类主体基本住房需求的情况下,则不宜将其纳入自愿有偿退出宅基地相关规则的适用范围。在发生流转的情况下,非宅基地资格权主体自愿退出宅基地使用权的,应当事先与受流转方等流转关系当事人达成合意。基于对房地产权一体化保护需要,宅基地集体所有权主体应当就退出的宅基地使用权和宅基地上住宅产权予以适当补偿。

以上分类探讨,还应当重点把握四点基本限定:其一,应当坚持"房地一体"原则,自愿退出宅基地使用权的,理应一并将宅基地上住宅交给宅基地集体所有权主体。其二,自愿有偿退出宅基地使用权的应当坚持房地一体化补偿,即根据宅基地使用权和宅基地上住宅产权的实际情况,确定补偿标准、补偿额度。其三,自愿有偿退出宅基地使用权及宅基地上房屋的补偿标准的确定应当采用"统一规定+地方确定"模式。"统一规定"即将自愿有偿退出的补偿原则、适用范围、标准制定、法律效力等规定到全国性立法或全国性文件中,"地方确定"是指由省级人民政府根据地方实际制定具体补偿标准。原则上,实践中出现的浙江省义乌市宅基地"变现式"退出、安徽省金寨县宅基地"置换式"退出、宁夏回族自治区平罗县宅基地"收储式"退出等方式,[1]均可成为法律框架内可自选的方案。其四,无论自愿退出的宅基地使用权是否基于宅基地资格权而初始取得,一经自愿退出,除法律、行政法规规定外,退出人均丧失宅基地资格权,不得再申请取得宅基地资格权。

(四)宅基地使用权的登记

"不动产物权登记制度是不动产法的核心内容。"[2]"房地一体"下的宅基地使用权和房屋产权的流转交易,原则上应当适用不动产物权变动理论及其相关规则。同时,宅基地使用权和房屋产权在登记制度方面的特殊性主要源自宅基地使用权的特质,只能以后者作为构建依据。[3] 我国不动产物权变动实行的是登记规则。宅基地使用权作为不动产物权,相关法律行为效力同样应当以记载于不动产登记簿为依据。无论是采取出租等债权性流转方式,还是采取转让等物权性流转方式,乃至抵押、继承等方式,有关宅基地使用权的物权变动均采取登记方式,以记载于不动产登记簿作为宅基地使用权取得、变更、丧失的效力判定依据。同时,采取登记生效规则,也能避免与传统不动产物权生效理论及其制度实践的冲突、协调问题,利于更好实现相关主体参与宅基地市场化利用的预期,为适度放活宅基地使用权制度探索奠定重要的制度基础。"三权分置"下宅基地使用权适用不动产物权登记制度主要涉及如下内容:

其一,宅基地使用权登记属于生效要件。将登记作为不动产物权的生效要件,还是将其定位为公示行为,存在实质差别。将登记作为宅基地使用权的生效要件更为科学、合理。登记作为生效要件本就包含有使登记具有公信力

---

[1] 参见张勇、周丽:《农村宅基地多元盘活利用中的农民权益实现》,载《中州学刊》2021年第4期。

[2] 孙宪忠:《论不动产物权登记》,载《中国法学》1996年第5期。

[3] 参见张双根:《论房地关系与统一不动产登记簿册——兼及不动产物权实体法与程序法间的交织关系》,载《中外法学》2014年第4期。

的意思,更符合我国不动产物权登记管理的制度规定。根据《民法典》第209条、第214条、第363条、第365条的规定,除继承,因合法建造、拆除房屋等事实行为设立或者消灭宅基地使用权的两类情形分别以"继承开始""事实行为成就"作为生效要件以外,宅基地使用权的取得、行使和转让自记载于不动产登记簿时发生法律效力。这意味着,宅基地使用权登记仍然是宅基地使用权取得、变更、消灭等行为发生效力的依据。我国宅基地使用权制度以登记生效为原则,以"土地管理的法律和国家有关规定"为例外。将登记作为宅基地使用权相关行为的生效要件能够更好地实现对不动产物权理论的遵循、保护他人善意利益,推动宅基地使用权市场化利用。[1]

其二,宅基地使用权登记采取强制登记与任意登记相结合模式。前已论及,宅基地使用权的取得、变更和消灭应当坚持以登记生效为原则。"房地一体"下宅基地使用权及宅基地上住宅产权只有在发生继承、抵押以及转让等物权性流转行为时,才会涉及宅基地使用权取得、变更和消灭,原则上适用登记生效规则。相比之下,租赁等债权性流转方式以及其他非物权权属变更方式不存在宅基地使用权取得、变更和消灭行为,故而不存在对登记生效规则的适用。但从鼓励宅基地使用权及宅基地上房屋产权的盘活利用,结合相关地方实践探索[2]以及参考《农村土地承包法》第41条关于宅基地使用权流转的登记规定来看,[3]可以将有关宅基地使用权的租赁等债权性流转方式以及其他非物权权属变更方式适用任意登记模式,即在双方约定的使用期限届满(如5年)的情形下,允许当事人自愿选择将双方关于宅基地和房屋产权使用事宜注记在不动产登记簿及证书附记栏,以发挥不动产登记簿的公信力。[4]

其三,宅基地使用权登记应当载明期限。相对于承包地使用权按轮次确定期限,我国并未规定初始取得、继受取得乃至流转情况下的宅基地使用权期

---

[1] 参见崔建远:《中国民法典所设不动产物权登记之我见》,载《法学杂志》2020年第9期。
[2] 衢江区有类似规定,"经营权人经租赁取得宅基地和房屋使用权后,可到自然资源和规划主管部门申请宅基地及房屋租赁使用权登记,颁发宅基地及房屋租赁使用权证书"。参见衢州市政府:《衢江区农村宅基地"三权分置"改革的实施意见(试行)》,载衢州市衢江区人民政府网,http://www.qjq.gov.cn/art/2021/4/6/art_1229077365_29116.html。
[3] 《农村土地承包法》第41条采取的是任意登记模式,规定土地经营权流转期限为5年以上的,可以申请登记。尽管该法并未规定流转期限5年以下的是否可以申请登记,但从不动产登记制度来看,应当可以作肯定判断。
[4] 参见章正璋:《论我国不动产物权登记公信力的范围与限度》,载《法商研究》2018年第3期。

限。长期以来，基于"户有所居"基本保障要求，我国实施的是无偿、无期限分配方式。对此，许多学者提出了设定宅基地使用权期限的建议。例如，有学者提出采取"固定期限+自动续期"方案，主张将宅基地使用权的期限设定为50年，并在期满后自动续期。[1] 无论是从"户有所居"基本保障要求来看，还是基于"房地一体"下产权保护需要，参考国有建设用地使用权立法，宅基地使用权期限最适宜采用"固定期限+自动续期"模式确定。关于"固定期限"，基于房屋质量、权利保障需求、国有土地与集体土地"同地同权"改革要求，应当与住宅类国有建设用地使用权出让期限保持一致即70年，期满自动续期（续期后的期限为70年）。对于不同流转方式下的宅基地使用权流转期限的确定则可借鉴土地承包经营权流转期限确定的做法，在相关立法中明确规定由双方在"固定期限"内具体确定；但采取租赁等债权性流转方式的，仍应当适用《民法典》第705条关于租赁期限不得超过20年的规定。

其四，按照取得宅基地使用权的方式确定登记方式。除初始登记外，不同的取得及利用方式会影响继受取得的登记方式。尚未依据宅基地资格权申请分配取得宅基地的主体继承房屋产权和宅基地使用权的，依据《民法典》规定的"自继承开始时"取得宅基地使用权和房屋产权。对此，应当将这一继承行为视为行使宅基地资格权（宅基地分配请求权），将取得的宅基地使用权和房屋产权予以完整登记。已依据宅基地资格权取得集体分配宅基地的主体以及不具有宅基地资格权的主体依法继承房屋产权和宅基地使用权的，同样"自继承开始时"取得宅基地使用权和房屋产权，应当将取得的宅基地使用权和房屋产权予以完整登记。尽管前者有违"一户一宅"限制，但继承并非该规定的适用范围。同时，既然宅基地"三权分置"改革将宅基地使用权设定为不动产用益物权，就应当完整适用不动产登记制度。故而，就这一情形，不应当再采取当前实践中"在不动产登记簿及证书附记栏注记""该权利人为本农民集体经济组织原成员住宅的合法继承人"[2]的登记方式。此外，就流转而言，采取物权性流转方式的，宅基地使用权登记可直接适用不动产用益物权变更和消灭相关登记规则；采取债权性流转方式的，原则上无须登记，确需登记的，可经双

---

[1] 参见刘恒科：《宅基地"三权分置"的政策意蕴与制度实现》，载《法学家》2021年第5期。
[2] 《自然资源部对十三届全国人大三次会议第3226号建议的答复》。

方达成一致后再在不动产登记簿及证书附记栏注记。

三、适度放活宅基地使用权的实现模式

宅基地使用权作为宅基地"三权分置"改革的重要突破口,通过适度放活能够有效实现其财产价值和宅基地要素价值。[1] 按照宅基地"三权分置"的权利架构,宅基地使用权被设计为纯粹的用益物权,包含占有、使用、收益和处分等权能,是适度放活宅基地使用权的逻辑起点和主要依据。[2] 适度放活宅基地使用权则必然以财产化的宅基地使用权为基础,以宅基地使用权用益物权实现为主线,以宅基地要素价值和宅基地使用权财产价值的释放为指向。这也意味着,适度放活宅基地使用权必然以私法为制度架构的主要路径,在放活方式上,主要存在宅基地使用权主体自主利用与非宅基地使用权主体他主利用两种;在具体形式上,可将适度放活宅基地使用权进一步分解为宅基地使用权主体自建房利用、宅基地使用权流转利用、宅基地使用权用途转化利用三种模式。

(一)宅基地使用权的放活条件

"放活"是适度放活宅基地使用权的主线,"适度"则是适度放活宅基地使用权的底线。[3] 从宅基地制度变迁的实践特性来看,适度放活宅基地使用权的重点和关键在于如何"放活"宅基地使用权。当然,从权利生成的基本逻辑来看,坚持宅基地集体所有与保障宅基地资格权是适度放活宅基地使用权的前提。坚持宅基地集体所有的关键在于落实宅基地集体所有权,保障宅基地资格权则是"放活"宅基地使用权的基础,"放活"宅基地使用权应当以实现集体成员"户有所居"的基本保障需求为前提。适度放活宅基地使用权的核心在于探索形成宅基地使用权权能及其实现的制度进路。从《民法典》乃至已废止的原《物权法》相关规定来看,宅基地使用权作为用益物权,其权能构成已经在立法中得以明晰。"放活"宅基地使用权的重点也就在于如何实现"三权分置"

---

[1] 参见林依标:《农村宅基地"三权分置"的权能界定与实现路径》,载《中国土地》2018年第9期。

[2] 参见陈振、罗遥、欧名豪:《宅基地"三权分置":基本内涵、功能价值与实现路径》,载《农村经济》2018年第11期。

[3] 参见刘广明、张俊慈:《"适度放活"视阈下宅基地使用权流转的理路探索与制度重构》,载《世界农业》2021年第3期。

下宅基地使用权的权能。相对而言,"两权分置"下宅基地使用权基于身份性的束缚而引起农户实现宅基地使用权财产价值与其他主体对宅基地使用权利用需求的相对脱节,宅基地使用权利用面临严重的参与主体不足问题。宅基地"三权分置"改革通过将宅基地使用权上身份性内容的反向析出并归集为宅基地资格权,扫除了宅基地使用权利用主体和利用方式的市场化障碍。足见,适度引入市场机制,实现宅基地市场化利用,已成为"放活"宅基地使用权的基本进路。

明确宅基地使用权的"放活"条件是确定宅基地使用权"放活"模式的前提。从"放活"宅基地使用权的基本进路来看,宅基地市场化利用是确定宅基地使用权"放活"条件的基本依据,具体体现在三个维度:其一,宅基地使用权的财产化。"放活"宅基地使用权实质上主要是通过市场方式实现宅基地使用权的各项权能。唯有设定为去除身份性限制的纯粹的用益物权,宅基地使用权的各项权能尤其是财产价值方可在市场机制的作用下得到有效实现。从市场来看,宅基地作为重要的市场要素,要在市场中有效实现其财产价值,必须符合要素市场化流转对流转标的的财产化要求。其二,宅基地利用主体的市场化。利用主体的多元化是实现市场化利用的关键。解除"两权分置"下宅基地使用权的身份束缚则是扩大宅基地利用主体范围的关键。宅基地"三权分置"改革通过析出身份性内容,将财产性内容设定为宅基地使用权,破除了宅基地利用主体市场化的障碍。但基于宅基地作为公共资源的稀缺性以及集体所有制的约束性,宅基地利用主体的市场化必定是有边界的。故而,宅基地利用主体的市场化必然是符合科学约束的前提下的适度市场化。其三,宅基地利用形式的多样化。通过宅基地资格权与宅基地使用权的分离,"三权分置"下的宅基地使用权具备了市场化利用的权利基础。宅基地作为市场要素,需要依托适应性的利用形式,方可在市场化利用中实现其财产价值。多样化的利用形式则成为实现宅基地市场价值的关键。从实质来看,宅基地市场化的利用形式在制度上反映的是宅基地使用权权能实现方式。要"放活"宅基地使用权,就要按照多样化的思路设计宅基地使用权的权利行使方式。

(二)宅基地使用权的放活模式

"放活"宅基地使用权的基本模式,在根本上取决于"放活"宅基地使用权的实质和限制。从实质来看,"放活"宅基地使用权主要是依托市场机制使宅基地使用权成为用益物权的权能，主要表现为释放和实现宅基地的要素价值、宅基地使用权的财产价值。这意味着，原则上用益物权的实现方式均可用于"放活"宅基地使用权。但"三权分置"下宅基地使用权的纯粹用益物权性质设计明显区别于"两权分置"下的宅基地使用权，在根本上仍深受宅基地集体所有权、土地资源节约集约利用要求以及集体成员"户有所居"基本保障要求的制约。这就需要在将相关要求科学转化为相关制度的约束性规则的前提下，确定可适用于"放活"宅基地使用权的用益物权实现模式。按照不同的标准，可将用益物权权能实现模式做不同类型划分。但基于从"两权分置"到"三权分置"变革中农户作为宅基地主要利用者及其构成人员作为集体成员的身份属性，更适宜以作为宅基地使用权主体的农户是否自主利用宅基地作为分类依据，将宅基地使用权的放活模式分为宅基地使用权自主利用和他主利用。其中，他主利用实则是依托市场机制实现宅基地使用权的流转与再流转利用。

从"户有所居"的基本保障要求和宅基地制度保障功能来看，宅基地使用权由农户自主利用是放活宅基地使用权的主要方式。从利用主体来看，宅基地使用权的自主利用主要是指在初始获得宅基地使用权的情况下，由作为宅基地资格权主体的农户自主或委托他人以自己名义使用宅基地的利用形式，也包括农户以外的其他宅基地使用权主体自主利用初始取得的宅基地使用权的情形。从客体来看，自主利用区别于流转利用，宜将作为自主利用客体的宅基地使用权限定为依法从宅基地集体所有权主体初始取得的宅基地使用权。从用途来看，宅基地使用权自主利用主要是宅基地使用权主体将宅基地用于自建住宅。至于自建房用途，则自住、商用皆可，但应当符合"房地一体"且利用主体与权利主体同一的要求。相对于"两权分置"下的宅基地使用权，"三权分置"下的宅基地使用权在自主利用方面并无太大差别，其仅基于剥离了身份性内容而在理论上拓展了农户以外初始取得宅基地使用权的主体范围。但宅基地制度保障功能仍是宅基地制度功能的主要方面，"三权分置"下的宅基地制度仍然应当坚持宅基地以本集体农户利用为主。故而，"三权分置"下的宅基地使用权自主利用在表征上与"两权分置"下的宅基地使用权自主利用并无太大差别。

宅基地使用权流转向来被认为是宅基地市场化利用的主要方式。尤其是在"两权分置"阶段，宅基地使用权面临主体身份性等限制而缺乏有效的市场化利用渠道。对此,理论及实务界借鉴承包地经营权流转(土地承包经营权流转)的思路探索宅基地使用权流转,力图通过流转实现宅基地使用权中蕴藏的财产价值。但这一努力受制于"两权分置"下宅基地使用权的身份限制而极难实现。"三权分置"下的宅基地使用权流转与"两权分置"下的宅基地使用权流转在作为流转对象的宅基地使用权方面存在实质差异。当然,尽管宅基地"三权分置"改革将宅基地使用权定位为纯粹的用益物权,但基于宅基地制度保障功能要求以及通过行使宅基地资格权而取得宅基地使用权这一理论和实践约束,宅基地使用权仍然间接受到宅基地资格权初始取得的理论逻辑和实践惯性及其对应"户有所居"基本保障要求的限制。故而,"三权分置"下的宅基地使用权,仍然主要采取的是农户向其他主体流转的利用模式。换言之,市场主体从农户流转取得宅基地使用权仍然是市场主体利用宅基地的主要方式。农户以外其他主体依法初始取得的宅基地使用权与农户依据宅基地资格权取得的宅基地使用权在流转方面并无实质差别,可按照《民法典》相关规定流转给其他市场主体。在流转规则方面,前者与后者均通过流转实现财产价值,并无实质差异,宜统一立法。

此外,宅基地的用途转化也是适度放活宅基地使用权的重要形式。用途转化是将宅基地向其他用途类型进行转化,所适用的规则也将从宅基地制度规则转向其他用途类型土地的制度规则。但从实现宅基地使用权作为用益物权的财产价值来看,基于现有法律政策的限制,将宅基地用途转化为集体经营性建设用地乃至其他类型,往往更利于释放和实现宅基地使用权的财产价值。一方面,集体经营性建设用地等其他用途类型土地往往具有更高的市场需求,容易形成较高的市场价值,更利于释放和实现宅基地使用权背后的财产价值;另一方面,集体经营性建设用地等其他用途类型土地在制度功能和主要用途方面并不存在宅基地所面临的较多禁止和限制规则,在利用主体范围上更广,更利于实现市场化利用。例如,通过复垦宅基地形成集体建设用地指标,取得相应的指标收益;再如,将宅基地用途变更为集体经营性建设用地"入市"。从实践来看,将宅基地依法变更为集体经营性建设用地,更容易释放宅基地使用权的财产价值,实现宅基地的要素价值和资产功能。但这一用途转换仍有赖于国家"逐渐放开宅基地使用权依法转化为集体经营性建设用地后的用途管制"[1]。

四、适度放活宅基地使用权的基本限度

宅基地"三权分置"改革将析出身份性内容后的宅基地使用权定位为纯粹的用益物权,破除了宅基地适度市场化利用的最大障碍。但"三权分置"下宅基地使用权的用益物权设计并不意味着权利主体可完全自主实现宅基地使用权权能,还需要全面厘清适度放活宅基地使用权面临的基本限度。

(一)适度放活宅基地使用权的体系限制

"放活"是适度放活宅基地使用权的主线,"适度"则是适度放活宅基地的底线。尽管宅基地"三权分置"改革按照用益物权路径设计宅基地使用权,但任何权利均不可能绝对化。适度放活宅基地使用权仍然面临系统性约束。综合历史与现实、制度与政策来看,适度放活宅基地使用权主要面临来自作为放活对象的宅基地使用权自身的边界性以及宅基地上"三权"逻辑架构、经济基础、主导功能三方面的体系性限制。

宅基地使用权的边界性是适度放活宅基地使用权面临的核心限制。从实践来看,除"一户一宅""面积限定"等传统规则限制外,现有相关地方实践探索对宅基地使用权的限制主要包括:其一,归属限制,即分别从集体所有制和保障宅基地资格权两个角度提出限制。适度放活宅基地使用权不得改变宅基地集体所有权,也不得改变宅基地资格权和房屋所有权。[2] 其二,用途限制。在严格的土地用途管制下,宅基地仅为农民建造住宅使用。考虑到农民住宅用途的灵活性以及盘活利用闲置宅基地和农房的现实需要,相关实践探索原则上允许将宅基地使用权直接或通过流转用于开展经营活动,但个别地方就此规定应当办理相应手续。例如,浙江省德清县规定,宅基地使用权人应当向村集体提出申请并经审查公示后报镇一级政府审批。[3] 当然,各地坚决执行中央相关要求,严禁非法买卖宅基地,严格禁止城镇居民下乡利用宅基地建别墅

---

[1] 韩立达、王艳西、韩冬:《农村宅基地"三权分置":内在要求、权利性质与实现形式》,载《农业经济问题》2018年第7期。

[2] 《德清县农村宅基地管理办法(试行)》第36条规定:"宅基地使用权及其地上房屋使用权流转的,不改变宅基地集体所有权性质,不改变宅基地资格权和房屋所有权。"

[3] 参见《德清县农村宅基地管理办法(试行)》第34条。

大院和私人会馆。[1] 其三,权益保障。个别地方在探索中提出优先受让权,保障宅基地使用权流转下的集体成员权益。例如,浙江省义乌市规定,宅基地使用权转让的,"在同等条件下,本村集体经济组织有优先回购权,本村集体经济组织成员有优先受让权"[2]。上述三个方面具有分散性且存在体系性不强的问题。基于内容及目标指向,宅基地使用权的边界性限制主要融入宅基地上"三权"逻辑架构以及适度放活宅基地使用权的经济基础、主导功能,形成放活宅基地使用权的体系性限制。

"三权分置"框架下宅基地集体所有权、宅基地资格权与宅基地使用权的逻辑架构以及落实宅基地集体所有权、保障宅基地资格权的要求是对放活宅基地使用权予以限制的内在依据。就前者而言,宅基地集体所有权、宅基地资格权与宅基地使用权的权利架构以及适应宅基地上"三权"的改革定位和实现逻辑是适度放活宅基地使用权的应有考量。同时,适度放活宅基地使用权仍然要遵循"所有权—用益物权"生成逻辑基础上宅基地集体所有权对用益物权的约束性,并在"宅基地资格权—宅基地使用权"的体系框架中注重保障宅基地资格权主体在宅基地上的正当权益。就后者而言,落实宅基地集体所有权、保障宅基地资格权与适度放活宅基地使用权作为宅基地"三权分置"改革的基本要求,具有较强的整体性、系统性和实践性。落实宅基地集体所有权是适度放活宅基地使用权的根本,保障宅基地资格权是适度放活宅基地使用权的前提,适度放活宅基地使用权则是改革的目标。三者相互依存、互相制约。

在经济基础方面,宅基地集体所有制及其实现要求属于生产关系范畴,是适度放活宅基地使用权的经济基础。适度放活宅基地使用权在根本上由宅基地集体所有制及其实现要求所决定。从实践来看,宅基地集体所有制主要表现为宅基地作为重要生产资料由成员集体所有,但必须通过法律技术转化为宅基地集体所有权并在"三权分置"下主要体现为落实宅基地集体所有权的基本要求。一方面,作为《民法典》确定的集体所有权,宅基地集体所有权是宅基地上其他权利的权源,从根本上决定了宅基地上其他权利的设定;另一方面,宅基地集体所有权不单是物权中的所有权,在集体所有权形成与发展中也逐

---

[1] 参见《中央农村工作领导小组办公室、农业农村部关于进一步加强农村宅基地管理的通知》。
[2] 《义乌市农村宅基地使用权转让细则(试行)》第7条。

渐形成了与物权权能并列的管理权能。宅基地集体所有权主体依法对宅基地使用权及其实现进行自治管理,也是宅基地集体所有权管理权能的基本内容和重要体现。可以说,适度放活宅基地使用权面临来自经济基础方面的约束并非单独呈现的,而必定会与其他方面共同整合,转化为融入适度放活宅基地使用权相关原则、规则。

在主导功能方面,"三权分置"下的"户有所居"基本保障功能仍传导制约适度放活宅基地使用权。保障功能作为宅基地制度长期承载的主导功能,仍然是"三权分置"下宅基地制度功能的主要且优先方面,旨在满足本集体成员以户为单位的基本住房保障需求。这一需求事关基本人权保障,在制度方面主要表现为宅基地制度的保障功能,并在近年来的改革探索中被不断明确。例如,《中央农村工作领导小组办公室、农业农村部关于进一步加强农村宅基地管理的通知》通过禁止城镇居民购买宅基地,变相利用宅基地建设别墅大院和私人会馆,借流转之名违法违规圈占、买卖宅基地等,实际确认和强化了宅基地及宅基地使用权对集体成员"户有所居"的保障。"三权分置"改革将宅基地权利中的身份性内容剥离,提取并设定为宅基地资格权。宅基地资格权成为实现这一基本保障需求及其对应宅基地制度保障功能的关键抓手,宅基地使用权相应成为纯粹的用益物权。但作为宅基地制度的整体构成,保障功能必然传导影响宅基地使用权。然而,宅基地使用权的财产权实现以及适度放活宅基地使用权所依赖的是市场化实现路径,显然与宅基地资格权所承载的"户有所居"基本住房保障功能所呈现的主体身份性、内容稳定性要求之间存在适应性问题。事实上,将宅基地制度保障功能作为适度放活宅基地使用权相关设计的前置限制因素即可解决这一问题。

(二)适度放活宅基地使用权的基本边界

适度放活宅基地使用权存在特定的法律政策边界。一方面,宅基地使用权作为用益物权,须秉持"权利不得滥用"等私法社会化相关约束;另一方面,应立足中国实践,重点关注基于宅基地集体所有制、宅基地及其制度功能的特殊性而形成的应有限制。相对而言,前者属于一般法或一般意义层面的限定;后者则是适度放活宅基地使用权边界限定的主要缘由,也是适度放活宅基地使用权相关设计应当把握的主要方面。综合来看,可将适度放活宅基地使用权的基本边界归结为以下几个方面:

一是"三个不得",即不得改变土地集体所有性质、不得改变土地用途、不得损害农民宅基地权益。宅基地使用权作为集体所有制下集体土地制度中宅基地制度的重要构成,与其他类型集体土地在制度设计中存在共性的限制要求。鉴于承包地经营权流转(包括承包地"三权分置"改革前所提出的土地承包经营权流转)与宅基地使用权流转在流转目标和市场路径方面具有相当的契合度,加之宅基地使用权流转必然是适度放活宅基地使用权的主要形式,针对承包地经营权流转和承包地"三权分置"改革所形成的"三个不得"理应适用于适度放活宅基地使用权相关探索。其中,"不得改变宅基地集体所有性质"在制度上主要体现为适度放活的宅基地使用权应当以宅基地集体所有权作为权源,遵从宅基地集体所有权制度对宅基地使用权的约束以及宅基地集体所有权主体对适度放活宅基地使用权相关行为行使的监督管理权利;"不得违法改变宅基地用途"主要规定于土地用途管制制度中,禁止未经法定程序改变宅基地用途和宅基地使用权权利属性;"不得损害农民宅基地权益"中的"农民宅基地权益"主要是"三权分置"下农民以户为单位申请成员集体分配宅基地的权益、依法取得宅基地进行建房利用的权利以及依法取得并实现宅基地使用权的权利。上述要求成为适度放活宅基地使用权相关探索的基本前提。

二是"户有所居"。《土地管理法》第62条第2款明确将"保障农村村民实现户有所居"作为县级人民政府的重要职责,实质上是将相关法律政策关于农民基本住房保障的目标转化提炼为以宅基地资格权为载体的"户有所居"基本保障目标。我国主要从两方面实现这一目标:一方面,通过宅基地"三权分置"改革,将宅基地资格权作为抓手,通过完善宅基地使用权权能内容,将集体成员"户有所居"的基本保障需求作为宅基地制度的主导、优先功能;另一方面,通过坚持本集体成员以户为单位申请宅基地、"一户一宅"以及按照省、自治区、直辖市规定标准确定面积,确保了农户对具有稀缺性宅基地利用的主导性,尽可能满足农户"户有所居"的基本保障需求。可见,"户有所居"确定了可以适度放活的宅基地使用权的范围既是适度放活宅基地使用权的前提,也是适度放活宅基地相关探索的目标指向。通过明确适度放活宅基地使用权的范围、用途、期限并开展科学监管,利于有效实现适度放活宅基地使用权的改革目标。

三是节约集约利用。节约集约利用宅基地是适度放活宅基地使用权的法律政策目标。依据《民法典》第 326 条的规定,包括宅基地使用权在内的任何用益物权的行使都"应当遵守法律有关保护和合理开发利用资源、保护生态环境的规定"。宅基地作为集体土地的重要类型,区别于一般用益物权,属于高度稀缺的自然资源,具备较强的公共属性。适度放活宅基地使用权相关探索应当将节约集约利用作为基本原则、根本要求。事实上,节约集约利用早已成为适度放活宅基地使用权的重要边界。包括集体所有权框架下的宅基地、承包地、集体建设用地都面临节约集约利用要求。相关法律政策关于"严格限定宅基地流转使用用途""严格遵守乡(镇)土地的利用总体规划要求""不得利用宅基地建别墅大院、私人会馆等搞房地产开发"等规定,[1]就是根据节约集约利用要求对宅基地利用行为的约束。探索适度放活宅基地使用权,应当按照节约集约利用要求,明确放活要求、放活条件、放活模式、放活方案等内容,更好地实现宅基地资源的有效利用。要实现节约集约利用,还需要在适度放活宅基地使用权探索中协同发挥农村集体经济组织基于宅基地集体所有权开展的监督管理与政府开展的土地监督管理的作用。

五、适度放活宅基地使用权的实现进路

在相关制度规则缺位、体系化不足的情况下,[2]适度放活宅基地使用权相关探索不但面临"两权分置"下的既有风险,在宅基地使用权市场化利用中也面临更多新挑战、新问题。无论是采取物权性流转方式,还是采取债权性流转方式,宅基地资格权主体都同时面临宅基地使用权主体利用宅基地引起的间接风险、宅基地使用权主体违背流转协议引发的直接风险。宅基地资源利用还可能引发宅基地闲置等宅基地资源浪费问题,导致宅基地资源过度集中,增大享受型宅基地使用权流转和投机型宅基地使用权流转的比重,[3]甚至进一

---

〔1〕 参见张克俊、付宗平:《"三权分置"下适度放活宅基地使用权探析》,载《农业经济问题》2020 年第 5 期。

〔2〕 参见[美]罗纳德·H. 科斯等:《财产权利与制度变迁——产权学派与新制度学派译文集》,刘守英等译,上海人民出版社 2014 年版,第 296~297 页。

〔3〕 参见于水、王亚星、杜焱强:《农村空心化下宅基地三权分置的功能作用、潜在风险与制度建构》,载《经济体制改革》2020 年第 2 期。

步将问题传导给宅基地资格权主体,[1]影响其"户有所居"基本保障需求。对此,"三权分置"改革将宅基地使用权设计为纯粹的用益物权,明确占有、使用、收益和处分等权能内容,为适度放活宅基地使用权提供逻辑起点和主要依据。适度放活宅基地使用权应当遵循法定、参与、公开、公平原则,以宅基地使用权用益物权实现为主线,体系化设计实现方案。

(一)宅基地使用权的放活要求

适度放活宅基地使用权基本目标对宅基地使用权制度构造提出了三点要求:其一,将宅基地使用权设定为纯粹的用益物权是适度放活宅基地使用权的前提,实现宅基地使用权作为用益物权的财产权权能是适度放活宅基地使用权的核心。这是宅基地"三权分置"改革将财产性权利予以单独设定的必然逻辑。其二,宅基地使用权主体自主利用和通过流转、再流转方式开展他主利用均为适度放活宅基地使用权的主要形式。影响适度放活宅基地使用权的关键因素主要是宅基地使用权主体的范围大小、流转与再流转的可为方式。结合适度放活宅基地使用权应分阶段、按步骤探索的建议来看,现阶段宅基地利用主体仍然主要是农户,但原则上可将宅基地市场化利用的参与主体拓展至符合条件的所有市场主体。针对现行立法和政策的诸多限制,如何破除不必要、不可行的限制是探索适度放活宅基地使用权的关键。其三,将实现宅基地使用权权能作为落实宅基地使用权的制度表达,以保障和实现农户获取宅基地增值利益,实现宅基地使用权利用主体、利用方式、利用效果的市场化的统一。[2]

适度放活宅基地使用权相关规则探索还须协调好三对关系:一是农户"户有所居"基本保障需求与宅基地使用权财产价值实现的关系。适度放活宅基地使用权旨在破解宅基地使用权权能扩张困境,凸显使用权财产价值功能,突

---

[1] 从现有政策及其实践来看,采取入股、转让等物权性流转方式流转宅基地使用权时,宅基地资格权主体仍然拥有流转收益的债权和流转到期后的收回权;采取租赁等债权性流转方式流转宅基地使用权时,宅基地资格权主体同样拥有流转收益的债权和流转到期后的收回权。尽管两者的流转收益债权在产生依据、实现方式等方面存在一定差异,但无疑宅基地资格权主体的流转收益债权实现和流转到期后的取回权都与宅基地使用权利用状况密切相关,而宅基地使用权利用状况则直接受市场及其他方面风险影响。由此看来,宅基地资格权主体与宅基地使用权面临的风险紧密相关,仍然是实质上的风险承担者之一。

[2] 参见向勇:《宅基地三权分置的立法意旨》,载《农业经济问题》2019年第4期。

破使用权封闭性流转限制。[1] 但这些问题均与农户"户有所居"基本保障需求直接相关。宅基地"三权分置"改革以宅基地资格权独立承载"两权分置"下宅基地使用权中的身份性内容,对接保障功能,但仍通过权利逻辑和制度体系间接影响采取单纯用益物权思路设计的宅基地使用权。以宅基地使用权的用益物权的本质和构造为依据,在规则上兼顾宅基地制度保障功能的间接影响,成为协调两者关系的基本思路。二是宅基地上集体利益、农户利益与受流转方利益的关系。按贡献分配原则来看,国家、集体、农户、相关市场主体是宅基地使用权的一般性利益、增值利益的主要贡献者。在厘清宅基地使用权利益来源和相关方贡献的基础上,实现和平衡相关主体利益仍然是适度放活宅基地使用权探索的重要内容。这就要求,依据以宅基地使用权为基础的利用关系,将集体、农户、受流转方作为一般性收益的分配参与者,明确分配关系;依据对增值利益形成的贡献情况,确定国家、集体、农户以及相关市场主体对增值收益的分配关系。在此基础上,还应当在分配中注重向存在"户有所居"基本保障需求的农户倾斜。三是宅基地利用限制与宅基地市场化利用的关系。目前,我国对宅基地利用限制较多。基于农村土地主导功能定位影响,宅基地使用权流转在受流转方的选择上与城市国有建设用地有所不同;[2] 基于宅基地节约集约利用要求,明确禁止侵占耕地、大拆大建、违规开发,禁止下乡利用农村宅基地建设别墅大院和私人会馆。这些方面必然限制宅基地使用权的受流转方范围、流转方式、具体用途。如若处理不当,必然成为宅基地市场化利用的障碍。这就需要以区分好规制权与物权为前提,厘清规制权的边界,确保规制权对宅基地使用权的应有保护而非"过度干预"。

(二)宅基地使用权的放活条件

从《民法典》乃至已废止的原《物权法》来看,宅基地使用权作为用益物权,在立法上已实现了权能明晰。将宅基地使用权塑造为完整意义上的宅基地使用权,也成为宅基地"三权分置"改革的目标方向。在此基础上,适度放活宅基地使用权的重点在于如何实现"三权分置"下宅基地使用权的权能。相对而

---

[1] 参见张克俊、付宗平:《"三权分置"下适度放活宅基地使用权探析》,载《农业经济问题》2020年第5期。

[2] 参见瞿理铜:《我国农村宅基地市场化配置的制约因素及破解对策》,载《湖南师范大学社会科学学报》2020年第6期。

言,"两权分置"下的宅基地使用权基于身份性的束缚而导致农户实现宅基地使用权财产价值与其他主体对宅基地使用权利用需求之间脱节,以致宅基地使用权利用面临严重的参与主体范围过窄的问题。宅基地"三权分置"改革通过将"两权分置"下宅基地使用权中身份性内容的反向析出并归集,设定为相对独立的宅基地资格权,扫清了宅基地使用权利用主体和利用方式市场化的障碍。这也说明,适度引入市场机制,实现宅基地使用权的市场化利用,必然成为适度放活宅基地使用权的基本进路。在此背景下,探索形成科学的宅基地使用权权能实现进路,需要确立宅基地使用权的放活条件。

关于放活条件,相关实践主要围绕宅基地使用权流转,从实体(管制条件、权属条件、保障条件、契约条件)和程序两方面探索形成。其中,管制条件是指宅基地使用权流转须符合国土空间总体规划及其相应的主体功能区规划、土地利用总体规划、城乡规划以及土地用途管制等要求;[1]权属条件即拟流转的宅基地使用权权属清晰、界址清楚,流转人拥有合法权属证明,是宅基地使用权流转的重要前提;保障条件则是相关地方为保障集体成员"户有所居"而设定的,要求宅基地使用权流转方须有其他住房。例如,重庆市大足区要求流转方提供"该家庭户拥有其他合法产权住房(入股联建除外)",浙江省德清县则要求作为流转方的"农户证明具有其他合法居住条件",[2]浙江省义乌市直接将流转后要保证人均15平方米的自住面积作为转让宅基地使用权的前提条件。同时,浙江省德清县还规定"应坚持自愿、平等、协商一致""需征得户内全体成员同意"。尽管重庆市大足区等部分地方并未明确将此作为宅基地使用权流转的基本条件,但流转实际上都是以契约为基础的。德清县的这一规定本就属于流转合同成立、生效的基本条件。因此,契约条件仍然被相关实践认定为宅基地使用权流转的实体条件。此外,基于宅基地使用权的特殊性及其法律政策限制,部分地方在探索中大多设定了相应的流转程序。浙江省德清县甚至直接将"经本村股份经济合作社审核同意"作为宅基地使用权流转的程序条件。[3] 综合来看,若不符合实体和程序两大类条件,则不得流转宅基使

---

[1] 参见《重庆市大足区农村宅基地使用权流转管理办法(试行)》第7条。
[2] 参见《重庆市大足区农村宅基地使用权流转管理办法(试行)》第7条、《德清县农村宅基地管理办法(试行)》第41条。
[3] 参见《德清县农村宅基地管理办法(试行)》第41条。

用权。重庆市大足区还将"未依法进行权属登记的""权属有争议的""司法机关或行政机关依法裁定、决定查封或者以其他形式限制房屋所有权和土地使用权的""法律、法规规定的其他情形"作为"不得流转"情形。[1] 总的说来,现有相关实践探索为厘清适度放活宅基地使用权的放活条件提供了重要依据。

如何"放活"宅基地使用权,是适度放活宅基地使用权的重点和关键。坚持宅基地集体所有与保障宅基地资格权是引入市场机制、适度放活宅基地使用权的前提条件。坚持宅基地集体所有的关键在于落实宅基地集体所有权,在适度放活宅基地使用权中主要表现为基于宅基地集体所有权的利益分享。保障宅基地资格权则要求:适度放活宅基地使用权应当以农户"户有所居"基本保障需求得到有效实现为前提条件。在此前提下,应基于"放活"宅基地使用权的基本进路,结合以流转为主要形式的相关实践探索,围绕宅基地市场化利用,确定适度放活宅基地使用权的具体条件;其一,宅基地使用权的财产化。"放活"宅基地使用权就是要通过市场方式实现宅基地使用权的各项权能。唯有去除身份性限制,宅基地使用权各项权能尤其是财产价值方可在市场机制作用下得到有效实现。其二,宅基地利用主体的市场化。解决"两权分置"下宅基地使用权的身份性束缚,是扩大宅基地利用主体范围的关键。宅基地"三权分置"改革将"两权分置"下宅基地使用权中的身份性内容提取后,剩下的财产性内容构成宅基地使用权,破除了宅基地利用主体市场化的障碍。但基于宅基地作为公共资源的稀缺性特征以及集体所有制的约束,宅基地利用主体的市场化又必然是有边界的,但同时也要避免实践中极易出现的过度限制问题。其三,宅基地利用形式的多样化。宅基地作为市场要素,需要依托适应性的利用形式,方可在市场化利用中实现其财产价值。多样化的利用形式是实现宅基地市场价值的关键。宅基地市场化利用形式实则是宅基地使用权权能实现方式;要"放活"宅基地使用权,就应当按照多样化利用的思路展开。

(三)宅基地使用权的放活模式

"放活"宅基地使用权的基本模式在根本上取决于"放活"宅基地使用权的实质和"放活"宅基地使用权的限制。从实质来看,"放活"宅基地使用权主要是依托市场机制实现宅基地使用权作为用益物权的权能,以释放宅基地的要

---

[1] 参见《重庆市大足区农村宅基地使用权流转管理办法(试行)》第8条。

素价值、实现宅基地使用权的财产价值。这意味着,原则上用益物权的所有实现方式均适用于"放活"宅基地使用权。但"三权分置"下的宅基地使用权仍然是从"两权分置"下的宅基地使用权剥离而来,在根本上深受宅基地集体所有权、土地资源节约集约利用要求以及农户"户有所居"基本保障需求的制约。这就需要在将相关约束性内容转化为相应规则的前提下,确定可适用于"放活"宅基地使用权的用益物权实现模式。考虑到在"两权分置"向"三权分置"的变革中,农户是宅基地的主要利用者及农户构成人员作为集体成员具有较强的身份属性,可将作为宅基地使用权主体的农户是否自主利用宅基地作为分类标准,将宅基地使用权的放活模式分为宅基地使用权自主利用和他主利用。后者主要指的是依托市场机制实现宅基地使用权的市场化利用。

从农户"户有所居"的基本保障需求和宅基地制度保障功能来看,将宅基地使用权配置给农户并自主利用仍是适度放活宅基地使用权的主要方式。相对于"两权分置"下的宅基地使用权,"三权分置"下的宅基地使用权在宅基地利用模式方面并无太大差别。但宅基地制度保障功能作为宅基地制度的主要功能仍然间接影响宅基地使用权的放活利用。在相当长时期内,以农户利用为主的宅基地利用格局仍是"三权分置"下宅基地利用的常态。尽管"三权分置"下的宅基地使用权自主利用在表征上与"两权分置"下的宅基地使用权自主利用并无太大差别,但也呈现出限制更少、市场化程度更高的特点。在主体方面,除具有宅基地资格权的农户外,宅基地使用权利用主体还包括农户以外可以依法向集体申请原始设立宅基地使用权的其他主体;经原始取得的宅基地使用权,在后续市场化利用中原则上不应当再设置利用主体范围的限制。从用途来看,将宅基地用于自建房是宅基地使用权利用的主要形式。至于自建房用途,同样不宜限制,自住、商用皆可。

宅基地使用权流转向来被认为是适度放活宅基地使用权的主要形式。"两权分置"下的宅基地使用权面临主体身份性等方面限制而难以实现有效的市场化利用。对此,承包地经营权流转(土地承包经营权流转)为探索适度放活宅基地使用权、实现宅基地使用权的财产价值提供了一定的借鉴。"三权分置"下宅基地使用权流转与"两权分置"下的宅基地使用权流转的差异根源于作为流转对象的宅基地使用权的实质差别。尽管宅基地"三权分置"改革将宅基地使用权定位为纯粹的用益物权,但基于宅基地制度保障功能要求以及依据宅基地资格权初始设定宅基地使用权这一主要形式,适度放活宅基地使用权仍然以农户依法初始取得的宅基地资格权为基础和对象。农户以外其他主体依法初始取得的宅基地使用权与农户依据宅基地资格权取得的宅基地使用权在市场化利用方面并无实质差别,可按照《民法典》及相关规定交由其他市场主体利用,并按照民事相对性原理予以调整;[1]在规则方面,前者与后者亦无实质差异,可以适用同样的法律规则。

(四)宅基地使用权的放活方案

宅基地使用权流转作为适度放活宅基地使用权的主要方式,是探索宅基地使用权放活方式的重点。宅基地使用权经"三权分置"改革后被设定为完全的用益物权,无论是债权性流转方式还是物权性流转方式,均为有期限的宅基地使用权流转或再流转。流转或再流转中受流转方的范围均不应当受到宅基地使用权流转或再流转方式的制约,理应完全覆盖自然人、法人和非法人组织三类民事主体。在此基础上,适度放活宅基地使用权方案设计的重点在于放活方式、放活程序、权属登记三个方面。

面向风险防治需求,结合相关地方实践来看,在区分短期利用与长期利用的基础上,针对长期利用情形(建议考虑为1年以上),建议依托现有省、市、县、乡(镇)体系化的农村产权交易平台推动宅基地使用权的适度放活,以实现安全与效益的平衡。将适度放活宅基地使用权相关限定性、约束性内容转化为农村产权交易平台依法制定的具体规则(主要是参与主体准入条件规定)并开展农村产权交易平台场内交易,具有科学、有效实现适度放活宅基地使用权的突出优势。在农村产权交易平台场内交易方案中,出租、转让、入股、联建、抵押作为当前实践探索中最为普遍且具有高度认同性的宅基地使用权流转方式,可作为适度放活宅基地使用权的基本方式。针对短期利用情形,仍可考虑引导、鼓励采用农村产权交易平台场内交易的方案。

在放活程序方面,可借鉴宅基地使用权流转程序规则,确定为宅基地使用权流出方申请、农村集体经济组织初审、镇(街)人民政府(办事处)审核、农村产权交易平台交易、农村集体经济组织备案五个步骤。结合农村产权交易平台场内交易的建议来看,放活程序具体可确定为:宅基地使用权流出方提出申

---

[1] 参见张卫平:《论民事纠纷相对性解决原则》,载《比较法研究》2022年第2期。

请—农村集体经济组织初审—镇(街)人民政府(办事处)审核—农村产权交易平台审核是否符合场内交易条件并在审查通过后发布相关信息—经农村产权交易平台审核符合参加场内交易条件的参与主体进入场内寻找流转信息—参与主体在竞价期间参加竞价—农村产权交易平台在竞价期满后按照交易规则确定竞价结果—流出方与竞价成功的主体签订合同并获得农村产权交易平台鉴证—流出方将经鉴证的合同提交农村集体经济组织备案。

关于采取市场化方式放活的宅基地使用权是否需要登记,目前尚未形成定论。相关实践探索也主要根据宅基地使用权流转方式的不同,采取权属登记、备案登记两种方式。从重庆市大足区、浙江省德清县、浙江省义乌市相关实践来看,转让、入股、赠与等物权性流转方式采取的是产权登记(主要是转移登记)模式;也有地方对物权性流转方式下的宅基地使用权流转期限作了限制;租赁等债权性流转方式则采用的是备案登记模式。从长远来看,有必要参考土地承包经营权、承包地经营权的立法模式,推动宅基地使用权真正回归不动产用益物权,实现城乡住宅用地"同权"。一方面,建议将"三权分置"下宅基地使用权的无期限调整为有期限,并借鉴国有土地上住宅用地的土地使用权期限规定,确定为70年,期满自动续期。另一方面,在此框架下,无论是采取物权性流转方式,还是采取债权性流转方式,均为放活有期限的宅基地使用权,但仍应当以物权性流转方式与债权性流转方式的区分为依据,坚持产权登记(主要是转移登记)模式与备案登记模式相结合。采取物权性流转方式的,应当办理宅基地使用权转移登记并报农村集体经济组织备案;采取债权性流转方式的,仅须报农村集体经济组织备案即可。

此外,按照权利法定的思路,与"扩权"相比,作为"转权"的宅基地用途转化也应当成为放活宅基地使用权的重要形式。[1] 用途转化是宅基地向其他类型土地的地性转化,所适用的规则主要涉及"地性"转接规则以及所转换土地用途的制度规则。但从实现宅基地使用权作为用益物权的财产价值来看,将宅基地用途转化为集体经营性建设用地乃至其他类型,往往更利于释放和实现宅基地使用权的财产价值。一方面,集体经营性建设用地等其他用途类型

---

[1] 参见吕军书、郑弼天:《农村宅基地"三权分置"的政策意蕴及实现路向》,载《西北农林科技大学学报(社会科学版)》2022年第4期。

土地往往存在较高的市场需求,容易形成较高的市场价值,更利于释放和实现宅基地使用权背后的财产价值;另一方面,集体经营性建设用地等其他用途类型土地在制度功能和主要用途方面并不会受到宅基地制度固有限制的约束,利用主体范围更广,更利于开展市场化利用。在具体操作上,可通过复垦宅基地形成集体建设用地指标,取得相应的指标收益,将宅基地用途变更为集体经营性建设用地。相较而言,将宅基地依法转换为集体经营性建设用地,运作成本更低且容易释放宅基地使用权财产价值,但仍有赖于国家"逐渐放开宅基地使用权依法转化为集体经营性建设用地后的用途管制"[1]。此外,适度放活宅基地使用权还可以通过"退出—出让"[2]等其他有效方式实现。

---

[1] 韩立达、王艳西、韩冬:《农村宅基地"三权分置":内在要求、权利性质与实现形式》,载《农业经济问题》2018 年第 7 期。

[2] 李凤章:《宅基地使用权流转应采用"退出—出让"模式》,载《政治与法律》2020 年第 9 期。

参考文献

一、著作类

1. 《马克思恩格斯全集》(第 12 卷),人民出版社 1962 年版。
2. 《马克思恩格斯全集》(第 46 卷上册),人民出版社 1979 年版。
3. 《马克思恩格斯选集》(第 2 卷),人民出版社 1995 年版。
4. 《马克思恩格斯全集》(第 6 卷),人民出版社 2016 年版。
5. 费孝通:《文化的生与死》,上海人民出版社 2009 年版。
6. 江山:《中国法理念》,中国地质大学出版社 1989 年版。
7. 李昌麒主编:《经济法理念研究》,法律出版社 2009 年版。
8. 付子堂:《法律功能论》,中国政法大学出版社 1999 年版。
9. 高圣平:《中国土地法制的现代化——以土地管理法的修改为中心》,法律出版社 2014 年版。
10. 李国强:《相对所有权的私法逻辑》,社会科学文献出版社 2013 年版。
11. 高飞:《集体土地所有权主体制度研究》(第 2 版),中国政法大学出版社 2017 年版。
12. 郭道晖总主编:《当代中国立法》,中国民主法制出版社 1998 年版。
13. 刘瑞复主编:《中国经济法律百科全书》,中国政法大学出版社 1992 年版。
14. 刘守英:《土地制度与中国发展》,中国人民大学出版社 2018 年版。
15. 汪全胜:《法律绩效评估机制论》,北京大学出版社 2010 年版。
16. 郭明瑞:《物权法实施以来疑难案例研究》,中国法制出版社 2011 年版。
17. 韩松:《集体所有制、集体所有权及其实现的企业形式》,法律出版社 2009 年版。
18. 王小莹:《我国农村宅基地使用权制度研究》,中国民主法制出版社 2014 年版。
19. 王崇敏:《宅基地使用权制度现代化构建》,法律出版社 2016 年版。
20. 管洪彦:《农民集体成员权研究》,中国政法大学出版社 2013 年版。
21. 杨青贵:《进城落户农民有偿退出宅基地的实践探索与制度回应》,中国大地出版社 2020 年版。

22. 张文显、李步云：《法理学论丛》（第 1 卷），法律出版社 1999 年版。
23. 张文显：《法哲学范畴研究》，中国政法大学出版社 2001 年版。
24. 周其仁：《城乡中国》（下），中信出版社 2014 年版。
25. 宋志红：《中国农村土地制度改革研究：思路、难点与制度建设》，中国人民大学出版社 2017 年版。
26. [德]鲍尔、[德]施蒂尔纳：《德国物权法》（上册），张双根译，法律出版社 2004 年版。
27. [德]斐迪南·滕尼斯：《共同体与社会：纯粹社会学的基本概念》，林荣远译，商务印书馆 1999 年版。
28. [美]罗纳德·H.科斯等：《财产权利与制度变迁 产权学派与新制度学派译文集》，刘守英等译，上海人民出版社 2014 年版。
29. [美]伯尔曼：《法律与宗教》，梁治平译，生活·读书·新知三联书店 1991 年版。
30. [美]戴维·约翰·法默尔：《公共行政的语言 官僚制、现代性和后现代性》，吴琼译，中国人民大学出版社 2017 年版。
31. [美]罗·庞德：《通过法律的社会控制 法律的任务》，沈宗灵译，商务印书馆 1984 年版。
32. [日]植草益：《微观规制经济学》，朱绍文等译，中国发展出版社 1992 年版。
33. [英]安东尼·吉登斯：《社会的构成》，李康、李猛译，生活·读书·新知三联书店 1998 年版。

二、期刊类

34. 蔡继明：《关于当前土地制度改革的争论》，载《河北经贸大学学报》2015 年第 2 期。
35. 曹益凤、耿卓：《共同富裕目标下宅基地财产价值显化的制度路径》，载《社会科学动态》2022 年第 8 期。
36. 陈柏峰：《农地的社会功能及其法律制度选择》，载《法制与社会发展》2010 年第 2 期。
37. 陈彬：《农村宅基地制度改革的实践及问题分析——基于浙江省义乌市的实践》，载《中国土地》2017 年第 8 期。
38. 陈朝兵：《农村土地"三权分置"：功能作用、权能划分与制度构建》，载《中国人口·资源与环境》2016 年第 4 期。
39. 陈丹：《宅基地"三权分置"下农民财产权益的实现路径》，载《农村经济》2020 年第 7 期。
40. 陈广华、李凤兴：《三权分置视角下外嫁女宅基地使用权继承问题研究》，载《江苏农业科学》2020 年第 6 期。
41. 陈基伟：《乡村振兴背景下宅基地集体所有权落实评析》，载《科学发展》2020 年第 9 期。
42. 陆平辉、赵舒捷：《宅基地使用权抵押限制的审视与改进》，载《西北农林科技大学学报（社会科学版）》2021 年第 6 期。
43. 陈胜祥：《农村宅基地"三权"分置：问题导向、分置逻辑与实现路径》，载《南京农业大学学报(社会科学版)》2022 年第 2 期。

44. 陈小君:《我国农村土地法律制度变革的思路与框架——十八届三中全会〈决定〉相关内容解读》,载《法学研究》2014 年第 4 期。

45. 陈小君:《我国农民集体成员权的立法抉择》,载《清华法学》2017 年第 2 期。

46. 陈小君:《我国涉农民事权利入民法典物权编之思考》,载《广东社会科学》2018 年第 1 期。

47. 陈小君:《宅基地使用权的制度困局与破解之维》,载《法学研究》2019 年第 3 期。

48. 陈耀东:《宅基地"三权分置"的法理解析与立法回应》,载《广东社会科学》2019 年第 1 期。

49. 陈振、罗遥、欧名豪:《宅基地"三权分置":基本内涵、功能价值与实现路径》,载《农村经济》2018 年第 11 期。

50. 程秀建:《宅基地资格权的权属定位与法律制度供给》,载《政治与法律》2018 年第 8 期。

51. 崔建远:《中国民法典所设不动产物权登记之我见》,载《法学杂志》2020 年第 9 期。

52. 邓峰:《试论民法的商法化及其与经济法的关系——对民法、经济法社会本位的比较思考》,载《法学家》1997 年第 3 期。

53. 丁关良:《"三权分置"政策下宅基地流转方式运行机理的剖析和思考》,载《农业经济与管理》2020 年第 4 期。

54. 丁南:《中国民法典与社会本位》,载《政法论丛》2020 年第 4 期。

55. 董新辉:《新中国 70 年宅基地使用权流转:制度变迁、现实困境、改革方向》,载《中国农村经济》2019 年第 6 期。

56. 董新辉:《宅基地"三权分置"改革的路径选择:变"政策主导"为"法律主治"》,载《贵州师范大学学报(社会科学版)》2020 年第 4 期。

57. 董祚继:《"三权分置"——农村宅基地制度的重大创新》,载《中国土地》2018 年第 3 期。

58. 房绍坤、曹相见:《集体土地所有权的权能构造与制度完善》,载《学习与探索》2020 年第 7 期。

59. 丰霏、王天玉:《法律制度激励功能的理论解说》,载《法制与社会发展》2010 年第 1 期。

60. 高飞:《农村集体经济组织成员资格认定的立法抉择》,载《苏州大学学报(哲学社会科学版)》2019 年第 2 期。

61. 高飞:《农村土地"三权分置"的法理阐释与制度意蕴》,载《法学研究》2016 年第 3 期。

62. 高海:《宅基地"三权分置"的法律表达——以〈德清办法〉为主要分析样本》,载《现代法学》2020 年第 3 期。

63. 高海:《宅基地"三权分置"的法实现》,载《法学家》2019 年第 4 期。

64. 高圣平、吴昭军:《宅基地制度改革的试点总结与立法完善——以〈土地管理法〉修订为对象》,载《山东社会科学》2019 年第 8 期。

65. 高圣平：《宅基地制度改革政策的演进与走向》，载《中国人民大学学报》2019年第1期。

66. 耿卓：《论宅基地使用权的物权变动》，载《政治与法律》2012年第5期。

67. 耿卓：《宅基地使用权收回的流程规范》，载《交大法学》2018年第4期。

68. 耿卓：《宅基地使用权收回事由类型化及立法回应》，载《法律科学（西北政法大学学报）》2019年第1期。

69. 顾培东：《效益：当代法律的一个基本价值目标——兼评西方法律经济学》，载《中国法学》1992年第1期。

70. 管洪彦、孔祥智：《"三权分置"下集体土地所有权的立法表达》，载《西北农林科技大学学报（社会科学版）》2019年第2期。

71. 管洪彦：《宅基地"三权分置"的权利结构与立法表达》，载《政法论坛》2021年第3期。

72. 管洪彦：《宅基地分配的制度结构、现状检讨与立法表达》，载《法治研究》2021年第5期。

73. 郭洁：《土地用途管制模式的立法转变》，载《法学研究》2013年第2期。

74. 郭忠兴、王燕楠、王明生：《基于"人—地"二分视角的宅基地资格权探析》，载《中国农村观察》2022年第1期。

75. 韩立达、王艳西、韩冬：《农村宅基地"三权分置"：内在要求、权利性质与实现形式》，载《农业经济问题》2018年第7期。

76. 韩启德：《探索进城落户农民宅基地有偿退出机制》，载《人民论坛》2015年第4期。

77. 韩世远：《宅基地的立法问题——兼析物权法草案第十三章"宅基地使用权"》，载《政治与法律》2005年第5期。

78. 韩松：《论对农村宅基地的管理与〈土地管理法〉的修改》，载《国家行政学院学报》2011年第1期。

79. 韩松：《论宅基地分配政策和分配制度改革》，载《政法论丛》2021年第1期。

80. 韩松：《宅基地立法政策与宅基地使用权制度改革》，载《法学研究》2019年第6期。

81. 韩文龙、谢璐：《宅基地"三权分置"的权能困境与实现》，载《农业经济问题》2018年第5期。

82. 韩文龙、朱杰：《宅基地使用权抵押贷款：实践模式与治理机制》，载《社会科学研究》2020年第6期。

83. 贺日开：《宅基地收回权的虚置、异化与合理配置》，载《政法论坛》2020年第4期。

84. 黄健雄、郭泽喆：《"三权分置"改革回顾、研究综述及立法展望》，载《农业经济问题》2020年第5期。

85. 黄祖辉：《"三权分置"与"长久不变"的政策协同逻辑与现实价值》，载《改革》2017年第10期。

86. 贾翱：《宅基地资格权的"类所有权"属性及其制度构造》，载《行政与法》2018年第12期。

87. 江晓华：《"三权分置"下宅基地退出的权利表达》，载《华南农业大学学报（社会科版)》2021 年第 3 期。

88. 姜楠:《宅基地"三权"分置的法构造及其实现路径》,载《南京农业大学学报(社会科学版)》2019 年第 3 期。

89. 孔祥智、周振:《我国农村要素市场化配置改革历程、基本经验与深化路径》,载《改革》2020 年第 7 期。

90. 李凤奇、王金兰:《我国宅基地"三权分置"之法理研究》,载《河北法学》2018 年第 10 期。

91. 李凤章、李卓丽:《宅基地使用权身份化困境之破解——以物权与成员权的分离为视角》,载《法学杂志》2018 年第 3 期。

92. 李凤章、赵杰:《农户宅基地资格权的规范分析》,载《行政管理改革》2018 年第 4 期。

93. 李凤章:《宅基地使用权流转应采用"退出—出让"模式》,载《政治与法律》2020 年第 9 期。

94. 李凤章:《宅基地资格权的判定和实现——以上海实践为基础的考察》,载《广东社会科学》2019 年第 1 期。

95. 李国权:《论宅基地"三权"分置的可能风险及防范对策》,载《河南社会科学》2020 年第 12 期。

96. 李丽、吕晓、张全景:《"三权分置"背景下宅基地使用权流转的法学视角再审视》,载《中国土地科学》2020 年第 3 期。

97. 李伟:《家户制传统在民法典中的呈现与转型》,载《政法论丛》2020 年第 6 期。

98. 梁亚荣:《论农村宅基地使用权退出制度的完善》,载《法学论坛》2015 年第 6 期。

99. 林岗:《诺斯与马克思:关于制度变迁道路理论的阐释》,载《中国社会科学》2001 年第 1 期。

100. 林依标:《农村宅基地"三权分置"的权能界定与实现路径》,载《中国土地》2018 年第 9 期。

101. 刘国栋、蔡立东:《农村宅基地权利制度的演进逻辑与未来走向》,载《南京农业大学学报(社会科学版)》2020 年第 6 期。

102. 刘国栋:《论宅基地三权分置政策中农户资格权的法律表达》,载《法律科学(西北政法大学学报)》2019 年第 1 期。

103. 刘国栋:《农村宅基地"三权分置"政策的立法表达——以"民法典物权编"的编纂为中心》,载《西南政法大学学报》2019 年第 2 期。

104. 刘恒科:《宅基地"三权分置"的政策意蕴与制度实现》,载《法学家》2021 年第 5 期。

105. 刘恒科:《宅基地流转的实践路径、权利结构与制度回应》,载《农业经济问题》2020 年第 7 期。

106. 刘竞元:《农村集体经济组织成员资格界定的私法规范路径》,载《华东政法大学学报》2019 年第 6 期。

107. 刘凯湘:《法定租赁权对农村宅基地制度改革的意义与构想》,载《法学论坛》2010 年第 1 期。

108. 刘圣欢、杨砚池:《农村宅基地"三权分置"的权利结构与实施路径——基于大理市银桥镇农村宅基地制度改革试点》,载《华中师范大学学报(人文社会科学版)》2018 年第 5 期。

109. 刘守英:《最需要突破的就是宅基地制度》,载《发展》2013 年第 10 期。

110. 刘天利:《城镇化背景下宅基地使用权制度改革的法律困境与对策》,载《西安财经学院学报》2017 年第 6 期。

111. 刘宇晗、刘明:《宅基地"三权分置"改革中资格权和使用权分置的法律构造》,载《河南社会科学》2019 年第 8 期。

112. 吕广挥、张同德:《宅基地"三权分置"面临的问题和对策》,载《中国土地》2018 年第 8 期。

113. 马翠萍、邰亮亮:《农村集体经济组织成员资格认定的理论与实践——以全国首批 29 个农村集体资产股份权能改革试点为例》,载《中国农村观察》2019 年第 3 期。

114. 孟勤国:《物权法开禁农村宅基地交易之辩》,载《法学评论》2005 年第 4 期。

115. 孟秀伶、李国强:《论宅基地"三权分置"中资格权的法理意蕴》,载《长春理工大学学报(社会科学版)》2020 年第 5 期。

116. 倪静、杨庆媛、鲁春阳、文枫、翟辉:《重庆市江津区农村宅基地流转收益分配探析》,载《西南大学学报(自然科学版)》2010 年第 12 期。

117. 史卫民、董鹏斌:《农村闲置宅基地入股利用的制度构建》,载《西安财经大学学报》2021 年第 1 期。

118. 宋涛:《马克思主义生产资料公有制理论的实践和问题》,载《经济评论》1996 年第 2 期。

119. 宋志红:《三权分置下农地流转权利体系重构研究》,载《中国法学》2018 年第 4 期。

120. 宋志红:《乡村振兴背景下的宅基地权利制度重构》,载《法学研究》2019 年第 3 期。

121. 宋志红:《宅基地"三权分置":从产权配置目标到立法实现》,载《中国土地科学》2019 年第 6 期。

122. 宋志红:《宅基地"三权分置"的法律内涵和制度设计》,载《法学评论》2018 年第 4 期。

123. 宋志红:《宅基地使用权流转的困境与出路》,载《中国土地科学》2016 年第 5 期。

124. 孙德超、曹志立:《农地三权分置改革的理论内涵与价值意蕴》,载《经济问题》2018 年第 1 期。

125. 孙建伟:《宅基地"三权分置"中资格权、使用权定性辨析——兼与席志国副教授商榷》,载《政治与法律》2019 年第 1 期。

126. 汪杨植、黄敏、杜伟:《深化农村宅基地"三权分置"改革的思考》,载《农村经济》2019 年第 7 期。

127. 王冬银:《宅基地"三权分置"的实践探索与风险防控——基于西南地区的试点调研》,载《中国土地》2018 年第 9 期。

128. 王利明、周友军:《论我国农村土地权利制度的完善》,载《中国法学》2012 年第 1 期。

129. 王申:《理念、法的理念——论司法理念的普遍性》,载《法学评论》2005 年第 4 期。

130. 王艳西:《农村宅基地有偿使用渐进市场化路径构建》,载《西北农林科技大学学报(社会科学版)》2022 年第 3 期。

131. 魏后凯:《"十四五"时期中国农村发展若干重大问题》,载《中国农村经济》2020 年第 1 期。

132. 吴爱辉:《城乡统筹背景下"小产权房"规制目标的反思及其修正》,载《社会科学研究》2016 年第 6 期。

133. 吴理财、解胜利:《文化治理视角下的乡村文化振兴:价值耦合与体系建构》,载《华中农业大学学报(社会科学版)》2019 年第 1 期。

134. 吴丽、梁皓、霍荣棉:《制度信任框架下宅基地"三权分置"改革制度风险研究》,载《中国土地科学》2020 年第 6 期。

135. 吴兴国:《集体组织成员资格及成员权研究》,载《法学杂志》2006 年第 2 期。

136. 吴宇哲、于浩洋:《农村集体建设用地住宅用途入市的现实约束与赋能探索》,载《中国土地科学》2021 年第 5 期。

137. 席志国:《民法典编纂视域中宅基地"三权分置"探究》,载《行政管理改革》2018 年第 4 期。

138. 向勇:《宅基地三权分置的立法意旨》,载《农业经济问题》2019 年第 4 期。

139. 肖鹏、王朝霞:《宅基地"三权分置"的制度演进、政策背景与权利构造》,载《云南大学学报(社会科学版)》2020 年第 3 期。

140. 徐忠国、卓跃飞等:《农村宅基地三权分置的经济解释与法理演绎》,载《中国土地科学》2018 年第 8 期。

141. 薛克鹏:《论经济法的社会本位理念及其实现》,载《现代法学》2006 年第 6 期。

142. 闫海:《论政治法与法政治学——从政治与法律关系的契入》,载《太平洋学报》2010 年第 9 期。

143. 严金明、迪力沙提、夏方舟:《乡村振兴战略实施与宅基地"三权分置"改革的深化》,载《改革》2019 年第 1 期。

144. 杨璐璐:《农村宅基地制度面临的挑战与改革出路——基于产权完善的收益共享机制构建》,载《南京社会科学》2017 年第 11 期。

145. 杨青贵:《集体土地所有权实现的困境与出路》,载《现代法学》2015 年第 5 期。

146. 杨雅婷:《〈民法典〉背景下放活宅基地"使用权"之法律实现》,载《当代法学》2022 年第 3 期。

147. 姚树荣、熊雪峰:《宅基地权利分置的制度结构与农户福利》,载《中国土地科学》2018 年第 4 期。

148. 姚雪、王年:《功能论视阈下宅基地三权分置的法构造》,载《湖北经济学院学报(人文社会科学版)》2020 年第 12 期。

149. 叶兴庆、李荣耀:《进城落户农民"三权"转让的总体思路》,载《农业经济问题》2017 年第 2 期。

150. 于光远:《马恩严格区分"公有"与"社会所有"不应都译成"公有"——一个在理论上具有重要性质的翻译问题》,载《马克思主义研究》1988年第1期。

151. 于水、王亚星、杜焱强:《农村空心化下宅基地三权分置的功能作用、潜在风险与制度建构》,载《经济体制改革》2020年第2期。

152. 喻文莉:《论宅基地使用权的登记生效主义——基于不动产登记价值功能》,载《江苏农业科学》2011年第5期。

153. 岳永兵:《宅基地有偿使用改革的现实逻辑与检验》,载《农村经济》2021年第8期。

154. 张德元:《农村宅基地的功能变迁研究》,载《调研世界》2011年第11期。

155. 张健、熊荣:《农村宅基地使用权收回制度研究》,载《农业经济》2021年第9期。

156. 张克俊、付宗平:《"三权分置"下适度放活宅基地使用权探析》,载《农业经济问题》2020年第5期。

157. 张力、王年:《"三权分置"路径下农村宅基地资格权的制度表达》,载《农业经济问题》2019年第4期。

158. 张先贵:《我国土地用途管制改革的法理求解》,载《法学家》2018年第4期。

159. 郑凤田:《让宅基地"三权分置"改革成为乡村振兴新抓手》,载《人民论坛》2018年第10期。

160. 钟和曦:《创设宅基地资格权亟待解决的三个问题》,载《浙江国土资源》2018年第8期。

161. 钟三宇:《论农民住房财产权抵押制度构造——以宅基地资格权与使用权分离为视角》,载《社会科学》2019年第10期。

162. 周雪光、艾云:《多重逻辑下的制度变迁:一个分析框架》,载《中国社会科学》2010年第4期。

163. 朱启臻:《宅基地"三权分置"的关键是使用权适度放活》,载《农村工作通讯》2018年第3期。

后　记

党的二十大报告提出，"深化农村土地制度改革，赋予农民更加充分的财产权益""保障进城落户农民合法土地权益，鼓励依法自愿有偿转让"。党的十八大召开以来，为深化农村土地制度改革，中央先后提出"三块地"改革、农村土地"三权分置"改革、宅基地"三权分置"改革等重大实践探索。经过多年的实践探索，我国已完成土地征收制度和农村土地"三权分置"的改革探索工作，并将形成的相应内容规定到《土地管理法》《农村土地承包法》中。相对而言，宅基地"三权分置"改革在提出时间上较晚，缺乏直接可借鉴的既有经验做法，相关实践探索进展也较为缓慢。加快推进宅基地"三权分置"改革探索已经成为"深化农村土地制度改革"的重要方面。

当前，加快推进宅基地"三权分置"改革探索已具备相应条件。其一，许多地方已推进与宅基地"三权分置"改革直接相关的实践探索，且我国对进城落户农民有偿退出宅基地的实践探索也取得了重要的经验。近年来，我国已选定多地开展宅基地"三权分置"改革的专项探索。这些探索为加快推进宅基地"三权分置"改革奠定了重要的实践基础。其二，学界关于宅基地"三权分置"改革的研究越来越丰富，尤其是在"户有所居"的基本保障目标、"三权分置"下宅基地制度构造进路、宅基地制度保障功能、宅基地资格权定位、宅基地使用权财产化等方面取得的重要共识，为推进宅基地"三权分置"改革提供了重要的理论支撑。此外，公众对宅基地"三权分置"改革的认知和接受程度的提升，也是加快宅基地"三权分置"改革的重要助力。

宅基地"三权分置"的提出并非对"两权分置"的宅基地制度的彻底否定，其仍然遵循农村土地制度科学发展的基本规律和宅基地制度发展变迁的惯性。集体所有制、"户有所居"的基本保障目标、节约集约利用要求等仍然是宅基地"三权分置"改革的重要内在。在路径方面，"地方实践—国家立法—地方实践"作为农村土地制度改革的基本思路，同样是推进宅基地"三权分置"改革探索的基本思路，也是宅基地"三权分置"改革制度方案设计的重要依据。随着农村集体经济组织法等相关立法的制定或适应性修改以及宅基地"三权分置"改革实践探索的逐步成熟，"三权分置"的宅基地理论和制度将更加丰富、完美，也会发展成为最具特色的土地法理论和制度内容。当然，宅基地"三权分置"改革的理论和制度探索是一个长期的过程，需要包括法学在内的多学科学者和实务界的积极关注和共同努力。

西南政法大学经济法学科教师团队长期致力于农村法治研究，在土地法等方面取得了丰硕的成果，设有国内首个省级农村法治研究基地即中国农村经济法制创新研究中心。受益于该平台和团队的丰厚积淀，幸得卢代富教授、刘俊教授、许明月教授等团队前辈的指导、带动，以及肖顺武教授、杨惠教授等一大批团队老师的支持，本人专研农村法治并取得了一定的成绩。从十几年前的农民专业合作社反竞争性研究到集体土地所有权实现法律机制研究，再到进城落户农民有偿退出宅基地制度探索，这些研究经历、智识累积成为深入、持续研究宅基地制度，探究宅基地"三权分置"理论创新和制度架构的重要支撑。感谢中国农业农村法治研究会、中国土地法制与乡村振兴会议联盟提供的宝贵学习交流机会。通过这些平台，受教于陈小君教授、高圣平教授、韩松教授、任大鹏教授、丁关良教授、宋宗宇教授、张志辽教授、高飞教授、耿卓教授、李国强教授、高海教授、王洪平教授、肖鹏教授、管洪彦教授、向勇教授、杨惠教授、肖顺武教授等大批老师。感谢法律出版社陈妮、张思婕等编辑的悉心付出，也感谢付薇、刘娜、仲昱铮、黄照钦、郭瑶、李娟、杨金坤、车泠睿、李为良等同学提供的支持。此外，本书还得到多位学友的帮助，因篇幅所限而未逐一列出，在此一并致谢。

这一研究成果是教育部人文社会科学研究规划基金项目"实施乡村振兴战略背景下宅基地'三权分置'的风险控制与法律构造"（19YJA820048）的最终成果。宅基地"三权分置"的风险控制则主要表现在落实集体所有权、农户住房福利保障、宅基地使用权运行、监管制度的适当性、乡村文化迭代传承等方面。但这些风险只有通过构造"三权分置"下宅基地权利和法律制度才能予以有效回应。故而,要探究实施乡村振兴战略背景下宅基地"三权分置"的风险控制与法律构造,实则要深入研究"三权分置"下宅基地法律制度的构造。宅基地"三权分置"改革研究的重心在于"三权分置"下宅基地权利和法律制度构造。其中,宅基地集体所有权、宅基地资格权、宅基地使用权的法律设计及其逻辑架构是"三权分置"下宅基地法律制度构造的核心;以宅基地"三权"及其权能实现为逻辑起点,构造落实宅基地集体所有权的法律制度、保障宅基地资格权的法律制度、适度放活宅基地使用权的法律制度则是研究宅基地"三权分置"法律制度的主要方向。

受到诸多因素限制,这一研究成果难免存在不足之处,有赖长远积累和持续研究予以回应。但现有成果仍具有相应的理论价值和实践意义。一方面,从理论与实际相结合的视角,创新发展了宅基地"三权"相关理论,理顺了宅基地权利中身份性内容与财产性内容的关系并厘清了两者在宅基地"三权分置"框架中的基本实现形式,进一步丰富了宅基地制度的理论研究;另一方面,体系性构造了宅基地"三权分置"的法律制度,为宅基地"三权分置"改革实践尤其是未来的相应立法提供了方案借鉴。尽管研究成果中的许多观点尤其是立法建议要转化为立法或官方方案尚有难度,但仍为立法者和政策制定者开展相关立法或政策制定工作提供了详实、丰富的论证参考。当然,通过研究引起理论研究或实践探索的共鸣甚至争鸣,恰是开展学术研究的重要追求和成果价值体现,也是创新性发展宅基地制度的重要推力。可以肯定的是,随着农村集体经济组织立法、宅基地制度改革实践探索的成熟以及相关理论研究的愈加丰富,我国将全面形成具有中国特色的宅基地理论和制度。

2025 年 1 月